谨以此书

献给中国共产党成立100周年！

谨以此书

献给中国共产党成立100周年!

『情系一老一小』

江丹◎编著

当代中国出版社
Contemporary China Publishing House
2021年 · 北京

图书在版编目(CIP)数据

情系“一老一小”/江丹编著.-- 北京:当代中国出版社,2021.5
ISBN 978-7-5154-1119-4

Ⅰ.①情… Ⅱ.①江… Ⅲ.①基础教育—中国—文集②养老—社会服务—中国—文集 Ⅳ.①G639.2-53
②D669.6-53

中国版本图书馆CIP数据核字(2021)第078300号

出 版 人　曹宏举
责任编辑　宗　和　汪宗跃
责任校对　贾云华　康　莹
印刷监制　刘艳平
封面设计　胡椒设计
出版发行　当代中国出版社
地　　址　北京市地安门西大街旌勇里8号
网　　址　http://www.ddzg.net　邮箱:ddzgcbs@sina.com
邮政编码　100009
编 辑 部　(010)66572264　66572154　66572132　66572180
市 场 部　(010)66572281　66572161　66572157　83221785
印　　刷　北京中科印刷有限公司
开　　本　720毫米×1020毫米　1/16
印　　张　32.75印张　2插页　插图53幅　418千字
版　　次　2021年5月第1版
印　　次　2021年5月第1次印刷
定　　价　108.00元

大愛無疆

華建敏

二〇一一年
六月十日

祝贺养老服务业发展
高层论坛成功举办

关爱老人
温暖社会

二〇一五年十月
張懷西

2015 年 9 月 20 日，江西省委原书记舒惠国同志出席事业发展中心在呼和浩特市的慰问老人活动

2019 年 12 月 2 日，河北省委原副书记、原文化部部长高占祥出席《守护夕阳——为老服务志愿者荣耀盛典》节目发布仪式并参观曜阳志愿服务工作展览

2015 年 9 月 10 日，国家总督学顾问、教育部原副部长柳斌应邀出席北京拔萃双语学校开学典礼

2013 年 9 月 6 日，时任中国红十字会总会党组书记、常务副会长江一曼（右二）、时任北京市人大常委会副主任陶西平（左二）等到北京拔萃双语学校调研指导工作

2010 年 9 月 6 日，时任中国红十字会总会党组书记、常务副会长王伟（左一）考察调研拔萃蓝天幼儿园

2013 年 9 月 6 日，时任中国红十字会总会党组书记、常务副会长赵白鸽（第二排左二）到北京拔萃双语学校调研指导工作并与“红萃生”代表合影留念

2015 年 9 月 20 日，全国妇联原党组书记、副主席、书记处第一书记黄晴宜（左一）在呼和浩特市参加事业发展中心慰问困难老人活动

2018 年 12 月 26 日，中国红十字会总会党组成员、副会长王平（左四）等出席《守护夕阳——养老护理职业荣耀盛典》节目发布仪式

2020 年 5 月 26 日，中国红十字会总会党组成员、副会长尹德明到事业发展中心开展党建工作调研

2014 年 3 月 22 日，中国人民武装警察部队原副政委刘世民出席济南曜阳国际老年公寓和济南槐荫区拔萃幼儿园开业活动

2018 年 10 月 17 日，第十二届全国人大常委会副秘书长李连宁在第四届中国养老服务业发展高层论坛上发表主旨演讲

2014 年 5 月 16 日，民政部原副部长、时任中国老龄事业发展基金会理事长李宝库出席“曜阳关爱失能老人行动”启动仪式并致辞

2020 年 10 月 18 日，人民日报社原副总编辑陈俊宏在第六届中国养老服务业发展高层论坛上发表主旨演讲

2017 年 10 月 28 日，全国政协社会和法制委员会副主任委员张世平在第三届中国养老服务业发展高层论坛上发表主旨演讲

2018 年 10 月 17 日，全国人大常委会委员、中国社会保障学会会长郑功成教授在第四届中国养老服务业发展高层论坛上致辞

2019 年 2 月 22 日，中国社会科学院政治学研究所党委书记房宁研究员接受中心颁授的爱心大使牌

2018 年 10 月 17 日，中国人民解放军总医院原院长朱士俊在第四届中国养老服务业发展高层论坛上发表主旨演讲

2020 年 10 月 18 日，复旦大学中西医结合研究院院长、附属华山医院中西医结合科主任董竞成教授在第六届中国养老服务业发展高层论坛上发表主旨演讲

2018 年 10 月 17 日，中共中央党校青连斌教授出席第四届中国养老服务业发展高层论坛并发表主旨演讲

2019 年 9 月 27 日，中央广播电视总台著名节目主持人敬一丹（左一）应邀主持央视与事业发展中心共同举办的《守护夕阳——养老护理职业荣耀盛典》大型专题节目

2015 年 3 月，中央电视台著名节目主持人孙晓梅（右一）邀请江丹和时任全国老龄办副主任闫青春（左一）参加 CCTV-12 频道《夕阳花》栏目的节目录制

2021 年 1 月 16 日，中央广播电视总台新闻频道著名节目主持人张宏民（右）、社会与法频道著名节目主持人黄薇（左）共同主持事业发展中心举办的“博爱中国——关爱困难老人和特殊儿童慈善活动”

2018 年 9 月 27 日，中央广播电视总台新闻频道著名节目主持人白岩松（左）主持了央视社会与法频道与事业发展中心共同举办的《守护夕阳——养老护理职业荣耀盛典》大型专题节目

家国情怀　热心公益

张怀西

在伟大的中国共产党成立100周年之际，江丹同志献上《情系“一老一小”》一书，很有意义。她请我为书作序，我感到非常高兴。

江丹同志出生在革命家庭和教育世家，是江上青烈士的外孙女。在其成长进步过程中，一直得到党和国家无微不至的关怀及社会各界的关心和支持。作为革命烈士的后代，江丹同志一直在思考如何继承革命先辈遗志，为党和国家做一点有意义的事情，回报社会，报效人民，并付诸实际行动。

江丹同志于20世纪80年代初参加工作，先后在扬州市和轻工业部系统工作。90 年代后期，我国工业结构调整，轻工系统相关单位被撤并。在面临需要重新确定职业发展方向的时候，江丹同志在母亲和舅舅的鼓励和支持下，毅然选择从事公益事业。她到中国红十字会系统工作后，主动承担起面向“一老一小”的公益养老服务和基础教育工作。

在基础教育方面，江丹同志发挥出生于教育世家的优势，先后创办了扬州世明双语学校和北京拔萃双语学校。20 多年来，江丹同志把两个学校当成自己的孩子，悉心指导学校的成长、进步和发展。两个学校在稳步提升教育教学质量、打造艺术教育和红十字教育特色的同时，资助数千名家庭经济困难的学生顺利完成了学业。目前两个学校已经成为当地民办学校的翘楚，得到了政府教育行政部门的首肯和广大学子及家长的热捧。在一些地方的邀请下，江丹同志指导两个学校，先后赴济南市槐荫区、贵阳市乌当区、福建省泉州市、北京市通州区等地，兴办或管理了若干分校，并结成互帮互助的姊妹校，将优质基础教育惠及更多的孩子和家庭。

在公益养老服务方面，江丹同志带领单位同事，努力探索了公益性服务与市场化运作相结合的新型社会养老服务模式。通过动员社会力量、整合社会资源，逐步形成了包含兴办曜阳养老机构、开展曜阳关爱行动和建设曜阳支持平台等内容的曜阳养老服务工作体系，初步打造了富有人文关怀和医养结合特色的“曜阳”养老公益品牌。特别是面向困难失能老人，江丹同志带领同事开展了大量人道救助和机构支持方面的工作，成为中国红十字会系统参与养老服务的排头兵，在国内养老服务领域发挥了较为突出的社会影响。

《情系“一老一小”》一书收录了60篇文章、报告、讲话等，集中展现了江丹同志在从事基础教育和公益养老服务工作中的思考与研究、实践与探索。无论是公开发表文章和研讨交流发言，还是工作总结报告和专题指导讲话，无不反映出江丹同志坚定理想信念、践行党的宗旨、热心公益事业和关心群众冷暖的家国情怀，以及满怀激情、积极创新、敢于担当、处事果断的工作作风，体现了新时期一名优秀共产党员和红会干部的理想追求和责任义务。在中国共产党成立100周年之际，江丹同志将此书作为献给党的生日礼物，可谓正当其时、意义深远。

习近平总书记指出，“人民对美好生活的向往，就是我们的奋斗目标”，“必须多谋民生之利、多解民生之忧，在发展中补齐民生短板、促进社会公平正义”。中国共产党自成立以来，始终坚持为人民服务的宗旨，始终坚持以人民为中心的发展思想，高度重视民生保障工作。教育和养老是民生保障中非常重要的两个领域。当前，广大人民群众对优质基础教育和养老服务的期盼，与这两个领域发展不平衡不充分之间的矛盾还比较明显，还需要政府和社会各界持续努力。

借此机会，我希望有更多的单位和个人，能够发挥各自优势、积极整合社会资源，投身基础教育和公益养老，为更多的孩子和家庭提供更加便捷可及的优质基础教育，为广大老年人特别是困难老年人提供更加优质规范的公益养老服务，让他们享受到社会主义现代化建设特别是改革开放带来的发展成果，不断增强获得感、幸福感和安全感。

是为序。

2021 年 1 月于北京

目　录

上篇　思考与研究

下篇　实践与探索

附 录

上篇

思考与研究

坚持公益性服务和市场化运作相结合

——“曜阳”养老事业发展的实践与探索

中国红十字会总会事业发展中心（以下简称“事业发展中心”）是中国红十字会总会的直属事业单位。多年来，事业发展中心高举公益大旗，秉承“心系民生、回报社会”的公益理念，把养老服务作为核心业务，调动和整合社会力量，积极探索公益性服务和市场化运作相结合的新型社会养老服务模式，着力打造“曜阳”品牌，取得了初步成效。

一、坚持公益为主，满足不同层次的养老需求

从2001年起，事业发展中心开始致力于发展养老服务业。在实践中，我们坚持公益为主，针对不同层次的养老需求，提供与之相适应的服务。

2006年，事业发展中心启动“曜阳国际老年公寓”建设项目，先后在扬州、北京和杭州建成3所老年公寓；从2012年开始，试点建设面向社区、面向中低收入家庭、面向失能老人的“曜阳托老所”，目前已在一些省（区）的革命老区和特困地区与有关机构合作共建或新建70余家；今年又实施了“曜阳关爱行动”，为失能老人提供生活照料、医疗护理、精神慰藉等养老服务。

目前,“曜阳”养老事业初步形成了包括“曜阳老年公寓”、“曜阳托老所”和“曜阳保姆服务”的养老服务体系。

二、打造特色品牌，提供全方位、高品质的养老服务

事业发展中心发挥红十字会公益机构优势，突出人文关怀和医疗保障两大特色，不断提升养老服务品质，力求让入住老人舒心、老人子女放心，努力打造“曜阳养老”这一特色品牌。

（一）坚持医养结合的养老模式

养老服务，最重要的是医疗保障问题。从第一所曜阳国际老年公寓建成起，事业发展中心就把高端医疗资源引入“曜阳”，开始了医养结合的尝试。“扬州曜阳”尝试与复旦大学附属华山医院合作，建立“复旦大学附属华山医院中西医结合老年病与延缓衰老研究基地”；“北京曜阳”与中国武警总医院合作，建立“北京曜阳老年医院”；“富春江曜阳”与复旦大学附属华山医院合作，共建了“富春江曜阳老年医院”，为入住老人提供全方位的医疗、康复、保健和养生服务。同时，将部分医疗资源向周边老人和居民开放，定期开展义诊活动，向他们提供免费医疗服务。

（二）确立特色鲜明的养老标准

当前，我国养老服务整体水平不高，养老服务亟待专业化、规范化、人性化。在实践的基础上，事业发展中心研究确立了特色鲜明的“曜阳养老”三项标准：“建设标准”力求使老年公寓、托老所从外观设计到内部结构、设施配置，都符合国家有关标准和老年人的生理特点；“服务标准”力求突出人文关怀和医疗保障的特色，对入住老人的各项服务做到细致入微；“管理标准”力求内部管理流程规范、方法明晰，各项工作有章可循、规范有序。目前，

已经在曜阳老年公寓、托老所试行“建设、服务和管理”标准，并探索制定“曜阳保姆服务”标准，为进一步搞好“曜阳养老”标准化建设积累经验。

（三）提供以人为本的养老服务

养老机构是服务机构，老年人是服务对象，这决定了养老机构必须坚持以人为本。根据老年人的心理和生理特点，事业发展中心养老机构大力弘扬“人道、博爱、奉献”的红十字精神，充分利用红十字会优势资源，定期组织医疗、保健专家走进“曜阳”，为老人提供医疗保障，并组织开展健康讲座、保健养生、心理辅导等特色服务。此外，还有计划地组织社工、大学生志愿者等进“曜阳”，开展读书读报、谈心谈话、文艺演出等慰问活动，满足不同老人的精神需求。

（四）打造规范专业的养老团队

打造一支有爱心、懂业务、能奉献的专业团队，是提高养老服务质量的保证。事业发展中心自成立以来，高度重视团队建设，除不断充实专职人员、明确分工、定岗定责外，还组建了顾问委员会、专家委员会和志愿者团队，吸收社会力量推动工作。为提高养老团队的专业水平和服务品质，研究制定了《曜阳养老事业发展纲要》《曜阳养老培训总体规划》，组织编写专业培训教材，分层分类开展养老服务专业培训。

三、几点体会

回顾总结过去十几年的工作，我们对发展养老服务业有以下几点认识和体会。

（一）充分发挥社会组织作用

由于我国人口老龄化是在尚未实现现代化的情况下发生的，仅靠政府之力难以满足日益增长的社会养老服务需求。在养老服务中，政府承担着“保基本、建机制、强监管”的职责，社会组织则应担当“生力军”的角色。特别是公益性社会组织更应当好政府的助手，在政府政策扶持、购买服务等支持下，帮助政府“保基本”，在养老服务中做好“拾遗补阙”的工作。各类社会组织都应发挥自身优势，适应老年人养老需求，在发展养老服务业中发挥应有的作用。

（二）高度关注特殊老人群体

当前，高龄、空巢、残疾、失能、失独等特殊老人群体快速增长。这部分老人的养老服务需求日趋强烈，供需矛盾突出。对特殊老人群体的养老服务，公办养老机构只能起到“托底”的作用。社会组织特别是公益性社会组织应重点关注特殊老人群体，为他们提供供养、护理服务，让他们感受社会的温暖，共享经济社会发展成果。

（三）大力推进特色化养老服务

老年人丰富的人生阅历和特殊的生理、心理特点，决定了他们会有多层次、多样化的养老需求。因此，应根据不同层次老年人的身体状况、精神和文化需求、财力状况和生活方式，提供不同档次、不同类别的养老机构和特色服务。养老机构应因地制宜，除向入住老人提供基本的饮食起居、医疗保障外，还应根据地域文化特点，丰富老人的精神文化生活，因人而异、细致入微地做好每位老人的心理疏导和精神慰藉工作，满足老人的情感需要。

（四）积极营造敬老助老社会氛围

让老年人享受平安、健康、幸福的晚年生活，是全社会共同的责任。加快社会养老服务体系建设，不仅要加强养老服务设施、养老产品等硬件建设，还要重视老年文化宣传、尊老敬老教育等软件建设。各行各业都要开展形式多样、内容丰富的志愿服务活动，为老人办实事、做好事、献爱心，争取更多的社会力量参与养老服务，营造全社会敬老助老的良好氛围。

（本文发表于《人民日报》2013年11月17日第5版。）

大力开展养老护理培训，协助提升养老服务水平

我国是世界上较早进入老龄化社会，并且老年人口数量不断增加的发展中国家。截至 2012 年底，我国 60 岁及以上老年人口已达 1.94 亿，占总人口的 14.3%，2013 年底突破 2 亿，2034 年将突破 4 亿，2054 年将突破 4.72 亿。

党的十八大报告指出："积极应对人口老龄化，大力发展老龄服务事业和产业"，并强调深化企事业单位、人民团体在社会管理和服务中的职责。贯彻落实党的十八大精神，加快发展养老事业，必须要坚持政府主导、社会参与、全民关怀的方针，注意调动和发挥社会组织的积极作用。

为适应我国人口老龄化的严峻形势，中国红十字会 2001 年就开始对养老问题的研究；2006 年试点建设"曜阳国际老年公寓"，对曜阳养老事业进行探索。目前，已经在北京密云、江苏扬州、浙江富阳建成 3 所曜阳国际老年公寓。2012 年，中国红十字会总会事业发展中心启动"曜阳托老所"建设工作，将机构养老与社区养老有机结合；2013 年开始实施"曜阳关爱行动"，在江西、陕西、河北等省建成 64 家曜阳托老所，并将依托已建成的曜阳老年公寓和曜阳托老所，把优质养老服务延伸到家庭，形成了"曜阳保姆服务"模式。我们还重点为对国家和民族作出突出贡献的失能老人、特困家庭的失能老人

及“三无”失能老人提供免费或优惠的养老服务。

社会组织在老龄服务工作中大有可为。曜阳养老事业初步形成“曜阳老年公寓”“曜阳托老所”“曜阳保姆服务”三种公益养老服务模式，以满足不同层次老人养老需求，并正在建立曜阳建设、服务、管理三项标准体系，突出人文关怀和医疗保障特色，力求为老年人提供专业化、规范化、人性化的养老服务。

为加强曜阳养老护理人员的业务培训，增强服务观念，提高专业水平，我们成立了培训教材编写指导委员会，并聘请多名专家作为志愿者协助编写、审定稿件。其中，湖南省人民医院护理部主任刘小明、北京大学医学网络教育学院教研室主任刘则杨、青岛红十字老年护理院院长谭美青、天津养老护理专家刘玉华等同志做了大量工作，在此表示衷心感谢！

让我们共同努力，大力弘扬“人道、博爱、奉献”的红十字精神，发挥公益机构的优势和特色，积极推进曜阳养老事业蓬勃发展，将党的温暖和社会关爱传递给失能老人，惠及更多的老年朋友，为促进社会和谐与进步、建设美丽中国作出应有的贡献！

（2014年2月，事业发展中心联合有关机构，并委托中国社会出版社，编辑出版了曜阳养老护理员培训指导丛书一套三册，包括《养老护理基础知识》、《养老护理管理手册》和《养老护理技术指导》。这是作者为丛书所作的序，文章题目由本书编者所加。）

做好养老服务工作，积极应对人口老龄化的几点思考①

当前，我国人口老龄化形势严峻，老年人口比重已经高于世界平均水平。截至目前，我国60岁以上老年人口已达2.2亿人，占总人口的16.1%。预计到2035年，我国老年人口总数将达4亿人左右，占总人口的比例将超过20%，进入人口老龄化高峰阶段。快速的人口老龄化、迅速壮大的老年人口规模，对民生保障、经济发展、社会治理、文化乃至政治生态等方面都将产生全面、深刻而持久的影响。养老服务已经成为牵涉面最广且公众反映日益强烈的重大民生问题。

应对人口老龄化、做好养老服务工作，是党中央和国务院作出的重大决策部署。养老服务是一项涉及多领域、多层面的系统工程，需要全社会的共同关注和积极参与，特别是要充分发挥社会组织在应对人口老龄化行动中的积极作用。

红十字组织的工作职责是扶贫济困、救助弱势群体。长期以来，中国红十字会总会事业发展中心以弘扬“人道、博爱、奉献”的红十字精神为宗旨，

① 2015年2月28日，在中国社会保障学会成立大会暨首届学术论坛上的研讨发言。

秉承“心系民生、回报社会”的公益理念，充分发挥社会组织优势，致力于养老公益事业，积极探索公益性服务与市场化运作相结合的新型社会养老服务模式，着力打造“曜阳养老”公益品牌，初步形成了“曜阳老年公寓”、“曜阳托老所”和“曜阳保姆服务”一体化的养老服务体系。“曜阳养老”充分体现人文关怀与医养结合的养老特色，力求为老人提供专业化、规范化、人性化的养老服务，以满足不同层次、不同类型老人的养老需求。

在多年养老服务工作实践中，我们深深地体会到：在应对人口老龄化、推动养老事业发展的进程中还存在许多问题和障碍，主要是人口老龄化的快速发展使传统的家庭养老模式面临挑战，社会和家庭抚养负担加重，医疗和护理负担加重，特别是半失能、完全失能老年人口大幅增加，老年人的医疗卫生服务需求和生活照料需求叠加的趋势越来越显著，健康养老服务需求日益强劲。目前有限的医疗卫生和养老服务资源以及彼此相对独立的服务体系远远不能满足老年人的需求，迫切需要为老年人提供医疗卫生与养老结合的服务，尤其加大对失能老人群体的关注力度。

为此，党和国家、各级政府及有关部门要更加重视和加强养老服务工作，通过在规划统筹、政策支持、资金投入、社会宣传等方面采取更加有力有效的措施解决当前养老工作中存在的突出问题。

一、加强对失能老人群体的关注和支持

在庞大的老年人口中，失能半失能老年人约 3750 万人，占总人口的 2.8%，老人健康状况不容乐观。据统计，老年人中患有慢性病的比例高达 74%，他们身患各种疾病，很难享受到专业的生活照料和医疗护理。养老问题特别是“长寿不健康”问题尤为突出。如何让老人健康长寿，安享幸福晚年，已成为迫切需要解决好的重大现实问题。

养老机构的风险回避，造成机构养老市场涵盖人群出现结构性失衡，最

需要入住养老机构的失能老人却被排斥在市场之外。这些特殊老人的养老服务，公办养老机构只能起到“托底”的作用，社会组织特别是公益性社会组织应重点关注他们，为他们提供公益性供养、护理服务，让他们感受到社会温暖，共享经济社会发展成果。

2013年以来，事业发展中心组织实施了“曜阳关爱失能老人行动”，通过争取政府购买服务、有关部门帮扶、爱心企业捐赠等方式，多方筹集资金或物资，用于资助生活不能自理的失能老人。为扩大失能老人帮扶范围，在红十字会总会和财政部的大力支持下，2014年向财政部申报了中央专项彩票公益金支持失能老人养老服务项目，获得1.23亿元资金支持，2014—2015年在全国范围资助589家养老机构，直接惠及失能老人达5万人左右。

一是建议加大中央财政补助资金中对失能老人群体的补贴力度，合理分配和科学使用中央专项彩票公益金，提高财政补助资金的利用率，增加对失能老人等弱势群体的帮扶比重。

二是建议在政策和制度上给予失能老人等弱势群体更多支持。推行与实施失能老人长期照护险，为更多的失能老人提供公益性供养、护理服务，让他们感受到社会温暖，共享经济社会发展成果，有尊严地安度晚年。

三是加大对养老服务护理人员的培训，为老人特别是失能老人提供专业化、规范化和个性化的养老服务，提升养老服务综合水平。

二、积极促进医疗卫生与养老服务相结合

近年来，事业发展中心以社区为基础，搭建养老信息服务网络平台，用智能化手段在“医养结合”方面进行了有益探索。扬州曜阳养老服务中心，开通了“12349”服务热线，配置“健康小屋”，为居家养老老人提供免费的常规身体检查，建立健康档案，对老人健康进行动态监控和跟踪服务。同时，通过扬州智能化养老服务信息平台，把专业化、个性化的健康养老服务送进

社区和家庭，打通居家养老服务“最后一公里”，推动医养结合从“概念”到“落地”。我们还在贵阳市与当地政府合作，设立曜阳养老服务中心，有床位266张，工作人员200人，启动了“曜阳关爱·温暖到家”公益活动，每年免费为贵阳市居家养老老人提供超过1000万元的医疗养老服务。

此外，我们积极整合高端医疗资源，为基层养老机构提供远程医疗服务。2016年8月，我们与北京医院签订合作协议，将在北京曜阳国际老年公寓共同创建“国家老年医学中心医养结合示范养老院”，努力探索“医养护三位一体”的医养结合服务模式。

一是建议将养老专项医疗资金列入年度财政预算。我们开展的“曜阳关爱失能老人行动”公益项目，协助政府专门面向失能老人提供专业化、个性化的公益性医养结合养老服务，所需资金主要依靠社会捐助，远远达不到推广普及的要求。希望政府能够将养老专项医疗资金列入年度财政预算，加大政府购买服务力度，通过社会组织和养老机构为特殊困难老人，尤其是居家养老的老人，提供“医养结合”养老服务。

二是建议提升社区医疗服务功能和支撑优势，建立“医养结合”属地合作机制。鼓励在社区医疗服务中心开展家庭病床服务项目。以社区为依托，针对病情稳定仍需要治疗的老人，从医疗机构转为家庭病床管理。

三是建议卫生、民政等有关部门结合实际，合理调整、制定有关政策，减少各地医保政策限制，在全国范围内统筹制定医保政策标准，有条件地降低医保卡在异地就医的门槛，或者对入住在“医养结合”民营养老机构中符合家庭病床认定条件的，对其异地医疗护理按现行医保政策给予支持，从而缓解大中城市集中养老和医护缺乏的现象，还可消除很多老人在选择“候鸟”养老模式时产生的顾虑。

四是建议将养老院附属的医务室纳入定点医保范畴，将相关住养费用和介护费用纳入医保报销项目范围，从而减轻老人及家属的经济困难，缓解许多患病老人把医院当成养老院，成了“常住户”，进而造成“压床”的现象。

五是建议在政策层面加强专业医护人才队伍的建设和老年专用护理人员的培养。一方面加强与专业学校的合作，对护理人员进行定向培养；另一方面寻求医政支持，把医护人员到养老机构轮岗工作作为专业技术职称晋升和毕业、入职评定的必要条件。

三、发挥社会组织在应对人口老龄化行动中的积极作用

在养老服务中，政府承担着“保基本、建机制、强监管”的职责，社会组织则应担当“生力军”的角色。特别是公益性社会组织更应当好政府的助手，在政府政策扶持、购买服务等支持下，帮助政府“保基本”，在养老服务中做好“拾遗补阙”的工作。各类社会组织都应发挥自身优势，适应老年人养老需求，在发展养老服务业中发挥应有的作用。

一是建议号召社会组织承担起公益养老的主体责任。在养老服务中，国家和政府在发挥好“托底”作用的同时，应尊重市场规律，降低民间资本进入门槛，鼓励和支持社会组织积极参与养老服务业发展，为市场化养老产业发展“保驾护航”。

二是建议引导社会组织协助政府部门积极探索和建立养老服务标准体系，从而规范养老服务行为、提高养老服务质量、促进养老服务业持续健康发展。一方面，需要政府进行顶层设计，制定养老服务业的统一规范和标准；另一方面，也需要发挥社会组织作用，创新服务方式，探索服务规范和标准。

三是建议鼓励社会组织积极推动智能化养老，让现代技术造福老年人生活，形成“互联网＋养老服务”模式，建立智能化养老服务平台，承载生活照料、健康管理、康复护理、精神慰藉等服务内容，为老人提供多样化养老服务。

【活动介绍】

中国社会保障学会成立大会暨首届学术论坛，于 2015 年 2 月 28 日

在北京西苑饭店隆重举行。大会由中国社会保障学会主办，中国红十字会总会事业发展中心协办。第十二届全国人大常委会副委员长张宝文，第十一届全国人大常委会副委员长、中国社会保障学会名誉会长华建敏出席大会并讲话。来自全国人大、全国政协、民政部、人力资源和社会保障部、国务院发展研究中心、中国社科院、中共中央党校和国家行政学院等单位及中国人民大学、北京大学、清华大学等近百所高校约200位嘉宾和会员代表出席了会议。

公益性服务，市场化运作

——建立中国新型社会养老服务模式的探索与思考

当前，中国老龄人口总量世界第一，老龄化发展速度世界第一，应对老龄化的艰巨性、复杂性和特殊性也独一无二。中国年满 60 岁及以上人口已超过 2 亿人，其中高龄、空巢、失能、失独等特殊群体老人高达 1.56 亿。这部分老人的养老服务需求日趋强烈，供需矛盾突出。

社会组织特别是公益性社会组织应重点关注特殊老人群体，为他们提供养老服务，让他们感受社会的温暖，共享经济社会发展成果。

探索公益性服务与市场化运作相结合的新型社会养老服务模式

多年来，中国红十字会总会事业发展中心坚持弘扬“人道、博爱、奉献”的红十字精神，秉持“心系民生、回报社会”的公益理念，积极致力于养老服务、教育助学、救助扶贫、文化宣传等公益事业，着力打造了“曜阳”养老、“拔萃”教育和“博爱中国”文化公益品牌。

在发展思路上，事业发展中心坚持把公益养老服务作为事业发展中心的核心业务和重点工作，按照“居家为基础，社区为依托，机构为支撑”的养老服务要求，以特殊贡献和特别困难失能老人为主要服务对象，积极探索公益性服务与市场化运作相结合的新型社会养老服务模式。

经过多年实践与探索，我们打造了“曜阳养老”公益品牌，形成了“曜阳老年公寓”、“曜阳托老所”和“曜阳保姆服务”三位一体的综合性养老服务体系。其最大特色是医养结合和人文关怀，向老人提供医疗康复、精神慰藉等专业化、人性化和个性化的养老服务，从而满足不同层次、不同类型老人的养老服务需求。

目前，我们已经在全国建成 4 所老年公寓（扬州曜阳、浙江富春江曜阳、北京曜阳、济南曜阳），另有 10 多家曜阳老年公寓项目正在建设之中或即将启动；建成 70 家曜阳托老所，2015 年开始将再建 500 家曜阳托老所；此外，我们于 2014 年在中国扬州市开展“曜阳保姆服务”居家养老服务试点工作。2015 年 5 月，在中国北京市海淀区、朝阳区启动“曜阳保姆服务”居家养老服务工作,2015 年底将在中国深圳市实施“曜阳保姆服务”居家养老服务工作。

中国的养老市场潜力巨大，产业链尚未形成，老年消费潜力无限。一些国际知名的养老服务集团、房地产投资基金等投资主体，如美国爱玛克、法国索迪斯、香港美格菲等先后进入中国的养老服务领域。事业发展中心与比利时鲁汶大学护理学院、比利时 UCB 集团的合作已经取得了初步的成果。我们与 UCB 集团共同设立“UCB 健康希望基金”，实施了“曜阳关爱行动”——乡村医生培训班项目。截至目前，共举办“曜阳关爱行动”——新疆、藏区、贵州和海南乡村医生培训班 10 期，培训乡村医生 380 名；分别举办了 2014 年第一期曜阳托老所护理员培训班、曜阳托老所院长培训班以及 2015 年第一期曜阳养老服务护理员培训班和院长培训班，累计培训养老护理人员和院长 800 多人。此外，我们还与鲁汶大学护理学院联合举办了第一期“中欧高级养老护理人员培训班”，12 位中国学员圆满完成了在鲁汶大学的学习培训任务。

"一带一路"倡议为老年服务领域国际合作带来重要机遇

21世纪是合作的世纪，各国之间的交流与合作越来越频繁、广泛。国家主席习近平提出了建设"21世纪海上丝绸之路"的构想以及"一带一路"倡议，坚持在和平共处、相互尊重、互利共赢的原则下，加强与世界各国的友好合作。

2014年3月底，习近平主席访问比利时，与迪吕波首相和菲利普国王进行了亲切会谈，双方决定将两国关系提升为全方位友好合作伙伴关系，共同发表了《中华人民共和国和比利时王国关于深化全方位友好合作伙伴关系的联合声明》，两国将在经贸、科技、电信、教育、司法等多个领域加强交流与合作。这为我们在老年服务业领域的合作提供了重要战略机遇，开辟了广阔前景。

随着经济全球化和社会信息化的快速发展，各国正在成为利益交融、休戚相关、荣辱与共的命运共同体。习近平主席会见红十字国际委员会主席莫雷尔时指出，红十字不仅是一种精神，更是一面旗帜，跨越国界、种族和信仰，引领着世界范围内的人道主义活动。全国人大常委会副委员长、中国红十字会会长陈竺提出，人道主义事业是全人类的共同事业，中国红十字会要通过"请进来"与"走出去"相结合的方式，加强对外交流与合作，积极学习国外先进的管理和专业经验。

把"曜阳养老"打造成具有民族特色的国内外知名养老服务品牌，让更多高龄、空巢、失能、失独等最困难、最需要帮助、最易受损害的特殊群体老人安享幸福晚年，是事业发展中心的"曜阳梦""中国梦"。实现这个梦想，需要我们不断学习和借鉴国内外先进养老服务理念和管理经验，打造一流的养老服务团队。

"一带一路"正在构建国际合作新模式，有助于推动世界各国迈向"命运共同体"。在老年服务业领域，我们需要进一步加强中欧交流与合作，在养老人才培训、养老服务管理、养老团队建设等领域相互学习、相互借鉴，努力形成全方位、宽领域、多层次、高水平的养老服务交流与合作格局。

（本文发表于《中国红十字报》2015年8月28日第A3版。）

发挥社会组织作用，协助推进养老服务事业[①]

当前，养老服务已经成为牵动千家万户、影响社会和谐稳定的民生大事，也是全社会的共同责任。这次，我们举办中国养老服务业发展高层论坛，目的就是要展示养老服务业研究的最新成果，宣传和推广养老服务发展的典型案例和成功经验，动员社会力量进一步关注和参与养老服务业发展。同时，为大家搭建一个相互学习、交流互动的平台，汇聚众智、群策群力，为党和政府制定养老政策建言献策，为推动中国养老服务业健康快速发展作出积极贡献。下面，我重点就事业发展中心开展公益养老服务的实践历程、经验做法，谈谈对发展养老服务业的思考与体会，与大家交流和分享。

一、充分发挥红十字公益机构的优势和引领作用

中国红十字会总会事业发展中心（以下简称“事业发展中心”）是中国红十字会总会的直属事业单位。多年来，事业发展中心弘扬“人道、博爱、奉献”的红十字精神，秉承“心系民生、回报社会”的公益理念，充分发挥公

① 2015 年 10 月 21 日，在（首届）中国养老服务业发展高层论坛开幕式上的研讨发言。

益组织优势，调动和整合社会资源，致力于养老、教育、文化、救助等公益事业，积极探索公益性服务与市场化运作相结合的新型公益模式，取得了一定成绩，得到了上级领导的充分肯定和社会各界的大力支持。

早在2001年，我们就开始关注和研究我国人口老龄化问题，并探索公益养老服务途径。2006年，我们启动"曜阳国际老年公寓"建设项目，先后在扬州、北京、杭州和济南建成4所老年公寓，重点为对国家和社会作出特殊贡献以及特别困难的老人提供公益性养老服务。

红十字会的工作职责定位是扶贫济困、救助弱势群体。我们结合养老形势的发展变化，及时调整工作思路和重心，重点关注高龄、空巢、失能、失独等特殊群体老人的养老问题。2012年，我们开始试点建设面向社区、面向中低收入家庭、面向失能老人的"曜阳托老所"，为入住老人提供全方位的医疗护理和生活照料。

2013年，我们组织实施了"曜阳关爱失能老人行动"，通过争取政府购买服务、有关部门帮扶、爱心企业捐赠等多种方式，多方筹集资金或物资，用于资助生活不能自理的失能老人，为他们提供"保姆式"的公益性养老服务，切实改善他们的生活境遇和品质。目前，共募集社会捐赠款物近4000万元，并按照捐赠人的意愿，已服务失能老人达2000多人。

为争取更多资助资金，扩大失能老人帮扶范围，2014年，我们在总会的大力支持下，向财政部申报了中央专项彩票公益金支持失能老人养老服务项目，获得了1.23亿元资金支持，分两年实施，在全国范围内资助近600家养老机构，直接惠及失能老人将达到4万人。"曜阳关爱行动"得到了社会各界的积极响应，全国100多家爱心企业、1000多家养老机构、数千名养老护理员以及爱心企业家、爱心人士、爱心志愿者近万人参与了"曜阳关爱行动"，充分反映出社会组织带动社会力量参与公益养老服务事业的影响力和感召力。

我们在注重做好养老服务工作的同时，还高度重视养老文化宣传，搭建了"博爱中国"文化平台，积极弘扬中华民族"孝亲敬老"的传统美德。先后在北京、成都、济南、厦门等10多个城市，举办了数十场“博爱中国”大型公益晚会和红十字文化宣传活动；同时，挖掘和弘扬中国传统孝文化，在北京、香港、巴黎等地成功举办感悟《道德经》、感悟《论语》咏诵会，宣扬中华民族尊老爱幼的传统美德。此外，坚持把重阳节、“5·8”世界红十字日等节日宣传活动常态化，全国曜阳养老机构集中联动，开展形式多样的敬老爱老助老活动，感召和动员更多社会力量参与养老服务，营造孝亲敬老的良好社会氛围。

经过多年实践和探索，“曜阳养老”事业已初步形成了“曜阳老年公寓”“曜阳托老所”“曜阳保姆服务”三位一体的养老服务体系，并制定了曜阳养老“建设、服务和管理”三项标准，充分体现人文关怀与医养结合的养老特色，力求为老人特别是失能老人提供专业化、规范化、人性化的养老服务，从而满足不同层次、不同类型老人的养老需求。

红十字公益机构的养老服务工作引起了社会各界的广泛关注，也得到了有关部门的充分肯定。中央党校将“曜阳养老”作为“中国养老难题如何破解”研究和教学的重要案例，走进了省部级和厅局级领导干部培训班课堂。中央电视台、《人民日报》等主流媒体，对曜阳公益养老服务进行了系列宣传和跟踪报道。

二、积极探索公益性服务和市场化运作相结合的新型社会养老服务模式

回顾“曜阳养老”之路，我们重视学习贯彻党中央和国务院有关养老服务工作的指示精神，坚持开拓创新，坚持公益性服务和市场化运作相结合的新型社会养老服务模式，推动公益养老服务事业可持续发展。

（一）把创办实体作为推动公益养老服务事业发展的重要支撑

红十字会工作需要坚持捐进捐出的传统做法，但也需实现公益资金的保

值增值，兴办公益养老实体是一项大胆尝试。近年来，事业发展中心通过社会捐赠资金或与爱心企业合作，共创办了4所公益性老年公寓，形成了数亿元用于公益养老服务的社会资产。兴办公益养老实体可变“输血功能”为“造血功能”，不断积累用于公益的社会资金，提供长期开展公益养老服务的载体，促进公益养老服务事业可持续发展。公益养老服务载体的发展，也同时造就了一支不断壮大的养老服务生力军。

（二）寻求与企业长期合作办公益事业的方式方法

公益机构与爱心企业合作是我国公益事业未来的发展方向，这一点也为我们多年公益养老服务的实践所证明。“扬州曜阳”利用社会各界定向捐赠资金和设备建设运行。北京、富春江和济南3所曜阳老年公寓分别与国企、民企合作，由企业全部出资兴建。爱心企业不仅可以捐款，还可以通过捐献特定产品、智力成果和劳动服务等方式支持公益养老服务事业。总之，“企业献爱心、机构建平台”的做法，是使公益事业行之有效并能可持续发展的方式方法。

（三）探索公益性服务与市场化运作相结合的着力点

曜阳老年公寓的运营管理在探索公益性服务与市场化运作相结合方面作出了有益尝试。一方面，积极筹集社会资金，努力争取政府政策扶持和资金支持，为特殊贡献和特殊困难家庭老人提供免费或低于成本的公益性服务，充分体现公益性；另一方面，面向社会，按照市场经济规律运营。增设特色养老服务项目，满足有稳定收入来源老人的个性化需求。同时，将一部分公寓和文化娱乐设施对外开放，将运营盈利的一部分再用于公益养老，促进和扩大公益性服务。

（四）重点关注失能老人，当好政府助手

国务院《关于加快发展养老服务业的若干意见》强调，要“以政府为主

导，发挥社会力量作用，着力保障特殊困难老人的养老服务需求，确保人人享有养老服务"。当前，我国高龄、空巢、失能、失独等特殊群体老人高达1.56亿，他们中多数是半自理和不能自理的老人，身患各种疾病，很难享受到专业的生活照料和医疗护理。为贯彻落实国务院要求，我们于2013年启动了"曜阳关爱行动"公益项目，协助政府专门面向失能老人提供专业化、个性化的养老服务。目前已在江西、陕西等省（区）的革命老区和贫困地区，与相关单位合作共建了70家曜阳托老所，为近千名入住的失能老人提供公益性医疗护理和生活照料。

三、关于推动我国养老服务业健康发展的几点体会

我国是世界上唯一一个老年人口超过1亿的国家，未富先老、人口老龄化速度最快、各种应对准备不足、供需矛盾突出等，是我国养老服务形势的基本特征。在实际工作中，居家养老服务网络不健全、社区养老服务设施匮乏、机构养老床位不足、护理人员短缺等问题，在一些地区较为普遍。推动养老服务业的健康发展，必须重点解决好以下几个问题：

（一）坚持走符合中国国情的社会化养老之路

由于我国养老服务面临的特殊情况，仅靠政府之力难以满足日益增长的社会养老服务需求。"政府主导、市场主体"的社会化养老已是大势所趋。在养老服务中，各级政府承担着"保基本、建机制、强监管"的职责，在发挥好"托底"作用的同时，要尊重市场规律，降低民间资本进入门槛，鼓励和支持社会组织积极参与养老服务业发展，为市场化养老服务产业发展"保驾护航"。社会组织特别是公益性社会组织应该当好政府助手，担当"生力军"的角色，在政府政策扶持、购买服务等支持下，帮助政府"保基本"，在养老服务中做好"拾遗补阙"的工作。

（二）构建多元化的养老服务模式，满足不同类型老人的养老需求

由于受我国传统文化的影响，入住养老机构一般是老年人不得已而为之的选择。居家养老将是未来“中国式养老”的主流。因此，必须努力构建以居家养老为基础、社区养老为依托、机构养老为支撑的多元化养老服务模式。重点发展居家养老模式，机构向社区提供支持培训服务，社区向家庭提供生活照料和居家照料服务。居家不能自理的半失能、完全失能老人才可入住养老机构。此外，要根据人口老龄化形势和养老需求变化，积极探索推广旅游养老、文化养老、互助养老、老年志愿活动等新型补充养老模式。

（三）高度关注特殊群体老人，彰显社会公平正义

当前，高龄、空巢、残疾、失能、失独、失智等特殊老人群体快速增长，这部分老人的养老服务需求日趋强烈，供需矛盾十分突出。对特殊老人群体的养老服务，公办养老机构应起到“托底”的作用。社会组织特别是公益性社会组织应重点关注特殊老人群体，为他们提供公益性供养、护理服务，让他们感受社会温暖，共享经济社会发展成果，体现公平正义。

（四）丰富老人精神文化生活，突出特色养老服务

老年人丰富的人生阅历和特殊的生理、心理特点，决定了他们会有多层次、多样化的养老需求。因此，应根据不同层次老年人的身体状况、精神和文化需求、财力状况和生活方式，提供不同档次、不同类别的养老机构和特色服务。养老机构应因地制宜，除向入住老人提供基本的饮食起居、医疗保障外，还应根据地域文化特点，丰富老人的精神文化生活；因人而异，细致入微地做好每位老人的心理疏导和精神慰藉工作，满足老人的情感需要。

四、不断开拓创新，为发展我国养老服务业贡献力量

面对我国严峻的养老工作形势，致力于养老服务业的社会组织和政府一样，面临诸多困难和挑战，任重而道远。在普惠养老旗帜下，我们事业发展中心将继续努力，不断开拓创新，重点从以下三个方面把“曜阳养老”向前推进：

一是广泛整合社会资源，全面实施“曜阳养老”品牌战略。我们将建立“曜阳公益养老”联盟，联合全国各地优秀养老机构，广泛整合社会资源，交流互助，不断提升养老服务质量，共同抵御市场风险。同时，积极学习和借鉴国内外先进养老经验和理念，制定统一标准，进行分类定级。通过全面实施曜阳公益养老品牌建设，努力实现连锁化经营、品牌化发展。

二是创新养老服务手段，引领养老事业进入“互联网 +”时代。与专业科技公司合作，借助“互联网 +”、大数据等信息手段，打造智能化养老服务平台。借助“百分孝心网”众筹平台，实施“关爱失能老人行动”众筹项目，筹集项目资金。全面启动微公益行动，整合社会资源，资助困难家庭失能老人，努力改善失能老人的生活境遇和生活品质。

三是为政府分担义务，重点发展曜阳居家养老服务。财政部、发改委、民政部和全国老龄工作委员会办公室等四部委联合下发通知，明确了政府购买养老服务的工作目标：到 2020 年，基本建立比较完善的政府购买养老服务制度。今后，我们将积极争取政府出资，购买曜阳公益养老服务，为试点社区老人提供饮食起居、卫生清理、代办服务、预防保健、康复护理、精神慰藉等居家养老服务。同时，与民政部门合作，建立养老服务评估机制，不断提升养老服务质量，形成以点带面、逐步深化拓展的良好态势。

“老吾老以及人之老，幼吾幼以及人之幼”，是几千年来普通百姓的美好梦想；“人民对美好生活的向往就是我们的奋斗目标”，是党和政府作出的庄严承诺。红十字事业是中国特色社会主义事业的重要组成部分，红十字会是

党和政府在人道领域的助手和联系群众的桥梁纽带。今后，我们将始终高举公益大旗，充分发挥红十字组织优势，进一步增强责任意识，真心关爱群众，努力把“曜阳养老”打造成知名的红十字公益品牌，在协调推进“四个全面”战略布局的进程中建功立业，为实现中国梦作出积极贡献！

（本文已被收录到郑功成、江丹主编，人民出版社 2020 年 9 月出版的《中国养老服务业发展高层论坛演讲选编（2015—2019）》中。）

【活动介绍】

（首届）中国养老服务业发展高层论坛，由中国社会保障学会和中国红十字会总会事业发展中心共同发起并主办，于 2015 年 10 月 21 日在北京人民大会堂举行。全国人大常委会副委员长、中国红十字会会长陈竺向论坛发来贺信，第十届全国政协副主席张怀西出席论坛并题词。有关领导、来自全国社会保障学界的专家学者和全国养老机构负责人代表约 700 人参加了论坛，并围绕论坛主题“社会养老服务体系建设”，从“居家养老服务”“医养结合”“养老机构发展”“养老服务产业”等方面，展开了深入的研讨和交流。

应对人口老龄化“六策”

应对人口老龄化是全社会的共同责任，也是一项涉及多领域、多层面的系统工程。贯彻落实十八届五中全会精神，积极开展应对人口老龄化的行动，需要重点解决好六个问题：将科学应对老龄化上升为基本国策，坚持走符合中国国情的社会化养老之路，及时完善养老服务业发展思路与政策体系，构建能够满足不同类型老人需求的多元化养老模式，高度关注特殊群体老人，抓紧建立长期照护保险制度。

当前，我国人口老龄化态势明显，2014 年 60 岁以上人口占总人口的比重已经超过 15%，老年人口比重已经高于世界平均水平。贯彻落实十八届五中全会精神，必须积极开展应对人口老龄化的行动，全面放开养老服务市场，通过购买服务、股权合作等方式支持各类市场主体增加养老服务和产品供给，让全体老年人共享改革发展成果。

一、人口老龄化面临的难题

我国人口老龄化形势严峻。我国于 2000 年进入老龄化社会，具有许多与其他国家和地区不同的特点。

一是规模大。2014 年底 60 岁以上老年人口达 2.12 亿人，占总人口的 15.5%；65 岁及以上人口达 1.38 亿人，占总人口的 10.1%。

二是增速快。目前，全国老年人口年均增长约 1000 万，其中 80 岁以上的高龄人口年均增长 100 万以上。我国人口老龄化的速度是发展中国家最快的，也是世界上老龄化速度最快的国家之一。

三是未富先老。与发达国家在经济高度发展基础上步入老龄化社会不同，我国在社会经济发展水平较低的情况下被迫且快速地进入老龄化社会，呈现典型的未富先老特征。

四是城乡失衡。2000 年人口普查数据显示，我国农村 65 岁及以上老年人口所占比重达到 8.1%，已经高于城镇 6.0% 和城市 6.7% 的水平。随着农村非老年人口的大量外迁，农村老年人口比重已大大超过城市。

应对人口老龄化面临诸多难题。快速的人口老龄化，迅速壮大的老年人口规模，对民生保障、经济发展、社会治理、文化乃至政治生态等方面都将产生全面、深刻而持久的影响。养老问题已经成为牵涉面最广且公众反映日益强烈的重大民生问题，而我国事实上还未做好充分的准备。一是养老金不足。为 60 岁以上城乡居民提供养老金，实现了养老金制度的全覆盖，但仅靠每人每月 70 元的基础养老金还远远不能保障老年人的基本生活。城镇职工养老金也存在缺口，资金成为养老的第一难题。二是养老服务业发展存在政策瓶颈。养老服务在土地、税收等诸多方面存在制约因素，社会资本投资养老业的积极性没有充分发挥出来，由此导致我国现阶段与老年人相关的产业还没有得到有效开发，养老、健康、文化服务等发展乏力，老年群体的消费需求得不到满足。三是精神养老不足带来社会治理问题。家庭结构小型化与少子高龄化、代际关系由紧变松，是调查中发现的普遍社会现象。由于社区组织不够发达，我国还未建立相应的社会机制来促使老年人群体有序参与社会活动，这给基层社会治理带来严峻的挑战。四是养老服务总量供给不足、结构失衡、资源浪费、服务质量不高、护理人员极度短缺的局面并未真正改变，农村老龄化形势严峻还未真正引起重视，相关政策中的缺陷正在影响着养老服务业的健康发展。

二、如何应对人口老龄化

应对人口老龄化是全社会的共同责任，也是一项涉及多领域、多层面的系统工程。“十三五”是全面建成小康社会的决胜阶段，也是应对人口老龄化的关键时期。贯彻落实十八届五中全会精神，积极开展应对人口老龄化的行动，需要重点解决好以下几个问题。

一是将科学应对老龄化上升为基本国策。老龄化的不可逆转性及其对人民生活、经济建设、社会发展所具有的全局性、长期性、重大性影响，决定了它是关乎国家长远发展并需要全面、系统、综合应对的重大问题。近年来养老问题日益凸显，更加表明了需要引起更高程度的重视。因此，在《关于加强老龄工作的决定》颁布 15 年后，有必要再次由中央制定新的政策性文件，将科学应对老龄化明确为一项基本国策，用以指导相关制度建设和国家中长期规划及相关产业的发展，并采取更为有效的综合应对行动，真正将人口老龄化转化为促进国家健康持续发展的长期有利因素。

二是坚持走符合中国国情的社会化养老之路。由于我国养老服务面临的特殊情况，仅靠政府之力难以满足日益增长的社会养老服务需求。“政府主导、市场主体”的社会化养老已是大势所趋。在养老服务中，各级政府承担着“保基本、建机制、强监管”的职责，在发挥好托底作用的同时，更加尊重市场规律，降低民间资本进入门槛，鼓励和支持社会组织积极参与养老服务业发展，为市场化养老产业发展保驾护航。社会组织特别是公益性社会组织应该当好政府助手，担当生力军的角色，在政府政策扶持、购买服务等支持下，帮助政府保基本，在养老服务中发挥更加积极的作用。

三是及时完善养老服务业发展思路与政策体系。坚持以基本国情为出发点，着眼于老年人的实际需求，从重机构养老转为以居家养老为主，从重城市轻农村转为兼顾城乡并向农村倾斜，从以公办养老机构为主体转化为以民办养老机构为主体，全面满足老年人群体的服务需求。逐步将当前的以居家为基础、社区为依托、机构为支撑的方针，调整为居家为主体、机构为补充、社区为桥梁的新格局。通过城镇社区和乡村将养老机构、社会组织等的专业化服务与老年人居家生活紧密联系在一起，真正满足绝大多数老年人需求并能够提高养老服务投入效率。构建完整的政策支持体系，将经济政策、社会政策等融为一体，避免相关政策相互冲突的现象。

四是构建能够满足不同类型老人需求的多元化养老模式。由于受我国传统文化的影响，入住养老机构一般是老年人不得已而为之的选择。居家养老将是未来中国式养老的主流。因此，必须努力构建以居家养老为基础、社区养老为依托、机构养老为支撑的多元化养老服务模式。重点发展居家养老模式，机构向社区提供支持培训服务，社区向家庭提供生活照料和居家照料服务。居家不能自理的半失能、完全失能老人才可入住养老机构。此外，要根据人口老龄化形势和养老需求变化，积极探索推广旅游养老、文化养老、互助养老、老年志愿活动等新型补充养老模式。

五是高度关注特殊群体老人。当前，我国高龄、空巢、失能、失独等特殊群体老人高达 1.56 亿，他们中多数是半自理和不能自理的老人，身患各种疾病，很难享受到专业的生活照料和医疗护理，这些特殊困难老人的养老服务供需矛盾十分突出。国务院《关于加快发展养老服务业的若干意见》强调，以政府为主导，发挥社会力量作用，着力保障特殊困难老人的养老服务需求，确保人人享有养老服务。对这些特殊老人的养老服务，公办养老机构应起到托底的作用。社会组织特别是公益性社会组织应重点关注特殊老人群体，为他们提供公益性供养、护理服务，让他们感受社会温暖，共享经济社会发展成果，体现公平正义。

六是抓紧建立长期照护保险制度。调查中发现，需要长期护理的失能半失能老年人是最困难的群体，他们大多无法依靠养老金来支付长期护理费用，许多失能半失能老人不是自己苦苦支撑着，就是子女们轮流照护，其生活质量伴随失能程度而下降。与此同时，民间资本投向养老服务业时则因老年人的护理消费能力不足而信心不足，一些投资者偏好高收入老年人，或借养老之名行房地产开发之实。因此，我国有必要借鉴德国、日本、韩国等国的经验，尽快建立长期照护保险制度，以此达到壮大老年人消费基金、进一步减轻养老后顾之忧的目的。

（本文发表于《学习时报》2015年12月31日第005版"社会治理"栏目。）

治理之道：打造养老服务新模式

党的十八届五中全会明确提出，积极开展应对人口老龄化行动。这一重要部署，对我国经济社会持续健康发展具有重大意义。目前，我国60岁以上老年人口已达2.12亿人，占总人口的15.5%；失能半失能老年人约3750万人，占总人口的2.8%。做好养老服务，是全面建成小康社会的内在要求，是保障和改善民生的重点任务。中国红十字会总会事业发展中心（以下简称事业发展中心）弘扬“人道、博爱、奉献”的红十字精神，秉承“心系民生、回报社会”的公益理念，充分发挥社会组织优势，致力于养老公益事业，积极探索公益性服务与市场化运作相结合的新型模式，初步形成了“曜阳老年公寓”、“曜阳托老所”和“曜阳保姆服务”三位一体的养老服务体系。总结多年的实践经验，贯彻党的十八届五中全会关于“积极开展应对老龄化行动”的精神，我们将更加突出养老服务工作重点，创新服务手段和方式，发挥好社会组织在促进养老服务发展方面的积极作用。

一是承担公益养老的主体责任。“政府主导、市场主体”的社会化养老已是大势所趋。在养老服务中，各级政府承担着“保基本、建机制、强监管”的职责，在发挥好“托底”作用的同时，应尊重市场规律，降低民间资本进入门槛，鼓励和支持社会组织积极参与养老服务业发展，为市场化养老产业发展“保驾护航”。社会组织特别是公益性社会组织应当好政府助手，担当“生力军”，帮助政府“保基本”，在养老服务中做好“拾遗补阙”工作。红十字组织的工作职责是扶贫济困、救助困难群众。事业发展中心结合我国养老形势的发展变化，关注高龄、空巢、失能、失独等特殊老人群体的养老问题。近年来，组织实施了“曜阳关爱失能老人行动”，通过争取政府购买服务、有关部门帮扶、爱心企业捐赠等方式，多方筹集资金或物资，用于资助生活不能自理的失能老人，为他们提供保姆式的公益性养老服务。为扩大失能老人帮扶范围，在红十字会总会的大力支持下，2014 年向财政部申报了中央专项彩票公益金支持失能老人养老服务项目，获得 1.23 亿元资金支持，在全国范围资助近 600 家养老机构，直接惠及的失能老人达到 4 万人。“曜阳关爱行动”得到了社会各界的积极响应，全国 100 多家爱心企业、1000 多家养老机构、数千名养老护理员以及爱心企业家、爱心人士、爱心志愿者近万人参与了“曜阳关爱行动”，体现了社会组织带动社会力量参与公益养老事业的影响力和感召力。

二是推进养老服务规范化、标准化。建立和实施养老服务标准体系，是规范养老服务行为、提高养老服务质量、促进养老服务业持续健康发展的前提和基础。这既需要政府进行顶层设计，制定养老服务业的统一规范和标准；也需要发挥社会组织作用，创新服务方式，探索推进服务规范化和标准化。为此，事业发展中心在确立“曜阳养老”的社区养老和居家养老服务标准的同时，努力规范与社区、家庭的合作服务关系。运用中国养老服务信息平台和健康小屋等新型服务手段，加强对老人的健康监管和服务；确立与政府合作的各项规范，积极争取政府购买服务、公建民营等支持；统一实施“曜阳养老”服务标准。

三是探索“互联网 + 养老服务”之路。随着互联网的普及，各种电商提供了大量生活便利化服务。现在很多年轻人通过网上订餐，可以足不出户解决吃饭问题，而很多老年人却只能拖着病弱的身体出门购买食品。这让我们认识到，不能让行动不便的老年人面对“互联网鸿沟”而无可奈何，而应推动智能化养老，让现代技术造福老年人生活，形成“互联网+养老服务”模式。“互联网+养老服务”，就是建立智能化养老服务平台，承载生活照料、健康管理、康复护理、精神慰藉等服务内容，为老人提供多样化养老服务。为此，事业发展中心与中国老龄事业发展基金会、北京容德科技公司进行战略合作，共同实施“失能老人关爱行动”互联网众筹项目。依托“百分孝心网”众筹平台优势，启动微公益行动，筹集项目资金，资助加盟曜阳公益养老联盟的养老机构。同时，依托养老服务信息平台开展居家养老服务试点工作，为困难失能老人提供免费或低于成本的公益性上门服务，努力改善失能老人的生活境遇和生活品质。

（本文发表于《人民日报》2016年1月19日第10版。）

发挥社会组织在应对人口老龄化行动中的积极作用[①]

一、社会组织在保障和改善民生中发挥着不可替代的重要作用

党的十八届三中全会提出了全面深化改革的总目标，即完善和发展中国特色社会主义制度，推进国家治理体系和治理能力现代化。要实现这一目标，需要我们不断推进社会治理创新，促进社会组织发展，注重运用法治方式，实行多元主体共同治理。

（一）社会组织的出现是社会发展进步的重要标志之一

社会组织通过组织与发动社会力量，从事公共领域的事务，既具有公共性，又具有社会化的基本特征，因此被视为政府与市场主体之外的“第三部门”，在当代社会经济发展中发挥着其他两个主体所不能取代的作用。社会组织从事慈善公益与老年服务事业的历史由来已久，无论是西方的宗教慈善事业，还是中国传统的基于血缘或地缘关系的民间慈善事业，都并非政府主导

① 2016 年 2 月 20 日，在第二届全国社会保障学术大会上的研讨发言。

的结果，反而是传统的社会组织在其中扮演着最主要的角色。随着经济社会的发展，现代社会组织的专业化水平不断提高，专业分工日益细化，可以说，社会组织的专业化分工是推动传统慈善事业走向现代社会福利事业的重要力量，社会组织专业化水平的提高则是社会福利服务质量不断提升的重要途径。

（二）我国人口老龄化的严峻形势呼唤着全社会的共同关注

当前，我国人口老龄化态势明显，老年人口比重已经高于世界平均水平。目前，全国老年人口年均增长约 1000 万，其中 80 岁以上的高龄人口年均增长 100 万以上。预计到 2035 年，我国老年人口总数将达 4 亿人左右，占总人口的比例将超过 20%，进入人口老龄化高峰阶段。快速的人口老龄化、迅速壮大的老年人口规模，对民生保障、经济发展、社会治理、文化乃至政治生态等方面都将产生全面、深刻而持久的影响。养老服务已经成为牵涉面最广且公众反映日益强烈的重大民生问题。应对人口老龄化、做好养老服务工作是一项涉及多领域、多层面的系统工程，需要全社会的共同关注和积极参与。

（三）社会组织在养老服务领域中大有可为

养老服务是现代社会福利事业的重要组成部分。与社会救助和社会保险制度提供现金给付不同，社会福利事业以提供服务为主。自 20 世纪 80 年代中期我国全面开展养老保险制度改革以来，目前已经基本形成了老年经济保障体系的制度框架，绝大部分适龄老人都能够领取数额不等的养老金。在初步满足了物质保障的基础上，老年人对服务保障的需求日益迫切。一方面，老年人的基本服务需求属于公共产品（服务）的领域，政府应当承担主要的责任；另一方面，与养老金制度不同，老年人对服务的需求具有极强的差异性，因而并不适宜由政府来直接提供。社会组织兼具服务领域的公共性和服务供给方式的差异性，这些特点决定了社会组织在应对人口老龄化及养老服务的供给中发挥着不可替代的重要作用。

二、社会组织参与应对人口老龄化行动的几个着力点

“十三五”是全面建成小康社会的决胜和决战阶段，也是应对人口老龄化的关键时期。十八届五中全会明确提出，“积极开展应对人口老龄化的行动，全面放开养老服务市场，通过购买服务、股权合作等方式支持各类市场主体增加养老服务和产品供给”。

贯彻落实好十八届五中全会精神，积极开展应对人口老龄化行动，让全体老年人共享改革发展成果，是全面建成小康社会的内在要求，是保障和改善民生的重点任务。

应对人口老龄化、做好养老服务，社会组织特别是公益性社会组织应把握好以下几个着力点。

（一）承担公益养老的主体责任

“政府主导、市场主体”的社会化养老已是大势所趋。在养老服务中，各级政府承担着“保基本、建机制、强监管”的职责，在发挥好“托底”作用的同时，应尊重市场规律，降低民间资本进入门槛，鼓励和支持社会组织积极参与养老服务业发展，为市场化养老产业发展“保驾护航”。社会组织特别是公益性社会组织应当好政府助手，担当“生力军”，帮助政府“保基本”，在养老服务中做好“拾遗补阙”工作。

红十字组织的工作职责是扶贫济困、救助困难群众。多年来，中国红十字会总会事业发展中心（以下简称“事业发展中心”）弘扬“人道、博爱、奉献”的红十字精神，秉承“心系民生、回报社会”的公益理念，充分发挥社会组织优势，致力于养老服务公益事业，积极探索公益性服务与市场化运作相结合的新型养老服务模式，着力打造“曜阳养老”公益品牌，初步形成了“曜阳老年公寓”、“曜阳托老所”和“曜阳保姆服务”三位一体的养老服务体系，充分体现人文关怀与医养结合的养老特色，力求为老人特别是失能老人

提供专业化、规范化、人性化的养老服务，从而满足不同层次、不同类型老人的养老需求。红十字公益机构的养老服务工作引起了社会各界的广泛关注，也得到了有关部门的充分肯定。中央党校将“曜阳养老”作为“中国养老难题如何破解”专题教学的案例，走进了省部级和厅局级领导干部培训班课堂。中央电视台、《人民日报》等主流媒体，对曜阳公益养老进行了系列宣传和跟踪报道。

总结过去的实践经验，贯彻落实党的十八届五中全会关于“积极开展应对老龄化行动”的精神，社会组织特别是公益性社会组织，在应对我国人口老龄化、推动养老服务业发展中前景广阔、大有可为。

（二）推进养老服务规范化标准化

建立和实施养老服务标准体系，是规范养老服务行为、提高养老服务质量、促进养老服务业持续健康发展的前提和基础。一方面，需要政府进行顶层设计，制定养老服务业的统一规范和标准；另一方面，也需要发挥社会组织作用，创新服务方式，探索推进服务规范化和标准化。为此，事业发展中心在制定“曜阳养老”的社区养老和居家养老服务标准的同时，努力规范与社区、家庭的合作服务关系。运用智能化养老服务信息平台和健康小屋等新型服务手段，加强对老人的健康监管和服务；制定与政府合作的各项规范，积极争取政府购买服务、公建民营等支持；统一实施“曜阳养老”服务标准。

（三）探索“互联网＋养老服务”之路

随着互联网的普及，各种电商提供了大量生活便利化服务。现在很多年轻人通过网上订餐，可以足不出户解决吃饭问题，而很多老年人却只能拖着病弱的身体出门购买食品。这让我们认识到，不能让行动不便的老年人面对“互联网鸿沟”而无可奈何，而应推动智能化养老，让现代技术造福老年人生活，形成“互联网＋养老服务”模式。“互联网＋养老服务”，就是建立智能化养老服务平台，承载生活照料、健康管理、康复护理、精神慰藉等服务内容，为老人提供多样化养老服务。为此，事业发展中心与中国老龄事业发展基金会、北京容德科技公司进行战略合作，共同实施“失能老人关爱行动”互联网众筹项目。依托“百分孝心网”众筹平台优势，启动微公益行动，筹集项目资金，资助加盟曜阳公益养老联盟的养老机构。同时，依托养老服务信息平台开展居家养老服务试点工作，为困难失能老人提供免费或低于成本的公益性上门服务，努力改善失能老人的生活境遇和生活品质。

（四）高度关注特殊群体老人

当前，我国高龄、空巢、失能、失独等特殊群体老人高达1.56亿，他们中的多数是半自理和不能自理的老人，身患各种疾病，很难享受到专业的生活照料和医疗护理，这些特殊困难老人的养老服务供需矛盾十分突出。《国务院关于加快发展养老服务业的若干意见》强调，以政府为主导，发挥社会力量作用，着力保障特殊困难老人的养老服务需求，确保人人享有养老服务。对这些特殊老人的养老服务，公办养老机构只能起到“托底”的作用。社会组织特别是公益性社会组织应重点关注特殊老人群体，为他们提供公益性供养、护理服务，让他们感受到社会温暖，共享经济社会发展成果，彰显社会公平正义。

近年来，我们根据养老形势的发展变化，高度关注高龄、空巢、失能、失独等特殊老人群体的养老问题，组织实施了“曜阳关爱失能老人行动”，通过争取政府购买服务、有关部门帮扶、爱心企业捐赠等方式，多方筹集资金或物资，用于资助生活不能自理的失能老人，为他们提供“保姆式”的公益性养老服务。为扩大失能老人帮扶范围，在红十字会总会和财政部的大力支持下，2014年向财政部申报了中央专项彩票公益金支持失能老人养老服务项目，获得1.23亿元资金支持，在全国范围资助近600家养老机构，直接惠及的失能老人将达到4万人。“曜阳关爱行动”得到了社会各界的积极响应，全国 100 多家爱心企业、1000 多家养老机构、数千名养老护理员以及爱心企业家、爱心人士、爱心志愿者近万人参与了“曜阳关爱行动”，体现了社会组织带动社会力量参与公益养老事业的影响力和感召力。

“老吾老以及人之老，幼吾幼以及人之幼”，是几千年来普通百姓的美好梦想。红十字会是党和政府在人道领域的助手和联系群众的桥梁纽带，红十字事业是中国特色社会主义事业的重要组成部分。今后，我们将始终高举公益大旗，充分发挥红十字组织优势，积极参与应对人口老龄化行动，努力引领和感召其他社会组织参与养老服务，在协调推进“四个全面”重大战略布局的进程中建功立业，为实现中华民族伟大复兴的中国梦作出积极贡献！

【活动介绍】

第二届全国社会保障学术大会，由中国社会保障学会主办，中国红十字会总会事业发展中心协办，于 2016 年 2 月 20 日在北京举行，主题为“共享发展与社会保障制度建设”。第十二届全国政协副主席韩启德、第十一届全国人大常委会副委员长华建敏、第十一届全国政协副主席张梅颖出席并讲话。在两天的会期中，来自全国人大、全国政协、国务院法制办、国家发改委、民政部、人力资源社会保障部、国家卫生计生委和江苏、湖南、四川、甘肃等部分地区社会保障系统的负责人，以及近百所高校的专家学者共 250 余人，参加了会议及相关活动。

大力发展智慧养老，提升曜阳养老品牌①

荷风送香气，竹露滴清响。在这美丽的仲夏时节，我们相聚在满城历史、一地繁华的古都西安，举办第二届中国西部老龄产业发展高峰论坛智慧养老分论坛，共同探讨推动智慧养老产业发展的思路和方法。

大家知道，我国是世界上老龄化程度比较高的国家之一，老年人口数量最多，老龄化速度最快，应对人口老龄化任务最重。快速的人口老龄化、迅速壮大的老年人口规模，对民生保障、经济发展、社会文化、政府治理乃至政治生态等都将产生全面、深刻而持久的影响。有效应对人口老龄化，已经成为事关国家发展全局和亿万百姓福祉的重大民生问题。

党的十八大和十八届三中、四中、五中全会以及“十三五”规划，对应对人口老龄化、加快建设社会养老服务体系、发展养老服务业等提出明确要求。今年2月23日，习近平总书记再次对老龄工作作出重要指示，强调要加强顶层设计，完善重大政策制度，及时、科学、综合应对人口老龄化。5月27日，中央政治局就我国人口老龄化的形式和对策，举行第三十二次集体学习。在学习会上，习近平总书记指出，要坚持党委领导、政府主导、社会参

① 2016年6月4日，在第二届中国西部老龄产业发展博览会智慧养老分论坛上的发言。

与、全民行动，着力发展养老服务业和老龄产业，推动老龄事业全面协调可持续发展。

当前，互联网与各领域的融合发展，已成为不可阻挡的时代潮流，对经济社会发展产生着战略性和全局性的影响。推动互联网与老龄产业的融合发展，大力发展“智慧养老”，具有广阔前景和无限潜力。2015 年 7 月，国务院印发《关于积极推进“互联网 +”行动的指导意见》，明确了“促进智慧健康养老产业发展”的目标任务，把智慧养老上升到国家战略层面。“十三五”规划提出，实施“互联网 +”行动计划，促进互联网深度广泛应用，建设养老服务信息平台，推进智慧养老建设。

近年来，事业发展中心依托互联网资源和社会力量，以社区为基础，搭建养老信息服务网络平台，为老人提供护理看护、健康管理、康复照料等居家养老服务，在智慧养老方面进行了有益探索。

一是推进“互联网 +”在曜阳养老模式中“落地”。中心在扬州进行了“智慧养老”的试点工作，成立了扬州曜阳养老服务中心，运用智能化养老服务信息平台、健康小屋等新兴智能化服务手段，对老人健康进行动态监控和跟踪服务。同时，通过智能化养老服务信息平台，把专业化、个性化的养老服务送进社区和家庭，打通居家养老服务“最后一公里”，推动智慧养老从“概念”到真正“落地”。此外，我们与京东、腾讯和淘宝等众筹网进行合作，启动微公益行动，共同实施公益众筹项目，筹集项目资金，定向用于帮助困难失能老人，为他们提供公益性养老服务。

二是建立“智慧养老”综合服务平台。与北京容德科技有限公司合作，共同发起“智能化养老服务阳光行动”，依托中心信息平台、微孝百分平台，创建公开、透明、开放、共享的“智慧养老”综合服务平台，无偿向加入曜阳养老联盟的养老机构开放，帮助他们解决智能化水平低、宣传渠道少、获得捐赠难、抗风险能力差等难题，提升养老机构的服务质量和水平。

三是打造“智慧养老”专业团队。近年来，我们与上海中医药大学、广西医科大学，以及贵州医科大学、海南医学院、昆明医科大学、河北承德护理学院、中日友好医院等院校和医院合作，建立智慧养老培训基地；与中央党校、中国社会保障学会及其成员单位合作，整合社会保障领域专家、学者，建立教学专家师资库；与中国人民解放军总医院、北京协和医院、华山医院、武警总医院等合作，建立医护培训师资库；与比利时鲁汶大学高级护理学院、法国图卢兹老年康复中心、比利时黄白十字会等国外专业培训机构合作，利用网络教学的优势进行多媒体教学。

红十字会的工作职责定位是扶贫济困、救助弱势群体。在今年2月底召开的中国红十字会第十届常务理事会第二次会议上，全国人大常委会副委员长、中国红十字会会长陈竺明确提出，要加强人道事业供给侧结构性改革，进一步厘清红十字会工作职责，重点帮扶“一老一小”。今后，养老工作将正式成为红十字会的重要职责与核心业务之一。为此总会牵头组成调研组，赴全国部分省市进行调研，研究制定红十字养老工作规划和方案，为红十字开展养老服务工作做好顶层设计。

为帮助更多的高龄、空巢、失能、失独等特殊困难老人，事业发展中心于今年初正式启动了曜阳养老品牌战略，进一步加大与中国社会保障学会、老基会、地方红会、各地养老机构的合作力度和范围，增加合作成员单位，努力实现曜阳养老标准化、品牌化、连锁化、规模化经营，从而造福千千万万的特殊困难老人。目前，全国已有200多家养老机构与事业发展中心签订了《曜阳养老服务品牌建设战略合作协议》，加入了曜阳养老联盟。

这里，我告诉大家，今年10月的重阳节，我们将在人民大会堂举办第二届养老服务业发展高层论坛，届时将举行曜阳养老联盟成立仪式，这是在扬州“智慧养老”试点工作之后，事业发展中心开展“智慧养老”工作的又一重大举措。此外，我们诚邀全国各地的养老院及院长朋友们，欢迎你们加入曜阳养老联盟，我们将整合北京医院、华山医院等高端医疗资源，为加盟的养老机构提供“医养结合”指导和远程医疗服务，竭尽全力帮助加入联盟的养老机构，共同抵御市场风险，提升养老服务综合水平。

“老吾老以及人之老”，是几千年来普通百姓的美好梦想。我们衷心希望，“第二届中国西部老龄产业发展博览会智慧养老分论坛”的成功举办，能够在全社会凝聚起广泛共识，吸引更多的社会力量参与养老服务，推动老龄事业和产业并举。让我们携起手来，积极弘扬“孝亲敬老”的中华民族传统美德，不断创新养老服务方法，大力发展“智慧养老”，努力把“曜阳养老”打造成为国内外知名的民族品牌，在贯彻落实“五大发展理念”、协调推进“四个全面”战略布局的伟大进程中建功立业，为实现中华民族伟大复兴的中国梦作出积极贡献！

【活动介绍】

第二届中国西部老龄产业发展博览会智慧养老分论坛，于 2016 年 6 月 4 日在陕西省西安市举行，来自中国人民大学、中国社会保障学会、陕西省有关单位的专家学者及养老机构负责人，分别从曜阳智慧养老的实践与探索、中国养老产业发展前景分析、“互联网 +”时代养老服务业发展新思路等角度对“智慧养老”进行了交流和研讨。

推动医养融合发展养老服务模式的思考与体会①

今天，我们与中国社会保障学会、北京医院合作，共同举办第二届中国养老服务业发展高层论坛，主题是“医养融合、关爱老人”，为的是总结养老服务特别是医养结合的典型案例和成功经验，动员社会各界力量进一步关注和参与养老服务业。这就为大家搭建一个相互学习、交流互动的平台，汇聚众智、群策群力，为党和政府制定养老政策建言献策，为推动中国养老服务业健康快速发展作出积极贡献。下面，我结合事业发展中心开展医养结合养老服务的实践历程、经验做法，谈谈对推动医养融合发展养老服务模式的思考与体会，与大家交流和分享。

一、医养融合发展是今后养老服务业发展的必由之路

（一）我国人口老龄化形势严峻，老人健康状况不容乐观

目前，我国 60 岁以上老年人口已达 2.2 亿人，占总人口的 15.5%；其中失能半失能老年人约 3750 万人，占总人口的 2.8%。2016 年《北京养老产业

① 2016 年 10 月 9 日，在第二届中国养老服务业发展高层论坛开幕式上的发言。

蓝皮书》显示，在健康方面，近八成老年人有各种健康问题，老年人中患有慢性病的比例高达 74%。可见人口老龄化速度快、规模大，养老问题特别是“长寿不健康”问题在我国尤为突出。做好养老服务，是全面建成小康社会的内在要求，是保障和改善民生的重点任务。让老人健康长寿，安享幸福晚年，已成为迫切需要解决的重大问题。

（二）现有的养老服务无法满足老人的就医需求

随着我国人口老龄化的加剧，医疗对于养老服务业的重要性日益凸显。一个完善的养老服务体系，不仅要提供快乐幸福的生活环境，也要提供完善的医疗服务。但是我国的养老服务业尚处于初步发展阶段，实现“老有所养、老有所医”的养老目标还非常严峻。现有的养老服务机构普遍与医院等医疗康复机构存在空间距离，无法满足老人的就医需求。而老年人晚年最关心的是身体健康，做儿女的最希望的是父母健康长寿。“看病的地方不养老，养老的地方看病难”，是目前我国医疗和养老的现状，“医养结合”就成为中国养老服务业发展的必由之路。“医养结合”不仅是提升老年人生活质量，实现老有所养、老有所医的有效途径，更是积极应对人口老龄化战略的重要举措，发展养老服务业和健康服务业的重要任务。

正是为了解决以上问题，党和政府采取了一系列有效措施，积极推动医养融合发展。近几年，国务院及民政部、卫计委等有关部委先后颁发一系列重要文件，其中有 7 个都涉及医养融合发展的问题。《关于加快发展养老服务业的若干意见》和《关于促进健康服务业发展的若干意见》，明确提出要积极推进医疗卫生与养老服务相结合，推动养老服务业的健康发展。2015 年国务院办公厅转发的《关于推进医疗卫生与养老服务相结合指导意见》提出，到 2020 年，所有养老机构能够以不同形式为入住老年人提供医疗卫生服务，基本适应老年人健康养老服务需求。

在今年 8 月召开的全国卫生与健康大会上，习近平总书记指出，“没有全民健康，就没有全面小康”，强调要把人民健康放在优先发展的战略地位。8月26日，中共中央政治局审议通过《“健康中国2030”规划纲要》，提出以人民为中心的发展思想，坚持健康优先，把健康融入所有政策，全方位、全周期保障人民健康，推动健康中国建设。该纲要特别强调，要突出解决好妇女儿童、老年人等重点人群的健康问题，这为我们探索和发展医养融合养老服务模式指明了方向。

二、红十字公益组织推动医养融合发展的探索与实践

中国红十字会是党领导下的公益组织，是弘扬人道主义的社会救助团体。长期以来，中国红十字会总会事业发展中心发扬“人道、博爱、奉献”的红十字精神，致力于养老、教育、救助等公益事业，为我国的社会建设和人民幸福积极贡献力量。早在2009年，事业发展中心就开始探索“医养结合”的养老服务模式，把“医养结合”的理念贯穿于养老服务中，形成了“人文关怀、医养结合”的曜阳养老品牌特色。

（一）在养老机构中设立医疗机构

“扬州曜阳”、“北京曜阳”和“富春江曜阳”等老年公寓分别与苏北人民医院、中国武警总医院和复旦大学附属华山医院共建了“扬州曜阳康复医院”、“北京曜阳老年医院”和“富春江曜阳老年医院”，为入住老人提供全方位的医疗、康复、保健和养生服务，并与多家三甲医院合作建立双向转诊制度，开通无障碍急诊急救绿色通道。另外，在“曜阳托老所”，我们配置了“健康小屋”，为社区老人提供健康体检、保健咨询等服务。

（二）探索建立曜阳护理院

中心在“济南曜阳”老年公寓探索建立医养结合为一体的曜阳护理院。

“济南曜阳”吸收了欧洲养老理念，设备设施均按照医护失能老人标准进行配置。每层楼设置护士站，招聘具有专业资质的医护人员，对老人实施24小时的巡诊、看护，保障老人医护需求。

（三）建立医疗管家服务制度

为给入住老人提供人性化、个性化的生活料理和医疗护理服务，“扬州曜阳”以楼层为单位，每个楼层设一名“曜阳管家”，由具有专业资质的医护人员担任。管家对本楼层的所有老人定时进行医疗巡护，协调医疗、餐饮等部门制订有针对性的养护方案，全面掌握老人健康动态，填写养护日志。

（四）社区医疗与居家养老相结合

扬州曜阳养老服务中心与辖区内各个社区卫生服务中心合作，开设家庭病床，向社区居民提供常规健康检查、专业护理和医疗康复服务，并且与当地权威医院合作，定期在各个社区轮流开展义诊活动和健康讲座。

“医养结合”的养老服务模式不仅解决了养老机构入住老人的医疗需求，而且解决了医院出院老人在回到社区过渡期的临床护理需求，同时对周边社区居家养老的老人也发挥了养老机构的医疗服务支撑作用。截至目前，曜阳养老机构累计公益入住老人超过1000人，举办健康养生讲座100余场，开展义诊活动120余次，为入住老人及周边社区老人提供诊疗服务1万多人次，得到了老人们的普遍认可。

“医养结合”发展也面临诸多困难和制约因素。比如，养老机构建设与发展资金不足，不能获得医疗机构身份，不能纳入医保定点单位；失能老人医疗看护费用攀升，医疗支付困难；老年医疗护理的专业人才严重缺乏等问题，则成为各类医疗型养老机构遭遇的共同瓶颈。

三、不断探索推动医养融合发展的新方法和新路径

在“医养结合”养老服务模式的探索与实践中，我们深深体会到：医养结合所体现的是健康养老服务，健康养老服务是一个涉及医疗保健、心理健康咨询、托管托养等方面的系统工程。“医养结合”实质上是对养老资源和医疗资源的整合，不是简单的“养老院+医院”，更多的要体现在健康养老服务方式和服务内容上。因此，我国养老服务业的发展，任重而道远。

（一）坚持走符合国情的医养融合发展之路

当前，我国高龄、空巢、失能、失独等特殊群体老人高达1.56亿，他们中的多数是半自理和不能自理的老人，身患各种疾病，很难享受到专业的生活照料和医疗护理。但是，养老机构的风险回避，造成机构养老市场涵盖人群出现结构性失衡，最需要入住养老机构的失能老人却被排斥在市场之外。对这些特殊老人的养老服务，公办养老机构只能起到“托底”的作用，社会组织特别是公益性社会组织应重点关注他们，为他们提供公益性供养、护理服务，让他们感受到社会温暖，共享经济社会发展成果。

事业发展中心于2013年启动了“曜阳关爱失能老人行动”公益项目，协助政府专门面向失能老人提供专业化、个性化的养老服务。目前已在江西、陕西等省（区）的革命老区和贫困地区，与相关单位合作共建了70余家曜阳托老所，为近千名入住的失能老人提供公益性的医疗护理和生活照料。此外，我们在贵阳市设立曜阳养老服务中心，有床位266张，工作人员200人，启动了“曜阳关爱·温暖到家”公益活动，每年将免费为贵阳市居家养老老人提供超过1000万元的医疗养老服务。但是该项目所需资金主要依靠社会捐助，远远达不到推广普及的要求。希望政府能够将养老专项医疗资金列入年度财政预算，加大政府购买服务力度，通过社会组织和养老机构为特殊困难老人，尤其是居家养老的老人，提供“医养结合”养老服务。

（二）开展智能化“医养结合”试点工作

当前，互联网与各领域的融合发展，已成为不可阻挡的时代潮流，对经济社会发展产生着战略性和全局性的影响。2015 年 7 月，国务院印发《关于积极推进“互联网 +”行动的指导意见》，明确了“促进智慧健康养老产业发展”的目标任务，把智慧养老上升到国家战略层面。推动互联网与老龄产业的融合发展，大力发展“智慧养老”，具有广阔前景和无限潜力。

近年来，事业发展中心以社区为基础，搭建养老信息服务网络平台，用智能化手段在“医养结合”方面进行了有益探索。扬州曜阳养老服务中心，开通了“12349”服务热线，配置“健康小屋”，为居家养老老人提供免费的常规身体检查，建立健康档案，对老人健康进行动态监控和跟踪服务。同时，通过扬州智能化养老服务信息平台，把专业化、个性化的健康养老服务送进社区和家庭，打通居家养老服务“最后一公里”，推动医养结合从“概念”到“落地”。此外，整合高端医疗资源，为基层养老机构提供远程医疗服务。今年 8 月 29 日，我们与北京医院签订合作协议，将在北京曜阳国际老年公寓共同创建“国家老年医学中心医养结合示范养老院”，努力探索“医养护三位一体”的医养结合服务模式。

（三）加快打造“医养结合”专业团队

目前，我国专业护理人员较为缺乏，无论是养老院内设医疗机构，还是部分一、二级医院转型成护理机构，具有执业资格的医师和护士都严重短缺。社会对养老机构和医疗卫生机构中的医护人员不能同等看待，造成了养老院招人困难，“医养结合”所需的医师和护理人员更为紧缺。今年 7 月，民政部、国家发展改革委印发《民政事业发展第十三个五年规划》，已将推进养老服务专业教育和培训体系建设、医护型养老服务人员培养工程纳入“十三五”的工作规划，给养老服务业的发展带来希望。

多年来，事业发展中心始终把养老服务人员和乡村医生作为培训重点，努力提升基层养老机构和医院的管理、服务水平以及从业人员的综合素质。2012年至今，我们共举办曜阳养老服务培训班12期，累计培训全国500多家养老机构的护理人员、院长超过2000人次；先后在新疆（兵团）、广西、贵州、海南和云南等省（区）的少数民族地区举办全科乡村医生培训班6期，累计培训600多名乡村医生。今年，事业发展中心与承德市委市政府合作，共同筹建"京承国际健康产业园"，其中的一个重要板块就是兴建健康大学，创建全国养老人才培训基地，培育养老护理方面的专业人才。但是，相对于整个大环境，这只是杯水车薪，还满足不了养老服务需求。我们希望国家尽快出台对老年医护从业人员的职业资格认证、职业技能培训等规范性管理政策和措施，并设计与养老护理人员劳动付出相符的薪酬体系，努力留住从业人员，并形成较为丰富的养老服务人力资源储备。

（四）抓紧建立长期照护保险制度

养老的另一个难题是健全养老支付保障体系问题。我国老人的整体收入偏低，尤其是失能、患病、高龄老人支付能力非常有限，即便建成"医养结合"的养老机构，受制于"支付不起"的因素，还是无法纳入整个基本养老服务体系中。由于养老不属于"医保"项目，因报销金额和住院时间的限制，使得有些康复期较长的老年患者不停出院转院，或压床不出院，造成了医疗资源的浪费，对老人的健康也造成不利影响；异地报销制度不健全，致使部分入住老人无法享受医保报销；医养结合型的养老服务机构的收费标准及医保运行方面也缺乏统一性。希望我国的医保政策作相应调整，尤其要对需要中长期专业医疗服务的特殊困难老人的医养结合服务留有空间，并建立健全异地报销政策。

根据我国老年社会追踪调查详细解析，我国近11%的老人处于轻度失能和中度失能，2%的老人为重度失能，而这一群体还在不断扩大，失能老人长期照护问题日益突出。这些需要长期生活照料和医疗护理的失能、半失能老年人多数是经济困难群体，大多无法依靠养老金来支付长期护理费用，其生活质量伴随失能程度而下降。而直接影响支付能力的是缺少专项用于老年人的长期护理保险费用。因此，建议借鉴德国、日本、韩国等国家的经验，尽快建立长期照护保险制度，进一步减轻老人养老后顾之忧。

“莫道桑榆晚，为霞尚满天。”大力开展健康养老服务，实现老有所养、老有所医是事关我国亿万老人福祉的重要民生问题。我们衷心希望，第二届中国养老服务业发展高层论坛的成功举办，能够在全社会凝聚起广泛共识，吸引更多的社会力量参与健康养老服务，做到事业和产业并举，大力推动“医养结合”的养老服务业蓬勃发展，为推动健康中国建设，实现中华民族伟大复兴的“中国梦”，作出应有的贡献。

（本文已被收录到郑功成、江丹主编，人民出版社2020年9月出版的《中国养老服务业发展高层论坛演讲选编（2015—2019）》中。）

【活动介绍】

第二届中国养老服务业发展高层论坛，由中国社会保障学会、中国红十字会总会事业发展中心和卫生部北京医院共同主办，于2016年10月9日在北京人民大会堂举行，包括开幕式、主题报告、专题研讨会等环节。全国人大常委会副委员长、中国红十字会会长陈竺通过视频为论坛致辞，第十届全国政协副主席张怀西为论坛题词。论坛的主题为“医养结合的实践与探索”。有关领导、专家学者和养老机构负责人共300多人参加了论坛相关活动，并围绕论坛主题进行了深入研讨和交流。

打造养老服务品牌，形成养老服务体系①

一、事业发展中心开展公益养老服务的情况

红十字会是党和政府在人道领域的助手，扶贫济困是红十字会的基本职责。多年来，中国红十字会总会事业发展中心高举公益大旗，大力弘扬“人道、博爱、奉献”的红十字精神，通过创办公益养老实体、建立专项养老基金、开展文化交流活动等，积极致力于公益性养老服务事业，着力打造“曜阳养老”公益品牌，取得了一些成绩，得到了上级领导、有关部门和社会各界的支持与肯定。

目前，事业发展中心养老事业的发展已初具规模，基本形成了“曜阳老年公寓”、“曜阳托老所”、“曜阳保姆服务”和“曜阳养老服务信息平台”一体化的养老服务体系，满足了不同层次、不同类型老人的养老需求。“医养结合”和“人文关怀”的养老特色在曜阳养老服务中得到了充分体现；我们牵头组织实施了“关爱失能老人行动”公益项目，启动了“关爱贫困失能老人行动——‘当你老了’公益平台”，为爱心企业和爱心人士履行社会责任、关

① 2017 年 5 月 13 日，在第二届两岸社会保障暨两岸恢复民间交流交往 30 周年论坛上的研讨发言。

爱贫困失能老人搭建平台，探索通过网络平台公开筹集资金，资助贫困失能老人，得到了全社会的积极响应。

回顾和总结“曜阳养老”服务工作，我们积累了一些经验，取得了一些成绩。

1．形成了完整的曜阳养老服务体系。经过多年的实践与探索，曜阳养老事业已初步形成了“曜阳老年公寓”、“曜阳托老所”、“曜阳保姆服务”和“曜阳养老服务信息平台”一体化的养老服务体系，满足了不同层次、不同类型老人的养老需求。

2．曜阳养老模式列入中央党校的教学案例。“曜阳养老”模式被遴选为“中国养老难题如何破解”研究和教学的案例，于2014年5月，走进了中央党校省部级和司局级领导干部课堂。

3．曜阳养老事业被主流媒体多次报道。中央电视台、《人民日报》、《学习时报》、《民生周刊》等主流媒体多次对曜阳养老工作进行报道，并给予高度评价。

4．曜阳托老所所长荣获“中华慈善人物”。在CCTV年度中华慈善人物的评选中，我们推荐的陕西省商洛市丹凤县曜阳托老所所长徐升莲，被评为2013年度中国十大慈善人物。

5．获得了中央福利彩票资金项目支持。2014年，在总会的大力支持下，我们向财政部申报了“中央专项彩票公益金支持失能老人养老服务项目”，获批了1.23亿元彩票公益金，于2014—2015年在全国29个省（自治区、直辖市）资助589家养老机构，给予每个养老机构20万元的物资资助，直接惠及近5万名失能老人。2015年向财政部申报“十三五”中央专项彩票公益金项目，获得5000万元资金支持，计划于2016—2020年在全国15个省（自治区、直辖市）资助约250家养老机构，将直接惠及2万名失能老人。

6．举办中国养老服务业发展高层论坛。每年的重阳节，我们与中国社会保障学会在人民大会堂举办中国养老服务业发展高层论坛，重点围绕“居家养老服务”“智能化养老”“养老产业”“医养结合”等主题进行交流、研讨，在政府、学术界和全国各地的养老机构中都产生了较大影响，形成了政策、医疗和平台三驾马车引领实操性养老服务发展方向的态势，得到社会各界的普遍好评。目前，已经成功举办了两期中国养老服务业发展高层论坛。今年，我们将在人民大会堂举办第三届中国养老服务业发展高层论坛。

7. 成立了全国性的曜阳养老联盟。目前，全国已有近 3000 家养老机构与我们签订了合作协议，加盟成为曜阳养老联盟成员。曜阳联盟成员单位通过交流、合作等方式，不断提升养老服务质量和抵御市场竞争性风险的能力，为推动我国养老服务事业发展贡献力量。目前，我们选取了陕西、河北、湖北和吉林等 4 个省启动曜阳养老联盟建设试点工作。2017 年我们将进一步推动曜阳养老联盟建设，计划覆盖全国 1 万家养老机构。

8. 组织开展红十字公益养老服务培训。2012 年，我们与比利时优时比制药公司签署合作协议，设立 1500 万元人民币的“优时比—事业发展中心健康希望基金”，定向用于培训全国养老机构的管理及护理人员。通过开展老年人应急救护、养老护理知识与技能培训，提高养老院长的管理能力和养老护理员、养老服务志愿者的服务能力。此外，我们组建了顾问委员会、专家委员会，研究制定《曜阳养老培训总体规划》，组织编写了“曜阳”养老培训系列教材。截至目前，我们共举办养老院长和养老护理员培训班 12 期，累计培训全国 30 多个省（直辖市、自治区）养老院长和护理员 3000 多人次。

9. 参与国家老年医学中心和京城健康产业园筹建。根据陈竺会长的要求，2016 年 8 月，我们与北京医院、北京城建集团共同签订了《“国家老年医学中心医养结合示范养老院”合作协议》，由三方合作，把北京曜阳国际老年公寓建成“国家老年医学中心医养结合示范养老院”，努力探索“医养护三位一体”的医养结合服务模式，并取得了阶段性成果。另外，我们与承德市委市政府合作，共同筹建“京承国际健康产业园”，兴建大学，创建全国养老人才培训基地，培育医养结合专业人才。参与筹建“国家医养结合示范养老院”和“京城健康产业园”，是我们在“医养结合”方面的有益探索。

10. 健全完善了曜阳养老标准体系。品牌打造、标准先行，近几年，我们对编制曜阳养老标准事宜一直进行探索和研究。2013 年，我们编制了《曜阳托老所标准》，2016 年我们与中国社会保障学会合作，对曜阳养老标准进行完善，共同编制《曜阳养老标准体系》。目前，专门针对失能失智老人日常养老护理的《曜阳养老标准体系（失能失智篇）》已编制完成，正在北京、济南、贵阳、扬州、杭州、邯郸等 6 个地区进行标准试点工作。

11．与比利时黄白十字会签署《理解备忘录》。我们重视学习和借鉴国内外先进养老服务经验。2016 年，我们与比利时法兰德斯黄白十字会就“借鉴比利时养老经验，在中国发展和实施为老年人及慢性病患者提供高品质居家养老照护服务”等事宜达成合作意向，并在比利时首相查尔斯·米歇尔访华期间，在比利时驻华大使馆共同签署在中国发展和实施居家养老照护服务《谅解备忘录》。

12．积极争取政府委托管理和购买服务。从 2014 年开始，分别有山东济南、贵州贵阳、北京海淀等地方政府将已建成的养老院委托给我们事业发展中心管理，目前，山东济南和贵州贵阳的两所委托养老院都已经顺利开业运营。2016 年，扬州市曜阳养老服务中心成功中标扬州市广陵区政府购买居家养老服务项目，承担了广陵区 1700 名政府保底老人的居家养老服务工作，当地政府将每年拿出近 400 万元购买曜阳居家养老服务。

13．启动微公益众筹项目。我们与京东、腾讯和淘宝等具有合法身份的公益众筹网合作，启动微公益行动，筹集公益项目资金，定向用于帮助困难失能老人，包括低收入失能的居家养老老人。2015 年 12 月 11 日，“为他们点亮生活的希望”公益众筹项目在京东正式上线。从 2015 年 12 月 11 日到 2016 年 1 月 20 日，在基本额度 15000 元的基础上，40 天共筹集资金 20180 元，筹资金额完成率达到 135%。

14．打造“微孝百分”智能化养老服务平台。我们与专业团队合作，打造“微孝百分”智能化养老平台，研发推出了曜阳养老“微孝”APP 应用软件，目前全国用户数量已超过5万人，惠及10万户以上家庭。

红十字曜阳养老服务工作得到了上级领导和社会各界的普遍认可。中国社会保障学会对曜阳养老模式进行了专题调研，起草了《老龄化的严峻挑战与科学应对之建议》《走“官”“民”融合的养老服务业发展之路》《大力发展社会化的社区居家养老服务》等专题报告，将曜阳养老作为案例之一，得到了党和国家领导人的重要批示。

二、积极构建三位一体、三点一线和三制一网的工作格局

在曜阳养老服务体系中，居家养老服务被称为“曜阳保姆服务”，是曜阳养老服务体系的重要组成部分，也是曜阳养老三大服务模式之一。居家养老是解决我国养老问题的主要措施，但同时也是养老服务领域的难题。截至目前，全国尚未发现完全成功的案例。对于这一工作，我们也仍在探索与实践之中。目前，主要是按照“三个一”的顶层设计进行破解和推进。

（一）构建三位一体的服务架构

曜阳保姆服务通过“曜阳老年公寓、曜阳托老所和曜阳保姆服务”三位一体的服务架构，将其中专业化、个性化的养老服务项目送到社区和家庭。“三位”是指曜阳老年公寓、曜阳托老所和曜阳保姆服务，包含了机构养老、社区养老和居家养老3种服务模式；“一体”是指曜阳养老服务中心，是曜阳养老的服务窗口，是养老需求与养老服务的转换平台。

我们从2001年开始关注和研究我国人口老龄化问题，探索养老服务途径。2009年以后，先后建成了“扬州曜阳”、“北京曜阳”、“富春江曜阳”、“济南曜阳”和“贵阳曜阳”5所国际老年公寓，重点为对国家、对民族、对社会作出突出贡献的老人提供高品质的养老服务，并在当地开展各类公益养老活动。2012年，我们开始试点建设面向社区和乡镇、面向中低收入家庭、面

向失能老人的“曜阳托老所”，并在陕西、江西等 10 个省（直辖市、自治区）的革命老区和特困地区，与有关机构合作共建或新建了 70 余家“曜阳托老所”。“曜阳托老所”统一形象标识，配备专业辅助设备，培训养老护理人员，为入住老人提供全方位医疗护理和生活照料。2013 年，我们启动实施了“曜阳关爱失能老人行动”公益项目，通过争取政府购买服务、有关部门帮扶、爱心企业捐赠等方式，多方筹集资金或物资，以“曜阳老年公寓”和“曜阳托老所”为依托，组织护理员和志愿者将“曜阳”养老服务延伸到社区和家庭，为低收入失能老人提供公益性的曜阳保姆服务。

2014 年，我们在扬州市进行“互联网 + 养老服务”试点，成立了“扬州曜阳养老服务中心”，与扬州曜阳国际老年公寓和扬州各曜阳托老所共同实施扬州曜阳“三位一体”养老示范项目。2016 年，我们又抓住贵阳市将新建成的养老院委托我们管理的机遇，在贵阳成立了曜阳养老服务中心，与贵阳市曜阳老年公寓、曜阳中西医结合医院以及当地的曜阳养老联盟成员单位，共同实施贵阳曜阳“三位一体”医养结合的养老示范项目。这样，“三位一体”为实施居家养老奠定了服务的团队和项目基础。

（二）探索三点一线的实现途径

如何将曜阳保姆服务及时地提供给居住在家庭的老年人呢？

曜阳保姆服务通过“三点一线”的服务方式来实现。“三点”是指曜阳养老服务中心（服务窗口）、曜阳居家养老服务工作站和家庭；“一线”是指三者紧密联系，层层相扣，连成一线，缺少任何一个环节，服务提供便无法顺利实现。曜阳养老服务中心在各社区，按照 10 分钟路程的服务半径，下设多个曜阳居家养老服务工作站，老人向曜阳养老服务中心提出服务请求，曜阳养老服务中心根据请求，协调安排相关服务站执行，各服务工作站接到指令后，与居家的服务对象直接联系与沟通，将养老服务送到家庭，并完成服务项目。

曜阳养老服务中心开通“12349”服务热线和曜阳养老专属手机 APP。运用"智能化养老服务信息平台""健康小屋"等新型服务手段，对曜阳老年公寓、曜阳托老所和需要曜阳保姆服务的老人进行信息收集和集中管理，并向老人提供服务。一是提供公益服务，为老人提供免费体检，对老人的健康进行动态监控和跟踪服务，建立老人电子健康档案；二是提供咨询服务，为有养老服务需求的老人介绍和推荐适合的养老方式、服务项目和消费方式，例如介绍曜阳社区、居家养老和机构养老的养老方式，介绍曜阳居家养老服务项目、介绍不同档次和消费水平的曜阳养老机构等，若对方有要求，则根据老人实际情况给予推荐；三是提供居家养老服务，根据老人的居家养老服务需求，上门为老人提供养老服务，具体流程如下：

老人、老人家属或儿女通过拨打"12349"服务热线或登录曜阳养老手机APP进行下单，提出养老服务需求，曜阳养老服务中心接收和整理老人的服务需求后，向曜阳居家养老服务工作站发送《养老服务信息单》（包括服务对象基本情况、养老服务需求和服务对象联系方式）。曜阳居家养老服务工作站收到《养老服务信息单》后，首先，联系老人进行个人信息审核，确认服务需求；其次，上门对老人进行评估，根据老人实际情况制定服务方案，与老人或其合法监护人签订服务协议；最后，根据协议服务的需求，以"曜阳老年公寓"和"曜阳托老所"为依托，通过网络调动与整合社会资源，组织曜阳养老护理员、曜阳爱心志愿者和各加盟商，把曜阳养老服务项目送到社区和家庭，上门为曜阳老人提供"保姆式"的生活照料、医疗护理、精神慰藉等服务。服务结束后，老人可拨打"12349"服务热线或登录手机APP对服务满意度进行打分。曜阳居家养老服务中心再以各种方式对接受曜阳养老服务的老人进行100%回访，并对服务质量进行全程监督。

（三）形成三制一网的支撑体系

曜阳保姆服务的健康可持续发展离不开"三制一网"的支撑与保障。"三制"是指体制、机制和法制，"一网"是指互联网。

体制支撑表现在政府的主导作用和扶持功能上。居家养老属于社会福利范畴，尽管在市场经济条件下，养老服务要走社会化发展的道路，但政府的政策主导作用、公共财政的投入和部门支持不可或缺。当前，社区养老服务业特别是居家养老服务的市场几乎还是空白，要从事社区居家养老服务，从平台搭建到进社区、入家庭；从入户的生活照料服务到组织志愿者开展公益活动等，首先必须得到政府的引领。社区资源利用、养老机构审批，医保资源的配置和发展瓶颈的破解等，无一不需政府的协调与支持。

机制支撑表现在养老服务业的多元化参与和投入上。在社区居家养老服务领域，各级政府、全社会的各类相关组织，包括医疗、金融、房产、互联网及衣食住行等产业行业都将是该领域的参与者。政府要整合养老服务资源，鼓励和引导各类经济成分的社会服务业进入“居家养老”服务工作，投资兴办托老助老等社会化居家养老服务事业，调动全社会各方面的积极性，逐步形成多元化的投入机制。政府不再充当“裁判员和运动员”的双重角色，而是重在引导养老机制创新，即整合各类养老服务组织形成体系，使其有效运转，通过体系内的合理分工带来效率和质量的提升，通过合作提高效率和水平。

法律支撑表现在法律制度对养老服务业的监管、评估和风险规避上。居家养老服务业的发展需要健全的监管机制，严格的养老产业准入和退出制度，有关部门应加强对居家养老服务业的运营监管，建立起公开公平的第三方独立考核评估体系，定期开展考核评估，以保证居家养老服务质量。作为养老服务机构，应该主动强化风险意识，积极跟踪研究当前的相关法律法规和政策，用好执行好已经出台和不断出台的新规新策，为自身的健康发展保驾护航。

互联网支撑体现在创新养老服务手段，引领居家养老服务业进入“互联网+”时代，积极推动智能化养老，形成“互联网+养老服务”创新模式。曜阳居家“互联网+养老服务”创新主要在两个方面下功夫：一是建设好社区综合信息平台，在养老助餐、助洁、助行、助浴和助医等上门服务上下功夫；二是着力建设好智能养老云系统，在养老服务、养老医护和消费物联网建设上下功夫。

三、担当养老服务“生力军”，争做养老服务“好帮手”

回顾和总结多年来从事养老服务工作的历程、经验，有以下几点思考和体会：

一是社会组织要担当起公益养老的主体责任。在养老服务中，各级政府承担着“保基本、建机制、强监管”的职责，在发挥好“托底”作用的同时，应尊重市场规律，降低民间资本进入门槛，鼓励和支持社会组织积极参与养老服务业发展，为市场化养老产业发展“保驾护航”。社会组织应当好政府助手，担当“生力军”，帮助政府“保基本”，在养老服务中做好“拾遗补阙”工作。

二是大力推进养老服务规范化、标准化。建立和实施养老服务标准体系，是规范养老服务行为、提高养老服务质量、促进养老服务业持续健康发展的前提和基础。一方面，需要政府进行顶层设计，制定养老服务业的统一规范和标准；另一方面，也需要发挥社会组织作用，创新服务方式，探索确立服务规范和标准。对此，我们也做出了积极的探索和尝试，在制定“曜阳养老”的社区养老和居家养老服务标准的同时，努力规范与社区、家庭的合作服务关系，统一实施“曜阳养老”服务标准；制定与政府合作的各项规范，积极争取政府购买服务。

三是积极推动“互联网＋养老服务”融合发展。国务院印发《关于积极推进“互联网＋”行动的指导意见》明确提出，“促进智慧健康养老产业发展”，把智慧养老上升到国家战略层面。近年来，我们在居家智能化养老方面进行了一些探索，在扬州曜阳养老服务中心，开通“12349”服务热线，配置“健康小屋”，为居家养老老人提供免费体检，建立健康档案，对老人健康进行动态监控和跟踪服务。同时，通过智能化养老服务信息平台，把专业化、个性化的养老服务送进社区和家庭，打通居家养老服务“最后一公里”；我们还与相关部门合作，共同启动了“关爱贫困失能老人行动——‘当你老了’公益平台”，是对“互联网+养老服务”的积极尝试。

四是高度关注和帮助贫困失能老人。当前，全国城乡失能、半失能老年人口总数约为4063万，占老年人口总数的18.3%。失能老人特别是贫困失能老人的养老服务供需矛盾突出，成为全社会共同关注和亟待解决的重大现实问题。对这些贫困失能老人，公办养老机构只能起到“托底”作用，社会组织特别是公益性社会组织应重点关注贫困失能老人，为他们提供公益性供养、护理服务，让他们感受到社会温暖，共享经济社会发展成果，彰显社会公平正义。

五是积极促进医疗卫生与养老服务相结合。养老服务，最重要的是医疗保障问题。2016年《北京养老产业蓝皮书》显示，在健康方面，我国有近八成老年人有各种健康问题，老年人中患有慢性病的比例高达74%。“长寿不健康”问题在我国尤为突出。加快推动“医养融合”发展，已成为提升养老服务质量的重要保障。目前，推动“医养结合”养老服务也面临诸多困难和制约因素。比如，养老机构建设与发展资金不足，不能获得医疗机构身份，不能纳入医保定点单位；失能老人医疗看护费用攀升，医疗支付困难；老年医疗护理的专业人才严重缺乏等问题。以上问题成为各类医疗型养老机构遭遇的共同瓶颈，为了更好解决问题，迫切需要在资金、政策等方面给予大力支持。

【活动介绍】

第二届两岸社会保障暨两岸恢复民间交流交往30周年论坛，由中国社会保障学会、两岸关系和平发展协同创新中心和中国红十字会总会事业发展中心共同主办，于2017年5月13日在福建省厦门市举行。在为期两天的会议中，海峡两岸200多位专家、学者及养老服务机构负责人围绕“深化两岸民间交流交往，构建共建共享社会保障制度”的主题，进行了深入的探讨和交流。

优化养老服务供给需化解结构性失衡
——俞建良、青连斌、江丹接受专题采访实录

近年来，老龄人口持续增加，养老问题成为社会关注的热点问题。今年3月，国务院印发了《“十三五”国家老龄事业发展和养老体系建设规划》，确立了到2020年“老龄事业发展整体水平明显提升，养老体系更加健全完善，及时应对、科学应对、综合应对人口老龄化的社会基础更加牢固”的目标。为实现这一目标，我们必须在解决养老服务的结构性失衡上下功夫。本期高端智库邀请有关部门负责人、专家等就此话题展开三方会谈。

一、全面认识我国养老服务发展形势的特征

《学习时报》：截至2016年底，全国60周岁及以上的老年人口比上年增加886万，达到2.31亿，占总人口的比重为16.7%。其中，65周岁及以上的老年人口增加617万，达到1.5亿，占总人口的比重从10.5%上升到10.8%，这是从总量上来看我国面临的人口老龄化形势。如果从养老服务供给的角度看，我国面临的形势又呈现怎样的特征呢？

俞建良：截至2016年底，全国有社区养老机构和设施3.13万个，同比增长29.6%；社区互助型养老服务设施6.74万个，同比增长28.8%。从供给的角度看，我国养老服务面临的形势呈现以下几方面特征：一是供给结构不合理。相对于机构养老，居家和社区养老服务资源不足；相对于城市养老服务，农村养老服务资源整体短缺；相对于自理老年人，为失能、部分失能老年人提供的照护服务资源不足。二是服务整体质量不高。相当数量的养老机构和组织所提供的养老服务与老年人及其家属的质量期望还存在一定差距。三是专业人员匮乏。养老护理员队伍专业水平不高，医疗、康复、心理、社会工作等高素质专业技术人才尤为匮乏。四是养老服务供给主体职责不清。政府保障存在缺位、越位问题；市场资源配置的决定性作用发挥不充分，市场潜力未充分释放；社会力量参与的积极性有待进一步提高。

青连斌：当前，我国养老服务业存在的主要问题是服务供给与需求相脱节，尤其是养老服务的结构性矛盾比以往更加突出和尖锐。

居家、社区、机构养老发展失衡。在多层次养老服务体系建设中，政府投入大量的人力物力财力用于机构建设和床位建设，对居家养老、社区养老的重视程度不够。因此，相对于机构养老而言，居家养老的基础作用没有得到充分发挥。一方面，政府、社区、养老服务机构和企业，以及一些社会服务组织开展的居家养老服务，不一定符合老年人的需求；另一方面，90%以上的老人愿意选择居家养老，需求无法得到满足。也就是说，有供给无需求、有需求无供给的问题比较突出。

机构养老中，公办与民办比重失衡。首先，应通过公建民营和改制，适度降低公办养老服务机构所占的比重。其次，公办养老机构应主要接收失能、半失能老人，把公办养老服务机构建设成功能互补、各具特色的“专科”型养老机构。再次，公办养老机构原来承担的政府“兜底”职能中的一部分，可采取政府购买服务的方式，向民办养老机构和公建民营养老机构购买。

在养老床位中，普通养老床位与护理型养老床位结构失衡。“十二五”时期，在我国669.8万张养老床位中，护理床位只有152.7万张，仅占22.8%。满足失能、半失能老人养老服务需求的护理性养老床位少，所占比重低，这是刚性需求，但不能满足需求。一些新建的高档养老院，因为收费高，位置也较偏，不受老年人欢迎，大量养老床位闲置。

江丹：首先，家庭养老服务供给减弱。随着社会的发展和变迁，我国家庭结构呈现小型化、核心化特征，并且出现空巢化现象。据第四次人口普查结果显示，老年空巢家庭占老年人居住的家庭户的25%。这些变化使得家庭提供养老服务的能力日益减弱。其次，机构养老服务供需矛盾突出。一方面，养老机构服务设施总量不足，床位供不应求，出现一床难求现象；另一方面，在有的民营机构，尤其是地处偏远、收费高昂的民营养老机构，床位空置率较高。另外，养老机构内护理人员缺少专业知识和技能培训，使得机构所提供的养老服务效率和质量水平较低。再次，居家养老服务供给蓬勃发展。居家养老是我国养老的新形式，这种方式既满足了老年人居家养老的意愿，又能够为老年人提供相对专业化和个性化的养老服务，因此，越来越受到社会和老年人的欢迎。

随着老龄化形势的日益加剧，养老服务供给社会化成为我国养老服务供给发展的新方向，通过家庭、社区、养老机构、社会组织以及政府的共同合作，构建以居家为基础、以社区为依托、以机构为补充的养老服务体系，才能满足老年人日益多样化的养老需求，实现老有所养。

二、正确分析养老服务领域供需失衡的矛盾

《学习时报》：养老领域存在着“一床难求”和床位空置同时存在的现象，这一供需失衡的矛盾是如何产生的？

俞建良：当前，养老服务领域确实存在“一床难求”和床位空置并存的现象。造成这种供需失衡矛盾的原因，主要有以下几方面：一是养老机构建设缺乏总体规划，部分地区在推进养老机构建设时，没有从老年人数量特别是失能老年人数量、发展趋势和养老服务需求出发制定分区分级的设施布局规划，护理型床位数量相对缺乏，供需对接不畅。二是我国老年人的收入水平普遍较低，加之受传统文化、生活习惯和消费理念等影响，一定程度上制约了老年人购买养老服务的热情和能力。三是大量养老机构刚刚建成，正处于试运行和功能完善阶段，不能迅速提高入住率。另外，一些养老机构因缺失用地、建设施工手续等，无法取得消防验收和许可登记，也在一定程度上影响到入住率。

为解决此问题，下一步，民政部门将积极协调有关部门，加强规划引导，优化养老机构结构和功能定位，提高服务和管理水平，解决养老机构空置率问题。

青连斌：实际上，“一床难求”并非普遍存在。根据近年来的调查，这样的养老机构主要有两类：一是以护理、康复服务为主的养老机构，比如护理院、老年康复医院。二是公办养老机构。公办养老机构在承担政府“兜底”职能的前提下，只有在床位有空置时，才会提供托养服务，这些社会托养床位往往是“一床难求”的。

从我们调研的数据来看，公建民营养老院的养老床位利用率最高，公办养老院次之，民办养老院的养老床位利用率最低。但是，即使养老床位利用率最高的公建民营养老院，养老床位的空置率也超过了 1/4。

我们在同入住老人的访谈中了解到，老人选择养老机构（政府“兜底”对象基本上没有选择的余地）主要考虑的因素有三个。一是就近，不愿意离开自己熟悉的社区环境。实际上，目前养老床位空置率比较高的，很多是远郊区养老院。二是收费。从我们调研的数据看，收费相对较低的养老院入住率高；而一些民间资本，尤其是一些房地产企业建的豪华型、超大规模的养老院，因收费高，绝大多数老年人只能望而却步，导致大量养老床位空置。三是医疗。在调研中，许多老人和养老院管理人员反映，如果能够自理或基本自理，绝大多数老年人会选择居家养老；希望入住养老院的老人，渴求的也只是能够住得进去，有一张养老床位，能够享受到最基本的养老服务。选择高端养老机构的人少之又少。养老院是不是附设有医院，或者周边有没有医院，看病是不是方便，是老人选择养老院的一个重要因素。可以说，老人对养老院的选择是理性的，床位存在空置现象并不意味着目前养老床位多了，供过于求，而是供需关系出现了结构性失衡。

江丹："一床难求"现象主要产生在城市公办养老机构内。城市由于人口密集，养老机构的床位利用率总体较高，而公办养老机构相较于民办养老机构而言，在地理位置、服务和收费等方面都存在巨大优势，从而受到老年人及其家属的欢迎，但公办养老院数量有限，远远不能满足城市老人的养老服务需求，因此，出现"一床难求"的现象。

高空床率主要出现在两个地域：一是农村敬老院。农村敬老院在我国养老机构中占很大比例，主要是为农村五保老人设置，而五保老人分布分散，机构建设不可能完全按照实际人头进行床位设置，因而出现了较高的空置率。二是地处城市郊区的养老机构，由于距离市区较远，交通不方便，因此入住率也不高。当然，还有一些高端养老机构收费高昂，许多老年人无力承担，其利用率也不高。

总而言之，"一床难求"与高空床率并存的现象，说明我国养老机构床位供给与老年人需求之间的结构性失衡。因此，未来发展养老机构，不仅要重视数量上的增加，还要调整养老机构的结构，公办养老机构要明确入住对象，回归"保基本、兜底线"本位，重点发展满足中等收入老年人经济水平的中端养老机构，民办高端养老机构应当作为有益补充，为有需求的老年人提供高品质、个性化养老服务。

三、加强养老服务人才队伍建设

《学习时报》：当前，随着医养结合成为养老领域的共识，全科医生、心理咨询师、营养师、康复师等专业技术人才的短缺成为突出问题。从短期看，如何有效利用现有资源满足养老基本需求？

俞建良：一是督促有关部门完善医护人员多点执业、职称评定等评价机制，鼓励医护人员到医养结合的机构执业，促进人才有序流动和发挥作用，建立医养结合机构和养老机构内设医疗机构的专业工作人员到医疗卫生机构进修、轮训机制。将老年医学、康复、护理人才作为急需紧缺人才纳入卫生计生人员培训规划，加快培养老年医学、康复、护理、营养、心理和社会工作等方面的专业人才。

二是在养老服务人才培养方面加强力度。积极贯彻教育部等9部委《关于加快推进养老服务业人才培养的意见》，建立实训基地，遴选示范专业点，加强业务培训，实施养老服务人才队伍免费培训或补贴政策，着力推动岗前培训、在岗培训和技能鉴定相衔接，职业教育和学历教育相结合。

三是加强劳动保护，对一线人员特别是长期护理失能老年人的护理人员，及时给予心理疏导等人文关怀。通过开发公益岗位、实行岗位津贴、职业资格补贴、社会保险补贴、评优表彰等形式，改善就业环境，提高其经济待遇和社会地位。

青连斌：医养结合的“医”，应严格同医院的医疗服务区分开来，不应该简单地理解为养老院内设医院，或医院直接开办养老院。从居家养老和社区养老来讲，医养结合的主体是卫生和医疗机构，主要是开展社区医疗服务和上门服务，为社区和居家养老的老人提供医疗服务。但是，从机构养老来讲，医养结合的主体是养老机构，卫生和医疗部门是配角，是配合和支持养老机构开展医养结合、医养融合发展的一方。

养老机构的"医"，主要包括两个方面：一是医疗，包括养老机构以不同形式为入住老年人提供医疗卫生服务，医疗卫生机构为养老机构开通预约就诊绿色通道，为入住老年人提供医疗巡诊、健康管理、保健咨询、预约就诊、急诊急救、中医养生保健等服务，确保入住老年人能够得到及时有效的医疗救治；二是护理，作为医院医疗救治后老人的后期康复护理场所，为老年人提供康复期护理、稳定期生活照料以及临终关怀等健康和养老服务。

政府及相关部门应把护理人员的职业技能培训纳入公益性培训规划，并尝试把部分公益性岗位用于养老机构护理人员，鼓励和支持保险机构为护理人员建立意外伤害保险。

江丹：首先，从供给角度来看，专业人才匮乏是当前的基本情况。从当前的教育和培训实际来看，这些专业人才必须经过专业培训后才能获得相应资质，但正规培训机构不足使得专业人才培养受限。从需求角度来看，人们对健康水平要求的提高，使得对这些专业人才的需求不断增加，尤其是在养老领域，老年人对医疗、护理、心理疏导等服务的需求更大，从而加剧了人才的供需矛盾。

短期来看，人才匮乏的问题难以得到有效解决，需要结合我国当前的养老模式，明确医养结合的服务对象。从我国当前的养老模式来看，97% 的老年人养老以生活照料为主，辅之以健康管理、疾病预防等公共卫生服务，其养老需求可以通过家庭、社区得到满足，其医疗需求可以社区为单位，经过招投标或其他竞争方式，与相关专业机构（如医院、康复机构等）、专业人员达成合作，定期组织专业人员走进社区、进入家庭，为老人提供专业化、个性化的养老服务。对于 3% 左右依赖机构养老、需要中长期专业医疗服务的老年人（如失能、半失能老年人，老年慢性病和恶性疾病患者的重合部分），一方面，可支持有条件的养老机构设立医疗机构，提供专业化的医疗康复服务，建立医疗型护理院；另一方面，可鼓励大型和综合型医疗机构依托现有的医疗资源，兴办养老服务机构。在此基础上，充分利用现有的资源满足基本养老服务需求。

四、激发社会力量参与养老服务业发展

《学习时报》：社会力量投资养老服务业的总体情况是怎样的？该如何进一步激发其积极性？

俞建良：截至2016年底，全国经民政部门设立许可的养老机构有2.8万个，其中民办养老机构约占40%，北京、吉林、上海、浙江、江苏等9个省市民办养老机构占比已经超过50%。一是加快推进顶层设计重点工作，引导和支持社会力量参与养老服务业，催生更多养老新产业、新业态、新模式，力争到2020年使民办养老机构床位占比不低于50%。二是积极完善鼓励社会力量进入养老产业的政策措施。相关部门已经出台了养老评估、规划建设、无障碍改造、责任保险、标准化、民间资本参与、价格管理等40多个专项政策，特别是在与养老产业有关的投融资、土地供应、税费优惠、补贴支持、人才培养和就业等方面出台了配套政策措施，政策红利正在逐步释放。三是坚持问题导向，加快推进放管服改革。国务院办公厅出台了《关于全面放开养老服务市场提升养老服务质量的若干意见》，重点解决供给结构不合理、市场潜力释放不充分等问题。民政部联合13部委出台了《关于加快推进养老服务业放管服改革的通知》，旨在进一步调动社会力量参与养老服务业发展的积极性，降低创业准入的制度性成本，营造公平规范的发展环境。

下一步，我们将着力解决社会资本参与养老服务业发展面临的设施用地、金融支持、税费优惠、人才培养等方面的实际困难，进一步加大养老服务放管服工作的力度，优化民间资本投资养老服务业的政策环境。通过压减审批流程，降低审批门槛，强化监管服务能力，进一步降低社会力量参与养老服务业的制度成本。修改完善养老机构设立许可办法，健全养老服务的准入、

退出、监管制度。

青连斌：发展我国养老服务业，社会力量是主体，2015 年底我国民办养老机构已经达到 13677 家，总量不少，但仅仅占全部养老机构总数的 29.3%，养老服务以社会力量为主体的目标还远未实现。

据调研，目前 48.1% 的养老机构的运营状况为基本持平，32.5% 的养老机构处于亏损状态，有赢利的仅占 19.4%。我们对 332 家养老机构的调查发现，2014 年平均全年利润不到 16 万元，11.9% 的养老院出现亏损，年亏损最多的达 130 万元。养老院赢利能力下降，部分养老院尤其是部分民办养老院亏损运营，已经成为影响和制约养老服务业发展的一个突出矛盾和问题。

造成这么多养老机构负债经营、亏损运营的原因是错综复杂的，改变这种情况有待多方合力、多措并举。但是，有两点需重点关注：一是社会各界要充分认识到养老服务是一项准公益、带有某种福利性的“事业”，不可能是一种投资回报快、利润率高的产业；二是国家出台了许多鼓励民间资本参与养老服务业发展的补贴和优惠政策，既是为了调动民间资本的积极性，尽快补齐养老服务体系建设这一民生短板，也是充分考虑到养老机构赢利能力低、投资回报周期长这一特点，因此落实国家补贴和优惠政策不应该打折扣，要扎扎实实地推动其落地。比如，许多民办养老院反映，养老院开办多年了，甚至十几年了，至今也没有得到政府应该提供的建设补贴。这其中原因很复杂，有的地方是限于财政紧张，有的地方则设置了许多门槛，达不到其要求的就得不到政府建设补贴。当然，这些门槛有些是合理的，比如严格的消防设施设备要求，但也有的门槛显然过高，一般的民办养老院很难达到要求。

江丹：自 2013 年《意见》下发以来，民政部会同相关部门初步建立了引导、支持和鼓励社会力量投资发展养老服务业的政策体系。目前，全国民办养老机构发展迅速，约占养老机构总数的 40% 左右，许多省份已经超过 50%。虽然相关激励措施取得一定成绩，但政府在养老服务业发展中承担了主要责任，民营企业进入养老服务业的市场机制尚未完全形成。目前，社会力量投资养老服务业主要存在以下问题：第一，养老机构作为一般建设项目在审批和行业准入中审批周期长、环节多、门槛高。第二，建设用地、建设补贴与运营补贴、减免水电暖气费和税收等优惠政策在实践中难以落实，与公办养老机构相比，民办养老机构投资多而补贴少，进而导致其收费高、服务质量参差不齐，在市场竞争中处于弱势地位，特别是在经营初期，往往运营十分困难。第三，具体谈到企业参与养老服务业投资，还存在一个定位难的问题，即企业投资养老服务业是企业运营模式还是民办非企业单位的运营模式。前者以营利为目的，而后者依据《民办非企业单位登记管理暂行条例》，不能享有养老机构的盈利分红，也不能享有养老机构经营终止时的剩余财产。所以，企业投资参与积极性相对不足也就可以理解。

因此，要激发社会力量参与养老服务业的积极性，必须从以下三个方面着手：一是认真落实中央政策及地方配套政策精神，完善配套措施，进一步降低准入门槛并完善相关优惠扶持政策，鼓励和支持社会组织积极参与养老服务业发展，为市场化养老产业发展“保驾护航”。二是将吸引社会力量参与养老服务纳入到发展规划、改革试点、地方激励、提高服务质量等工作中去，实行全方位激励。三是鼓励采取多种经营形式，建设公办民营、公建民营、民办公助、民办民营等形式的养老机构，完善提供基本养老服务的养老机构体系。

（本文发表于《学习时报》2017年6月19日“高端智库”栏目，由记者王翠娟采写，文中标题为本书编者所加。）

探索社会组织参与养老服务的新路径

——让老年人老有所养、老有所依、老有所乐、老有所安

以习近平同志为核心的党中央高度重视我国老年人养老问题。2013 年 12 月，习近平同志在考察北京市四季青敬老院后指出，我国老年人口增加很快，老年服务产业发展还比较滞后。要完善制度、改进工作，推动养老事业多元化、多样化发展，让所有老年人都能老有所养、老有所依、老有所乐、老有所安。这充分体现了党中央对全国老年人的深切关怀，也明确指出了我国养老事业发展的方向。新形势下，我们要认真落实好推动养老事业多元化、多样化发展的重要精神，鼓励和支持社会组织参与养老服务业发展，为老年人提供高质量的养老服务。

一、社会组织在养老服务中具有不可替代的重要作用

当前，我国老龄化形势日趋严峻，对养老服务提出了更高要求。截至 2016 年底，全国 60 岁及以上老年人口约 2.31 亿人，占总人口的 16.7%；65 岁及以上人口约 1.50 亿人，占总人口的 10.8%。预计到 2035 年，我国将进入人口老龄化高峰阶段。与此同时，随着经济社会发展，家庭养老的传统模式

受到家庭核心化、小型化的冲击。可以说，快速发展的人口老龄化对民生保障、经济发展、社会治理等都产生了深刻而持久的影响，养老服务已成为牵涉面非常广、人民群众非常关心的重大民生问题。应对人口老龄化、做好养老服务工作是一项涉及多领域、多层面的系统工程。20世纪80年代中期，我国全面开展养老保险制度改革，目前绝大部分适龄老人都能够领取数额不等的养老金。在初步满足了物质保障的基础上，老年人对照料护理、医疗康复、精神慰藉等服务保障的需求日益迫切。一方面，对老年人的基本服务属于公共服务领域，政府应承担起主要责任；另一方面，老年人对养老服务的需求具有很大差异性，由政府直接提供服务的难度较大。社会组织既具有公共性，又具有提供差异性服务的能力，因而在养老服务中具有不可替代的重要作用。具体而言，在养老服务中，各级政府承担着“保基本、建机制、强监管”的职责；社会组织特别是公益性社会组织应该当好政府的助手，在政府政策扶持、购买服务等支持下积极为老年人提供养老服务。

二、提高社会组织参与养老服务的质量和水平

目前，社会组织参与养老服务业发展仍存在一些政策、体制障碍。首先，社会组织参与养老服务的政策有待完善。虽然2013年发布的国务院《关于加快发展养老服务业的若干意见》对支持社会力量举办养老机构作出了相关规定，但现有政策仍然存在对基本养老服务的界定不够明晰、政府与市场边界没有厘清等问题。在实际操作中，对养老机构的税费、土地、融资等优惠政策的落实情况还不理想。其次，政府购买养老服务机制及配套法规有待完善。主要有：政府购买养老服务的安全监管制度、服务定价和收益管理制度、社会组织治理机制、对社会组织提供养老服务的分类管理制度等还不够完善；政府购买养老服务的相关地方法规，包括地方政府购买养老服务的范围、程序、经费保障、争议解决方法以及关于非营利组织的法律地位、税收优惠等

有待进一步明确。最后，社会组织参与养老服务的补偿机制有待完善。目前，社会组织参与养老服务的成本核算依据、补偿标准、补贴范围还不够明确，相应的投资回报与经营风险补偿机制还没有建立起来，导致社会组织参与养老服务的积极性不高。针对这些问题，应从以下几个方面破除政策、体制障碍，积极鼓励社会组织参与养老服务。

一是加快推进政府购买养老服务。在我国养老服务需求总量迅速增加、对公共服务质量要求不断提高的大背景下，通过政府购买养老服务推动养老服务供给主体多元化，已成为突破我国养老服务供给瓶颈的合理路径。通过政府购买养老服务鼓励社会组织参与养老服务，首先，应完善立法、简化手续，放宽民办非企业单位、社会团体的准入条件；其次，应进一步规范社会举办养老机构的设立条件、资质认定、优惠政策等，鼓励企业、社会团体和公民个人捐赠支持养老服务业；最后，应加强对老少边穷地区的养老基础设施建设。社会组织在提供养老服务时，应以老年人需求为导向，利用专业养老服务技术和管理方法，组织专业服务人员，为老年人提供低成本、高效率、高质量的养老服务。

二是发展“互联网+养老服务”。现在，很多年轻人通过网上订餐，可以足不出户解决吃饭问题，而很多老年人却只能拖着病弱的身体出门购买食品。在互联网时代，不能让行动不便的老年人面对“互联网鸿沟”而无可奈何，应推动养老智能化，让现代技术造福老年人生活，形成“互联网+养老服务”模式。应鼓励社会组织建立智能化养老服务平台，提供生活照料、健康管理、康复护理、精神慰藉等服务内容，使老年人能够得到及时、多样、优质的服务。

三是探索养老服务第三方评估。对养老服务的质量进行第三方评估，可以保证评估的公正性。而且，第三方评估机构有专业人才储备，能够更加从容地处理评估工作中遇到的各种问题，保证评估工作高质高效完成。在养老服务质量评估中，政府部门应把大量事务性工作转交给第三方评估机构，将自己的工作重心转移至优化评估指标、完善评估结果运用等方面，提高政府工作效率和工作质量。

四是加强养老护理人员的专业化培训。提高社会组织参与养老服务的质量和水平，一项重要工作是加强养老护理人员的专业化培训。在实践中，社会组织可以加强与专业学校的合作，对养老机构的护理人员进行专业培训，提高养老照料护理水平。做好这方面的工作，仍是我国养老服务业持续健康发展的重要任务。

（本文发表于《人民日报》2017年7月26日第7版“理论版”，课题组成员为江丹、罗宁、张汪耀、徐昌碧、龙卿吉、卢琼华、吴少祯。）

以新时代中国特色社会主义思想为指引，开创养老服务工作新局面①

习近平总书记在党的十九大报告中，鲜明提出了“中国特色社会主义进入新时代”的重大政治判断，精辟阐述了新时代中国特色社会主义思想和基本方略，科学描绘了新时代中国特色社会主义事业的宏伟蓝图，让全国各族人民对祖国未来充满信心。认真学习贯彻党的十九大精神，研讨做好新时代的养老服务工作，对于加快推动老龄事业和产业的更大发展，具有重大而又深远的意义。

一、红十字会参与养老服务工作的实践探索

多年来，中国红十字会总会事业发展中心在总会党组的关怀和指导下，遵照习近平同志提出的“要推动养老事业多元化、多样化发展，让所有老年人都能老有所养、老有所乐、老有所安”的总体要求，贯彻国家出台的一系列老龄工作方针政策，秉承宗旨、牢记使命，积极探索红十字会参与养老服

① 2017 年 10 月 28 日，在第三届中国养老服务业发展高层论坛开幕式上的发言。

务工作的职责和定位。

一是实行“医养护”一体化，探索医养结合养老服务新模式。将现代医疗和养老服务有效结合，实现“有病治病、无病疗养”的养老保障，发挥红十字会“人道救助、应急救护”的业务优势。2015 年，我们与北京医院、北京城建集团共同签订《“国家老年医学中心医养结合示范养老院”合作协议》，三方合作把北京曜阳老年公寓建成“国家老年医学中心医养结合示范养老院”。2016 年，我们与承德市委市政府合作，共同筹建“京承国际健康产业园”，其中的一个重要板块就是兴建健康大学，培养医养结合专业人才；与贵阳市委市政府合作创立贵阳市曜阳养老服务中心，引进北京高端医疗团队和设备，依托当地医疗机构，与贵阳市 14 家具有一定规模的养老机构，搭建联盟平台，把医疗服务送进社区和家庭，目前已服务老人 10 万余人次。

二是关爱贫困失能老人，探索帮扶特殊困难老人的办法。“改善最易受损人群的生活境况”，是红十字会的工作目的。我们广泛动员社会各界力量，募集款物，将高龄、空巢、失能、失智等特殊困难群体老人作为重点服务对象。2013 年，我们启动实施“曜阳关爱失能老人行动”公益项目，在江西、陕西等 11 个省（自治区）建成了 70 家托老所，累计为 1000 名失能老人提供公益性养老服务。2014 年，我们向财政部申报“中央专项彩票公益金支持失能老人养老服务项目”，获批 1.23 亿元彩票公益金，2 年内在全国 29 个省（自治区、直辖市），资助 589 家养老机构，直接受益的失能老人和惠及的老人近 5 万人。

三是举办专业人员培训班，探索提升养老管理和服务水平的方法。当前，我国养老服务人员严重不足，综合素质亟待提升。为补上这一短板，我们先后与云南、贵州、甘肃、广西、海南等省（自治区）红十字会合作，共同举办曜阳养老护理员、院长培训班 14 期，累计培训全国 500 多家养老机构的专业人员 3000 余人次；与比利时 UCB 公司合作，先后在新疆、广西和贵州等省（自治区）少数民族地区，举办全科乡村医生培训班 8 期，累计培训 29 个少数民族的1000余名乡村医生；与中国社会保障学会合作，研究制定曜阳养老标准体系，共同举办培训班，全国60家养老机构参与标准试点工作并派出有关负责人参加培训。

四是试行“互联网+养老服务”，探索智能化养老发展路径。2014年，我们在扬州市进行“互联网+养老服务”试点，成立扬州曜阳养老服务中心，开通“12349”服务热线，运用智能化养老服务信息平台对老人健康进行动态监控和跟踪服务，建立老人健康档案，把专业化、个性化的养老服务送进社区和家庭。2016年，我们又在陕西、河北等4个省，建立“微孝百分”养老服务信息平台，目前全国已有近3000家养老机构加盟使用，惠及家庭10万户以上。

五是举行大型社会公益活动，探索与其他社会组织的合作机制。近几年，我们与中国社会保障学会、北京医院合作，举办第一届和第二届中国养老服务业发展高层论坛，围绕“互联网+养老”“医养结合、关爱老人”等主题进行交流研讨；与中国社会保障学会合作，在厦门举办海峡两岸养老服务论坛，就海峡两岸养老服务业发展情况进行交流；与中国老龄事业发展基金会合作，在邯郸、长春分别举办“关爱失能老人”大型公益活动，动员社会各界力量，传递孝亲敬老正能量，共创时代新风尚。我们还重视对外交流合作，先后赴比利时、日本、巴西、阿根廷等多国考察，学习借鉴国外先进养老服务经验。

中国红十字会总会事业发展中心参与养老服务工作的实践探索，在社会上产生了积极影响，得到了上级领导和社会各界的普遍认可。“曜阳养老”模式被遴选为中央党校教学案例，走进了中央党校省部班、地厅班和中青班课堂；中国社会保障学会进行专题调研，将“曜阳养老”作为案例，写进了专题报告，中央媒体多次对“曜阳养老”进行报道。

二、对社会组织从事养老服务工作的基本认识

党和政府早就确立了“党委领导、政府主导、社会参与、全民行动”的

养老工作指导方针。社会组织具有公共性，又能提供差异性服务，在开展养老服务中，具有不可替代的重要力量。

第一，坚持走符合中国国情的社会化养老之路。当前，我国养老服务面临着“未富先老”、老龄人口最多、老化速度最快、持续时间最长等特殊情况，仅靠政府之力难以满足日益增长的社会养老服务需求。多年来，我们调动社会力量，整合社会资源，筹建“曜阳老年公寓”，打造“曜阳托老所”，探索“曜阳保姆服务”，形成了与机构、社区和居家养老相适应的“三位一体”曜阳养老服务工作体系，满足了不同层次、不同类型老人的养老需求，受到社会各界好评。

第二，坚持发展公益性服务与市场化运作相结合的养老模式。一方面积极筹集社会资金，努力争取政府政策扶持和资金支持，为特殊贡献老人和特殊困难家庭老人提供免费或优惠的公益性服务，充分体现公益性；另一方面，按照市场需求和经济规律运营，将一部分公寓和文化娱乐设施对外开放，增设特色养老服务项目，增加营业收入。只有通过市场化运作，变“输血功能”为“造血功能”，才能不断积累用于公益的社会资金，促进养老事业可持续发展。

第三，坚持拓展社会组织从事养老服务的路径和领域。在我国养老服务需求总量迅速增加，对公共服务质量要求不断提高的大背景下，政府购买养老服务，是推动养老服务供给主体多元化，突破我国养老服务供给瓶颈的有效路径。应通过不断扩大政府购买服务，鼓励社会组织积极参与养老服务工作，全面发展养老服务业。应积极推动养老智能化，鼓励社会组织建立智能化养老服务平台，形成“互联网＋养老服务”模式，提供生活照料、健康管理、康复护理、精神慰藉等服务内容，使老年人能够得到及时、多样、优质的服务。

第四，坚持完善社会组织从事养老服务的政策体系。社会组织从事养老服务工作需要政府的大力扶持和产业引导。政府要完善相关政策，明确基本养老服务范围，厘清政府与市场边界，完善社会组织从事养老服务工作的税费、土地、融资等优惠政策。同时，要完善配套法律法规，政府购买养老服务的范围、程序、经费保障、争议解决方法以及关于非营利组织的法律地位、税收优惠等要进一步明确，社会组织从事养老服务工作的成本核算依据、补偿标准、补贴范围、相应的投资回报与经营风险补偿机制要抓紧建立。

第五，坚持营造有利于社会组织发挥作用的社会环境。党的十九大报告将社会组织的作用纳入协商民主体系之中，要求统筹推进政党协商、人大协商、政府协商、政协协商、人民团体协商、基层协商以及社会组织协商，这是社会组织政治功能进一步加强的重要体现。在新的社会格局中，国家将进一步支持社会组织发展，党和国家将会更加重视社会组织的作用和意见。社会组织对于解决有关社会问题的成功探索与倡议，将会较快地转化为社会政策。社会组织一定要在养老服务中勇于担当，主动作为，锐意进取，积极创新，更好地发挥生力军作用，将我国老龄事业不断向前推进。

三、以奋发进取的姿态做好新时代的养老服务工作

习近平总书记在党的十九大报告中明确指出："中国特色社会主义进入新时代，我国社会主要矛盾已经转化为人民日益增长的美好生活需要和不平衡不充分的发展之间的矛盾。"这一重大政治判断和重大理论创新，涵盖了经济、政治、文化、社会、生态等方方面面。习近平总书记还指出，要"积极应对人口老龄化，构建养老、孝老、敬老政策体系和社会环境，推进医养结合，加快老龄事业和产业发展"。红十字会作为党和政府在人道领域的助手和联系群众的桥梁纽带，更应振奋精神，奋发进取，发挥好助手作用，在协助党和政府保障和改善民生，特别是养老服务方面创出新业绩，作出新贡献。下一步，总会事业发展中心将以党的十九大精神为指导，在参与养老服务方面着力做好五方面工作。

一是精心编制养老服务工作五年规划。在中国红十字会总会的指导下，深入贯彻党的十九大精神，编制好事业发展中心五年发展规划，是确定中心今后工作定位、方向和目标的一件大事。养老服务是中心的核心业务和重点工作，事业发展中心未来五年参与养老服务工作的目标、任务、重点和措施等都要安排到位。我们一定要努力将曜阳养老打造成知名养老品牌，力争实现曜阳养老规模化、特色化和连锁化。

二是切实抓好总会委托的与养老有关的三项调研工作。今年初，中国红十字会总会、民政部和国家老龄办联合下发《关于红十字会参与养老服务工作的指导意见》，明确红十字会参与养老服务的指导思想、基本原则、主要任务，为我们全面参与和开展养老服务工作提供了政策依据。前不久，总会委托事业发展中心重点开展好老年人能力评估、老年人救助和养老技能普及培训三项调研工作。做好三项调研，既为总会制定有关政策措施，指导地方红会参与养老服务提供依据，又为中心继续当好先行军，拓展参与养老服务工作新领域打好基础。

三是继续做好关爱特殊困难老人养老服务工作。当前，我国高龄、空巢、失能、失独等特殊群体老人高达 1.56 亿，他们中的多数人身患各种疾病，很难享受到专业的生活照料和医疗护理，应该得到社会的特别关注。在今后的五年里，事业发展中心将这一老年群体作为重点帮扶对象，继续开展“关爱失能老人行动”，通过各种渠道筹集资金，倡导爱心企业和爱心人士，献爱心，送温暖，改善他们的生活境遇，让他们感受到党的温暖，共享改革开放成果，进一步增强获得感、幸福感。

四是启动参与农村养老服务的实践探索。根据国家有关统计数据，我国农村人口的老龄化程度比城镇更高，高龄化程度更严重。城乡养老服务发展不平衡，已经成为影响和制约我国养老服务业健康发展的重要因素。从明年开始，我们将制订工作计划，率先在四川、贵州等省试点，积极参与和推动农村社会化养老服务，协助补齐当前我国养老服务发展短板。

五是大力推进"曜阳养老联盟"建设工作。总结陕西、河北、湖北和吉林等省智能化养老试点工作经验，依托事业发展中心信息网和微孝百分网，筹建"曜阳养老联盟"，创立公开、透明、开放、共享的"智能养老"服务平台，为加入联盟的养老机构提供法律服务、政策咨询、信息共享等公益服务，提升养老机构的服务质量和水平。在"曜阳养老联盟"机构建设中，特别要抓好党建工作，发挥党组织在推动养老机构发展中的战斗堡垒作用和党员在养老服务工作中的先锋模范作用。

孝道之行，社会安宁。进入新时代，踏上新征程。在精神上，我们要有新面貌；在工作上，我们要有新气象；在事业上，我们要有新发展。让我们在以习近平同志为核心的党中央的坚强领导下，在中国红十字会总会的有力指导下，以习近平新时代中国特色社会主义思想为指引，奋发有为，开拓创新，努力开创新时代的养老服务工作新局面，努力加快我国老龄事业和产业发展，为实现中华民族伟大复兴的中国梦作出新的更大贡献！

（本文已被收录到郑功成、江丹主编，人民出版社2020年9月出版的《中国养老服务业发展高层论坛演讲选编（2015—2019）》中。）

【活动介绍】

第三届中国养老服务业发展高层论坛，由中国社会保障学会、中国红十字会总会事业发展中心和人民日报《民生周刊》杂志社共同主办，于2017年10月28日在贵州省贵阳市举行。论坛主题是"学习贯彻党的十九大精神，推动中国养老服务业持续健康发展"。全国人大常委会副委员长、中国红十字会会长陈竺和第十届全国政协副主席张怀西为论坛发来贺信。有关领导、专家学者及养老机构代表共近400人参加了论坛活动并围绕论坛主题开展了深入研讨和交流。

努力开创养老服务工作新局面

中国红十字会总会事业发展中心在总会党组的关怀和指导下，遵照习近平总书记提出的“推动养老事业多元化、多样化发展，让所有老年人都能老有所养、老有所依、老有所乐、老有所安”的总体要求，贯彻国家出台的一系列老龄工作方针政策，秉承宗旨、牢记使命，积极探索红十字会参与养老服务工作的职责和定位。

一、红十字会参与养老服务工作的实践探索

中国红十字会积极探索医养结合养老服务新模式。2015 年，我们与北京医院、北京城建集团共同签订了《“国家老年医学中心医养结合示范养老院”合作协议》，由三方合作，把北京曜阳老年公寓建成“国家老年医学中心医养结合示范养老院”。2016 年，我们与承德市委市政府合作，共同筹建“京承国际健康产业园”，其中一个重要板块就是兴建健康大学，培养医养结合专业人才。

贵阳市曜阳养老服务中心是我们和贵阳市委市政府合作创立的，我们通过引进北京高端医疗团队和设备，依托当地的医疗机构，与贵阳市 14 家具有

一定规模的养老机构合作，搭建联盟平台，把医疗服务送进社区和家庭。截至目前，已服务老人10万多人次。今年9月，贵阳市曜阳养老服务中心入选国家养老服务业发展典型案例名单，已经被列为贵州省大健康医药产业示范基地。

我们广泛动员社会各界力量，募集款物，将高龄、空巢、失能、失智等特殊困难群体老人作为重点服务对象。2013年，我们启动实施了"曜阳关爱失能老人行动"公益项目，在江西、陕西等11个省份建成了70家托老所，累计为1000名失能老人提供公益性养老服务。2014年，我们向财政部申报了"中央专项彩票公益金支持失能老人养老服务项目"，获批1.23亿元彩票公益金，2年内在全国29个省（自治区、直辖市）资助589家养老机构，直接受益的失能老人和惠及的老人近5万人。

二、对社会组织从事养老服务工作的基本认识

党和政府早就确立了"党委领导、政府主导、社会参与、全民行动"的养老工作指导方针。社会组织既有公共性，又能提供差异性服务，在开展养老服务中，有着不可替代的重要力量。根据多年来的实践探索，我们对社会组织从事养老服务工作，有以下几点体会与认识。

第一，坚持走符合中国国情的社会化养老之路。当前我国养老服务面临着"未富先老"、老龄人口最多、老化速度最快、持续时间最长等特殊情况，仅靠政府之力难以满足日益增长的社会养老服务需求。各级政府承担着"保基本、建机制、强监管"的职责，同时要更加尊重市场规律，降低民间资本进入门槛，鼓励和支持社会组织积极参与养老服务业发展。凡是政府所需、群众所盼、红十字会所能的工作，就是我们的工作。多年来，我们调动社会力量，整合社会资源，筹建了"曜阳老年公寓"，打造了"曜阳托老所"，探索了"曜阳保姆服务"，形成了与机构、社区和居家养老相适应的"三位一

体”曜阳养老服务体系，满足了不同层次、不同类型老人的养老需求，受到社会各界好评。

第二，坚持发展公益性服务与市场化运作相结合的新型社会养老服务模式。我们在曜阳养老实践过程中，积累了一些有益经验，其中重要一点就是坚持公益性服务和市场化运作相结合。我们一方面积极筹集社会资金，努力争取政府政策扶持和资金支持，为特殊贡献老人和特殊困难家庭老人提供免费或优惠的公益性服务，充分体现公益性；另一方面，按照市场需求和经济规律运营，将一部分公寓和文化娱乐设施对外开放，并增设特色养老服务项目，以增加营业收入。现在，我国很多养老机构保证了社会效益，但经济效益得不到保证，出现了收支不平衡的亏损现象。只有通过市场化运作，变“输血功能”为“造血功能”，才能不断积累用于公益的社会资金，促进养老事业可持续发展。这是社会组织从事养老服务、兴办养老机构必须要面对的重大课题。

第三，坚持拓展社会组织从事养老服务的路径和领域。在我国养老服务需求总量迅速增加，对公共服务质量要求不断提高的大背景下，政府购买养老服务，是推动养老服务供给主体多元化、突破我国养老服务供给瓶颈的有效路径。应通过不断扩大政府购买服务，鼓励社会组织积极参与养老服务工作，全面发展养老服务业。在互联网时代，不能让行动不便的老年人面对“互联网鸿沟”而无可奈何，而应推动养老智能化，鼓励社会组织建立智能化养老服务平台，形成“互联网＋养老服务”模式，提供生活照料、健康管理、康复护理、精神慰藉等服务内容，使老年人能够得到及时、多样、优质的服务。

第四，坚持完善社会组织从事养老服务的政策体系。社会组织从事养老服务工作需要政府的大力扶持和产业引导。政府要完善相关政策，明确基本养老服务范围，厘清政府与市场边界，完善社会组织从事养老服务工作的税费、土地、融资等优惠政策。同时，要完善配套法律法规。相关地方法规中，政府购买养老服务的范围、程序、经费保障、争议解决方法以及关于非营利组织的法律地位、税收优惠等要进一步明确。此外，社会组织从事养老服务工作的成本核算依据、补偿标准、补贴范围、相应的投资回报与经营风险补偿机制要抓紧建立，才能全面调动社会组织从事养老服务的积极性。

第五，坚持营造有利于社会组织发挥作用的社会环境。有专家指出，党的十九大报告将社会组织的作用纳入协商民主体系之中，要求统筹推进政党协商、人大协商、政府协商、政协协商、人民团体协商、基层协商以及社会组织协商，这是社会组织政治功能进一步加强的重要体现。在新的社会格局中，国家的多项政策，将会进一步支持社会组织的发展，党和国家将会更加重视社会组织的作用和意见。社会组织对于解决有关社会问题的成功探索与倡导，将会较快地转化为社会政策。我们社会组织一定要在养老服务中勇于担当，主动作为，锐意进取，积极创新，更好地发挥生力军作用，将我国的老龄事业不断向前推进。

（本文发表于《民生周刊》2017年第11期。）

创建曜阳养老公益品牌，进一步推动红十字会参与养老服务①

根据总会的要求，我结合中国红十字会总会事业发展中心参与养老服务工作的实践，围绕贯彻落实中国红十字会总会、民政部、全国老龄工作委员会办公室《关于红十字会参与养老服务工作的指导意见》，谈一谈曜阳养老公益品牌创建的思考与探索，与大家交流和分享。

一、思考与探索

中国红十字会总会事业发展中心，前身是成立于 2006 年 3 月的中国红十字基金会事业发展办公室。2011 年 5 月，经中央编办批准，正式成立中国红十字会总会事业发展中心。作为中国红十字会总会的直属单位，事业发展中心高举公益旗帜，弘扬“人道、博爱、奉献”的红十字精神，秉持“心系民生，回报社会”的公益理念，致力于养老服务、教育助学、救助扶贫、文化宣传等公益事业，着力打造“曜阳”养老、“拔萃”教育和“博爱中国”文化

① 2017 年 12 月 20 日，在中国红十字会总会年度工作务虚会上的发言。

3 项公益品牌。

养老服务是事业发展中心的重点工作。多年来，事业发展中心在总会党组的关怀和指导下，遵照习近平总书记提出的“推动养老事业多元化、多样化发展，让所有老年人都能老有所养、老有所依、老有所乐、老有所安”的总体要求，贯彻国家出台的一系列老龄工作方针政策，调动社会力量，整合社会资源，积极探索红十字会参与养老服务工作的职责和定位。

（一）中国红十字基金会阶段，积极兴办公益养老实体

中国红十字会是党和政府在人道领域的助手和联系人民群众的桥梁纽带，协助政府有效应对人口老龄化问题，是义不容辞的责任和义务。早在 2001 年，我们就开始关注和研究我国人口老龄化问题，并积极探索养老服务途径。2006 年，我们启动“曜阳国际老年公寓”建设项目，先后在扬州、北京、富春江和济南建成 4 所老年公寓，重点为对国家、民族和社会作出突出贡献的老人提供公益养老服务，并在当地组织开展各类公益养老活动，弘扬孝亲敬老传统，在全社会营造了敬老、爱老和助老的良好氛围。

（二）新单位成立后，实现工作重心三个转移

2013 年 9 月，国务院印发的《关于加快发展养老服务业的若干意见》强调，要“以政府为主导，发挥社会力量作用，着力保障特殊困难老人的养老服务需求，确保人人享有养老服务”。随着国家政策和养老形势的发展变化，我们及时调整工作思路，积极探索公益性服务和市场化运作相结合的新型社会养老服务模式，实现了工作重心的“三个转移”，即养老模式由老年公寓单一方式转向包括老年公寓、托老所和保姆服务多种方式并进的养老服务体系，服务对象由重点为对国家、民族和社会作出突出贡献的老人转向为不同层次老人提供服务，工作方法由摸着石头过河转向既制定远景规划又脚踏实地开展工作”，并进行了以下实践和探索。

一是关爱贫困失能老人，探索帮扶特殊困难老人的办法。2013 年，我们启动实施了“曜阳关爱失能老人行动”公益项目，在江西、陕西等 11 个省区建成了 70 家曜阳托老所，累计为 1000 多名失能老人提供公益性养老服务。2014 年，我们向财政部申报了“中央专项彩票公益金支持失能老人养老服务项目”，获批了 1.23 亿元彩票公益金，2 年内在全国 29 个省（自治区、直辖市），资助 589 家养老机构，直接受益失能老人和惠及的老人近 5 万人。

二是试行“互联网 + 养老服务”，探索智能化养老发展路径。2014 年，我们在扬州市进行“互联网 + 养老服务”试点，成立了扬州曜阳养老服务中心，开通“12349”服务热线，运用智能化养老服务信息平台对老人健康进行动态监控和跟踪服务，建立老人健康档案，把专业化、个性化的养老服务送进社区和家庭。2016 年，我们又在陕西、河北等 4 个省，建立“微孝百分”养老服务信息平台，目前全国已有近 3000 家养老机构加盟使用，惠及 10 万户以上家庭。

三是举办专业人员培训班，探索提升健康养老管理和服务水平的方法。从 2013 年开始，我们与地方红十字会合作，共同举办曜阳养老护理员、院长培训班 14 期，累计培训全国 500 多家养老机构的专业人员 3000 多人次；与比利时 UCB 公司合作，先后在新疆、广西和贵州等少数民族人口较多的省（自治区），举办全科乡村医生培训班 8 期，累计培训 29 个少数民族的 1000 多名乡村医生。此外，我们与中国社会保障学会合作，研究制定曜阳养老标准体系，并共同举办了培训班。全国 60 家养老机构参与标准试点工作，有关负责人参加了培训。

四是实行“医养护”一体化，探索医养结合养老服务新模式。2015 年，我们与北京医院、北京城建集团共同签订了《“国家老年医学中心医养结合示范养老院”合作协议》，由三方合作，把北京曜阳老年公寓建成“国家老年医学中心医养结合示范养老院”。2016 年，我们与承德市委市政府合作，共同筹建“京承国际健康产业园”，其中的一个重要板块就是兴建健康大学，培养医养结合专业人才。我们还与贵阳市委市政府合作建立贵阳市曜阳养老服务中心，该中心于今年 9 月入选国家养老服务业发展典型案例名单，并被列为贵州省大健康医药产业示范基地。

五是举行大型社会公益活动，探索与其他社会组织合作机制。近几年，我们与中国社会保障学会合作，分别在北京、贵阳举办了 3 届中国养老服务业发展高层论坛，围绕“互联网 + 养老”“医养结合、关爱老人”等主题进行了交流研讨。与中国老基会合作，在邯郸、长春分别举办了“关爱失能老人”大型公益活动，动员社会各界力量，传递孝老正能量，共创时代新风尚。我们还重视对外交流合作，先后赴比利时、日本、巴西、阿根廷等多国考察，学习借鉴国外先进养老服务经验。

二、收获与体会

（一）高举红十字公益大旗

多年来，我们的养老工作之所以得到社会各界的支持与认可，最重要就是因为我们始终秉承宗旨、牢记使命，为老人特别是特殊困难老人做了大量的实事和好事，在老百姓中赢得了口碑。习近平总书记指出，“红十字是一种精神，更是一面旗帜”。2015 年 6 月，全国人大常委会副委员长、中国红十字会会长陈竺到中心调研，对中心的工作给予高度肯定，希望事业发展中心在红十字旗帜下继续秉承红十字精神，将各项工作做大做好，特别是养老服务工作要坚持医养结合，发挥优势，体现红十字特色，为更多的老人送去温暖，为我国的老龄事业发展作出新的贡献。

今后，我们将继续高举公益大旗，大胆探索、创新管理，努力把“曜阳”养老打造成红十字公益养老服务品牌，让更多的老人安享幸福晚年，为全面建成小康社会、实现中国梦作出积极贡献。

（二）密切关注失能失智等特殊群体老人

“改善最易受损人群的生活境况”，是红十字会的工作目的。当前，我国高龄、空巢、失能、失独等特殊困难老人高达1.56亿，其中，失能半失能老年人约4000万人，他们身患各种疾病，很难享受到专业的生活照料和医疗护理，这些特殊困难老人的养老服务供需矛盾十分突出。养老机构的风险回避，造成机构养老市场覆盖人群出现结构性失衡，最需要入住养老机构的失能老人却被排斥在市场之外。

对特殊老人的养老服务，公办养老机构只能起到“托底”的作用，红十字公益组织应密切关注特殊老人群体，为他们提供公益性供养、护理服务，在养老服务中做好“拾遗补阙”的工作，让他们感受社会温暖，共享经济社会发展成果，进一步增强获得感、幸福感和安全感。

（三）坚持公益性服务与市场化运作相结合

我们在曜阳养老实践过程中，积累了一些有益经验，其中重要的一点就是坚持公益性服务和市场化运作相结合。我们一方面积极筹集社会资金，努力争取政府政策扶持和资金支持，为特殊贡献老人和特殊困难家庭老人提供免费或优惠的公益性服务，充分体现公益性；另一方面，按照市场需求和经济规律运营，将一部分公寓和文化娱乐设施对外开放，并增设特色养老服务项目，以增加营业收入。

现在，我国很多养老机构保证了社会效益，但经济效益得不到保证，都出现了收支不平衡的亏损现象。只有通过市场化运作，变“输血功能”为“造血功能”，才能不断积累用于公益的社会资金，促进养老事业可持续发展。回顾曜阳养老之路，我们重视学习贯彻党中央和国务院有关养老服务工作的指示精神，坚持开拓创新，坚持公益性服务和市场化运作相结合的新型社会养老服务模式，推动公益养老事业可持续发展。

（四）突出红十字养老服务特色

我们发挥红十字会公益组织优势，突出“医养结合”和“人文关怀”两大特色，不断提升养老服务品质，努力打造“曜阳”养老公益品牌。

一是坚持医养结合。老年人养老最关注的是自身健康和医疗保障。医养结合将现代医疗和养老服务有效结合，实现了“有病治病、无病疗养”的养老保障，更能发挥红十字会“人道救助、应急救护”的业务优势。二是体现人文关怀。为了让老人活得有尊严，我们将“以人为本”的理念贯穿在养老服务具体工作中，根据老年人的心理和生理特点，大力弘扬“人道、博爱、奉献”的红十字精神，充分利用红十字优势资源，定期组织医疗、保健专家，走进“曜阳”，开展义诊活动，为老人提供医疗保障，并组织开展健康讲座、保健养生、心理辅导等特色服务。此外，还有计划地组织社工、大学生志愿者等进“曜阳”，开展读书读报、谈心谈话、文艺演出等慰问活动，满足不同老人的精神需求。

（五）积极整合社会资源和社会力量

当前我国养老服务面临着“未富先老”、老龄人口最多、老化速度最快、持续时间最长等特殊情况，仅靠政府之力难以满足日益增长的社会养老服务需求。“政府主导、市场主体”的社会化养老已是大势所趋。各级政府承担着“保基本、建机制、强监管”的职责，同时要更加尊重市场规律，降低民间资本进入门槛，鼓励和支持社会组织积极参与养老服务业发展，走符合中国国情的社会化养老之路。

社会组织特别是公益性社会组织应担当“生力军”的角色，在政府政策扶持、购买服务等支持下，帮助政府“保基本”，发挥自身优势，适应老年人养老需求，在发展养老服务业中发挥积极作用。

我们调动社会力量，整合社会资源，为老人特别是失能半失能等特殊困难老人提供公益性养老服务，得到了社会各界的积极响应。全国 100 多家爱心企业、1000 多家养老机构、数千名养老护理员以及爱心企业家、爱心人士、爱心志愿者近万人参与养老服务，体现了社会组织带动社会力量参与公益养老事业的影响力和感召力。

三、意见与建议

（一）突出公益性养老服务

红十字会应结合“扶贫济困、救助弱势群体”的工作职责定位，积极争取政府和社会力量支持，充分利用闲置废弃的厂房、学校和宾馆等房屋资源，采取公建民营的方式，兴办公益性养老机构；在红十字会支持的灾后重建、博爱家园等项目点，加强养老服务设施规划和配备；积极募集款物，为革命建设功臣和特殊困难老人提供公益性的养老服务。

（二）重点帮扶特殊困难老人

在和平时期和人口快速老龄化的新时代背景下，红十字会参与养老服务，应聚焦服务对象，充分发挥自身在医疗、卫生、应急救护等方面的优势，重点开展面向高龄、空巢、失能、失智等特殊困难群体老人的公益援助项目，为他们提供公益性的养老服务，做好政府在人道领域的助手，为解决我国人口老龄化问题贡献力量。

（三）培育养老服务志愿组织

健全各级红十字志愿者组织，形成市、区、街道、社区各级志愿者服务网络，广泛实施志愿者与老年人结对服务计划。构建志愿者工作管理体系，建立组织招募机制、登记注册制度以及保障机制，规范志愿者管理。完善志愿者表彰激励机制，给予志愿者精神激励的同时也给予适当的物质回报。动员和培训红十字志愿者，深入家庭、社区和养老机构等开展针对老年人的红十字志愿服务活动。设立老年人互助银行，鼓励身体健康的低龄老年人帮助照护生活难以自理的高龄老年人，记录其服务时间，以备日后换取相应的照护服务。

（四）加强养老专业人才队伍建设

发挥红十字会应急救护培训的优势，重视养老服务人员培养和专业医护人才队伍建设。一是加强与专业院校或职业学校合作，对养老护理人员进行定向培养，引导从业人员走上专业化、职业化道路；二是寻求卫生行政部门的支持，把医护人员到养老机构轮岗工作作为专业技术职称晋升和毕业、入职评定的必要条件；三是联合民政部门、老龄工作部门，共同开展面向养老服务人员、红十字会工作人员、志愿服务骨干的培训。

（五）营造养老孝老敬老社会环境

加强老年文化宣传、老龄化知识和老年人照护技能普及、尊老敬老教育等，开展形式多样、内容丰富的志愿服务活动，为老人办实事、做好事、献爱心，弘扬中华民族敬老、爱老、助老的传统美德，感召更多的社会力量参与养老服务，营造养老、孝老、敬老的社会环境和良好氛围。

曜阳公益养老服务的探索与实践①

一、曜阳养老事业实践探索及发展历程

早在 1999 年，我们就开始关注、思考和研究我国人口老龄化问题，致力于探索红十字会参与养老服务的方法、路径和模式。回顾曜阳公益养老服务的发展历程，大致可以划分为三个阶段：

第一，起步阶段（1999—2009 年），成立红基会事业发展办公室和红基会事业发展中心时期，尝试兴办公益养老实体。从 2001 年开始，我们就到全国一些省市调研养老工作，对我国老龄化的现状有了初步了解。2004 年，我们启动了“曜阳国际老年公寓”建设项目，与爱心企业或地方政府合作，尝试创办公益养老实体。在我们的努力和社会各界的大力支持下，扬州、富春江和北京曜阳老年公寓建成运营，重点为对国家、民族和社会作出突出贡献的革命功臣，提供公益性养老服务。

第二，探索阶段（2009—2013 年），成立总会事业发展中心，探索机构、社区和居家“三位一体”养老服务模式。随着我国人口老龄化的快速发展，

① 2018 年 6 月 6 日，在第八届海峡两岸红十字博爱论坛上的研讨发言。

养老服务供需矛盾日益突出。单一的机构养老服务模式，只能为少数老人提供养老服务，大部分老人被排除在外，这些人无法享受到专业化、规范化和个性化的养老服务。为此，我们在广泛征求和认真听取专家、顾问和一线养老工作者意见和建议的基础上，提出了建设“曜阳托老所”的设想，主要面向社区中低收入家庭老人提供服务。从 2012 年开始，我们率先在江西、陕西等革命老区和特困地区进行试点，并与有关机构合作，建立面向社区和乡镇、面向中低收入家庭、面向失能老人的“曜阳托老所”，统一建设标识，配备专业辅助设备，培训养老护理人员，为老人提供全方位的医疗护理和生活照料。

2013 年，我们又开始探索“曜阳保姆”养老服务模式，以“曜阳老年公寓”和“曜阳托老所”为依托，组织护理员和志愿者将“曜阳养老”服务延伸到社区和家庭，为低收入失能老人提供公益性的“保姆式”养老服务。同时，我们还建立和运用智能化养老服务信息平台，对社区和居家老人健康进行动态监控和跟踪服务，建立老人健康档案，把专业化、个性化的养老服务送进社区和家庭，打通居家养老服务“最后一公里”。

第三，发展阶段（2013 年至今），调整养老工作重心，重点关注和帮助贫困失能老人。凡是党和政府所需，人民群众所盼、红十字会所能，就是红十字会工作的着力点和落脚点。在人口快速老龄化的新时代背景下，红十字会应在“三救三献”核心业务的基础上拓展新业务，积极参与养老服务工作。特别要结合红十字会“扶贫济困、救助弱势群体”的工作职责定位，聚焦服务对象，重点开展面向高龄、空巢、失能、失智等特殊困难群体老人的公益援助项目，为他们提供公益性的养老服务，为解决我国人口老龄化问题贡献力量。

基于以上思考，我们及时调整工作思路和工作重心，推动工作重心实现“三个转移”：养老模式由老年公寓单一方式转向包括老年公寓、托老所和保姆服务多种方式并进的养老服务体系；服务对象由重点为对国家、民族和社会作出突出贡献的老人转向为不同层次老人特别是贫困失能老人提供服务；

工作方法由摸着石头过河转向既制定远景规划又脚踏实地开展工作。

2013 年，我们启动实施了“曜阳关爱失能老人行动”公益项目，探索帮扶困难失能老人的长效工作机制。我们依托建成的曜阳托老所，为贫困失能老人提供公益性养老服务。为帮助更多的贫困失能老人，我们努力整合与调动社会资源，多方筹募社会资金，争取政府财政资金，结合精准扶贫工作，重点资助革命老区和中西部养老问题较为突出的贫困地区养老机构的失能老人，努力改善失能老人的生活境遇和生活品质，让他们安度幸福晚年。

二、曜阳公益养老服务工作的主要收获

经过多年的积极努力和不懈探索，“曜阳养老”服务工作取得了一定成绩，在社会上产生了一些影响，得到了上级领导和社会各界的普遍认可。“曜阳养老”模式被遴选为中央党校教学案例，走进了中央党校省部级、地厅级领导干部和中青年干部培训班的课堂。中国社会保障学会对“曜阳养老”进行了专题调研，起草了专题调研报告，习近平总书记、李克强总理分别作出了重要批示。

（一）探索了公益性服务与市场化运作相结合的新型社会养老服务模式

在市场经济条件下，公益实体必须走公益性服务和市场化运作相结合的发展路子。一方面，争取政府政策扶持，充分体现公益性；另一方面，用市场配置资源，增强经济活力，扩大社会影响面。多年来，我们坚持把公益性养老服务与市场化运作相结合，增强公益养老实体的“造血功能”，不断积累用于公益的社会资金，推动公益养老事业可持续发展。这一新型社会养老服务模式得到了上级主管部门和社会各界的充分肯定。

（二）构建了"三位一体"的"曜阳养老"服务体系

目前，我们筹建的"曜阳老年公寓"、打造的"曜阳托老所"、探索的"曜阳保姆服务"，已形成了与机构、社区和居家养老相适应的"三位一体"曜阳养老服务体系，满足了不同层次、不同类型老人的养老需求。目前，我们已建成曜阳老年公寓 5 个、曜阳养老服务中心 3 个、曜阳托老所 70 多家。其中，贵阳市曜阳养老服务中心入选国家养老服务业发展典型案例名单，并被列为贵州省大健康医药产业示范基地。扬州市曜阳养老服务中心已经争取到扬州市广陵区政府购买居家养老服务项目，政府每年拿出近 400 万元购买曜阳居家养老服务。

（三）打造了红十字特色的"曜阳养老"服务品牌

我们根据红十字会"人道救助、应急救护"的业务优势，在老年公寓和托老所都设立了医疗康复机构，并经常性地组织医疗专家开展义诊活动，实现了"有病治病、无病疗养"的养老和医疗保障。同时，组织红十字志愿者，开展读书读报、谈心谈话、文艺演出、志愿服务等公益活动，满足不同老人的精神需求，形成了"医养结合与人文关怀"的红十字品牌特色。

（四）突出了贫困失能老人作为帮扶重点

我们根据红十字"扶贫济困、救助弱势群体"的职责定位，通过曜阳关爱行动公益项目，重点为贫困失能老人提供公益性养老服务。2013 年，事业发展中心为了改善贫困失能老人的生活品质，保护和保障他们的生命、健康及尊严，启动实施了"曜阳关爱失能老人行动"公益项目，动员爱心企业捐款 2000 多万元，为 4600 多名贫困失能老人提供公益养老服务。2014 年起，我们向财政部申报了"中央专项彩票公益金支持失能老人养老服务项目"，先后获批 1.73 亿元彩票公益金，目前已在全国 29 个省（自治区、直辖市）资助 739 家养老机构，直接受益失能老人和惠及的老人近 6 万人。

（五）形成了与其他社会组织及单位长期合作机制

多年来，我们与地方红十字会、中国老基会、中国社会保障学会、爱心企业和比利时 UCB 制药公司等国内外组织和单位合作，寻求社会各界的支持，整合各方面资源，服务于养老事业。截至 2017 年底，我们先后与云南、贵州、甘肃、广西、海南等省（自治区）红十字会合作，共同举办曜阳养老护理员、院长培训班 14 期，累计培训全国 500 多家养老机构的专业人员 3000 多人次；又与中国社会保障学会、北京医院合作，在北京、贵阳、厦门等地，举办养老论坛 10 多场，围绕"智能化养老、医养结合"等主题进行交流研讨；与比利时 UCB 公司合作，先后在新疆、广西和贵州等少数民族人口较多的省（自治区），举办全科乡村医生培训班 8 期，累计培训 29 个少数民族的 1000 多名乡村医生，受到了社会的普遍好评。

三、红十字会参与养老服务工作的建议

根据多年来从事养老服务工作的实践，我们对红十字会参与养老服务工作提出以下几点建议。

（一）进一步明确红十字会参与养老服务的工作定位

红十字会作为党和政府在人道领域的助手，参与养老服务工作，帮助人民群众解决切身利益问题，有利于增强政治性、先进性和群众性，提升红十字会公信力。一要主动参与。建设新时代中国养老服务体系，各级政府应该承担主体责任，同时注重发挥企业单位、社会组织、社区和家庭的积极作用。红会作为党领导下的群团组织，要发挥社会组织应有的作用，积极参与养老服务。二要示范引领。我国现有养老服务体系针对弱势老人群体的服务供给

总体上处于不平衡不充分的状态，特别是经济欠发达地区针对弱势老人群体的养老服务还存在比较明显的短缺。红会参与养老服务，就是要在为弱势老人群体提供养老服务方面起到示范引领作用。一旦社会形成了比较充分的面向弱势老人群体的养老服务供给，红会就要及时退出相应的领域。三要营造氛围。红会要坚决贯彻落实党的十九大精神，按照党的十九大报告提出的"构建养老、孝老、敬老政策体系和社会环境"的工作要求，发挥自身优势，创新推动工作，积极营造养老、孝老、敬老的社会氛围。

（二）进一步明确红十字会参与养老服务的工作内容

老年人根据能力情况分为活力型老人、自理型老人、半自理型老人、半失能老人和失能老人等类型。养老服务的形式包括居家养老、社区养老和机构养老。养老服务内容主要包括生活照料、精神慰藉、健康管理、医疗护理、安宁服务、社会工作、休闲娱乐、文化教育、权益保障等方面。因此，红会参与养老服务，必须坚持以居家养老为主体、社区养老为依托、机构养老为补充的基本原则；必须坚持公益使命、弘扬红十字精神，主要向半自理型老人、半失能老人和失能老人等弱势老人群体提供养老服务；必须坚持公益服务与有偿服务相结合的形式，主要提供医疗护理、健康管理、精神慰藉、社会工作、休闲娱乐、文化教育等直接服务，提供养老人才培训、孝亲文化传承、养老氛围营造、支持老人家属等间接服务，以及紧急救助、困难帮扶等应急服务。

（三）进一步明确红十字会参与养老服务的工作方法

一要发挥红会在人员培训方面的优势，主动参与养老护理员的上岗培训和业务培训，积极开展面向家庭成员、红十字志愿者的养老护理知识技能普及型培训。二要发挥红会在志愿服务方面的优势，围绕老年人的养老服务需求，组建专业型志愿服务组织，深入养老机构、城市社区、农村地区和老年人家庭，广泛开展养老志愿服务。三要发挥红会在医疗技术方面的优势，依托冠名医院、合作单位开设护理院，收住半失能老人、失能老人，积极探索医养结合的模式和途径，同时为贫困老人提供医疗健康方面的公益服务。四要发挥红会在公益募捐方面的优势，引导爱心企业和社会人士，面向高龄老人、失能半失能老人、经济困难老人、独居老人以及其他弱势老人开展紧急救助和困难帮扶活动。

（四）进一步完善红十字会参与养老服务的政策体系

总会要积极协调国家有关部委，完善红会参与养老服务工作的政策体系，具体包括：协调民政部门和人社部门，正式授予红会开展养老服务相关培训的资格，将红会开展的养老护理员上岗培训、能力等级培训的合格证书纳入人社部门认可的范畴；将红会开展的养老护理知识技能普及型培训纳入各级政府购买服务范围；协调民政和有关部门，按照《志愿服务管理条例》的要求，研究出台红十字养老志愿服务的激励性政策和支持性政策；协调卫生和人保部门，推动扩大长期照护保险试点范围；协调国家财政部门，为试点省市红会提供基本的工作经费，并提出由地方政府提供配套资金的政策要求。

（五）进一步完善红十字会参与养老服务的制度规范

总会要指导试点省红会和地级市红会，在认真探索和及时总结的基础上，尽快制定本地区红会参与养老服务工作的制度、规范。其中养老服务培训的制度规范，既包括养老护理员上岗培训和能力等级培训的制度、规范，也包括面向家庭成员和红十字志愿者的养老护理知识技能普及培训的制度、规范；红十字养老服务志愿活动的制度规范，要结合贯彻落实国务院新近发布实施的《中华人民共和国志愿服务管理条例》，完善红十字志愿服务可持续发展的激励机制和支持体系；参与兴办公益养老机构的制度、规范，要对地方红会独立兴建养老机构、合作建设养老机构（包括认定冠名养老机构和养老服务合作单位）等重大事项进行基本的规范；救助弱势老年人的制度规范，要立足地区实际情况，明确救助对象、救助内容、救助方式、资源渠道、救助程序及信息公开等重点内容。

【活动介绍】

第八届海峡两岸红十字博爱论坛，是第十届海峡论坛的重要活动之一，于2018年6月6日在福建省厦门市举行，由中国红十字会总会与台湾红十字组织共同主办，福建省红十字会承办。来自总会赈济部、联络部和事业发展中心的有关领导，辽宁省红会、山东省红会、江苏省红会、浙江省红会、江西省红会、湖北省红会、云南省红会、福建省红会和台湾红十字组织的代表，共计120余人参加了论坛，并围绕红会参与养老服务工作等重要内容进行了深入交流。

增强意识，把握定位，充分发挥党建工作引领养老服务发展的政治保障作用[①]

百年传承，薪火相继。在 97 年波澜壮阔的伟大进程中，中国共产党团结带领全国各族人民，初心不改、矢志不渝，历经千难万险，付出巨大牺牲，夺取了社会主义革命、建设和改革的伟大胜利，创造了一个又一个彪炳史册的人间奇迹，谱写了中华民族自强不息、实现伟大复兴的辉煌篇章。特别是党的十八大以来，以习近平同志为核心的党中央着眼于“四个全面”战略布局，坚定不移推进全面从严治党，开创了中国特色社会主义事业新局面。历史雄辩地证明，没有共产党就没有新中国，没有共产党就没有中国特色社会主义。

当前，中国特色社会主义已经进入新时代。新时代，意味着新起点；新时代，意味着新征程。面对新时代党的建设新任务，全面从严治党的新要求，必须大力加强党的建设，切实做好包括社会组织在内的党建工作，继续把党的建设新的伟大工程不断推向前进。

① 2018 年 6 月 29 日，在庆祝建党 97 周年暨曜阳“智慧党建”启动仪式上的讲话。

一、充分认识加强社会组织党建工作的重要性和紧迫性

社会组织党建工作是党的建设的重要组成部分。新时代做好社会组织党建工作，事关党的建设新的伟大工程战略部署的推进落实，事关党的执政根基和事业的兴衰成败。

1．加强党建工作是确保社会组织健康发展的必然要求。社会组织是党和政府联系人民群众的桥梁和纽带。加强社会组织党建工作，是创新社会治理加强基层建设的必然要求，有利于激发社会组织活力，促进社会组织在国家治理体系和治理能力现代化进程中发挥积极作用，从而引领社会组织沿着正确方向健康发展。同时，通过加强社会组织党建工作，把社会组织及其从业人员紧密团结在党的周围，对于不断扩大党在社会组织中的影响力，增强党的阶级基础、扩大党的群众基础、夯实党的执政基础具有重大现实意义。

2．加强党建工作是引领民营养老机构稳步发展的重要保证。近年来，民营养老机构迅猛发展，成为新社会组织的重要组成部分。民政部统计数据显示，截至 2017 年 9 月，我国养老机构总数超过 14.46 万家。其中，已经注册登记的养老机构达 2.8 万余家，民营养老机构 1.25 万余家。其中，少数民营养老机构已建立党组织，一部分民营养老机构已经具备条件但尚未建立党组织。民营养老机构要充分认识抓好党建工作的重要意义，抓紧建立党组织，实现党组织和党建工作全覆盖，发挥好党组织和党员在推动发展、服务老人中的战斗堡垒和模范带头作用。

3．加强党建工作是推动曜阳养老事业快速发展的根本保障。近年来，在各级政府及其相关部门的大力支持下，曜阳公益养老事业快速发展，在社会上引起了广泛关注。目前，全国有近 4000 家养老机构与我们建立战略合作关系，养老从业人员总数达 10 万人。其中，员工党员和入住养老机构老人中的党员总数达 1 万余人。能否吸引和凝聚更多的养老机构和从业人员，加入红十字公益养老队伍中来，其中重要的一点，就是把曜阳党建工作作为重要抓

手和切入点，搭建平台、搞好服务，指导和帮助他们做好党建工作，从而汇聚起服务老人、帮助贫困失能老人的磅礴力量。

二、坚持做到“四到位”，推动曜阳党建实现“两覆盖”

要按照“党建工作引领养老服务”的工作思路，把党在新社会组织的组织覆盖、工作覆盖作为一项基础性、长期性工作，通过思想认识、组织保障、制度措施和工作融合“四到位”，确保党的组织和党建工作“两覆盖”。

1．思想认识到位，试点先行推动“两覆盖”。针对部分民营养老机构对党组织和党建工作重要性认识不足，存在“重业务轻党务”和“有党员无组织”的现象，我们把曜阳党建作为党建工作重点来抓。2017 年初，在湖南省红十字会、长沙市委组织部和市“两新”工委的大力支持下，我们通过组建试点班子、开展调查摸底、实地调研等方式，率先在湖南开展“曜阳养老”党建试点工作。2017 年 9 月，我们在长沙召开“曜阳养老”党建工作研讨会，总结试点经验。全国 80 余位养老院院长及党组织负责人共 120 余人参加研讨会。会议介绍了长沙青松老年公寓党总支“党建引领养老”的经验做法。青松老年公寓办院 8 年，始终坚持党建引领办院的宗旨，2010 年建立党组织，成为全国第一个基层民营养老机构党组织。青松老年公寓也是全国唯一一家荣获“全国创先争优典型基层党组织”称号的民营养老机构。

2．组织保障到位，标准建设规范“两覆盖”。事业发展中心成立专门机构，明确专职党务工作者，指导建立合作关系的养老机构开展党建工作。一是提出“无组织抓组建，有组织抓标准，有标准创特色”的工作目标，研究制定了《曜阳养老机构基层党组织标准化建设试点工作实施方案》，创建了“5+X”党组织建设标准；二是对尚未建立党组织的养老机构，按照“两种三类”划分标准，摸清党员底数，即对机构内“入住党员、员工党员、志愿者党员”3 类党员，按照“在册党员”和“流动党员”2 种类别进行登记，凡是有3名在册党员及以上的养老机构，都要向当地党委或“两新”工委申请建立党组织；三是指导已经建立党组织的养老机构制定党建计划，建立工作台账，对照“5+X”的建设标准，争创“班子建设好、党员队伍好、基础保障好、作用发挥好、综合评价好和工作有特色”党组织。

3．制度措施到位，多措并举保障“两覆盖”。为尽快实现“两覆盖”目标，应采取一系列有效举措，推动党组织建设和党建工作落地生根。一是把党建工作纳入业务申报和工作考核之中。在“中央专项彩票公益金支持失能老人养老服务项目”的评审过程中，把党建工作作为评审的重要指标和优先推荐条件。二是提出“规定动作做到位，特色工作出特色”的工作要求，明确“支部党建抓品质，曜阳党建抓品牌”的工作任务，制定《事业发展中心2018年度党建工作三十条》，下发各部门、各实体单位以及与中心签署合作协议的4000家养老机构。同时，确定了“五个一工程”具体目标，即建1个曜阳养老党建信息网，每年新增10个基层党支部，实现100家养老机构党组织和党员网上工作互动，推选1000名优秀党员，为养老机构及老人做1万件好事。

4．工作融合到位，找准定位体现“两覆盖”。通过找准党的工作与养老机构发展要求、员工发展愿望和老人服务需求的结合点，将党建工作的重心明确定位在沟通协调和密切党群关系上，推动党建工作与养老服务工作相互融合、相互促进。富春江老年公寓党支部，紧紧围绕“为老服务”开展党建工作，取得了很好的效果。一是制定了“三会一课”、“组织生活会”、“谈心谈话”、“党员积分管理”和“请示报告”等一系列规章制度，并严格执行，推动支部活动规范化、制度化。二是通过实施目标覆盖制、流动覆盖制、岗位覆盖制、活动覆盖制和学习覆盖制，有效提高党建工作与养老服务工作的融合，在服务中树立党组织形象，在服务中彰显党性，让入住老人充分感受到党组织的温暖。三是要求党员佩戴党徽上岗，并设立“共产党员示范岗”，让党员亮明身份，发挥“两种三类”党员的模范带头作用。

三、努力提升新时代党建工作科学化水平

习近平总书记在党的十九大报告中指出，要“善于运用互联网技术和信息化手段开展工作”，强调“把企业、农村、机关、学校、科研院所、街道社区、社会组织等基层党组织建设成为宣传党的主张、贯彻党的决定、领导基层治理、团结动员群众、推动改革发展的坚强战斗堡垒”。这为我们开展党建工作指明了努力方向，提供了基本遵循。

今后，总会事业发展中心将以习近平新时代中国特色社会主义思想为指引，按照《关于加强社会组织党的建设工作的意见（试行）》的精神要求，坚持“点上出经验、面上求突破、整体抓推进”的党建工作理念，着力打造曜阳“智慧党建”信息平台，努力探索民营养老机构党建工作新思路、新方法和新路径，以党建提活力，以党建促养老，不断提升民营养老机构党建工作科学化水平。

（本文发表于《中国红十字报》2018 年 7 月 10 日第 A3 版“人道关注”栏目。）

【活动介绍】

庆祝建党 97 周年暨曜阳“智慧党建”启动仪式，由中国红十字会总会事业发展中心主办，于 2018 年 6 月 29 日在杭州富春江曜阳国际老年公寓举行。活动现场，由中心研制的“曜阳党建”APP 正式上线运行。依托该信息平台，中心将面向所属曜阳养老机构和所联系的广大养老机构，提供党建理论学习、党建工作交流、养老机构信息交流、养老服务技能培训、养老服务及管理经验交流等服务。

【情况介绍】

杭州富春江曜阳国际老年公寓，是江丹在浙江省、杭州市及富阳区党政领导、有关部门和社会各界大力支持下兴办的第二所公益性养老机构，位于杭州市富阳区，占地面积 100 亩。公寓自 2012 年 5 月一期建成投入使用以来，经过两期建设，现有总床位数 2000 张，包括自理型养老单元、老年护理院和曜阳老年医院三大功能区域，能够为自理型老人、半失能失能老人和患病老人等，分别提供生活照料、康复治疗、医疗护理、文化娱乐和精神慰藉等养老服务，已形成"人文关怀 + 医养结合"的综合养老服务模式。2018 年被评为杭州市四星级养老机构。

贯彻落实人文关怀理念，不断提升老年人的获得感、幸福感和安全感

我是江上青烈士的后代，生在新中国、长在红旗下。在成长发展过程中，我和我的家人都得到了党和国家无微不至的关怀、社会各界方方面面的关心。作为革命烈士的后代，我一直在思考如何继承先辈遗志、回报社会，为国家和人民做一点有意义的事情。

1999 年，我调任中国红十字基金会副理事长。一次偶然的机会，我到美国去考察，发现美国政府对美国籍退伍军人的养老工作做得很好，许多经验值得我们学习、借鉴。于是，我萌生了协助红十字会探索参与公益养老事业的想法，得到了领导、单位和家人的大力支持。

在有关领导和红十字会总会的大力支持下，中国红十字基金会设立了事业发展办公室，后更名为中国红十字基金会事业发展中心。2011 年，经中编办批准，中国红十字会成立了总会事业发展中心，专门负责管理和指导中国红十字基金会建立的教育实体和养老实体。

无论是在中国红十字基金会，还是在中国红十字会总会事业发展中心，我带领各位同事，始终高举红十字公益大旗，开展了大量的红十字“一老一小”公益工作。其中，“一老”就是公益养老事业。回顾 19 年来的工作，中

心的公益养老服务事业，服务对象经历了从革命建设功臣等老人，到中西部地区的贫困失能老人，再到中西部公益养老机构以辐射更多失能老人的过程，工作形式经历了从建设若干曜阳养老机构直接提供养老服务，到资助中西部民办养老机构以提高贫困老人生活质量，再到为广大民办养老机构的发展提供支持性服务的过程。

《曜阳养老人文关怀的探索与实践》丛书，就是从人文关怀的视角，对中心开展公益养老事业、创建曜阳养老公益品牌19年探索历程的回顾与总结。丛书共分为3册，中国红十字会总会事业发展中心担任总主编和第一分册主编，第二分册由扬州曜阳国际老年公寓主编，第三分册由杭州富春江曜阳国际老年公寓主编。两个公寓是中心在当地党和政府的支持下、在爱心企业的帮助下，分别于2009年和2012年建成并投入使用的曜阳养老旗舰店。

《曜阳养老人文关怀的探索与实践》丛书的第一分册，主要反映中心参与公益养老事业、打造曜阳养老品牌的思考、探索和成绩，内容包括5章和2个附录。其中：

第一章"新时代背景下的人文关怀"，主要从理论上阐述了人文关怀的基本含义，社会主义人文关怀的基本内容和新时代背景下中国特色社会主义人文关怀的时代内涵。

第二章"社会养老服务中的人文关怀"，首先从理论上阐述了建设社会养老服务体系的重要意义，简要介绍了我国社会养老服务体系建设情况，分析了我国社会养老服务体系建设过程中人文关怀缺失的表现及原因，提出了社会养老服务中加强人文关怀的对策建议。在此基础上，进一步分析了自理型老人和失能型老人的生理特征和心理特征，从居家社区养老角度和机构养老角度，分别提出了加强社会养老服务人文关怀的具体措施，并就如何做好养老护理员的人文关怀提出了建议。

第三章"曜阳养老的探索历程"，首先简述了中心的发展历程，随后介绍了中心参与公益养老事业的时代背景和探索历程，总结了中心参与公益养老事业的具体做法，并简要概括了取得的初步成绩和社会影响。在此基础上，提出了中心今后 5 年参与公益养老事业的发展目标和工作措施。

第四章“曜阳养老人文关怀”，全面反映了中心在参与公益养老事业、打造曜阳养老公益品牌中，实施人文关怀的具体做法和成绩，包括协调资金募集物资给予物质关怀、举办医养结合实体给予健康关怀、举办公益演出活动给予文化关怀等直接性工作，以及协助加强人文关怀的队伍建设、积极营造人文关怀的社会氛围等间接性做法。

第五章“曜阳养老机构人文关怀”，从建设过程、服务过程和管理过程 3 个维度，以中心在扬州、杭州和济南 3 地直接建设的曜阳国际老年公寓的实际工作和具体做法为案例，全面反映养老机构层面的养老服务人文关怀工作。

附录一“曜阳养老机构主要管理制度”，以扬州曜阳国际老年公寓的现有制度为基础，汇总整理而成，力图为广大养老机构提供一个完善管理制度、落实人文关怀的样本和示范。

附录二“曜阳养老机构基本业务规范”，是以济南曜阳国际老年公寓的业务规范为基础整理而成，力图为专业护理型养老机构提供一个完善业务规范、落实人文关怀的样本和示范。

《曜阳养老人文关怀的探索与实践》丛书的第二分册、第三分册，主要是以案例故事的形式，分别反映扬州曜阳国际老年公寓和杭州富春江曜阳国际老年公寓在养老服务人文关怀中的具体做法。其中：

“老有所养”部分，包括老年人的衣食住行、生活照料、物业服务、法律援助、精神慰藉等方面内容，以及临终关怀等特殊服务。

“老有所医”部分，包括自理型老人的保健服务、日常医疗与应急医疗，失能型老人的长期照护、紧急救护、康复训练等。

“老有所乐”部分，包括老人自己组织和养老机构开展的各种文化活动、体育活动、娱乐活动、旅游活动、娱乐型工作（如开心农场）等。

"老有所学"部分，包括公寓组织入住党员老同志学习时事政治知识、理解党和国家政策、保持入党初心、坚定理想信念的系列活动，以及公寓为老人宣讲医疗保健知识、现代科技知识、信息技术知识、金融业务知识等。

"老有所为"部分，主要是入住养老机构的党员老同志和热心老人继续发挥党员的先锋模范作用，发挥余热，通过担任公寓志愿者、照顾高龄老人、为公寓发展建言献策、参与青少年教育等形式，为养老机构、周边社区及社会承担力所能及的工作。

在我们探索公益养老服务的过程中，中共中央总书记、国家主席、中央军委主席习近平在浙江省工作期间，中共中央政治局原常委、全国政协原主席贾庆林在北京市工作期间，对我们给予了充分的肯定和特别的支持。第十一届全国人大常委会副委员长、中国红十字会会长华建敏，现任全国人大常委会副委员长、中国红十字会会长陈竺，第十届全国政协副主席张怀西，第十一届全国政协副主席张梅颖等党和国家领导人，对中心开展的公益养老工作给予了高度的评价和充分的肯定。时任中国红十字会党组书记、副会长王立忠、王伟、江亦曼、赵白鸽等同志，现任中国红十字会党组书记、副会长徐科等同志，对中心开展的公益养老工作给予了高度的肯定和积极的支持。江西省委原书记、人事部原副部长舒惠国，人民日报社原副总编辑陈俊宏，国土资源部耕地保护司原司长潘明才，北京市委组织部原常务副部长史绍洁，全国老龄委办公室副主任闫青春等领导同志，给予了大力的支持和帮助。在此，我们一并表示衷心的感谢。

在具体工作中，全国人大常委会委员、中国社会保障学会会长、中国人民大学教授、博士生导师郑功成，中央党校青连斌教授，中国社会保障学会副会长、南京大学童星教授，复旦大学附属华山医院主任医师董竞成教授等知名专家，给予了大力支持和指导帮助，在此我们表示衷心的感谢。特别值得一提的是，郑功成教授欣然答应了我的请求，在百忙之中为丛书作序，让我们备受鼓舞。

中央电视台著名播音员张宏民，著名歌唱家杨洪基、韩磊、王莉等一大批艺术家加入了中心组建的“博爱艺术团”，每年到中西部慰问贫困失能老人，为他们送去了高水平的精神文化服务。在此我们表示衷心的感谢！在扬州曜阳国际老年公寓、杭州富春江曜阳国际老年公寓和济南曜阳国际老年公寓的建设和发展过程中，江苏省及扬州市、浙江省及杭州市、山东省及济南市的党委和人民政府，以及规划、土地、建设、民政、卫生防疫、安检、消防等部门，红十字会等相关单位，都给予了大力的支持和协助，在此一并表示衷心的感谢！

作为中国红十字会总会直属事业单位，中心在公益养老事业方面做了一些积极的探索，为新时代红会工作提供了一些可行的思路。总的来说，成绩是初步的，归功于各级党政领导、红十字会总会领导和全体红会同仁以及社会各界、热心企业和爱心人士。我们希望更多的红十字会组织能够参与到公益养老服务事业中，希望各级党政领导能够更加支持红十字会事业的改革创新，希望更多的热心企业和爱心人士能够支持红十字会事业和公益养老事业。

编撰《曜阳养老人文关怀的探索与实践》系列丛书，是中心在参与公益养老事业、创建曜阳养老公益品牌过程中的一次大胆尝试。特别是从人文关怀视角总结养老服务工作，在国内可能是“第一个吃螃蟹”的。但是我们也清楚地看到，国内还有很多社会组织参与公益养老服务，做出了非常突出的业绩，非常值得我们学习借鉴。我们希望通过这套丛书，能与大家交流经验体会，相互取长补短，携手发展进步，共同推进我国的公益养老事业。

中心在推进公益养老服务事业的过程中，与3000多家养老机构建立起了较为密切的联系。我们也希望通过这套丛书，能够为众多养老机构的建设和发展，提供有益的借鉴和帮助。中心愿意与众多养老机构携手，为更多的老人提供更加优质、更加全面的养老服务，为早日实现“两个一百年”奋斗目标而共同努力。

（2018年9月，事业发展中心联合中国经济科学出版社出版了《曜阳养老人文关怀的探索与实践》丛书一套三册，这是江丹为丛书所写的前言。）

以红十字精神助力新时代教育事业

当前中国教育面临“三个如何”问题，即如何让更多孩子享受优质教育，如何让家境贫寒的孩子享受公平教育，如何让双亲工作繁忙、无暇顾及子女学习的众多家庭无后顾之忧。中国红十字会事业发展中心作为中国红十字会总会直属单位，多年来一直紧紧围绕解决“三个如何”问题，助力公益教育事业的发展。

20 年前，中心成立扬州世明双语学校，弥补了当地全日制、寄宿制学校的空白。2003 年，中心又创办了公益民办校北京拔萃双语学校，进一步发展红十字特色教育。多年来，我们坚持为人民办教育导向，尽力资助欠发达地区办学和贫困生入学，逐步形成具有红十字教育特色的办学理念和方法，努力打造“拔萃教育”品牌。

解决好“三个如何”问题，首先要确保教育质量。多年来，中心不断优化办学理念、提炼办学特色，完善学校内部管理体制机制，大力引进优秀青年教师，着力培养校领导班子成员。中心明确了“聘招结合，新老结合，内外结合”的选人用人原则。例如，在初办扬州世明双语学校时，我们聘请了一批熟悉教学业务、富有管理经验、教育理念先进的资深退休老校长，分别担任总校和各部校长；聘用一批业务精、能力强、敬业爱岗、具有高级职称的知名退休骨干教师，分别担任各学科把关教师；邀请华东师范大学专家组来校测试，招聘一批优秀高校毕业生作为后备力量并加以培养。

在育人特色上，中心坚持弘扬红十字精神，将“人道、博爱、奉献”精神与中华民族优秀传统文化融合起来，与中国公益教育实际和素质教育目标结合起来，逐步探索出一条具有红十字会特点的现代公益教育之路。“扶危济困、敬老助残、助人为乐”既是红十字精神的集中体现，也是学校德育工作的重要内容之一。在不影响正常教学的情况下，学校开展了丰富多彩的红十字教育活动，弘扬“人道、博爱、奉献”精神，让学生在参与中学会感恩，在感恩中学会爱国、爱党、爱他人。为了培养学生正确的人生观，提高学生的社会责任感，公益学校各学部积极开展形式多样的人道社会服务活动，定期组织学生走访特教学校聋哑生、慰问福利院孤儿及老人。

艺术教育既是全面实施素质教育的重要手段，又是中心开展公益教育的显著特点。中心遵循艺术教育规律，坚持“以美益德，以美健体”理念，督促学校利用课余时间，组织学生参加小记者站、话剧团、发明之家、疯狂英语等丰富多彩的社团活动。扬州世明双语学校“小天使民乐团”多次在市、区获奖，并荣获扬州市“百家社团”称号。该校从小学一年级起就开办艺术普及班，学生可学习专业艺术知识，每年举行一次的校园文化艺术节，为广大师生提供了展示自己的舞台。2015 年，中心指导两所学校创办了博爱艺术培训班，秉承“让每一个孩子都有人生出彩的机会”的原则，精心制订教学计划，全面提升教学水平，以开阔学生眼界、挖掘学生潜能。

扶贫先扶智，教育是阻断贫困代际传递的根本途径。事业发展中心一直奔跑在助力教育公平的道路上。多年来，扬州世明双语学校为品学兼优的学生免除了 400 多万元学费，为家庭困难的学生发放数十万元奖学金；北京拔萃双语学校实施资助贫困家庭学生学习和生活的“红萃生”助学计划，招收家庭困难、品学兼优学生免费就读。截至 2017 年，两校已资助 2200 余人次，累计资助金额 1500 余万元。

从 2013 年起，中心协调社会爱心企业及人士，不断提高资金募集能力，先后设立江上青教育基金、仁爱基金、红十字文化发展基金等若干专项基金，共筹得公益资金 14040.22 万元，支出 4063.86 万元。利用专项基金，中心共培训了西藏、新疆、青海等偏远落后少数民族地区的 90 位小学校长；在江苏省仪征市、安徽省泗县、湖南省衡南县、甘肃省甘南州和云南省红河县捐建了 5 所“拔萃公益小学”；资助、奖励品学兼优贫困生及优秀教师共 3527 名。2017 年，中心协调北京拔萃双语学校与企业合作建设晋江拔萃双语学校，协调扬州世明双语学校与贵州贵阳乌当区合作建设振新幼儿园暨拔萃幼儿园，为家庭条件特别困难的孩子提供免费教育。

经过多年辛勤耕耘，中心支持的学校取得了可喜的成绩。北京拔萃双语学校荣获“北京市优秀民办学校”“北京市中小学文明校园”“北京民办教育社会公益评选优秀单位”等称号，扬州世明双语学校荣获“全国素质教育榜样学校”“江苏省红十字示范校”等荣誉。

（本文发表于《中国教育报》2018 年 8 月 29 日第 3 版“新闻综合”栏目。）

社会组织公益办学的实践与思考

2016年9月9日，习近平总书记在北京市八一学校考察时指出，基础教育是提高民族素质的奠基工程，要遵循青少年成长特点和规律，扎实做好基础的文章。基础教育要树立强烈的人才观，大力推进素质教育，鼓励学校办出特色，鼓励教师教出风格。遵照习近平总书记这一重要指示精神，根据国家关于社会组织办学的规定，中国红十字总会事业发展中心坚持公益导向，面向地区实际，积极开展办学助学实践，取得了初步的成效和社会的肯定。

一、构建公益办学的新方式

国家一直提倡和支持社会组织开展办学助学事项，而社会组织公益性、群众性很强，在办学方面能够有效调动和运用社会资源，对基础教育起到“拾遗补阙”的作用，能够适应不同地区出现的教育多样化需求，开展富有特色的基础教育教学，形成新的良性教学运行机制。

在充分调查论证的基础上，1998年事业发展中心创办了扬州世明双语学校，设有幼儿园、小学部、初中部、艺术培训中心，在校生有1600余人。2003年，创办了北京拔萃双语学校，设有小学部、初中部、高中部、国际部，在校生有2400余人。2所学校建设费用均来源于社会定向捐赠，实行理事会领导下的校长负责制。校长由事业发展中心面向社会公开选聘，同时兼任学校法人和理事会理事长。理事会确定学校发展战略和目标，进行重大事项决策。两校分别成立监事会，对学校日常工作进行全程监督。学校严格按照国家《民办教育促进法》关于“非营利性民办学校的举办者不得取得办学收益，学校的办学结余全部用于办学”的规定，将学校总收入60%用于学校人工成本，20%左右用于运营、维修，20%左右纳入学校事业发展基金，用于学校自身再发展。

这种办学模式，充分体现了学校的公益性质，形成了顺畅的管理体制和充满活力的办学机制，保证了学校健康可持续发展，使学校在当地获得了广泛赞誉。经过长期的实践，我们深深体会到，公益办学有利于促进基础教育的均衡发展，有利于促进社会各界的真诚奉献，有利于促进教育水平的普遍提升。

二、健全保障教学质量的新机制

保证并提高教学质量是国家对民办学校的一贯要求。我们体会到，基础教育的核心在打基础，关键在抓质量，保障在建机制。这是公益组织能办学、办好学的几个重要环节。正是基于这样的认识，我们指导学校始终围绕素质教育这个主题，坚持立德树人，把提高教学质量放在首位并贯穿教学全过程。

在教师队伍建设上，我们确定了“聘招结合，新老结合，内外结合”的选人用人原则。在扬州世明双语学校、北京拔萃双语学校，招聘了一些熟悉教学业务、富有管理经验、教育理念先进的退休资深校长，分别担任学校校长和各学部的负责人，聘用了一批业务精、能力强、敬业爱岗，具有高级职称的知名退休骨干教师，分别担任主科把关教师。在办学过程中，又邀请了著名大学的专家组来校测试，招用一批优秀高校毕业生，作为后备力量加以培养，从而形成了以老带新、融合提高的良好机制。学校实行月常规考核与学期末考核制度，并定期引进校外第三方考核，全面推行岗位工作目标责任制，以保证教学质量目标的实现。

在学生学习上，摒弃流行多年的不当做法，让学生在一个均等、开放、共享的环境中学习。摒弃那种设置重点班、快慢班的做法，对所有学生一视同仁，随机编班进行学习；摒弃那种大班满堂灌教学的做法，对学生按规定编小班进行教学；摒弃那种由校外补习班加强弱科的做法，坚持因材施教和个别化教学，尽可能在校内予以满足。学校规定要专门关注后 1/4 学生学业，加强针对性、个性化辅导。这样就能让学生们学有比较、学有兴趣、学有上进心。

由于有了这样的保障机制和内生动力，教学质量能够得到不断提高。扬州世明双语学校荣获“扬州市素质教育先进学校”“艺术教育特色学校”等称号，北京拔萃双语学校荣获“朝阳区中考优秀学校”“北京市优秀民办学校”等称号，这既肯定了学校的教育教学质量，又给了学校健康稳定发展的动力。

三、拓展公益组织的新特色

我们在实践中认识到，社会组织办学只有形成自己的鲜明特色，只有形成自己的优势品牌，才能在教育领域站稳脚跟，才能赢得社会及家长们的真诚欢迎。我们在办学过程中，始终秉持“人道、博爱、奉献”的红十字精神，并将这一精神有机地融入教学活动和实践活动，使红十字精神在幼小的心灵中深深扎根，在家庭和社会上得到传扬。

在确保正常学习的情况下，开展丰富多彩的红十字教育活动。为了培养学生正确人生观和社会责任感，学校各个学部积极开展形式多样的人道社会服务活动，定期组织学生走访特教学校聋哑生，慰问福利院的孤儿及老人。在每年“5·8”世界红十字日，学校组织学生进行红十字精神宣传展览，开展红十字知识竞赛等活动。学校还成立红十字志愿者协会，开展各种活动，培育学生的博爱之心和关爱之心。在安全教育上，学校坚持对学生进行自救互救能力的培养，使“急救为人人”的思想深植心中。

公益办学的出发点和归宿点就是“公益”二字，这是不可动摇的根本宗旨。多年来，扬州世明双语学校为品学兼优的学生免除了400多万元学费，为品学兼优、家庭困难的学生发放了数十万元的奖学金。北京拔萃双语学校实施资助贫困家庭学生学习和生活的助学计划。截至2017年，两校已经资助2200多人次，累计资助金额近1500万元。

从2013年开始，事业发展中心动员社会爱心企业和爱心人士，先后设立红十字文化发展基金等若干专项基金。多年来，我们运用这些基金共培训了西藏、新疆、青海、甘肃、宁夏、云南、贵州等地的90位小学校长；在江苏、安徽、湖南、青海、甘肃和云南等省捐建了“拔萃公益小学”，资助、奖励品学兼优的贫困学生及优秀教师共6600多名，基金支出达到4000多万元，进一步彰显了红十字会办学助学的公益特色。

社会组织办学，是我们开始的初步尝试。在这一过程中，我们积累了一些经验，开拓了新的路径。在新时代基础教育改革发展的征程上，我们将一如既往协同各方力量，努力作出新的更大贡献。

（本文发表于《人民日报》2018年10月11日第18版“文教周刊”。）

在养老服务中体现人文关怀①

当前养老服务中人文关怀的缺失，已经成为全社会广泛关注和迫切需要解决的问题。党的十九大报告明确提出，要“积极应对人口老龄化，构建养老、孝老、敬老政策体系和社会环境”，为推进新时代养老服务工作，特别是探索人文关怀的养老服务实践指明了方向、提供了遵循。研究和探讨养老服务工作中的人文关怀对于贯彻党的十九大精神，营造良好的社会氛围，把养老服务各项工作落到实处，让更多的老人充满获得感、幸福感、安全感，具有十分重要的意义。

一、充分认识养老服务中人文关怀的重要意义

人文关怀强调“以人为本”，关注人的生存与发展，特别是关注人的生活质量。人文关怀的核心是尊重人、关心人、理解人、爱护人。人文精神是衡量一个国家、民族和社会文明进步的重要标志。在养老服务领域，为老年人提供更多的精神、文化和心理等人文关怀，是老年人晚年生活不可或缺的重

① 2018 年 10 月 17 日，在第四届中国养老服务业发展高层论坛开幕式上的发言。

要内容，无论是从国家发展、社会进步，还是从提高老年人幸福指数的角度，都具有重要意义。

（一）养老服务中的人文关怀是以人民为中心发展思想的具体体现

党的十九大报告强调，必须坚持以人民为中心的发展思想。党和国家确定了全面建成小康社会的奋斗目标，提出了包括实现幼有所育、学有所教、老有所养、劳有所得、病有所医、住有所居、弱有所扶等民生领域的一系列具体目标，充分体现了人文关怀精神。对于老年人来说，实现老有所养，关键在于要不断满足不同层次、不同类型老年人的多样化养老服务需求，让老年人安度幸福晚年，而这正是以人民为中心的发展思想的生动实践和具体体现。

（二）养老服务中的人文关怀是社会文明进步的直接表现

截至 2017 年底，我国 60 周岁及以上人口已达到 2.41 亿，占总人口的 17.3%；65 周岁及以上人口已达到 1.58 亿，占总人口的 11.4%。面对快速老龄化对我国经济社会发展带来的严峻挑战，加强养老服务中的人文关怀，有利于让改革开放发展成果更多地惠及老年人，提升老年群体的获得感；有利于激发老年人自立、自强、自尊、自爱的意识，实现老有所为、老有所乐；有利于弘扬养老、孝老、敬老的优良传统，努力构建社会主义和谐社会。

（三）养老服务中的人文关怀是新时代养老服务业发展的迫切需要

党的十九大报告指出，“中国特色社会主义进入新时代，我国社会主要矛盾已经转化为人民日益增长的美好生活需要和不平衡不充分的发展之间的矛盾”。当前在养老服务领域，老年人对美好生活的期盼与养老服务发展不平衡不充分之间的矛盾较为突出，主要表现在养老服务业的供需结构失衡、内容比较单一、专业化水平和整体质量不高，特别是养老服务中人文关怀的缺位和缺失亟待解决。切实关心和关爱老人，加强人文关怀，促进社会公平正义，让老人感受社会温暖，应是今后养老服务的工作重点和努力方向。

二、着力打造养老服务中人文关怀的曜阳品牌

多年来，事业发展中心在中国红十字会总会的大力支持下，高举红十字公益大旗，着力打造以“人文关怀”和“医养结合”为特色的曜阳养老品牌。兴建曜阳养老实体，已建成扬州曜阳、富春江曜阳等 6 家养老机构，为老人提供人性化、专业化、规范化的全方位养老服务；开展曜阳关爱行动，利用中央彩票公益金和社会爱心捐赠近 2 亿元款物，积极开展资助关爱活动，惠及贫困失能老人及其他老人达 10 万人；构建曜阳支持平台，与全国各地约 4000 家养老机构建立了战略合作关系，为 1300 余家养老机构的近 2700 名院长和护理员提供了业务培训。

在曜阳养老服务中，我们利用红十字公益组织优势，调动和整合社会资源，突出人文关怀，努力满足不同层次、不同类型老人多样化的养老服务需求。

一是对健康老人做到满足需求，实现老有所乐。扬州和富春江两个曜阳老年公寓，一方面依据老人兴趣爱好，支持自理型老人组建了近 20 个文艺团体，自主开展文化娱乐、体育健身等活动，不断丰富精神生活；另一方面组织低龄健康老人组成志愿服务队伍，以时间银行的形式，积极参与公寓管理、服务高龄老人、参与青少年校外教育活动等，实现老有所为、老有所乐。为了给老人提供精神享受，事业发展中心组建了博爱艺术团，在“5·8”世界红十字日和重阳节等传统节日，组织艺术家和演员，走进中西部贫困地区和革命老区，为当地老人送去高水平文化慰问活动。所到之处，老人们都热泪盈眶，拉住演员们的手，久久不会放松。

二是对患病老人做到医养结合，实现老有所医。扬州和富春江曜阳老年

公寓，贵阳和邯郸曜阳养老服务中心，组建了医疗机构，不仅改善了养老机构老人的医疗条件，还为周边的患病老人提供了各种医疗服务。此外，曜阳医疗机构还整合了周边医疗资源，建立应急医疗合作机制，为危重病老人开辟了紧急就医的绿色通道，确保老人享受高端的医疗服务，实现老有所医，免除了患病老人最大的顾虑和担忧。

三是对失能老人重点关爱，实现老有所靠。2013 年，我们发起“曜阳关爱失能老人行动”，跨越 11 个省区，面向中低收入家庭，累计帮扶贫困失能老人近万人。2014 年起，我们依托“中央专项彩票公益金支持失能老人养老服务项目”，利用中央彩票金 1.47 亿元，先后资助了 739 家养老机构，惠及贫困失能老人及其他老人近 10 万名。截至 2017 年底，我们向爱心企业和个人募集善款物资总计近 2000 万元，先后支持中西部养老机构 100 余家，惠及贫困失能老人 4600 多人。

四是对临终老人做到抚慰疏导，实现老有所安。扬州曜阳依托扬州曜阳康复医院，设立了临终关怀病房，为临终老人提供照顾护理、心理疏导和心灵抚慰等服务，减轻病危老人的生理痛苦和心理恐惧，让老人在精心的呵护下，走完人生最后的旅程。同时，还为老人家属提供人性化的服务，帮助他们从失去亲人的痛苦中解脱出来。目前，医院已累计提供临终关怀服务 50 余人次，让这些老人活着很温馨，走得有尊严。

三、逐步健全新时代养老服务中人文关怀的保障机制

做好新时代养老服务工作是实施健康中国战略的重要组成部分，而搞好人文关怀，需要全社会的共同关注，更需要有一支有爱心、有担当、有技能的专业护理员队伍。为此，今年国庆节前，在中国红十字会总会的关心和指导下，事业发展中心与中央广播电视总台合作，共同举办了“守护夕阳——养老护理员职业荣耀盛典”活动，展示了 9 名优秀护理员的感人事迹。他们

把老人当成自己的家人和亲人，倾注了大量的心血和无私的爱，是养老服务中人文关怀的典范。他们的善心义举是对“百善孝为先”的生动诠释，也是对中华民族“守望相助”人文精神的大力弘扬。此外，近年来，我们多次去发达国家以及港澳台地区考察养老服务工作，也得到了很多启示。境内境外的成功经验都证明，切实做好养老服务中的人文关怀，需要社会各方面的共同努力，探索出符合中国国情的新时代养老服务人文关怀的模式与途径。在这里，我向有关方面提出以下意见和建议。

一要加大政府在养老服务中的保障力度。完善的社会保障是社会养老的基础。各级政府要在不断完善社会保障体系的基础上，不断完善社会养老服务的政策法律和制度标准，加强养老服务质量监管，同时对贫困老人、高龄独居老人等特殊困难群体，履行养老服务的托底责任。在这里，我特别想建议的是：希望各级政府更加重视养老服务队伍建设，要采取有效措施，切实提高养老护理员的社会地位、职业荣誉和待遇水平。

二要巩固家庭在养老服务中的基础地位。敬老爱老是中华民族的传统美德，也是具有民族特色、时代特征的孝亲文化。我国的《老年人权益保障法》明确规定，赡养人应履行对老年人经济供养、生活照料和精神慰藉的义务。在家庭结构小型化和少子化的今天，国家和社会要帮助年青一代处理好外出工作和在家照顾老人的矛盾，使他们自觉承担起家庭养老的基础责任。

三要发挥企业在养老服务中的市场调节作用。在不断完善社会保障体系的同时，政府要积极引导社会资本进入养老服务业，鼓励支持企业创新养老服务内容和供给方式，特别是要充分利用信息技术、数据集成、生物医药等新技术，研究开发适合老年人身心特点和特殊需求的新材料、新设备和新产品，满足不同类型、不同层次的养老服务需求。政府要同时通过市场竞争、质量监管、信息公开等机制，引导市场主体不断优化养老服务质量。

四要彰显社会组织在养老服务中的公益优势。各类社会组织要充分发挥自身优势，整合爱心捐赠、志愿服务等公益资源，为贫困老人、残疾老人等特殊老年群体提供公益养老服务。红十字会作为党和政府在人道领域的助手，要秉承红十字精神，发挥自身公益性优势，在医疗救助和救护培训等方面，在参与养老服务的过程中，都把人文关怀放在首要位置，协助党和政府有效应对人口老龄化问题。

（本文已被收录到郑功成、江丹主编，人民出版社 2020 年 9 月出版的《中国养老服务业发展高层论坛演讲选编（2015—2019）》中。）

【活动介绍】

第四届中国养老服务业发展高层论坛，由中国社会保障学会、中国红十字会总会事业发展中心和求是《小康》杂志社共同主办，于 2018 年 10 月 17 日在江苏省扬州市举行。第十届全国政协副主席张怀西为论坛发来贺信。有关领导、专家学者和养老行业代表共计 400 余人，围绕“养老服务中的人文关怀”的论坛主题，开展了深入的研讨和交流。

推动供给侧结构性改革，满足广大人民群众的养老服务需求①

一、中国红十字会参与公益养老服务的简要背景

按照国际通行标准，2000 年我国已进入老龄化社会。2000 年至 2018 年，我国 60 岁及以上老年人口，从 1.26 亿人增加到 2.49 亿人，占总人口比重从 10.2% 上升到 17.9%。面对迅猛发展的人口老龄化趋势，党中央和国务院作出了一系列的部署。习近平总书记明确指出，“要完善党委统一领导、政府依法行政、部门密切配合、群团组织积极参与、上下左右协同联动的老龄工作机制，形成老龄工作大格局”。2012 年 7 月，国务院下发了《关于促进红十字事业发展的意见》，明确提出要“支持红十字会结合实际，兴办医疗、康复、养老等与其宗旨相符的社会公益事业，并给予政策支持”。红十字会是党和政府在人道领域的助手。群众所急、党政所需、红会所能，就是我们的工作。参与养老服务已经成为新时代红十字事业的重要组成部分。

① 2019 年 2 月 24 日，在中国社会保障学术大会养老服务论坛上的致辞。

二、事业发展中心开展公益养老服务的情况

事业发展中心从1999年就开始参与养老服务工作。多年来，事业发展中心秉承“人道、博爱、奉献”的红十字精神，探索公益性服务与市场化运作相结合的新型社会养老服务模式，着力打造了以人文关怀和医养结合为特色的“曜阳养老”服务品牌，逐步形成了以建设曜阳养老机构、开展曜阳关爱行动、构建曜阳支持平台为主要内容的曜阳养老服务体系。

目前，中心先后在扬州、杭州、济南、贵阳、邯郸、北京海淀等地建成了6家曜阳养老机构，为近2000名老人提供高品质专业化的养老服务。其中扬州曜阳和杭州富春江曜阳，分别包含自理型养老公寓、康复（老年）医院和护理院三大功能板块，形成了“全程照护医养结合型养老服务”模式。

曜阳关爱行动主要面向贫困老人和失能、半失能老人。中心先后协调中央彩票公益金1.53亿元、募集爱心捐赠2000多万元，帮助中西部地区养老机构的老人改善生活条件，惠及老人近10万人。中心还组织爱心艺术家，经常赴中西部养老机构开展慰问演出，丰富了老人的精神文化生活。

曜阳支持平台联系了中西部近5000家养老机构，并为他们提供服务。中心先后协调中央彩票公益金和社会爱心捐赠，为他们提供了近2亿元的物资支持。中心开展了20期养老护理员培训和养老院长培训，累计培训2000多名养老人才，组织养老院长2000人次参加了近20次学术交流活动。特别是2018年，中心与CCTV合作举办了“守护夕阳——养老护理职业荣耀盛典”。9名优秀养老护理员首次登上CCTV的节目舞台，极大地提升了养老护理员的社会地位和职业荣誉感。

特别需要说明的是，中国社会保障学会自2015年成立起，就非常支持中心的公益养老服务工作。在学会领导和专家的热情指导和大力支持下，中心注重利用红十字组织的优势，推动曜阳公益养老服务工作从无到有，由小到大，服务内容不断拓展，社会影响越来越广，中心由公益养老服务的实践者

逐渐成长为公益养老服务的引领者。

三、对进一步做好养老服务工作的建议

通过多年来的工作实践，我们深深感受到，我国社会养老服务业取得了长足的进展，但当前的养老服务供给，还远远不能满足不同类型和层次的老人多样化的养老服务需求。从全国的情况来看，还需要重点解决以下四个方面的问题。

一是切实解决养老服务政策落地的问题。从我们经常联系的养老机构反映的情况来看，尽管党中央和国务院出台了很多有利于养老服务事业发展的政策，但很多政策在中西部地区的落实情况参差不齐，甚至很多政策没有得到落实，严重制约了民办养老机构的生存和发展。

二是切实解决养老服务中长期护理费用问题。随着失能老人的数量越来越多，长期护理费用已经成为相关老人享受改革发展红利、养老机构持续发展的主要制约因素。加快长护险改革试点、建立长期护理费用的筹资渠道是今后社会养老服务的关键性工作。

三是着力解决养老服务的人才严重短缺问题。目前，因为工作辛苦、收入不高、工作环境差、社会地位低等原因，养老护理员队伍存在后继无人的严重局面。我们建议要切实加快养老人才培养，同时大力开展养老志愿服务，还要不断提升养老护理员的收入待遇和社会地位。

四是切实解决进一步发挥社会组织积极作用的问题。构建新时代中国社会养老服务体系，需要进一步发挥社会组织的作用。在完善养老服务政策体系和评价标准方面，需要发挥像中国社会保障学会这样的学术团体的作用。全国各级红十字组织，也要进一步研究如何在养老护理技能培训、救助贫困老年人、兴办公益养老机构、开展养老志愿服务等方面发挥积极作用。

上述问题的解决，主要是各级党委和政府的责任，特别需要国家层面的

高度重视。可喜的是，最近，国家发改委等 18 个部委联合发文，就进一步提高包括养老服务在内的社会领域公共服务水平，提出了明确而具体的改革措施，增强了我们做好养老服务事业的信心和决心。

今年 10 月 7 日，中国社会保障学会将继续与中心合作，在福建省泉州市举办第五届中国养老服务业发展高层论坛。我们诚挚地邀请各位专家和养老院长参加论坛活动，并聚焦养老志愿服务，开展专题研究和交流。

【活动介绍】

2019 中国社会保障学术大会，由中国社会保障学会主办，中国红十字会总会事业发展中心协办，于 2019 年 2 月 24 日在北京举行。大会主题为“迎接新中国成立 70 周年，建设高质量的社会保障体系”。第十一届全国人大常委会副委员长、中国社会保障学会名誉会长华建敏，民政部副部长唐承沛等出席开幕式并讲话，来自全国高校和研究机构、中央和地方相关政府部门以及企业的 500 多名代表参加了大会。大会包括主论坛和养老金、养老服务、社会救助、医疗保障和综合保障等 5 个分论坛，其中养老服务分论坛由中国社会保障学会和中国红十字会总会事业发展中心共同主办，有关领导、专家学者与养老机构代表共 40 多人参加并交流发言。

贯彻落实人文关怀的理念，为老年人提供多层次多样化养老服务[①]

一、全面正确理解人文关怀的含义和内容

作为一种理念，人文关怀是人文知识、人文思想、人文方法与人文精神的统一。它集中表现为，对人的生命和人的存在的关爱，对人的合理需求和生活质量的关心，对人的人格尊严和社会地位的关切，对人的理想追求和自我完善的关照，对人的发展前途和终极命运的关注。

人文关怀的核心是尊重人、关心人、理解人、爱护人，其内容主要表现在 5 个方面。一是对人的物质关怀，主要涉及人的生存方面的内容，包括对人的衣食住行、就业等基本状况的关心。这是人文关怀的基础。二是对人的精神关怀。这是对人的精神层次需求的关注，包括价值观念、道德体系、知识学习、自我发展等内容。三是对人的文化关怀，比精神关怀更高一个层次，是在满足个体的基本精神生活需求的基础上，系统全面地关注把握群体的人生追求和社会层面的价值导向。四是对人的心理关怀，疏导缓解社会、家庭、

① 2019 年 6 月 30 日，在“新时代养老服务理论与政策”研讨会上的发言。

职场及其他因素给人带来的各种心理压力，促进人的心理和谐。五是对人的和谐关怀。这是人文关怀的最高目标，主要是对人所向往的平安、稳定、融洽的社会关系的关注与追求。

通过上述分析，我们可以得出这样的结论：人文关怀强调“以人为本”，关注人的生存与发展，特别是关注人的生活质量，是社会文明进步的标志，是人类自觉意识提高的反映。

二、充分认识养老服务中人文关怀的重要意义

3 月 29 日，国务院办公厅印发了《关于推进养老服务发展的意见》，提出了 28 条具体的举措，着力为养老服务打通“堵点”、消除“痛点”，提高老年人及子女的获得感、幸福感、安全感。有关研究表明，现阶段我国老年人多层次多样化的养老服务需求，包括生活照料、精神慰藉、健康管理、医疗护理、安宁服务、休闲娱乐、文化教育、权益保障等多个方面，这些恰恰是老年人对人文关怀的需求。因此，在养老服务中，必须贯彻落实人文关怀的理念。

（一）人文关怀是坚持以人民为中心发展思想的具体体现

习近平总书记在党的十九大报告中指出，“中国特色社会主义进入新时代，我国社会主要矛盾已经转化为人民日益增长的美好生活需要和不平衡不充分的发展之间的矛盾”，强调必须“坚持以人民为中心”的发展思想。以人民为中心的发展思想，就是把人民的利益放在第一位，把人民对美好生活的向往作为奋斗目标，是对马克思关于人的自由全面发展理论的继承和发展，是人文思想的极大提升，也是人文关怀的实质所在。在养老服务领域，满足老年人的多层次多样化养老服务需求，让老年人安度幸福晚年，正是贯彻以人民为中心的发展思想和人文关怀的理念的具体体现。

（二）人文关怀是中国共产党人“不忘初心、牢记使命”的实际行动

习近平总书记在党的十九大报告中指出，“中国共产党人的初心和使命，就是为中国人民谋幸福，为中华民族谋复兴”。当前，在全党开展的“不忘初心、牢记使命”主题教育活动，提出了“守初心、担使命、找差距、抓落实”的总要求，其中一项目标就是为民服务解难题，要着力解决群众的操心事、烦心事，以为民谋利、为民尽责的实际成效取信于民。我们要在这次主题教育中切实解决好群众关心、社会关注的养老服务人文关怀问题，以实际行动证明中国共产党人在民生领域的不忘初心和勇于担当。

（三）人文关怀是“人道、博爱、奉献”红十字精神的核心要义

习近平总书记指出，“红十字不仅是一种精神，更是一面旗帜，跨越国界、种族、信仰，引领着世界范围内的人道主义活动”，“中国红十字会是党和政府在人道领域的助手和联系群众的桥梁和纽带”。关注弱势群体、关心人的生命和健康，是红十字会的基本职责。正是从职责出发，中国红十字会立足于“三救三献”的主责主业，同时致力于“一老一小”的公益事业。养老服务和基础教育是当前事业发展中心的主要工作，体现的就是人文关怀的理念，弘扬的就是“人道、博爱、奉献”的红十字精神。

（四）人文关怀是新时代养老服务工作的现实需要

有关数据显示，截至2018年底，我国60周岁及以上人口达到2.49亿人，占总人口的17.9%；其中65周岁及以上人口达到1.66亿人，占总人口的11.9%。预计到2050年前后，我国老年人口数将达到峰值4.87亿，占总人口的34.9%。面对人口快速老龄化对我国经济社会发展带来的严峻挑战，加强对老年人的人文关怀，是养老服务的题中应有之义。这将有利于让改革开放

发展成果更多地惠及老年人，提升老年人及家属的获得感、幸福感和安全感；有利于激发老年人自立、自强、自尊、自爱的意识，实现老有所为、老有所乐；有利于弘扬养老、孝老、敬老的优良传统，努力构建社会主义和谐社会。

三、不断创新养老服务中人文关怀的方式方法

根据马斯洛的需求层次理论，人的需求主要包括生理、安全、交往、尊重和自我实现等5个层次。不同层次的需求内容，需要通过不同的形式和途径加以实现和满足。广大老年人，无论年龄、性别、身体健康状况、知识文化程度如何，普遍存在5个层次的不同需求，这就需要我们采取不同的方式方法，不断满足老年人多样化多层次的养老服务需求。

一是开展适宜的文体娱乐活动，满足各类老人的精神文化需求，推动实现老有所乐。幸福的晚年生活不仅应当包括充裕的物质文化生活，还应当包括丰富的精神文化生活。不论是居家养老、社区养老，还是机构养老，广泛开展适宜的文体娱乐活动，已经成为满足各类老人精神文化需求、推动实现老有所乐的主要途径。根据事业发展中心开展公益养老服务20年来的探索，我们认为至少包括2个途径。一是要根据老人的兴趣爱好，组建各类老年文艺团体，自主开展文化娱乐、体育健身等活动。二是组织文艺志愿者、组建博爱艺术团，经常深入养老机构和老年社区，开展文化慰问活动，丰富当地老人的精神文化生活。

二是推进医养结合养老服务，满足各类老人的健康需求，推动实现病有所医。医养结合养老服务，就是要为广大基本健康的老人提供日常医疗保健服务，为失能、半失能老人在长期照护过程中提供医疗康复护理服务，主要由医疗机构及相关专业人员提供，相关费用由医保部门及保险公司提供。事业发展中心在扬州建成的曜阳国际老年公寓，涵盖了自理型养老公寓、长期护理单元和康复医院三大板块及业务，初步形成了医养结合养老服务的有效

模式。我们了解到，各地还有很多医养结合养老服务的成功经验，但从全国来看，当前医养结合养老服务还面临政策制度不完善、体制机制不顺畅、服务模式不完善、经费渠道不畅通、服务队伍不充足等主要问题，需要尽快推动解决。

三是开展人道救助和公益援助，满足贫困失能老人的基本生活需求，推动实现老有所依。有关数据显示，我国有 4063 万名老人处在半失能、失能状态，其中有相当比例老人属于贫困失能老人，严重缺乏生活照料、医疗健康、精神文化等方面的服务，亟须党和政府以及社会各界的关心、支持和帮助。开展人道救助和公益援助，满足贫困失能老人的基本生活需求，不仅是坚决打赢脱贫攻坚战的重要内容，也是推动实践老有所依的重要内容。多年来，事业发展中心积极弘扬"人道、博爱、奉献"的红十字精神，先后协调中央彩票公益金 1.53 亿元、募集社会爱心捐赠 3000 余万元，支持近 1000 家中西部养老机构改善物质生活条件，直接惠及贫困及失能老人近 10 万人。

四是实施心理帮扶和安宁疗护，满足临终老人的临终关怀需求，推动实现老有所安。临终关怀服务包括生理和精神等方面的服务。临终关怀服务不以治愈疾病、延长生命为目的，而是通过缓解病痛，给临终老人以安慰，提高人生最后一站的生活质量，让他们有尊严地离去。事业发展中心创办的扬州曜阳国际老年公寓，依托扬州曜阳康复医院，设立了临终关怀病房，为临终老人提供照顾护理、心理疏导和心灵抚慰等服务，减轻病危老人的生理痛苦和心理恐惧，让老人在精心的呵护下，走完人生最后的旅程。公寓同时还为老人的家属提供人性化的服务，帮助他们从失去亲人的痛苦中解脱出来。10 年来，公寓和医院已累计提供临终关怀服务 50 余人次，让临终老人活着很温馨、走得有尊严。

五是引导健康老年人开展志愿服务，提高老年人的社会参与，推动实现老有所为。对大部分老年人来说，生理、安全、交往等层次的需求，能够在日常生活中得到满足。但对那些有知识文化和精神追求的健康老人来说，实现尊重和自我实现的需求，不仅需要自身的努力，还需要政府的引导和社会的帮助。倡导低龄健康老年人开展适宜的志愿服务活动，满足相关老年人尊重和自我实现的需求，不仅能够提升老年人的社会价值，而且能够提高老年人的社会参与度，实现老有所为，促进社会和谐。目前，事业发展中心正在全国28家养老机构开展老年志愿服务试点工作。在养老机构和其他志愿者的帮助下，具备条件的低龄健康老人，力所能及地开展了一些送取物品、传授文体娱乐技能、组织文体娱乐活动、看护高龄失能老人等志愿服务活动。

四、不断完善养老服务中人文关怀的工作体系

国务院办公厅《关于推进养老服务发展的意见》指出，“要健全党委领导、政府主导、部门负责、社会参与的养老服务工作机制”。养老服务工作是一项系统工程，必须动员和调动各方面力量，统筹协调，各司其职，形成合力。对于人文关怀来说，首要的是要融合在养老服务各项工作中，必须综合施策、形成体系。

一要加大政府在养老服务中的保障力度。完善的社会保障是社会养老的基础。各级政府要在不断完善社会保障体系的基础上，不断完善社会养老服务的政策法律和制度标准，加强养老服务质量监管，同时对贫困老人、高龄独居老人等特殊困难群体，履行养老服务的托底责任。

二要巩固家庭在养老服务中的基础地位。敬老爱老是中华民族的传统美德，也是具有民族特色、时代特征的孝亲文化。我国的《老年人权益保障法》明确规定，赡养人应履行对老年人经济供养、生活照料和精神慰藉的义务。在家庭结构小型化和少子化的今天，国家和社会要帮助年青一代处理好外出工作和在家照顾老人的矛盾，使其自觉承担起家庭养老的基础责任。

三要发挥企业在养老服务中的市场作用。在不断完善社会保障体系的同时，政府要积极引导社会资本进入养老服务业，鼓励支持企业创新养老服务

内容和供给方式，特别是要充分利用人工智能、信息技术、数据集成、生物医药等新技术，研究开发适合老年人身心特点和特殊需求的新材料、新设备和新产品。同时通过市场竞争、质量监管、信息公开等机制，引导市场主体不断优化养老服务质量。

四要彰显社会组织和志愿者的公益优势。包括群团组织在内的各类社会组织，要充分发挥自身优势，整合爱心捐赠、志愿服务等公益资源，为贫困失能老人及有需要的老年人提供生活照料、文化娱乐、精神慰藉、权益维护等方面的公益服务。红十字会作为党和政府在人道领域的助手，要秉承红十字精神，发挥自身公益性优势，在困难救助、救护培训和养老志愿服务等方面，协助党和政府积极有效应对人口老龄化问题。

五要提高广大养老护理人员的社会地位。广大养老护理员直接接触老人、服务老人，是落实养老服务人文关怀各项措施的基础性力量。当前，养老护理员群体还存在工作强度大、工作环境差、收入报酬不高、社会地位低、职业荣誉感不强、人才队伍紧缺等突出问题。今年 1 月 2 日，CCTV-12 频道播出了事业发展中心与中央广播电视总台共同录制的"守护夕阳——养老护理职业荣耀盛典"节目，引起了很大的社会反响。9 名优秀养老护理员代表第一次登上 CCTV 舞台，极大地提升了养老护理员的社会地位和职业荣誉。今年 5 月，中心与爱心企业共同设立了"曜阳养老护理员关爱基金"，以定制保险的形式，为广大养老护理员提供大病医疗和意外伤害保险服务。中心所做的这些工作都是探索性、引领性的，都是为了给养老护理员以人文关怀。我们更希望各级政府和全社会，更加重视养老服务人才队伍建设，采取有效措施，把养老服务人文关怀的范围扩展至养老护理员群体，切实提高养老护理员的社会地位、职业荣誉和待遇水平，依托养老护理员，打通养老服务人文关怀的"最后一公里"，把养老服务人文关怀的理念和措施落到实处。

【活动介绍】

“新时代养老服务理论与政策”研讨会，于 2019 年 6 月 30 日在北京举行，由中国社会保障学会与中国红十字会总会事业发展中心共同组织召开。第十一届全国人大常委会副委员长、中国社会保障学会名誉会长华建敏出席研讨会并讲话。来自国家发改委、民政部、国务院发展研究中心及有关高校、科研机构的专家学者及部分养老机构负责人共计 60 余人参加研讨会，并围绕主题展开了热烈的讨论。

贯彻落实养老服务标准，提升养老机构管理能力和服务水平

一

2000年，我国正式进入人口老龄化社会。截至2018年底，我国共有60周岁及以上老年人2.49亿人，占人口总数的17.9%。党中央高度重视应对人口老龄化工作。习近平总书记指出，要坚持党委领导、政府主导、社会参与、全民行动相结合，坚持应对人口老龄化和促进经济社会发展相结合，坚持满足老年人需求和解决人口老龄化问题相结合，努力挖掘人口老龄化给国家发展带来的活力和机遇，努力满足老年人日益增长的物质文化需求，推动老龄事业全面协调可持续发展。

中国红十字会是党和政府在人道领域的助手和联系群众的桥梁和纽带。自成立以来，中国红十字会始终弘扬“人道、博爱、奉献”的红十字精神，向最易受损群体提供应急救援、应急救护和人道救助等公益服务，组织开展捐献血液、捐献造血干细胞、捐献人体器官和遗体等公益工作。近年来，随着我国人口老龄化形势的迅猛发展，中国红十字会主动协助党和政府积极有效应对人口老龄化，动员全系统参与养老服务工作，在养老护理技能培训、

养老志愿服务、兴办公益养老机构、救助困难老年人等方面开展了大量的工作，取得了突出的成绩，不仅探索了新时代中国红会的发展道路，而且彰显了红十字会在参与社会治理、增进民生福祉中的独特作用。

中国红十字会总会事业发展中心是中国红十字会总会所属事业单位。中心长期致力于公益养老、教育助学、扶贫济困、文化宣传等公益事业，开展了一系列工作，打造了“曜阳养老”、“拔萃教育”和“博爱中国”3 个品牌。在公益养老服务领域，中心结合红十字组织的性质和优势，探索公益性服务与市场化运作相结合的新型社会养老服务模式，不断强化“曜阳养老”公益品牌的人文关怀和医养结合特色，逐步形成了以建设曜阳养老机构、开展曜阳关爱行动、构建曜阳支持平台为主要内容的曜阳养老服务工作体系。经过 20 年的努力和探索，曜阳养老的服务内容不断拓展，社会影响越来越广，中心由公益养老服务的实践者逐渐成长为公益养老服务的引领者。

二

从 2014 年起，事业发展中心通过建设“曜阳托老所”、组织实施中央彩票公益金项目、广泛募集社会爱心款物等形式，为近 1000 家养老机构提供了直接的支持帮助，并与中西部 2000 多家养老机构建立起了工作联系。为了充分发挥红十字会的枢纽型社会组织作用，支持广大养老机构的建设和发展，中心构建了曜阳养老支持平台，为中西部养老机构陆续提供了物资资助、人才培养、研究交流、信息技术、文化传播等支持性服务，受到了广大养老机构的一致好评。

在与广大养老机构联系合作的过程中，中心发现，中西部地区养老机构特别是民办养老机构，普遍存在管理水平不高、服务质量偏低等突出问题。造成这些问题的主要原因之一，是养老机构的建设者、管理者和服务人员，对养老服务的标准和规范，理解认识不到位、操作执行不到位，亟须进一步加大对养老机构负责人和管理、服务人员的系统培训和有效指导。

基于上述认识，事业发展中心联合中国社会保障学会等专业组织，认真研究养老服务的有关国家标准、规范和要求，梳理了广大养老机构在建设、管理与服务等方面必须遵循的最基本和最起码的工作要求，形成了“曜阳养老机构标准”。在此基础上，共同编撰了曜阳养老机构指导丛书，并融入了中心所属曜阳养老机构的有益经验和特色做法，以期为广大养老机构提供管理和服务的工作指导，不断提升管理水平和服务质量。

三

《曜阳养老机构指导丛书》一套共三册，主要包括建设与管理、养老服务、员工管理等三个方面的主题。

第一分册为《曜阳养老机构建设与管理指南》，包括三大部分。第一部分，简要列举了养老机构规划建设和经营发展的主要思路。第二部分，涉及机构建设和装修，包括机构建设总体原则、建设设计要求、装饰装修要求、空间和设备设施配置要求等内容。第三部分，包括行政管理、人事管理、财务管理、志愿服务管理、后勤保障管理、安全管理、党群工作与文化建设等具体内容。本分册以养老机构负责人、从事管理、建设和保障的工作人员为主要阅读对象。

第二分册为《曜阳养老机构服务规范》，包括出入院服务、生活照料、医疗护理、医疗康复、文化娱乐、心理精神支持、安宁服务、志愿服务与社会工作、风险防范与应急处理等内容，以养老机构分管服务工作负责人、护理部负责人和从事护理及相关服务的工作人员为主要阅读对象。

第三分册为《曜阳养老机构员工手册》，以口袋书的形式，涵盖了曜阳养老品牌、员工岗位职责要求以及岗位应知应会等内容，以从事护理服务的工作人员为主要阅读对象。

四

曜阳养老机构指导丛书，吸收了中心举办的扬州曜阳国际老年公寓、杭州富春江曜阳国际老年公寓、济南曜阳国际老年公寓和海淀曜阳养老服务中心在建设、管理和服务过程中形成的有益经验。与 2014 年中心组织编撰出版的《曜阳养老护理员培训指导丛书》（一套三册）相比，本次编撰的培训丛书具有如下三个特点：

一是内容更加全面。2014 年版丛书，全部内容都聚焦在养老护理上面。而 2019 年版丛书，不仅涵盖了养老护理（包括生活照料和医疗护理）的有关内容，而且加入了出入院服务、医疗康复、文化娱乐与心理精神支持、志愿服务与社会工作、安宁服务以及风险防范与应急处理等内容。同时，将养老机构的建设标准、日常管理和员工管理等重要内容纳入其中，培训丛书的内容更加丰富，能够满足建设者、管理者和服务人员的需要，也更加便于养老机构相关人员学习和使用。

二是依据更加科学。2019 年版丛书，主要依据国家质检总局和国家标准委最新发布的《养老机构服务基本规范》（GB/T 35796—2017）、《养老机构等级划分与评定》（GB/T 37276—2018）等相关标准，同时贯彻落实《民政部等关于开展养老院服务质量建设专项行动的通知》（民发〔2017〕51 号，《2017 年养老院服务质量大检查指南》为其附件）、《民政部等关于做好 2019 年养老院服务质量建设专项行动工作的通知》（民发〔2019〕52 号）等文件的最新要求。

三是特色更加突出。人文关怀是"曜阳养老"公益品牌最突出的特色。在编撰 2019 年版丛书的过程中，中心特别注意将人文关怀的理念体现在建设、管理保障及服务的诸多方面，如在机构建设方面，中心提出要坚持安全环保、适老助老、经济适用等基本原则；在管理保障方面，中心提出人文关怀不仅要覆盖入住老人，还要覆盖服务人员；在服务方面，中心提出不仅要满足老年人在物质生活、医疗健康等方面的基本需要，还要尽力满足老年人在精神文化、自我实现等方面的高层次需求；等等。

提升广大养老机构的能力水平和服务质量，不是一蹴而就的事情，而是一个螺旋式上升的过程。2019 年版指导丛书所列明的主要内容，只是当前我国养老服务机构质量管理标准的最基本和最起码的要求。希望通过 3 年左右的努力，广大养老机构在中心和学会的指导和帮助下，都能够达到这些要求。届时，中心和学会将进一步梳理国家有关标准和规范，形成更高层次的曜阳养老机构标准和规范，帮助广大养老机构持续提升管理能力和服务质量。

五

制定“曜阳养老”标准、编撰指导丛书等工作，得到了中国社会保障学会的大力支持。全国人大常委会委员、中国社会保障学会会长、中国人民大学教授郑功成老师在百忙之中带领相关团队成员，组织开展了梳理国家相关标准、制定曜阳养老标准和编写指导丛书的工作，提出了很多专业性和建设性的意见，使得相关工作得以高质量进行。北京大学护理学院谢红副教授全程参与了标准梳理和丛书编撰工作，付出了大量的辛苦。首都医科大学附属北京康复医院（北京康复医学院）郄淑燕副教授、北京师范大学心理学院王大华教授等提供了专业指导意见，提升了相关内容的科学性和规范性。在此，对各位专家学者的支持和帮助表示衷心的感谢！

我们也清醒地看到，面对我国人口老龄化的严峻形势，我们的探索还是初步的，梳理的标准和编撰的丛书还存在不周全、不完善的地方。我们衷心地希望广大养老机构的负责人和工作人员、养老服务及相关领域的专家学者和工作同行，及时地提出批评完善的意见建议。

国务院办公厅《关于推进养老服务发展的意见》（国办发〔2019〕5 号）指出，“要健全党委领导、政府主导、部门负责、社会参与的养老服务工作机制”。养老服务工作是一项系统工程，必须动员和调动各方面力量，统筹协调，各司其职，形成合力。事业发展中心作为中国红十字会总会所属事业单位，愿意同包括中国社会保障学会在内的广大社会组织和养老同仁一道，紧密团结在以习近平同志为核心的党中央周围，坚持以习近平新时代中国特色社会主义思想为指导，主动作为、攻坚克难、开拓创新，为新时代中国红十字事业和养老服务事业继续不懈努力，为全面建成小康社会、实现中华民族伟大复兴作出应有的贡献，用扎实有效的工作成绩向新中国70周年华诞献礼！

（2019年8月，事业发展中心联合中国社会保障学会，在制定曜阳养老标准的基础上，出版了《曜阳养老机构指导丛书》一套三册。这是江丹为丛书撰写的总前言。）

弘扬中国传统医学，促进全民健康①

董竞成教授是复旦大学中西医结合研究院院长、复旦大学附属华山医院中西医结合科主任，是我国中西医结合领域的著名专家。华山医院前身为“中国红十字会总医院暨医学堂”，由中国红十字会发起人沈敦和先生负责筹资建造，现为中国红十字会冠名的唯一一家三级甲等医院。因为这个缘故，我认识了董竞成教授。多年来，我们在工作上相互支持，结下了深厚的友谊。董竞成教授在繁忙的临床诊疗和科学研究工作之余，积极支持红十字公益事业，长期担任事业发展中心专家委员会成员。10多年前，董竞成教授为中心在扬州和杭州兴办的2个养老机构，提供了具有前瞻性的顶层设计。如今，扬州曜阳国际老年公寓和富春江曜阳国际老年公寓，已经初步形成了“全程照护医养结合型”养老服务模式，成为曜阳养老品牌的旗舰店。董竞成教授还经常参加中心组织的医疗健康义诊活动，为中西部欠发达地区人民群众提供了大量的医疗健康服务，体现了一名优秀医务工作者的大爱之心和责任担当。

中国传统医学是我国劳动人民在与疾病作斗争过程中，通过实践、不断认识，逐渐积累起来的丰富医药学知识的总结，至今已有数千年的历史，对

① 2019年8月24日，在中国传统医学的传承、创新与发展暨《中国传统医学比较研究》出版座谈会的发言。

于中华民族的繁荣昌盛有着巨大的贡献，是需要不断挖掘的宝库。习近平同志强调，“要着力推动中医药振兴发展”。2017 年施行的《中华人民共和国中医药法》明确提出，“本法所称中医药，是包括汉族和少数民族医药在内的我国各民族医药的统称”。今天，中医学日益发展成为包括汉医、藏医、蒙医、维医、傣医等在内的中国传统医学的统称。

董竞成教授长期致力于中西医结合的临床实践和科学研究，在呼吸系统疾病、老年疾病、肿瘤等的中西医结合防治领域建树颇丰。近 10 年来，董竞成教授多次往返新疆、云南、青海、西藏、内蒙古等少数民族地区，在少数民族地区医疗卫生机构的学科建设、人才培养以及高水平学术交流平台的构建方面做了大量工作。在此基础上，董竞成教授带领团队，开展传统中医学与少数民族医学的比较研究，创造性提出大中医、三分法、五要素、两个层面、三融合等创新性理论。今天，《中国传统医学比较研究》的正式出版，就是董竞成教授及其团队多年辛苦探索、创新研究的成果结晶。

中国传统医学是中华民族优秀传统文化的重要组成部分，是增强中国特色社会主义文化自信的重要基础之一。希望董竞成教授和他的团队，通过持续深入的研究探索，推动中国传统医学和少数民族医学的发展，大力弘扬中华民族优秀传统文化，为全面实施健康中国战略、全面建成小康社会、实现中华民族伟大复兴作出更大的贡献！

【活动介绍】

“中国传统医学的传承、创新与发展暨《中国传统医学比较研究》出版座谈会”，由中央文史研究馆和上海科学技术出版社共同主办，于 2019 年 8 月 24 日在中央文史研究馆报告厅举行。国家中医药管理局、中国红十字会总会事业发展中心及主办单位的领导，医学界和出版界的专家学者代表，共 70 余人参加了会议。该书主编为复旦大学中西医结合研究院院长、附属华山医院中西医结合科主任董竞成教授。

积极开展公益养老服务，助力新时代中国特色红十字事业发展①

今天上午，聆听了中央领导同志的重要讲话，党中央、国务院对大会的致辞，听取了梁惠玲同志作的工作报告，我感到非常振奋。这些重要讲话和致辞，充分肯定了中国红十字会过去5年的工作，并对今后的工作提出了殷切的希望和明确的要求。梁惠玲同志所作的工作报告，全面总结了过去5年的工作成绩，分析了工作中存在的不足，提出了今后5年工作的总体思路和重点安排。对工作报告的全部内容，我都表示赞同。下面，我结合事业发展中心开展公益养老的探索与实践，就贯彻落实中央领导的重要讲话精神、全面落实《中国红十字事业发展规划纲要（2020—2024）》，进一步做好红十字会参与养老服务工作，谈几点意见和建议。

一、充分认识红会参与养老服务工作的重要意义

2012年《国务院关于促进红十字事业发展的意见》、2018年国务院批准

① 2019年9月2日，在中国红十字会第十一次全国会员代表大会分组讨论上的发言。

的《中国红十字会总会改革工作方案》、2019 年国务院办公厅《关于推进养老服务发展的意见》等重要文件，都对红十字会参与养老服务工作提出了明确的要求。《中国红十字事业发展规划纲要（2020—2024）（草案）》提出，要“积极兴办与红十字会宗旨相符的养老实体，不断探索红十字会参与养老服务的模式和途径”。

我认为，红会参与养老服务工作，不仅是贯彻落实党中央对群团工作改革指示精神和国务院对红十字事业发展的工作要求、切实推进自身改革创新的具体体现，而且是切实发挥党和政府在人道领域的桥梁纽带和助手作用，服务党政工作大局、协助应对人口老龄化的具体体现，更是坚持服务群众的工作生命线、贯彻落实健康中国战略、不断满足人民群众对美好生活的新要求新期盼的具体体现。

二、事业发展中心开展公益养老的探索与实践

公益养老是事业发展中心的核心业务和重点工作。自 1999 年以来，中心秉承“人道、博爱、奉献”的红十字精神，主动发挥社会组织优势，积极探索公益服务与市场化运作相结合的新型社会养老服务模式，着力打造了以人文关怀和医养结合为主要特色的“曜阳养老”公益品牌，逐步形成了包括兴办曜阳养老机构、开展曜阳关爱行动、构建曜阳支持平台为主要内容的曜阳养老服务工作体系。

一是兴办曜阳养老机构。中心先后在扬州、杭州、济南、贵阳、邯郸等地兴办了 5 所曜阳养老机构，以公建民营的形式，管理运营北京市海淀区 1 家养老机构。经过 10 年努力，扬州曜阳、杭州曜阳已初步形成了“全程照护医养结合型”养老服务模式，成为曜阳养老品牌旗舰店。贵阳曜阳成为医养结合养老模式示范单位，入选 2017 年国家发改委、民政部遴选的“新时代养老服务典型案例”。在这里，我也要特别感谢贵州省委省政府、贵阳市委市政

府以及省市两级红会，对事业发展中心和贵州曜阳养老服务中心的大力支持。谢谢你们!

二是开展曜阳关爱行动。中心以失能老人和困难老人为主要服务对象，先后协调中央专项彩票公益金1.53亿元，募集社会爱心捐赠资金3000余万元，累计支持中西部地区近1000家养老机构，惠及贫困老人10万余名。中心组建了博爱艺术团，每年组织著名艺术家和歌唱演员，到中西部开展慰问老人专场演出。2019年起，中心联合省、市、县、乡、村五级6家单位和28家养老机构，广泛开展了曜阳养老志愿服务活动。中心与CCTV-12频道合作，共同开展“优秀为老志愿者事迹视频展播”活动。9月8日，包括红会养老志愿者在内的全国7支优秀养老志愿者队伍，将参加现场节目录制。整台节目将于12月5日在CCTV-12频道播出。

三是构建曜阳支持平台。中心坚持为所联系的3000多家养老机构提供支持性服务：先后举办了20期养老院长和养老护理员培训班，培训人数超过3000人次；举办了4届“中国养老服务业发展高层论坛”及相关养老服务论坛，组织养老院长2000多人次参加交流活动。10月7日，中心将在福建泉州市举办第五届中国养老服务业发展高层论坛，首次举办“红会养老服务”分论坛。论坛的主题是“养老服务中的志愿服务”。诚挚邀请各位领导参加论坛活动。我们会通过总会办公室，给大家发正式的会议通知。中心还与微医集团合作建设了“曜阳互联网养老院”，已有200多家养老机构免费接入该信息平台。2018年中心联合CCTV-12频道举办了“职业盛典——优秀养老护理员事迹视频展播活动”，已于今年1月2日在CCTV-12频道播出，对提升养老护理员的社会地位和职业美誉度起到了积极作用。2019年，中心与中国社会保障学会联合研制了《曜阳养老标准》，编撰了养老机构指导丛书一套三册，包括《养老机构建设与管理指南》、《机构养老服务规范》和《养老机构员工手册》，将于9月底正式出版。

三、对红十字会参与养老服务工作的建议

我认为，贯彻落实党中央和国务院对红十字会的工作要求，贯彻落实《发展规划纲要》关于参与养老服务工作的工作部署，要从5个方面入手。

一是积极兴办符合红会宗旨的公益养老机构。各级红会，可以采取“公建民营”的形式，承接公立养老机构的管理运营工作，也可以采用合资、冠名等形式，与社会力量合作兴办符合红会宗旨的养老机构，面向困难老年人群体，提供医养结合公益养老服务。同时要积极为居家困难老年人提供居家社区养老服务，探索形成可持续的服务模式。我们也建议，将事业发展中心创立的“曜阳养老”品牌，作为红十字公益养老服务品牌，在全国红十字系统推广使用。

二是大力开展红十字养老志愿服务。要广泛动员红十字会员、机关企事业单位职工、大中学生、老年人家属和低龄健康老人，加入红十字养老志愿服务队伍，同时发挥南丁格尔志愿服务队的积极作用，为有需要的困难老年人及家庭，提供多层次多样化的养老志愿服务。另外，要完善红十字养老志愿服务工作的管理体制。我们事业发展中心愿意牵头管理和组织红十字会养老志愿服务工作，建议注册成立红十字养老志愿服务组织，定期评选表彰红十字优秀养老服务志愿者（团队）。

三是积极开展养老服务相关技能培训。要面向失能老人的家庭照护人员、机构和社区的养老护理员、养老服务志愿者，开展养老照护知识与技能培训。将应急救护培训内容纳入红十字养老服务培训，在红十字急救员中普及养老照护知识与技能。中心已联合中国社会保障学会研究制定了《曜阳养老标准》，编撰出版了《曜阳养老机构指导丛书》。我们也希望与各级红会一道，为广大养老机构提供系统的培训，帮助落实标准和规范，不断提高养老服务质量。

四是持续开展困难老年人人道救助行动。要积极募集社会爱心款物，为

贫困失能老人提供护理用品、鼻饲管等物资资助。引导冠名红十字医院和其他爱心医疗机构，对经济困难的患病老年人提供免费或优惠的义诊、健康体检、专科治疗等医疗救助。组织红十字会员和志愿者，深入社区、家庭和机构，为孤寡、高龄、失能等老年人提供亲情关怀和精神慰藉等精神救助。为遭受自然灾害、重大事故或意外伤害、临时需要救助的老年人，提供临时人道救助。

五是不断创新红会参与养老服务的途径和方法。有条件的红十字会，可以与爱心企业合作，为孤寡、高龄独居、失能、失智等困难老人，配发穿戴式健康管理和安全防护等智能设备，提供健康服务和安全保障，同时依托大数据技术平台，提供更加精准的养老服务。有条件的红十字会，还可以参与推动老龄健康产业，在健康小镇、智慧养老小镇、老年健康大数据等产业项目中，融入红十字元素，依托企业开展红十字特色养老服务。

积极有效应对人口老龄化，是我们国家面临的一个长期而艰巨的任务。事业发展中心将在总会党组的正确领导下，联合各级红会组织，继续开拓创新、攻坚克难，推动红十字会参与养老服务工作再上新台阶，为开创新时代中国红十字会工作新局面作出应有的贡献。

【活动介绍】

中国红十字会第十一次全国会员代表大会，于2020年9月2日至3日在北京举行。

9月2日上午开幕式前，中共中央总书记、国家主席、中央军委主席习近平在人民大会堂亲切会见全体代表，向他们表示诚挚问候和热烈祝贺，勉励他们弘扬人道、博爱、奉献精神，改革创新、奋发有为，为红十字事业发展作出新的更大贡献。中共中央政治局常委、国务院总理李克强，中共中央政治局常委、中央书记处书记王沪宁参加会见，国家副主席王岐山参加会见并出席大会开幕式。孙春兰参加会见并在开幕式上代表党中央、国务院致辞。大会开幕式由中国红十字会会长陈竺主持，红十字国际委员会主席彼得·莫雷尔发表视频致辞，红十字会与红新月会国际联合会主席弗兰西斯科·罗卡致辞，中华全国总工会书记处第一书记李玉赋代表群众团体致贺词。会议为第四十七届南丁格尔奖章中国获奖者颁奖，并表彰了32个全国红十字会系统先进集体和10名先进工作者。丁薛祥、杨洁篪、黄坤明、肖捷参加会见，陈希、王勇、王毅参加会见并出席开幕式。

9月3日，大会在北京闭幕。中国红十字会第十一届理事会根据《中国红十字会章程》有关规定，聘请国家副主席王岐山为中国红十字会名誉会长。中国红十字会第十一届理事会第一次会议选举全国人大常委会副委员长陈竺为中国红十字会会长，选举梁惠玲为中国红十字会常务副会长。中国红十字会第十一届监事会第一次会议选举陈健为中国红十字会第十一届监事会监事长。大会审议通过了关于中国红十字会第十届理事会工作报告的决议、关于中国红十字会章程（修正案）的决议和关于中国红十字事业发展规划纲要（2020—2024）的决议。

强化党建引领，助力精准扶贫

石头咀镇水口村和叶家山村位于革命老区大别山腹地，海拔较高，交通不便，村民增收困难，是国定贫困县湖北省黄冈市英山县的重点贫困村。近年来，中国红十字会总会事业发展中心充分发挥党建引领作用，按照“共建融合、优势互补、突出特色、共促脱贫”的原则，制定并实施了以困难老人和贫困学子为重点帮扶对象，以医疗健康和特色农业为特色帮扶方向，以提升村民健康水平和农产品增收提质为目标的扶贫工作方案。

一、创新党建工作思路，探索“两种模式”

（一）探索农村养老模式

一是丰富老年人文化生活。为改善2个村缺少文化娱乐场所和设施问题，中心以党建为引领，推动村党支部对办公用楼进行改制，建立了曜阳养老活动中心；联合志愿者，建立了志愿者之家（共计出资20万元），成立了曜阳志愿服务队，为2个村设立了2个公益岗位（2个岗位2年共资助20万元），为村里老人提供生活照料、代买代办、心灵慰藉、护理医疗等方面的志愿服务。我们为英山县如家养老服务中心和石头咀镇福利中心增添养老设施。还组织文化慰问宣传团队，给两村的老人带去欢声笑语。二是探索民宿旅居养老方式。大别山区是著名红色旅游点，环境优美，村民住房空置率高，有做民宿旅居项目的潜力。2019 年 7 月，中心携手国旅集团、中兴集团、旅游卫视、马拉松赛事策划公司、“曜阳红色健康旅居”项目组和时间银行项目组等两新组织以及爱心代表走进英山，以创建民宿旅居养老为目标，开展对水口村和叶家山村民宿民居的规划改造工作，大力推动红色旅居养老宣传，使更多老人和热爱旅居的人士了解大别山、选择大别山。三是推动农村失能老人集中供养。调查发现，解决农村养老问题，除了让农村老人有集中活动场所，并举办形式多样的组织活动之外，最关键的是解决失能老人的集中供养问题。根据两村所在的石头咀镇的实际情况，制定了对镇福利院实施改制改造、提高福利院专业服务水平的计划，让政府托底的失能老人和有需求的农村其他失能老人能够享受到有尊严、有专业水准的高标准养老服务。另外，组织开展了养老服务管理和护理技能专题培训，打造具备专业水准的管理和护理团队。截至 2019 年 6 月，已完成培训 5 期，共计 150 人次。

（二）探索因病致贫返贫救助模式

水口村和叶家山村因病致贫返贫家庭约占整个贫困家庭户数的 45%。针对这个问题，中心联合北京医健保健康集团，充分发挥新经济党组织的战斗堡垒作用，投资 50.45 万元，建立了一套精准扶贫“互联网 + 医疗健康”系统。一是建立了电子健康档案，实现家庭医生签约服务全覆盖。村医利用自己手中的 PAD 诊疗工具，首诊的同时完成与村民的电子签约，并建立永久性个人健康档案，资料信息同步上传更新至医联体的镇、县医院后台管理系统，实现了健康信息的互联互通。目前，所有村民都加入了系统。二是建立“分级诊疗、双向转诊”机制，实现“小病不出村、大病不出县”。医生在对签约患者进行病情诊断时，一旦发现无法诊疗的疾病，可以马上通过网络化、模块化诊疗转诊系统，迅速将患者转诊到对口的上级医院治疗，实现医疗资源的优化配置，使得小病不用再去大医院，大病也可以享受到相应医疗资源。三是接入医保信息平台，实现医保费用的公开、公平、公正使用。系统记录了每名患者问诊、用药与医保报销情况，实现了政府对医管部门和各级医疗机构的工作以及群众健康情况的精准掌控。四是对病困户实施“一对一”精准帮扶。按照“因病施方、因人施策、效果追踪”的原则，对两村 84 户、97 名患者实施“一二三”帮扶行动。即每户（每人）一个帮扶组：由村医、党员、村干部、志愿者组成；两个处方：对症药方、对人养生方；跟踪三个情况：疗效情况、医疗费用情况、困难情况，实施一月一评估。

二、发挥两新组织优势，促进资源“三下乡”

（一）送科技下乡

发挥两新组织的资源优势和引导助推作用，以两村主要种植茶叶、药材的实际情况和桑蚕养殖的历史情况为基础，动员和引进两新组织，带人才、带技术、带市场进村，助力农产品提质增收。一是开展种植养殖技术科普讲座。邀请农业专家赴村开展茶叶、药材种植技术的宣讲活动，引入新科技新知识，提升村民科学种植水平，指导农户推广使用生物酵素。二是大力推广当地农产品。联合旅游卫视制作“乡遇”节目，专题记录和宣传当地特产特色，吸引大众消费当地特色农产品。三是制定“白龙产业”恢复方案。帮助引进湖北元亨金叶农业发展有限公司，制订了融蚕桑种植、养殖生产、加工销售为一体的蚕桑兴业计划。

（二）送健康下乡

通过党建“共建联建”和共同举办以“关爱人民健康”为主题的党日活动，组织北京、上海等地知名医院的医护人员和医疗志愿服务者，进村入户开展关爱健康活动。一是开展对村医和医护人员的培训。派遣专业医师为当地培训全科医生；对当地医护人员进行转诊流程培训等工作，全面提升两村医生的医疗诊断水平和健康管理水平。二是普及健康知识。为提高村民的健康和保健意识，组织专业健康团队，开办健康讲座，为每位村民发放装有疾病防控、健康生活常识等资料的宣传袋，同时还在村口摆放了“三减三健”生活方式、疾病控制等知识宣传展板，普及健康知识。三是积极开展义诊活动。联合微医集团和北京医健保集团公司在石头咀镇开展义诊活动，受益群众近1000人。

（三）送教育下乡

按照“扶贫先扶智，扶贫必扶志”的总体思路，中心用教育精准扶贫“拔穷根”。一是积极开展乡镇村教育工作者培训工作。4月18日，联合中国教育报刊社、湖北省教育厅共同前往英山县举办大型公益活动，为基层教育管理者和教学工作者宣讲习近平新时代中国特色社会主义思想、党的十九大精神、全国教育大会精神、教育改革的发展任务以及先进教育教学理念和方法。二是开展关爱贫困学生工作。帮扶资助水口村和叶家山村13名在读高中生每人每年2000元。发挥事业发展中心“拔萃”教育公益品牌资源优势，加强与对口扶贫村学校的合作，对品学兼优的贫困生进行异地教育培养。三是开展关爱留守儿童工作。在对口扶贫村新建了关爱留守儿童活动中心及志愿者之家，组织大学生志愿者为村里留守儿童进行学习辅导。

（本文发表于《旗帜》杂志2019年第9期。）

弘扬红十字精神，开展养老志愿服务，助力构建养老孝老敬老的社会环境[①]

习近平总书记指出，志愿服务是社会文明进步的重要标志，是广大志愿者奉献爱心的重要渠道。要健全社会参与机制，发挥有关社会组织作用，发展为老志愿服务和慈善事业。

一、志愿服务是新时代社会养老服务体系的重要内容

当前，在应对人口老龄化过程中，老年人及家庭对美好生活的期盼与养老服务发展不平衡不充分的矛盾日益明显，因而我们要认真学习领会习近平同志的重要讲话精神，大力开展养老志愿服务。

（一）志愿服务有助于扭转当前养老服务供给总体不足的状况

面对数量庞大的老年群体的养老服务需求，当前我国养老服务供给呈现总体不足的态势，主要表现在：专业护理型床位不足，专业养老护理人员短

① 2019 年 10 月 10 日，在第五届中国养老服务业发展高层论坛开幕式上的发言。

缺，面向老年人的文化娱乐、健康保健、心理慰藉等服务产业还没有形成规模。组织专业技术人员和爱心人士，大力开展健康护理、精神关怀等养老志愿服务，既可缓解养老护理床位的不足，也可缓解养老护理人员的不足，更能丰富各类老人的精神文化生活，推动老年文化产业的发展。

（二）志愿服务有助于满足广大老年人多层次多样化的养老服务需求

随着生活水平的普遍提升和人均寿命的显著延长，老年群体在日常照料、文体娱乐、心灵慰藉、医疗护理和自我实现等方面的需求呈现出多层次多样化的特点。志愿者来自各行各业，数量庞大，相当一部分志愿者具有一定的专业技能。大力开展养老志愿服务，特别是动员专业技术人员参与养老志愿服务，将有效缓解现阶段养老服务行业人才专业水平整体不高、专业领域不能覆盖老年群体需要的紧迫问题。

（三）志愿服务有助于构建养老孝老敬老的社会环境

做好养老服务，需要党和政府、个人和家庭、企业和社会等各方面共同努力。志愿服务是社会文明进步的重要标志，有助于在全社会形成团结互助、平等友爱、共同进步的社会氛围和人际关系，增加和谐因素，促进公平正义，维护社会稳定。养老志愿服务作为养老服务中重要的社会参与形式，可以有效弥补政府托底和市场服务的不足，为政府分忧、为百姓解难，帮助弘扬尊老孝老的优良传统，积极营造养老孝老敬老的社会氛围。

二、红十字养老志愿服务的实践和探索

中国红十字会是党和政府在人道领域的助手和联系群众的桥梁纽带。协助党和政府积极有效应对人口老龄化，织密织牢民生兜底保障网，是红十字

会的责任与义务。志愿服务是国际红十字运动七项基本原则之一，是新时代中国红十字事业的重要工作内容。2017 年，中国红十字会总会、民政部、全国老龄工作委员会办公室共同发布的《关于红十字会参与养老服务工作的指导意见》，明确提出了包括开展红十字养老志愿服务在内的四项主要任务。在总会的正确领导下，全国各级红十字会高度重视养老志愿服务工作，进行了积极而富有成效的探索。

（一）为社区老人开展志愿服务

据不完全统计，江苏、江西、湖南、山西、辽宁、吉林等省红会，在300 多个城市，组织养老志愿服务团队，开展了社区养老志愿服务，为老年人提供日间照料、文体娱乐、健康保健等服务；以开展“博爱青春”志愿服务项目为契机，组织高校红十字志愿团队，围绕“情暖夕阳”主题，实施了“红土地的夕阳之歌”“夕阳当红、更需陪伴”“关爱孤寡老人、与老人心连心”“青春交响曲、夕阳梦之声”等多个助老志愿服务项目；在社区建立了“红十字爱老角”，配备康复理疗器材，让老人在家门口就能享受到免费的康复理疗服务。

（二）为养老机构的老人提供志愿服务

入住养老机构的老年人，失能、半失能老人较多，对专业医护服务需求比较大。各级红十字志愿服务队在开展生活照料、文体娱乐等常规志愿服务的同时，还注意发挥红十字会在医疗救护方面的特长。江苏省红十字会组织冠名红十字医院的在职护士、红十字养老机构的在职护理员、医学院校护理专业教师以及已退休且有精力的护士，组建具有专业医护水准的养老志愿服务队，经常深入养老院、福利院、老人康复中心等养老机构，实施“博爱病房”项目，对失能、半失能老人开展饮食照护、排泄照护、清洁照护、用药照护、康乐照护等专业性医护志愿服务。

（三）探索开展农村养老志愿服务

农村“留守空巢老人”的问题，既是养老问题，又是脱贫任务。浙江省舟山市红十字会以“博爱家园”建设为载体，先后在全市地处偏远、留守老人和渔民较多的海岛村建立博爱家园13家，提高了红会志愿者为留守老人服务的能力。事业发展中心以定点扶贫的湖北省英山县水口村和叶家山村为试点，组建了以村支书为队长、党员干部为骨干、本村居民为主体并且包括乡医在内的曜阳养老志愿服务队，通过专业化培训提升他们的志愿服务能力。对村委会多余的办公用房进行改造，购置养老服务设施设备，设立老年活动中心和志愿者之家，为老年人和志愿者提供日常活动的场所。中心同时筹措资金设立了两个公益岗位，为从事志愿服务的人提供必要的支持与帮助，确保当地养老志愿服务的可持续发展。

（四）大力宣传优秀养老志愿者（团队）事迹

近年来，一大批红十字志愿服务优秀代表获评全国学雷锋志愿服务“四个100”先进典型，其中不乏养老志愿服务先进个人和团队。2019年9月，事业发展中心与中央广播电视总台合作，开展了“为老服务志愿者事迹展播及推广活动”。9月8日，包括江西省红会推荐的章金媛南丁格尔养老志愿服务队在内的7个养老志愿服务团队及个人，已经在央视演播基地进行了现场节目录制。12月5日世界志愿者日，整台节目将在CCTV-12频道播出。

三、不断完善红十字养老志愿服务的工作体系

9月2日，中国红十字会召开了第十一次全国会员代表大会，通过了《中国红十字事业发展规划纲要（2020—2024）》，明确提出“要发展壮大会员、志愿者队伍，强化培训、激励、管理、服务等工作，充分发挥他们在红

十字工作中的主体作用”。《纲要》同时提出，要“探索参与养老服务工作的有效方式”。积极开展红十字养老志愿服务，是红十字会坚持党的领导、发挥红十字会作为党和政府在人道领域的助手和联系群众的桥梁和纽带作用、积极参与养老服务工作的重要举措。借此机会，我对做好红十字养老志愿服务工作提出几点建议，与大家共同探讨。

（一）进一步聚焦红十字养老志愿服务的工作对象

老年人根据能力情况分为活力型老人、自理型老人、半自理型老人、半失能老人和失能老人等类型。红十字会作为人道救助团体，必须坚持公益使命、弘扬红十字精神，应优先面向半自理型老人、半失能老人和失能老人等弱势老人群体，提供养老志愿服务；对孤寡、高龄、失能等特殊困难老人，更要加大志愿服务力度，必要时还要提供人道救助。

（二）进一步丰富红十字养老志愿服务的工作内容

一是组织红十字会员和志愿者，深入社区、家庭和机构，为孤寡、高龄、失能等老年人，提供亲情关怀和精神慰藉等精神类志愿服务。二是引导冠名红十字医疗机构和其他爱心医疗机构，对经济困难的患病老年人提供免费或优惠的义诊、健康体检、专科治疗等健康类志愿服务。三是为遭受自然灾害、重大事故或意外伤害、临时需要救助的老年人提供临时志愿服务。

（三）进一步加强红十字养老志愿服务的队伍建设

一是要在志愿者组织招募上下功夫。要重点招募真心热爱红十字事业和志愿服务工作、富有工作经验、不图任何回报的爱心人士。二是要在志愿者技能培训方面下功夫。加强对红十字志愿者的日常训练和实战化演练，使其熟练掌握志愿服务的内容、方法和技能。三是要在志愿者及团队的教育管理上下功夫。坚持用“人道、博爱、奉献”的红十字精神，去教育引导红十字志愿者及服务团队，以思想共鸣凝聚人心，以严格纪律统一行动。四是在关心每一位志愿者上下功夫。各级红十字会，要真心关爱志愿服务团队及成员，精神上激励、工作上支持、生活上关心，努力把红十字志愿服务团队打造成有战斗力的团队。

（四）进一步构建红十字养老志愿服务的保障体系

一是加强政策保障，要将红十字养老志愿服务纳入红十字志愿服务的整体范畴，适时制定红十字养老志愿服务专项规划，及时出台相关政策。二是加强制度保障。将养老服务列入基层红会绩效考核范畴，把养老志愿服务作为红十字会开展养老服务的重要指标。三是加强组织保障。鼓励各级红会建立专业化的养老志愿服务队伍，并纳入红十字系统评优范围，提升广大志愿者的积极性。四是加强技术保障。抓紧构建全国红会志愿服务信息平台，利用信息化和网络化手段，提升红十字养老志愿服务水平。特别需要说明的是，随着曜阳养老事业的发展，建设志愿服务互联网管理平台已成当务之急。中心与企业合作，已经研制了曜阳养老志愿服务信息平台。一会儿，我们将共同见证曜阳养老志愿服务信息平台的首发上线。

不积跬步，无以至千里；不积小流，无以成江海。只要我们团结一心，持之以恒，脚踏实地，一步一步往前走，就能够开创养老志愿服务工作的新局面。让我们以习近平新时代中国特色社会主义思想为指引，在党中央的坚强领导下，积极弘扬“人道、博爱、奉献”的红十字精神，大力开展红十字养老志愿服务，助力构建养老孝老敬老的社会环境，发展中国特色的养老服务事业，为全面建成小康社会和实现中华民族伟大复兴，作出新的更大贡献。

（本文已被收录到郑功成、江丹主编，人民出版社2020年9月出版的《中国养老服务业发展高层论坛演讲选编（2015—2019）》书中。）

【活动介绍】

第五届中国养老服务业发展高层论坛，由中国社会保障学会、中国红十字会总会事业发展中心和《医药养生保健报》社共同主办，于2019年10月10日在福建省泉州市举行。论坛主题是“养老服务中的志愿服务”。近400名相关领导、专家学者和行业代表，围绕论坛主题进行了深入的研讨和交流。论坛首次举办了“红十字养老服务”分论坛，来自20个省的40余名红会干部进行了工作经验交流。论坛期间，中国社会保障学会、中国红十字会总会事业发展中心联合中国劳动社会保障出版社，共同举行了《曜阳养老机构指导丛书》出版座谈会。该丛书的正式出版，标志着中国红十字会总会事业发展中心打造的曜阳养老公益品牌，迈出了品牌标准体系建设的重要步伐。

为应对人口老龄化贡献一份力量

今年 9 月 2 日，习近平总书记亲切会见中国红十字会第十一次全国会员代表大会代表，勉励他们弘扬“人道、博爱、奉献”的红十字精神，改革创新、奋发有为，为红十字事业发展作出新的更大贡献。习近平总书记的勉励讲话为新时代红十字事业发展指明了前进方向、注入了精神动力。中国红十字会总会事业发展中心认真学习领会这一重要讲话精神，更加坚定了积极应对人口老龄化、积极投身养老服务事业的决心和信心。

一、积极参与养老服务工作

进入 21 世纪，我国老龄人口数量和规模迅速扩大。截至 2018 年底，全国 60 岁及以上老年人口约 2.49 亿人，占总人口的 17.9%，这对大力开展养老服务工作提出了紧迫要求。

习近平总书记指出：“让老年人老有所养、老有所依、老有所乐、老有所安，关系社会和谐稳定。我们要在全社会大力提倡尊敬老人、关爱老人、赡养老人，大力发展老龄事业，让所有老年人都能有一个幸福美满的晚年。”这充分体现了以习近平同志为核心的党中央对全国老年人的关怀和爱护。中国红十字会是我们党领导下的群团组织，是从事人道主义工作的社会救助团体，公益性、群众性、包容性强，联系面、覆盖面、合作面广，参与养老服务工作具有独特优势。2017 年 4 月，中国红十字会总会、民政部、全国老龄工作委员会办公室联合印发了《关于红十字会参与养老服务工作的指导意见》，在全国分 2 批确定 20 个省份作为中国红十字会总会养老服务工作试点省份，其他省（区、市）也在因地制宜地开展相关工作。

二、对失能和困难老人进行人道救助

目前，全国失能、半失能老人约 4000 万。中国红十字会采取一系列措施，积极支持和参与对这些特殊老人的养老服务，让他们感受到党、政府和社会的温暖。

开展养老服务技能培训，对于扩大养老服务人员规模、提高从业人员技能、满足社会对养老服务的需求都具有重要意义。近几年，中国红十字会通过聘请各大医院具有丰富教学经验和实际操作水平的专业护理人员，完成了国家级养老师资培训班 12 期，为各地培训师资 500 余人。20 个试点省份共培训养老师资近 2500 人，培训养老护理人员近 1.8 万人次，开展养老服务的普及性培训 13 万人次。全国红十字会系统组建养老志愿服务队 660 多支，志愿者人数达 2 万余人，深入居民社区为老年人开展上门服务。江苏、江西、湖南、山西、辽宁、吉林等省级红十字会依托红十字应急救护的专业优势，经常组织医疗专家开展义诊活动，为特殊困难老人实施医疗救助服务。江苏省红十字会组织冠名红十字医院的在职护士、红十字养老机构的在职护理员、医学院校护理专业教师以及已退休且有精力的护士，形成具有专业医护水准的志愿服务队，深入养老院、福利院、老人康复中心等养老机构，积极实施"博爱病房"项目。中国红十字会积极开展关爱失能老人行动，活动遍及东部沿海和中西部内陆 20 多个省份。开展面向老年人的公益援助项目 294 个，投入资金 3200 万元，在多个社区建立“红十字爱老角”，配备康复理疗器材，让老人在家门口就能享受到免费的康复理疗服务。落实中央专项彩票公益金 1.53 亿元，募集爱心捐赠 3000 多万元，支持中西部地区养老院近 1000 家，惠及贫困失能老人近 10 万人。启动“关爱失能老人行动”公益项目，提供公益性养老服务，为近 5 万人次贫困老年人提供了帮助。

三、探索公益性质与市场机制相结合的新型社会养老服务模式

兴办公益性质与市场机制相结合的养老机构，是中国红十字会参与养老服务事业的一项重要工作。中国红十字会总会事业发展中心突出人文关怀和医疗保障两大特色，坚持医养结合的养老模式，不断提升养老服务品质，努力打造具有红十字特色的“曜阳养老”品牌。

从第一所曜阳国际老年公寓建成起，我们就把高端医疗资源引入“曜阳”，与复旦大学附属华山医院合作，建立了复旦大学附属华山医院中西医结合老年病与延缓衰老研究基地和老年医院，为入住老人提供全方位的医疗、康复、保健和养生服务。根据老年人的心理和生理特点，大力弘扬“人道、博爱、奉献”的红十字精神，充分利用红十字会优势资源，定期组织医疗、保健专家走进“曜阳”，为老人提供医疗保障，并组织开展健康讲座、保健养生、心理辅导等特色服务。同时，将部分医疗资源向周边老人和居民开放，定期开展义诊活动，向他们提供免费医疗服务。此外，还有计划地组织社工、大学生志愿者等进“曜阳”，开展读书读报、谈心谈话、文艺演出等慰问活动，满足老人的各种精神需求。目前，已建成 7 家“曜阳”品牌养老机构，全国以红十字冠名兴办的公益养老机构已有 32 家。在“曜阳养老”的带动和影响下，全国越来越多的养老机构加入红十字大家庭，多个省市县的公建养老机构委托给红十字“曜阳”进行管理运营。截至目前，全国 5000 多家养老机构与红十字“曜阳”建立合作机制，井冈山等革命老区和中西部特困

地区建成 70 多家“曜阳托老所”。

四、营造养老孝老敬老的社会环境

构建养老、孝老、敬老政策体系和社会环境，是党的十九大报告为积极应对人口老龄化、加快老龄事业和产业发展作出的重要部署。中国红十字会积极开展相关社会活动，努力动员更多社会力量参与到养老服务中来。

中国红十字会注重发挥组织优势，发动社会力量参与养老服务。一是广泛开展养老服务交流论坛活动。定期举办“中国养老服务业发展高层论坛”、健康中国学术研讨会等公益交流活动，引起社会各界广泛关注，共同支持养老服务事业发展。二是选树典型在主流媒体开展宣传。2018 年、2019 年，中国红十字会与中央广播电视总台联合举办“养老护理员榜样人物事迹展播和颁奖活动”“为老服务志愿者事迹展播及推广活动”，引导社会各界关注养老服务队伍建设问题，提升养老护理员社会地位，促进养老服务事业健康发展。三是积极开展博爱中国文化慰问活动。每年组织博爱艺术团深入社区、养老机构进行慰问演出，为老年人送去精神文化服务。四是不断扩大为老志愿服务队伍。构建曜阳养老志愿者互联网平台，为充分发挥志愿服务队伍在养老服务工作中的作用奠定了良好基础。

（本文发表于《人民日报》2019 年 11 月 1 日第 12 版。）

搭建理论研究与实践探索的交流平台，助力养老服务业持续健康发展

中国红十字会总会事业发展中心与中国社会保障学会，多年来共同聚焦我国养老服务事业的发展，从 2015 年起，组织相关部门领导和专家学者共同探讨和交流我国养老服务业发展取得的突出成绩和面临的重要问题，每年举办“中国养老服务业发展高层论坛”，至今已成功连续举办 5 届。

回顾过去 5 届论坛，主要有以下几个特点。

一是论坛的举办得到了有关领导的高度肯定。5 年来，全国人大常委会副委员长、中国红十字会会长陈竺，第十届全国政协副主席、中国红十字会第八届名誉副会长张怀西，先后以出席论坛、视频致辞、写信致贺等方式向论坛表示祝贺。陈竺同志在贺信中指出，我国已加速进入老龄化社会，但目前在应对人口老龄化问题上还存在制度准备不足、老龄保障和服务发展滞后等诸多挑战，尤其在养老服务方面存在巨大的供给缺口。加快养老服务业健康发展，是我国妥善应对老龄化挑战、进一步扩大内需、促进就业、转变经济发展方式的重要举措。陈竺同志同时指出，论坛紧紧围绕学习宣传和贯彻落实党的十九大精神这一主线，紧扣养老服务主题，交流研讨、相互学习，对于营造养老、孝老、敬老的社会氛围，推动养老服务业健康发展，具有非

常重要的意义。

二是论坛的研讨内容紧扣养老服务业发展的时代主题。5年来，论坛紧密结合我国社会养老服务业的发展形势，先后以“构建社会养老服务体系”（2015年）、“医养结合养老服务”（2016年）、“贯彻落实党的十九大精神”（2017年）、“养老服务中的人文关怀”（2018年）和“养老服务中的志愿服务”（2019年）等为主题，聚焦中国特色养老服务体系顶层设计、养老服务业发展的政策制度、养老服务标准与规范、医疗健康与养老服务的融合发展、养老机构建设管理与服务、营造养老孝老敬老社会环境等具体内容，组织与会领导、专家学者、行业代表、相关人员进行研讨交流，共计举办了5次主论坛和16次分论坛活动，合计近40人次在主论坛演讲，近300人次在分论坛演讲，参会总人数超过2000人次。

三是论坛的举办得到了党政部门、科研院所和社会各界的积极支持。全国人大法工委、原国家卫生计生委、全国老龄办、中华全国总工会、贵州省、江苏省民政厅、福建省民政厅、贵州省红十字会、江苏省红十字会、福建省红十字会、贵阳市、扬州市、泉州市等党政部门和群团组织的负责人，先后应邀到论坛致辞或发表演讲，对论坛给予积极支持。中国社科院、人力社保部社会保障研究所、民政部相关研究机构、中国社会保障学会、中国老龄事业发展基金会等单位的负责人及有关专家，先后参加了论坛活动并作主旨演讲或专题发言。卫生部北京医院、人民日报《民生周刊》、求是《小康》杂志和医药养生健康报社，以及多家爱心企业，以多种方式对论坛给予大力支持，为论坛的成功举行贡献了力量。

四是论坛的举办得到了广大养老机构负责人的热情参与。5年来，累计有养老机构负责人1000多人次参加论坛活动，50多名养老机构负责人先后在论坛上作典型发言或经验介绍，并与与会领导、专家学者就养老服务的政策法规、标准规范、养老机构管理与服务等展开热烈讨论。论坛举办期间，中国红十字会总会事业发展中心采用参加论坛的养老机构负责人早到晚走的方式，邀请有关专家抽空为养老机构负责人举办专题培训班，就养老机构发展面临的政策法规、权益保障、管理经营、护理标准等具体问题，开展系统的业务培训，帮助提高业务能力和管理水平，受到了养老机构负责人的一致好评。

大家的积极参与和鼎力支持，不仅使每一届论坛办得有声有色，而且使论坛的社会影响与日俱增。目前，中国养老服务业发展高层论坛已经成为我国养老服务业的重要交流平台。5年来，关心支持我国社会养老服务体系建设和发展的相关领导和专家学者，欣然应邀到论坛发表主旨演讲。每一篇演讲都经过充分调研、反复酝酿，提出的意见和建议都凝聚了演讲者的聪明与智慧、精力与付出。很多演讲内容经历了时间的考验，更显出演讲者思考之深邃、建议之远见。

为了帮助养老服务及相关领域的科研教学人员、养老服务行业的管理者和从业人员更好地理解我国社会养老服务体系的发展历程，借鉴有关领导和专家学者的观点建议，进一步促进中国特色社会养老服务体系的建设和发展，我们特意整理了有关领导和知名专家在5届论坛上的主旨演讲，编辑形成了《中国养老服务业发展高层论坛演讲选编（2015—2019）》，共计5个专题30篇文章，供大家参考借鉴。本文集由中国社会保障学会会长郑功成与中国红十字会总会事业发展中心主任江丹共同主编。事业发展中心参加编辑工作的有中心副主任魏国，老龄事业部主任科员亓文，办公室副主任傅阳、主任科员曹金，老龄事业部周昊威、陈星林等；中国社会保障学会参与编辑工作的有学会秘书长、中国人民大学副教授鲁全，学会秘书李畅等。事业发展中心顾问、人民日报社原副总编辑陈俊宏，事业发展中心特别顾问、原国土资源部耕地保护司司长潘明才等，对编辑工作给予了热情的指导和帮助。在此，一并表示衷心的感谢！

（2020年9月，事业发展中心联合中国社会保障学会，编辑出版了《中国养老服务业发展高层论坛演讲选编（2015—2014）》，这是江丹撰写的前言。）

积极推动养老服务标准化建设，大力促进养老服务业高质量发展[①]

在一年一度的老年节即将到来之际，我们相聚在历史文化名城——山西大同，共同举办第六届中国养老服务业发展高层论坛。在此，我首先代表中国红十字会总会事业发展中心，向为论坛发来贺信的陈竺副委员长、通过视频为论坛致贺的张怀西副主席，表示衷心的感谢！向参加论坛的各位领导嘉宾和专家学者，表示热烈的欢迎！向广大红会干部、养老服务工作者、相关企业代表和关心支持养老事业和养老论坛的爱心企业，致以崇高的敬意！向给予本届论坛大力支持的大同市委市政府和山西省红十字会，表示诚挚的谢意！向广大老年朋友，致以节日的问候！

大家知道，我国是世界上人口老龄化程度比较高的国家之一。与其他国家相比，我国的人口老龄化呈现出老年人口绝对数量大、老龄化发展速度快、高龄化趋势明显、家庭小型化程度高、城乡老龄化差别大、未富先老问题突出等特点。习近平总书记指出，我国已进入高质量发展阶段，社会主要矛盾已经转化为人民日益增长的美好生活需要和不平衡不充分的发展之间的矛盾。

---

① 2020 年 10 月 18 日，在第六届中国养老服务业发展高层论坛开幕式上的研讨发言。

在养老服务领域，广大老年人对美好晚年生活的需要，与养老服务业发展不平衡不充分之间的矛盾还比较明显。为了推动养老服务业高质量发展，满足广大老年人及家庭多层次多样化的养老服务需求，国家提出了健全以居家为基础、社区为依托、机构充分发展、医养有机结合的多层次养老服务体系的工作目标。刚才，陈竺副委员长在贺信中、张怀西副主席在视频讲话中，对推动养老服务高质量发展，都提出了很好的意见和建议。下面，我结合贯彻落实习近平总书记的重要讲话精神和二位领导同志的工作要求，就推动养老服务标准化建设，促进养老服务高质量发展，谈一些认识和体会，与大家交流和分享。

一、标准化建设在养老服务业高质量发展中具有重要意义

养老服务业高质量发展的重点是服务和管理，而做好服务和管理的基础是标准和规范。从实践来看，养老服务标准化建设的目的是运用标准化原理、方法和手段，促进养老服务的技术和管理进步，使养老服务活动科学化、程序化、规范化和文明化，以提高服务质量和工作效率，使养老服务业高质量发展，获得最佳运行秩序和经济社会效益。

（一）养老服务标准化有助于满足老年人对晚年美好生活的需要

养老服务一切应“以老人为中心”。老年人的养老服务需求，主要包括生活照料、医疗健康、养老护理、精神文化、权益维护和安宁疗护等六大方面。这些服务内容的质量特性，用技术语言加以表述，就形成了标准和规范。推动养老服务标准化，就是将老年人的养老服务需求，转化为养老企事业单位和从业人员必须去理解和实现的服务内容和工作要求。老年人对养老服务接受不接受、满意不满意、高兴不高兴，是检验养老服务质量好坏的根本标准。因此，制定养老服务标准，必须要广泛征求老年人的意见，并在实践中不断

修订和完善，以满足老年人多层次多样化的养老服务需求。

（二）养老服务标准化有助于推动养老服务业的可持续发展

养老服务业高质量发展，关键在标准化，而标准化才能促进可持续发展。标准化是一种科学化和现代化的管理方式，可以帮助国家和企事业单位对有限的资源进行合理化匹配，帮助相关单位实现可持续发展，进而推动整个行业实现高质量发展。在养老领域，可以通过制定和实施养老服务相关标准和规范，从而实现养老服务资源的有效整合和充分利用，实现社会养老服务资源的优化配置，同时降低社会成本，产生最佳的社会经济效益，推动养老服务业的可持续发展和高质量发展。

（三）养老服务标准化有助于完善我国的社会保障体系

社会养老服务体系建设是党和政府坚持以人民为中心的发展思想、建立完善中国特色社会保障体系的重要内容之一。推动养老服务业标准化建设，有利于政府监管部门以相关标准和规范为依据，引导养老服务需求的发展，同时对养老服务供给方进行质量评估和行为监管，督促提升养老服务水平，推动养老服务业高质量发展，从而推动完善我国的社会保障体系。

二、以养老服务标准化建设促进养老服务业高质量发展

党的十八大以来，我国养老服务标准化建设处于快速发展阶段，标准化建设总体水平持续提升，全社会标准化意识不断提高。但是，与养老服务业高质量发展的要求相比，养老服务标准化建设还存在明显的差距，具体表现在养老服务标准体系有待完善，养老标准的数量和质量都有待提高，养老服务标准化的建设、管理与保障机制尚未健全等方面，养老服务标准化建设的工作任务依然艰巨。

（一）进一步完善养老服务标准化建设的顶层设计

当前，党中央正在带领全国人民制订完善“十四五”时期国民经济和社会发展规划纲要。我们要认真学习贯彻习近平总书记相关重要讲话和指示批示精神，贯彻落实党中央和国务院印发的《国家积极应对人口老龄化中长期规划》及相关重要文件，围绕“十四五”时期社会养老服务体系建设的总目标，调整完善养老服务标准化建设的顶层设计，力争建设符合养老服务高质量发展要求、涵盖不同养老服务模式、养老服务主要内容和核心要素、养老企事业发展及行为监管等内容的养老服务标准化体系。

（二）加快制定完善养老服务体系各项标准规范

结合我国养老服务发展现状与趋势，应从老年人能力状况评估、养老服务模式、养老服务内容、养老机构管理等 4 个维度，完善相应的标准规范。特别是要加快完善直接影响老年人对养老服务满意度的标准规范，包括医养结合、精神文化、权益维护、志愿服务、服务监管与机构评价，以及居家社区养老服务等方面，以满足养老服务领域日益增长的标准化建设需要。

（三）加大已出台养老服务标准规范的执行力度

标准规范制定后，重要的是执行。为了执行好已出台的养老服务标准规范，必须加强培训，同时加大监管力度。要提高养老企事业单位和从业人员对养老服务标准的认知水平和执行能力。特别是要通过给予政策性补贴、减免相应税费、核定机构等级、完善服务价格调整机制等方式，弥补标准化建设对养老企事业单位带来的发展成本，从而调动广大养老企事业单位的积极性，通过养老服务标准化建设推动养老服务高质量发展。

（四）发挥社会组织在养老服务标准化建设中的独特作用

各类社会组织是社会养老服务体系建设的重要组成部分。政府有关部门在推动制定养老服务基础标准、鼓励企业制定企业特色标准的同时，还要鼓励养老服务相关行业组织，制定相应的行业标准。要鼓励群众团体及相关社会组织，研究制定公益性养老服务标准规范。要鼓励相关专业学术团体，参与制定更加科学可行的标准规范。通过社会组织的广泛参与，不断完善养老服务标准的层级和内容，更加有效地满足老年人多层次多样化的养老服务需求，进而推动养老服务业高质量发展。

三、红十字养老服务标准化的探索与展望

多年来，中国红十字会总会事业发展中心联合中国社会保障学会等专业组织，认真研究养老服务国家标准，积极开展曜阳养老标准培训应用工作，并尝试制定曜阳养老系列品牌标准。2019 年，中心联合学会，为养老机构制定了具有人文关怀和医养结合特色的曜阳养老标准，编撰出版了指导丛书一套三册，分别是《曜阳养老机构建设与管理指南》、《曜阳养老机构服务规范》和《曜阳养老机构员工手册》。目前，这套指导丛书已经成为事业发展中心开展曜阳养老培训的专门教材，得到了业界同行和养老院长的一致好评。

“十四五”时期，事业发展中心将持续加强曜阳养老标准建设与应用推广工作。一是组织制定《曜阳养老机构分类分级标准》，开展曜阳养老机构等级评估工作。二是组织制定《曜阳介护士职业技能标准》，助力养老护理员技能提升和职业发展。三是制定红十字曜阳养老志愿服务相关标准，规范养老志愿服务相关活动。四是利用中央彩票金专项经费，积极开展养老服务与管理相关标准的培训工作，推动相关标准的贯彻落实。五是根据形势的变化和工作需要，修改完善曜阳养老相关标准，力争形成体系，打造曜阳养老公益服

务品牌。

各位领导来宾、同志们！

在论坛开始前，我们共同出席了首届中国智能化养老服务产品展示会开幕式，参观了部分展台和产品。来自国内外50余家参展单位，携带200多种高科技养老服务产品集中亮相。举办这次展会，目的是搭建养老服务产品企业与老年人、养老机构和医疗机构之间的信息交流平台，帮助广大老年人及家庭、养老机构和医疗机构，更加便捷地使用现代化养老服务产品，更好地满足广大老年人对美好晚年生活的需求，推动老年康养产业持续健康发展，进而促进我国养老服务高质量发展。在此，我代表事业发展中心，对为展示会做了大量工作的中国老龄协会老年人才信息中心、中国仪器进出口集团有限公司、大同市人民政府、山西省红十字会及有关单位，对所有参展单位，以及到场的领导嘉宾和朋友们，表示衷心的感谢！

时代在发展，观念在改变，技术在创新。对养老服务来说，永远不变的是“老人至上”的服务理念，永远不变的是以需求为导向、持续推进标准化建设的发展方向。我们要坚持以习近平新时代中国特色社会主义思想为指导，坚持以人民为中心的发展理念，主动适应养老服务业发展的新形势和新要求，建立完善满足多层次多样化养老服务需求的养老服务标准体系，共同为推动养老服务业高质量发展作出更大贡献！

【活动介绍】

1．第六届中国养老服务业发展高层论坛，由中国社会保障学会、中国红十字会总会事业发展中心和山西省大同市人民政府共同主办，中国社会保障学会养老服务分会承办，山西省红十字会协办，于2020年10月18日在山西省大同市举行。全国人大常委会副委员长陈竺向论坛发来贺信，第十届全国政协副主席张怀西通过视频讲话向论坛表示祝贺。论坛的主题是“养老服务标准化建设与高质量发展”。论坛包括开幕式、主论坛以及养老产业发展研讨会和养老服务高质量发展、红十字养老服务、养老标准化建设等 3 个分论坛。有关领导、专家学者、红会干部和养老机构、相关企业的代表共计 350 余人参加论坛相关活动并围绕主题进行了深入研讨和交流。在第二届红十字养老服务分论坛上，来自全国各地的 30 多名红会干部围绕养老护理技能培训、红十字养老志愿服务、困难老年人人道救助、兴办公益养老机构等内容，进行了工作交流和经验分享。

2. 首届中国智能化养老服务产品展示会，于 2020 年 10 月 18—20 日在山西省大同市举行。展示会由中国老龄协会老年人才信息中心、中国仪器进出口集团有限公司、大同市人民政府和中国红十字会总会事业发展中心共同主办，全国中老年网承办，《小康》杂志社协办，山西省红十字会等单位提供支持。展示会以“让人工智能助力养老”为主题，包括智能养老、康复医疗、健康养生和特色展示等 4 个展区和项目接洽区。来自国内近 40 家企业展示了近 200 种智能养老产品，并举行了产品推广及业务接洽活动。来自山西省各养老机构、医疗机构及有关单位的专业观众参观了展会。

下篇

实践与探索

团结协作、开拓创新，努力实现事业发展中心工作的新跨越①

2009年是我们国家取得一系列伟大胜利的一年。伴随国家经济发展和社会进步，中国红十字基金会事业发展中心也有了新的发展和进步。下面，我结合总结中心2009年工作成绩、部署2010年重点工作作报告，主要讲三个方面。

一、2009年工作取得了新成绩

2009年是新中国诞辰60周年，也是红基会事业发展中心成立的第一年。在祖国一系列伟大胜利的感召下，在红总会和红基会的正确领导下，我们坚持以“三个代表”重要思想和科学发展观为指导，乘势而上，团结协作，开拓创新，取得了内部管理改善、公益实体后劲增强、专项基金不断壮大、公益活动丰富多彩、品牌影响力不断增强的新成绩。

① 在中国红十字基金会事业发展中心2010年度工作会议上的报告（有删节）。

（一）中心机构建设工作

2006年，按照红总人〔2006〕4号文件要求，红基会成立了事业发展办公室，具体负责实体单位的发展和管理。经过近3年的努力，公益学校和老年公寓等公益实体的建设取得了快速发展，公益筹资和自主工作也相应地发展到了一定的规模和水平，原有的事业发展办公室无论是机构设置还是人员结构均已不能满足具体工作的需要，为此我们及时提出了将“事业发展办”更名为“事业发展中心”的设想，组织专门力量，逐级汇报协调。我们的请求很快得到了总会领导的重视和支持。2009年3月，红总会正式行文，同意红基会事业发展办公室更名的请求。中心根据红总会的文件要求，结合工作实际，围绕机构内部建设做了4项工作，即调整机构、明确职能、理顺关系、健全制度。目前，中心按内设综合管理办、基金管理办、学校管理办、老年公寓管理办的架构运行，相应确定了各自的职责，制定了内部工作制度、内部管理制度、志愿者管理办法等，并编印成册，供中心同志学习领会和贯彻执行，现已初见成效。

（二）筹资和资助工作

截至2009年12月底，中心向社会筹集善款善物折合人民币5100万元，其中：现金捐赠2600万元；价值1600万元的学生宿舍楼1幢；运动练习场及器械若干，价值800万元；轿车2辆，价值52万元；救护车1辆，价值38万元；联想电脑30台，价值9万元等。为扩大基金规模，分别联合武警总部卫生部和总参309医院，与北京亿众无限传媒广告有限公司和领美品牌策划机构新设立了“仁爱克癌”和“仁爱传递”基金，联合上海中包国际合作公司设立了“仁爱自然医学基金”。2009年，事业发展中心公益支出共2546万元，其中：文化发展基金支出319万元；仁爱基金支出747万元；救助重症肌无力和心脏病患者50人；支持老年公寓建设支出1480万元。

（三）老年公寓工作

1．认真制定《曜阳养老事业发展纲要》（草案），初步明确了曜阳养老事业的发展方向。建设老年公寓作为政府养老工作的补充，对于事业发展中心来说是全新工作。随着党和国家对养老事业越来越重视，老年公寓工作将越来越重要。我们在北京、西安、湖南、广东、山东、江苏等地充分调研的基础上，结合中心内部、合作方代表、相关专家的意见，经多次修改，制定了《曜阳养老事业发展纲要（2009—2014）（草案）》[以下简称《纲要（草案）》]。《纲要（草案）》坚持曜阳养老事业以“人道、博爱、奉献”的红十字精神为宗旨，突出了养老事业的公益性；明确以“品牌、投资、运营三统一”原则，确定了兴建曜阳国际老年公寓的发展目标和发展模式；决定建立曜阳养老专项基金，为发展曜阳养老事业打造资金平台。

2．坚持建管并重，夯实了曜阳养老事业的发展基础。2009 年，事业发展中心老年公寓办公室组织专业团队，带领各老年公寓项目建设的同志们，坚持两手抓，一手抓硬件设施建设，一手抓运营管理筹备，从项目选址、规划设计、现场施工到销售营运等方面，实施全方位、全过程的监督管理，使曜阳国际老年公寓的建设质量和服务品质得到全面保障。

（1）完善曜阳国际老年公寓的设计和施工方案，聘请专业机构和专家对活动设施、装修等提出整改建议。去年 11 月，扬州曜阳国际老年公寓落成并正式营运。北京密云曜阳国际老年公寓现在已经完成建筑安装施工任务，今年 5 月将投入使用。杭州富春江、无锡的曜阳国际老年公寓的筹备和建设工作，都在紧锣密鼓地进行。

（2）为曜阳国际老年公寓制定营销与运营管理方案，编制合理预算。组织编写了 110 余万字的老年公寓规范化管理手册、老年健康养生手册，老年公寓完成了具有曜阳特色的服务手册、入驻协议法律文本、市场营销方案等文件的编写工作。

（3）协调老年公寓投资单位和武警医院拟定公寓医疗康复中心的建设方案，讨论有关医疗方面的运营管理问题，明确医疗的基本服务内容、急救处理的流程等。

（4）为加强曜阳国际老年公寓的规范管理，坚持"三统一"原则，制定了《品牌管理实施办法》、《投资管理实施办法》和《经营管理实施办法》等规章制度。督导专业团队加强管理，明确业务范围和工作职责；指导投资公司和管理公司完成人员充实、内部管理制度建设、员工行为手册的编制。

3. 扬州曜阳国际老年公寓的胜利落成，为发展曜阳养老事业增强了信心。2009年11月，经过有关同志近3年的共同努力，在举国欢庆新中国60周年华诞之际，扬州曜阳国际老年公寓胜利落成，并举行了隆重的新闻发布会、落成典礼和"博爱中国 情满扬州"大型公益晚会。第十届全国政协副主席张怀西，中国红十字总会党组书记、常务副会长王伟和中国红十字基金会、中国老龄发展基金会等有关部门的领导和专家、英模、劳模和嘉宾参加了活动，对我们是极大的鼓舞和促进，同时提高了曜阳国际老年公寓的知名度。扬州曜阳国际老年公寓的落成和运营，为曜阳养老公寓建设树立了典范，为曜阳养老事业的发展提供了经验、增强了信心。

（四）学校工作

扬州世明和北京拔萃两所双语学校对年轻的红基会事业发展中心来说，应该是元老级的公益实体，在学校董事会和全体教职员工的努力耕耘下，实现了年年都有新发展。2009年的工作可用以下四句话概括。

1. 公益特色越来越明。一年来，世明学校向社会选拔100余名"红基生"免费上学；在省内选拔13名优等贫困生免费完成高中学业，对60名品学兼优、家庭困难学生减免各类费用计10万元；组织学生到街头义卖，捐款给特殊教育学校、社会福利院，给贫困地区的学生送温暖；同江上青小学学生开展结对交流互访等活动，社会反响良好。拔萃学校将红十字精神列为"校本课程”，发动学生开展青少年红十字和志愿者活动，成为北京乃至全国开展红十字教育的典范。如高中学生积极参加平房街道姚家园西社区志愿者活动；叶璐同学被评为朝阳区2008年度人物、朝阳区十佳中学生，张爱婷同学被评为朝阳区十佳中学生，刘梦琦同学被评为千名青年环境友好使者。

2．特长教育越来越优。世明学校特色兴趣班、特长班硕果累累：在全国“希望之星”英语能力大赛中，韦逸同学获得省一等奖；小记者征文竞赛、学生自管自育中，涌现出一批有特长、有组织宣传能力的学生领袖。拔萃学校进一步实施沉浸式英语教育，在小学和初中开设了中英文实验班；进一步形成和体现国际化特色，以招收更多的外国学生，提高了学校的竞争力；在事业发展中心帮助下与北京八十中学签订了合作协议，由八十中学免费提供师资、教学资源等，为拔萃高中培养学生；与北京舞蹈学院合作，搭建了为学生提供高水平舞蹈教学的平台。世明学校与扬州大学附中的合作也取得了丰硕的成果。

3．综合效益越来越好。2009年，事业发展中心从教学质量、经济效益、学生流失等方面对两所学校明确了管理控制目标，学校将目标细化，并落实到具体部门和岗位。经过实践，教职员工的工作更加积极主动，提高了教学质量，经济效益显著增长。去年7月，中心对学校领导干部的德能勤绩廉5个方面进行了考核。通过考核，对学校每个领导的情况有了基本了解，同时还收到对学校工作提出意见和建议的教师来信31封。根据考核情况和反馈意见，事业发展中心和学校理事会及时调整了领导力量，为学校的健康发展提供了组织保障。

学校管理办公室通过教师座谈会、与分管校长交流、关注每次统考成绩，了解学校教学状况和市区的排名情况，加强学校模拟考试和中考、高考成绩分析，促进学校重视教学质量、教学成果和可持续发展。2009年，世明学校中考成绩取得新突破，谈悦同学以总分736分的成绩位列市区第42名，30%的学生被扬中、扬大附中录取，70%的学生被四星级高中录取，95%的学生成绩达高中线，100% 的学生合格毕业；小学六年级在区调考中 3 门学科均列前三名。拔萃学校初三年级学生中考成绩全校总分平均 443 分，比去年平均成绩高出 28 分，学校在朝阳区整体名次比去年有较大幅度提高；高中部高考成绩喜人，根据北京市本科录取分数线，38 人参加高考，其中 1 人参加留学生高考被北京大学录取；一本线上 6 人，超过指标数（2 人）50%，重点大学上线率 19%；本科上线率达 45%，上线率超过指标数 15%，超额完成本科升学任务。

4. 配套建设越来越全。拔萃学校幼儿园筹建工作进展顺利，从图纸设计到建筑施工招标仅用了 3 个月时间，目前除外墙施工暂停外，管线、内部装饰等施工仍在进行，预计今年 5 月投入使用。由烟台金山旅游有限公司捐赠的拔萃学校国际学生公寓楼，于去年 8 月 20 日建成并投入使用，解决了拔萃学校国外学生的住宿问题，拔萃学校向国际化迈出了一大步。拔萃学校三期建设，已经取得了规划意见书。为了充分利用土地资源，我们已促成朝阳区教委和朝阳土地储备中心达成协议，对三期土地进行置换。其他筹备工作正在陆续进行。

（五）专项基金工作

在专项基金工作中，所有机构员工和志愿者坚持创新，共同努力，专项基金工作运转模式日趋完善。

1. 公益活动创新。去年，根据实际情况，我们在举办大型公益活动时创新了运作模式。如“神七·太空之旅”体现航天科技与传统国画艺术和公益的结合；“仁爱传递”活动以受助者为主题，用感恩之心推动爱心持续滚动发展。公益机构要善于整合社会资源，始终把资源整合、利用和积累放在工作的重要位置，在项目选择和策划上，力求长短结合、循环运作，坚持跟踪不停；每个项目启动，力求做到数年滚动执行。去年 6 月启动的《灿若星河——中国明星油画肖像展》项目就是按照项目启动—作品创作—年历出版—油画巡展—作品义卖的环节策划设计的，预计 2—3 年方可执行完毕。

2. 筹款模式创新。2009 年，以仁爱基金为重点，通过举办慈善晚会、医疗救助等多种方式筹集善款 500 万元。为“博爱中国·唱响苏州太湖”大型公益晚会筹资时，我们从过去资金一步到位后再筹备活动，变成边筹资金边筹备活动；我们举办的“仁爱传递启动仪式和新闻发布会”由过去先筹款再办活动，变成由企业直接捐办活动；“仁爱克癌”和“仁爱重生”行动采取与机构外团队合作方式，发挥各自优势，整合双方自愿，联合开展筹款和救助行动。实践表明，以上几种筹款模式均取得了良好成效。

3. 推广方式创新。面对日新月异的信息时代，“酒香不怕巷子深”的古训不再适用。为了扩大专项基金的影响，我们在打造品牌上下了很大功夫。一是充分利用自有的宣传阵地下功夫。首先，仁爱基金网页通过改版和充实内容等办法提高宣传水平；其次，在《月览》杂志上宣传基金工作动态，扩大影响。二是在举办公益活动方面下功夫。去年举办了《和平颂——神七太空飞行艺术之旅》石家庄巡展、神七巡展公益项目新闻发布会、苏州晚会新闻发布会、苏州大型公益晚会、“仁爱传递 情动中国”公益活动启动仪式暨新闻发布会等 5 次大型公益活动，其中苏州晚会达到了 2.3 万人的规模。三是在发动名人、明星参与公益方面下了一定功夫。中央保健局特聘专家组组长、301 医院著名教授董宝玮被聘为“仁爱克癌”行动的首席专家；聘请香港著名影星翁虹为仁爱传递行动的形象大使，聘请林俊杰、刘巧巧、袁昕星、薛飞、顾又铭、金毅等艺术家、中央电视台节目主持人、体育明星为仁爱传递活动的明星志愿者。

4. 队伍建设创新。在志愿者队伍的发展和管理方面，根据中国红十字基金会和事业发展中心的志愿者管理办法，结合工作实际，我们采取“三同”措施，即志愿者与员工管理制度相同、工作评价标准相同、激励机制相同，极大地调动了志愿者的工作积极性。目前志愿者工作团队在专项基金工作中发挥了重要作用，已经成为我们事业发展中心的一支重要力量。

回顾2009年度的工作，我们的体会是：一是坚持了解放思想，大胆创新，打破了传统的公益工作模式，在探索公益性和产业化相结合的路子上，得到了社会各界的大力支持。二是坚持了以办公益实体为重点，带动各项工作全面发展。三是坚持了完善内部管理，把各项工作纳入规范化、程序化、有序化的轨道。四是坚持队伍建设，促进员工和志愿者团队整体素质不断提高。

总结2009年的工作，我们取得了上述可喜的成绩，但是，中心的工作与党和国家的要求、与红总会和红基会的要求、与人民群众的要求相比，还存在较大差距。我们应在思想认识、制度体系机制、工作方式方法、队伍建设等方面不断改进和完善。

二、开拓创新，努力实现虎年工作的新跨越

2010年是国家实施"十一五"规划的最后一年，是应对国际金融危机的关键年，也是红十字总会换届后的第一年，是基金会的换届年。新的一年工作任务艰苦繁重，发展的机遇与挑战同存。一方面由于自然灾害和人为事故频发，疾病种类和患者增加，社会老龄化速度加快等，社会对人道援助的需求在不断增加，对红基会救助的期望值在不断提高，总会和基金会对事业发展中心工作的要求越来越高。同时，企业与个人参与公益事业的数量在增加、能力在增强，这是我们发展红基事业的大好机遇。因此，我们要认真贯彻落实党的路线、方针和政策，遵循国家的法律法规，遵守红总会、红基会的规章制度，抓住机遇，克服困难，改进不足，大胆探索，勤奋工作，努力实现中心工作的跨越式发展。

（一）统一认识，共谋发展大局

红总会把今年确定为能力建设年。中心要按照红总会能力建设年"三个

着力”的要求，实现工作的跨越式发展，必须要求全体同仁，从大局出发，统一认识，首先在思想上、行动上做到“三个明确”。

1．明确工作总体思路。认真贯彻落实党的十七届四中全会和中国红十字会第九届全国会员代表大会精神，以“三个代表”重要思想和科学发展观为指导，密切配合总会和基金会的中心工作，以大力发展公益实体为中心，全力推进“曜阳国际老年公寓”建设，全面提升“扬州世明”和“北京拔萃”两所双语学校的影响力，打造“仁爱基金”专项基金品牌，在继续加大筹资和资助力度的同时，加强能力建设，提升管理水平，做大平台，作响品牌，做强队伍，努力实现事业发展中心各项事业的跨越式发展，为促进中国特色红十字事业发展、建设和谐社会作出积极贡献。

2．明确工作目标。中心计划筹款5000万元，其中综合办、学校办分别筹资100万元以上，基金办和老年公寓分别筹款500万元以上；引进建设资金2亿元，同时实现以下公益目标：扬州曜阳国际老年公寓经营收支平衡有盈利，北京密云曜阳国际老年公寓竣工落成、营运，杭州富春江曜阳国际老年公寓基本建成；扬州世明双语学校要创造“扬州市轻负优质先进学校”，让世明成为社会和家长真正满意的学校，北京拔萃双语学校要与时俱进、特色办学、优质教育，早日迈进名牌学校行列；专项基金筹资要突破500万元，力争资助人数达到500人，公益活动影响5万人。

3．明确工作着力点。根据上述总体工作思路和奋斗目标，今年中心的工作一定要牢牢把握以下三个着力点。第一，必须把发展作为第一要务，下决心做大公益平台。要办好“扬州世明”“北京拔萃”双语学校，发展曜阳养老事业，扩大专项基金规模，是加快发展的核心内容，一定要紧紧抓住不放松。第二，必须把创新作为第一动力，下决心做响慈善品牌。加快建立和完善学校现代管理制度，使师生真正成为学校的主人，使学校真正成为市场竞争的主体。大胆探索合作模式，全力培育各类生产要素市场，充分发挥市场配置资源的基础作用，最大限度整合社会资源，兴建曜阳国际老年公寓，尽快形成“曜阳”养老事业品牌。坚持公益活动的策划创新，创建专项基金筹资新模式，不断增强自主和帮扶弱势群体的能力。第三，必须把人才作为第一条件，下决心做强工作团队。人才是事业发展的保证，我们要坚持政策引导的原则，建立制度，营造人才成长的浓厚氛围，创造条件，形成事业合作、引进和聚集人才的土壤，把中心建设成为拥有数量多、素质高、战斗力强的公益人才和团队的集聚高地。

（二）真抓实干，全力提升双语学校品牌质量

扬州世明、北京拔萃两所双语学校，要继续以学前教育、特色教育和国际化为方向，突出公益特色，实施公益性与教育质量有机结合，实现社会效益和经济效益的同步增长，提升公益学校品牌质量。

1．扬州世明学校要为建成“轻负优质”先进学校奋斗。

（1）规范办学行为，提高素质教育实施水平。要积极推进规范办学行为和绩效工资挂钩，用有效的考核和评价，把教师引导到规范教学行为，实施素质教育上来，引导到推进“轻负优质”教育特色上来，不断提高素质教育实施水平。

（2）坚持教管并重，确保“减负不减质”。在实施学生全面素质教育基础上，要提高教育教学质量，重点是提高课堂效果，减轻学生负担，要把教师队伍作为推进“轻负优质”的主力军。2010年，通过高标准落实“轻负优质”教育工作，确保中考、高考和各类统考、调研考继续保持市、区前列位置。要以创“轻负优质”先进学校为契机，狠抓学校的社会效益，重点提升家长对学校的满意度。要从“质量、服务、特色”三方面严格要求，培养出一批批素质水平高、综合能力强的优秀学生，让社会满意、家长满意，以社会和家长的良好口碑提高学校的社会效益。

（3）加强文化建设，树立“我是世明人”意识。加强思想引领，推动发展。在校园环境和学校文化建设上要注重红会精神和理念，使之渗透于教育

之中，提高每一位教工的“校兴我荣、校衰我耻”的意识，使全校教师立足实际，把握教育新航标，有力推动学校内涵发展；在加强校园文化建设方面，要创建具有世明特色的校园文化。继续以艺术、科技、双语教育特色为中心，进一步开展“调皮孩子是个宝”“科学认读”课题研究创新活动。组织个性化、有特色、高品质的文化娱乐活动，提高学生的审美情趣和高尚情操；开展系列化、开创性的知识文化活动，扩大学习的认知领域，挖掘学生的潜力，锻炼学生的才能，使学校成为一部立体的、多彩的、富有吸引力的教科书，一部和谐优美的协奏曲，为学校提升办学水平提供深厚的文化底蕴和价值取向。

2. 北京拔萃双语学校要为进军名牌学校打下坚实基础。北京拔萃双语学校要继续秉承“人道、博爱、奉献”的红十字精神，确立与时俱进的学校教育新理念，践行高质量、有特色、国际化的优质教育，为早日进军名牌学校打下坚实的基础。

（1）树立与时俱进的教育新理念，积极推进教学教改，全面提高教学质量。一是确立正确的学校观、市场观、学生观、教学观、质量观。规范教育教学和后勤服务工作。用家长对学校的满意度、学生非正常流失率、学生成绩变化等指标来衡量教育和服务质量。二是以教育科学研究为先导，推进教育教学改革。本学期要开始启动“给学生提供最好而可行的教育，让每个学生都获得成功”的课题研究，促使教师树立科研意识，提升教学的水平。小学部要进一步深入开展“科学认读”国家级课题的实验研究，实现小学语文教学的高质量。三是继续实施以“拔萃杯”课堂教学竞赛活动为主的质量提升工程。坚持以“拔萃杯”大竞赛为契机，落实“目标导向、自主学习、形成性评价、反馈补救”的教学原则；落实以教学效果衡量工作质量的考核标准。坚决实现统考、会考和中考、高考各项工作目标。高三力争超指标，初三优秀率要名列区前茅，小五、小三要争取名列区前茅。四是构建促进学生素质全面发展的课程体系。要充分利用寄宿制学校学生在校时间长的特点，科学安排各类课程，规范学科课程的教学行为，减少无效劳动和杜绝有害劳动；加强校本活动课程建设，实现高中校本课程系列化，初中校本课程制度化，小学校本课程规范化；国际部也应开设相应课程或开展各类社团活动，使学生学得快乐，健康成长，确保学生素质的全面发展，让拔萃学校成为素质教育的典范。

（2）满足市场、抓好特长、形成特色。要下决心，始终坚持用教育项目的不断创新，满足社会对特长教育的要求，形成教育的特色，变劣势为优势。一是开设特色班。在高中阶段面向中国学生开设艺术特色班，对希望出国留学的学生开设面向英美澳的国际高中课程班；在初中开设英国初中教学课程，在小学和初中继续开好英国教学和英文实验班课程。二是争创舞蹈考级中心，着力建设好北京舞蹈学院北京拔萃素质教育制度。继续在小学初中广泛地开展艺术教育活动，积极创造条件，争取建成舞蹈考级中心。

（3）扩招国外学生规模，提升国际部教育效益。首先要抓规模，国际部的首要工作就是多招学生，本学期学生人数要达到 170 人，再通过暑假的努力，力争 9 月开学人数达 200 人以上。从现在开始要继续到韩国、泰国开展招生活动，积极参加国际教育博览会、招生说明会，积极与国外的学校和教育机构缔结友好关系，努力做好国内学生出国留学的招生工作。其次要狠抓国际部教育教学质量，尤其要提高英文课程的教学质量，扩大影响力。要一如既往地认真抓好考试课程的教学质量，扩大影响力。要一如既往地认真做好考试课程的教学工作，确保 HSK、YCT 和 ESOL 考试继续取得理想成绩，确保国际部学生报考中国名牌大学的圆满成功。

（4）下决心做好新学年的招生工作。一是改革招生办法，全面实行招生工作学部负责制。各学部要主动出击，深入到中小学、幼儿园、社区开展招生工作。二是设法巩固学额。要巩固学额，就要善待学生，要虚心听取家长的意见和批评，不断改进工作。

（三）突出重点，全力推进曜阳养老事业大发展

2010 年是曜阳养老事业加速发展的关键年，老年公寓办公室及各老年公

寓一定要在品牌管理、合作建设、理论研究和科学经营等多方面下功夫，抓好有关工作落实。

1．完善发展纲要，加快政策指导。《曜阳养老事业发展纲要》明确了五年规划目标和具体措施，经过多次征集意见和不断完善后已基本成熟，不久将报红基会和红总会领导批准实施，并作为老年事业发展的纲领性文件。我们将秉承纲要精神，在纲要框架下继续推动曜阳国际老年公寓的建设和曜阳老年服务体系的探索；根据形势发展不断对该纲要进行充实和完善，对老年公寓的战略性布局和合作模式的合理化、标准化进行更加深入的研究。我们将更加认真地倾听合作方对市场状况周密调研，力求做到符合市场经济规律、公益性和产业化相结合，红基会和合作方互利共赢，为更好地完善纲要提供准确、可靠的依据。曜阳养老事业作为政府养老工作的重要补充，我们必须熟悉国家和地方政府关于养老相关法规和政策，在有能力规避市场和社会风险的同时，还要充分利用国家政策的扶持和倾斜，尽最大可能动员社会力量办好老年公寓，为老年人提供最优质的养生场所和服务。

2．强化机构建设，细化管理规则。新的一年，老年公寓办公室将继续坚持不懈地抓机构建设，按照发展纲要专业化、规范化管理的要求，不断加强队伍和制度建设。一是完善组织机构，充实领导力量。为了确保曜阳国际老年公寓的快速发展，同时处理好事业发展中心与老年公寓的快速发展，同时处理好事业发展中心与老年公寓之间的关系，中心决定注册成立 2 个具有独立法人性质的机构，即“曜阳国际老年公寓”的投资管理公司和运营管理公司。由红基会分管理事长担任董事长，对中心老年公寓管理办公室和 2 个公司进一步明确和完善职能定位，调整充实领导力量。二是对于已建成和将建成的老年公寓，老年公寓办公室要按照发展纲要“三统一”的要求，按照“品牌管理”“投资管理”“运营管理”实施细则的标准进行规范和监督，坚持专业团队工作汇报制度，定期报告项目执行情况，为领导决策及时提供依据。三是认真抓好老年公寓办公室内部和所属专业团队建设。对内要求所属人员加强学习，提高政策修养和专业水平，强化协调和组织能力，做好老年事业发展的统筹管理工作；对专业团队要求其依托已建成的老年公寓，磨合管理团队，培训护理队伍，检验服务理念，提高实践水平，真正锻炼成一支高素质、高技能、有爱心的老年公寓管理和服务队伍。同时重视引进人才，培养骨干力量，为红基会曜阳国际老年公寓全国连锁式发展做好人才储备。

3. 拓宽发展渠道，落实合作项目。2010 年，我们要进一步拓宽思路，在东部发达地区和中西部有条件地区展开合作，按照曜阳养老公寓全面连锁的思路，探索以多种合作模式发展和建设老年公寓。曜阳养老公寓建设在竣工落成北京密云老年公寓、基本建成杭州富春江老年公寓的同时，还要完成以下任务：一是在全国范围内至少开工建设两家老年公寓；二是完成改造或加盟曜阳品牌两家老年公寓；三是为红基会曜阳养老基金筹集款物不低于 500 万元。

4. 科学管理运营，打造品牌形象。2010 年是扬州曜阳国际老年公寓落成开业后步入运营轨道的第一年。公寓的全体干部职工，必须全力以赴，把公寓科学管理好、运营好。一是用高度的责任感和使命感全身心投入公寓的管理和服务工作。二是抓重点，着力构建高标准、高质量的管理和服务体系，用优质服务打造品牌形象。三是科学经营，开源节流，全面保障公寓的良性运转，坚决实现经营收支平衡的目标，把扬州老年公寓办成全国曜阳养老事业的示范基地。

（四）群策群力，实现筹资规模的新突破

2010 年，基金工作要继续坚持“以项目促公益、以公益带活动，寻求捐受双方共赢”的策略，再接再厉，争取年初有一个好开局，年终有一个好结果，全年再上一个新台阶。要坚持抓好“三个突出”：

1. 突出重点。坚持一切工作以筹资为重点，以“仁爱基金”为重点，通过举办慈善晚会、医疗救助等多种方式募集善款，力争筹资突破 600 万元。

2．突出长远。鉴于公益机构职能的主要特点是将社会资源的整合、利用和积累放在工作的重要位置，在项目的选择和策划上，力求长短结合、循环运作，做到每个活动结束，团队不散；每个项目自主完成，跟踪不停；每个项目启动，力求数年滚动执行。坚持数年，把专项基金平台变成资源、人才、资金汇聚的蓄水池。

3．突出推广。面对日新月异的信息时代，我们一定要在基金品牌宣传推广上继续努力。一是在利用自有的宣传阵地上抓推广。充分利用“仁爱基金”网页和《月览》宣传基金工作的动态，扩大影响。二是继续以举办公益活动方式抓推广。全年以基金办为主组织举办的大型公益活动要在5次以上，实现宣传影响人数5万以上的工作目标。三是继续利用名人、明星参与公益活动抓推广。在充分利用现有明星名人资源的前提下，重点要以2009年11月在人民大会堂启动“仁爱传递”活动为平台，用中华民族“得到帮助就要感恩”的高尚传统理念，积聚更多的名人、明星和普通志愿者参与到红十字事业中来，整合更多的爱心企业和爱心人士投入到“仁爱重生”“仁爱克癌”“仁爱自然医学”等公益行动中来。

三、加强学习，改进作风，在工作落实上下功夫

新的一年形势喜人又逼人，工作光荣而艰巨。为了圆满完成既定的各项工作任务，我们必须加强学习，统一认识；振奋精神，改进作风；解放思想，开拓创新。因此，新形势下，政治思想工作和团队建设越发显得重要。事业发展中心在2010年要在以下几个方面狠下功夫。

（一）深入开展学习实践科学发展观活动

各部门和实体各单位要制定方案，组织员工和志愿者开展学习实践活动，加强理论学习，提高自身素质，充分发挥员工的积极性、主动性和创造性，

鼓励大胆探索，开拓创新。要制定鼓励爱心企业家和人士捐款的制度，创造捐款和募捐的社会氛围，广泛建立纵向和横向的战略合作伙伴关系，让更多的人参与到公益事业中来，为构建和谐社会作贡献。

（二）大力提倡勤奋、务实、高效、廉洁的工作作风

红十字事业是崇高而神圣的公益事业，红十字倡导的“人道、博爱、奉献”精神是我们各项工作遵循的原则和追求。这就要求我们勤奋工作，甘于奉献；脚踏实地，求真务实；加快节奏，力求高效；艰苦奋斗，廉洁自律。一份汗水一份收获。我们要实现跨越式发展，就必须坚决反对怕苦、怕累、拖拉、浮漂的作风；坚决反对铺张浪费、贪污腐化的恶习。特别要强调的是，要做到“中心工作人员基本要求”中的“五不”，老老实实做人、实实在在做事。

（三）认真遵守和严格执行各项管理制度

我们的工作要有规划、有计划、有目标、有步骤地开展。完善各项规章制度，做到有法可依、有章可循，是维护正常工作秩序、确保工作任务完成的根本保障。中心已制定的内部工作制度、内部管理制度，要认真遵守和严格执行。同时，要建立健全岗位责任制，做到工作目标职责明确，考核奖罚分明。为此，要加强学习培训，提高员工和志愿者的思想素质和工作能力，建设一支热爱红基事业高素质的队伍；加强善款善物的管理，确实保障有效使用，扩大社会救助和社会监督，提高红基事业的社会公信力。

（四）下大力气搞好新闻报道和宣传工作

过去的一年，我们通过举办新闻发布会、组织公益晚会、编辑《月览》，新闻报道和宣传工作取得不小成绩。正是正确的舆论导向，使我们的工作扩大了社会影响，受到各方的关注和支持。2010 年要继续加强这方面的工作，

确定专人负责，制订工作计划，《月览》杂志要设立栏目，丰富内容，扩大发行量。在这里，也希望各实体单位和爱心企业家积极支持和配合，共同创造良好的社会氛围。

牛年已经过去，让我们迈开虎步，开拓创新，通过我们的共同努力实现各项工作跨越式新发展，为开创具有中国特色的红十字事业作出新的贡献。

坚定信心、奋力拼搏，推进红十字事业再创佳绩[①]

2010年，对我国人民来说是很不平凡的一年。面对国际、国内环境的复杂变化，党中央带领全国人民团结一心、开拓前进，成功举办上海世博会、广州亚运会，战胜青海玉树强烈地震、甘肃舟曲特大山洪泥石流等重大自然灾害，保持经济平稳较快发展，着力提高人民生活水平和质量，胜利实现“十一五”规定的目标任务，经济实力和综合国力进一步增强。加强同世界各国的友好合作，积极参与应对国际金融危机、气候变化、核安全等问题的国际合作，发挥建设性作用，为促进世界和平与发展作出了新的贡献。对红基会事业发展中心来说，也是击鼓奋进的一年，是收获丰硕的一年。下面，我就事业发展中心2010年度工作回顾、“十二五”工作展望和2011年度工作目标任务等，讲一些意见。

一、2010年工作回顾

2010年是中心事业发展历程中很不平凡的一年。在红总会和红基会的正

① 2011年2月11日，在中国红十字基金会事业发展中心2011年度工作会议上的报告（有删节）。

确领导下，我们坚持以“三个代表”重要思想和科学发展观为指导，坚定信心、团结奋斗、克服困难、开拓创新，在困境中抢抓机遇，在竞争中赢得主动，圆满完成了去年扬州会议确定的各项目标任务。

自事业发展中心成立以来，截至2010年11月底，中心所属实体（扬州世明、北京拔萃、扬州曜阳）形成固定资产账面总额为2.56亿元，在建和已签署合作协议的老年公寓项目建成后预计获得固定资产捐赠总额折合人民币将达6.2亿元。2010年，事业发展中心及所属实体接受社会捐赠善款及股份资产9193万元，其中，获捐善款3756万元（其中工作经费捐款130万元，按筹款1300万元统计），与北京城建集团合作建设的北京曜阳国际老年公寓形成的红基会股份对应的资产折合人民币价值达5438万元。事业发展中心2010年完成公益支出共2027.5万元，其中红基会支出842.5万元，救助贫困重症肌无力和心脏病患者47人。内部管理改善，公益实体后劲增强，专项基金不断壮大，公益活动丰富多彩，品牌影响力不断增强，为促进新时期红十字事业的发展作出了新贡献。

2010年，我们主要做了以下工作：

（一）曜阳国际老年公寓工作稳步推进

“曜阳国际老年公寓建设”项目在全国启动以来，引起社会广泛关注，为确保该项目的健康稳步发展，2010年主要从四个方面开展工作。

1. 科学管理、提升扬州曜阳管理水平。

（1）加强制度建设，确保各项工作有章可循。本着“制度管人、规范管事”的原则，2010年事业发展中心要求并督促扬州曜阳着重加强制度建设，进一步完善各项规章制度，规范决策与管理流程。扬州曜阳新出台了多项管理制度，编制完成了《员工手册》并不断充实完善，要求全体员工严格执行并定期检查。

（2）加强团队建设，确保公寓稳定持续发展。为解决扬州曜阳前期运营阶段管理、服务不到位的问题，中心支持和指导扬州曜阳进一步优化调整人员结构，做好内部整合，并通过引进高素质、高标准、高效率的专业管理团队，为其配备优秀管理人才，保证其稳定持续的发展。

（3）加强预算和营销管理，开源节流，形势两旺。在中心的要求下，今年，扬州曜阳改变原有经营策略，明确市场定位，组建新的营销组合，确立了委托代理、网络销售、媒体宣传与全员营销的整体营销观，打开了市场，拓展了客源，公寓营销和入住均已完成既定目标。同时，引导员工重视预算，严格预算审批，严格控制物品领用、采购管理、费用审核等，从细节开展长期节能降耗活动，效果显著。

（4）加强特色文化建设，丰富曜阳文化生活。扬州曜阳坚持以人为本，用红十字文化与中国“孝道”文化相结合的理念，设计组织了各种丰富多彩的文化活动，基本形成了具有曜阳特色的公寓文化。比如在国庆节分别组织了以“家”和“敬老”为主题的文艺会演，创办“曜阳人报”、文化之窗等。《人民日报》（2010年8月6日第16版）以“桑榆非晚霞满天”为题，对扬州曜阳关爱老年人的服务进行了专题报道。

2．强化管理，确保北京曜阳如期竣工落成和接待老人入住。2010年，为确保北京曜阳如期竣工落成和顺利开业，中心配合项目合作方北京城建做好各项工程收尾和开业前准备工作。如督促做好康复医疗中心重点医疗设备的引进招标、验收调试，公寓保障系统重点设施的调试、运行和系统合练等。同时，中心责成北京乐龄老年公寓管理公司在北京曜阳探索并开展了高标准老年公寓的专业护理服务工作，为其他曜阳合作项目的运行提供了有益的经验。

北京曜阳从初步建成到现在，仅仅半年时间，共组织了盛大落成典礼、红基会爱心医疗MRI捐赠项目启动暨北京曜阳国际老年公寓入住签约仪式、北京曜阳国际老年公寓喜迎劳模入住暨中国武警总医院入驻仪式等3次大型宣传活动，每次活动都引起了中央和北京市各大新闻单位的关注、响应和积极报道，如《中国访谈》栏目访谈（以11国语言文字在《中国网》上全天候连续播放的时间将达1年）等，扩大了影响，极大地促进了北京曜阳公寓的入住速度。

北京曜阳开始营业后，中心会同其组织接待了中国红十字会总会、中国宋庆龄基金会、中央组织部老干部和北京市全国劳模代表的专题考察和中央有关部委机关以及北京市多家单位的多批次参观考察、体验性居住，得到了普遍好评。

3．瞄准目标，加快杭州曜阳建设速度。2010年，面对工作任务重、责任大、遗留问题多、项目部人员力量相对薄弱的压力，杭州曜阳领导班子迎难而上、开拓创新，对内制定工程建设工作流程、管理制度和考核办法，使每一位员工明确发展目标和工作任务，确保项目建设的顺利开展；对外召开多次协调会议，征集意见，化解矛盾，妥善处理建设用地和施工问题，确保工作有条不紊地推进。7月，会所楼主体结构通过中间验收。10月，一期土建基本完工。目前，二期初步方案已通过规划局审核，为配合二期开工，水、电、气等相关市政配套和室内外环境道路管网已全部进入实质性准备阶段。为争取在2011年5月18日举行落成典礼，目前各项施工正紧锣密鼓、有条不紊地进行。

4．实施规划，广泛开展曜阳公寓项目合作。2010年，根据《曜阳养老事业发展纲要》的规划目标，中心在规范现有老年公寓管理的同时，积极开拓，全面推进老年公寓布点计划，与多个合作方在各地开展老年公寓建设的前期准备工作，目前已取得较大进展。一是与哈尔滨工业大学集团有限公司签订战略合作伙伴协议，双方将共同开展老年公寓建设的全方位合作。目前已与厦门市政府达成在厦门市建设老年公寓意向，并派出专门队伍着手筹备工作。二是和辽宁中科石化集团公司达成战略合作意向，在辽宁省范围内选择合适的地点建设老年公寓。目前已在营口选址，并与当地政府接洽，取得支持，即将进入项目申报程序。三是与重庆、南京、青岛、三亚、银川等地签订协议，涉及提供土地面积600余亩，金额5亿元左右。各地老年公寓筹备目前已经进入实质工作阶段，各项目组正在进行规划设计、立项审批、征地等工作，将在手续完成后正式动工建设。

（二）学校管理与发展工作成绩显著

过去的一年，根据工作要求，加强学校教育教学质量的管理和指导，做好学校的服务工作，学校各项工作均取得了显著成绩。

第一，坚持公益扬名声。两所学校始终坚持公益性和慈善性的办学宗旨，充分体现红十字特色。世明学校一年来，累计资助100余名"红基生"免费上学；同扬大附中合作的高中，在省内选拔13名优等贫困生免费完成高中学业；对60名品学兼优的家庭困难学生减免各类费用；组织学生义卖、捐款给特殊教育学校、社会福利院等；同江上青小学结对交流互访等。拔萃学校挖掘红十字精神的丰富内涵，将"青少年红十字活动"和"志愿者活动"纳入学校德育体系，在学生中成立了红十字志愿者协会，发出倡议开展"献爱心"活动。2010年南方出现旱情、甘肃发生泥石流时，红协组织学生捐款9.7万元，通过中国红基会捐献给了灾区。全年，拔萃学校共免去35名"红萃生"在校的一切费用；有3名"红萃生"成为朝阳区十佳中学生，1名同学成为北京市三好学生。坚持公益性使两所学校在社会上得到了广泛好评和良好的口碑，促进了学校的发展。

第二，强化教学提质量。质量是学校的生命，提高教学质量是学校生存的关键。2010年，世明学校组织教师积极参加校内外各项教研活动，不断提升教师的教研能力和教学业绩。胡倩秋老师撰写的《关于我校学生课外阅读现状的调查及对策》获扬州市教育局调查报告一等奖。在两个学期的教育检查中，世明学校的精致化管理得到了扬州市教育局的高度评价，是唯一一所随机听课优课率100%的学校（市直平均优课率仅38%）。中考、统考、调研考成绩均有新的突破，谈悦同学以中考总分736分的成绩位列市区第42名，70%的学生被四星级以上高中录取，100%的学生合格毕业；小学六年级在区调研考中 3 门学科均取得了前三名的好成绩。2010 年，拔萃学校在广泛组织干部和教师深入学习现代教育理论的基础上，深入分析学校教学现状，制定了“目标导向、自主学习、形成性评价、反馈补救”的学校课堂教学原则，并通过组织“拔萃杯”大奖赛活动推动这些课堂教学原则的实现。2010 年高考、中考、小学统考成绩进步显著，高考本科上线率远远高于区下达指标，突破了建校以来本科上线率低于 50% 的历史，大学上线率达 94%；中考成绩实现飞跃，首次进入全区前 20 名，两个实验班的平均分位居全区第 6 位，已超过多所市区示范学校。小学在全区统考检测中，成绩十分突出，进入了全区优秀小学的行列。国际部本届外国留学生考上清华大学 2 名，考上人民大学 1 名。

第三，坚持配套带发展。经过一年的努力，北京拔萃蓝天双语幼儿园于 2010 年 8 月正式落成。幼儿园设施先进、配套齐全，共能容纳 480 名幼儿入学，有力地缓解了学校周边入园难的状况。幼儿园与空军直属蓝天幼儿园合作，引进师资和全新的教育理念，保证幼儿园一开始就站在高起点。幼儿园的投入使用，使拔萃学校建立起从幼儿教育到高中教育、出国留学的一条教育链，对学校的发展有着非常重要的意义。拔萃学校体育训练馆于今年 10 月 19 日正式动工建设，预计明年 6 月建成。今年暑假期间，拔萃学校根据学校的实际收入情况，共投入 200 万元，对学生宿舍楼、食堂等进行了重新装修，又投入 60 多万元新购置一台锅炉，改善了学生学习和生活环境，满足了学校不断发展的需求。

第四，坚持严管保安全。2010 年，中心要求两所学校坚持规范与发展并重，以规范管理和制度创新为重点，加大对学校的安全监管力度；规范财务管理和收费行为；通过强化法制教育，修订和完善学校安全管理办法和考核细则，制定校园应急预案体系，设立应急指挥中心等措施，确保了学校安全稳定。

（三）公益基金的发展迈上了新台阶

在基金工作中，我们不拘一格，敢于创新，采取以项目促公益、以公益带活动的方式，按照创新工作要求，从三个方面加强工作：

第一，抓大型活动、扩大基金影响。2009 年，我们主要立足于所策划设计的项目都要体现“新”的概念，2010 年，我们把工作重点放在了活动上，围绕已有公益项目设计筹划公益活动，做到了所有项目都搞活动，重点项目搞大型活动，由此扩大了基金的影响。2011 年，中心组织了大小公益活动 15 次，宣传影响人数达 7 万以上。其中“仁爱克癌”在重点体现高科技医疗技术平民化特点的基础上，组织医疗专家进社区举办讲座 12 次。“仁爱自然医学基金”的专家应邀在北京、贵州习水、浙江、广州、西安、内蒙古鄂尔多斯等地进行巡回义诊，接受义诊人数达 300 人次以上。特别是在陕西延长石油集团进行的在职职工义诊和健康讲座活动，规模达到了 100 人以上，公司主要领导全程参加活动。活动在集团中引起强烈反响。《灿若星河——中国明星油画肖像展》项目按照项目启动—作品创作—年历出版—油画巡展—作品义卖的环节策划设计的要求，除由特聘油画家常年与爱心艺术家对接交流外，还利用公益晚会的机会，由画家集中与艺术家对接。到现在为止，与李双江、谭晶、阎维文等 26 位艺术家已达成合作协议，已为 15 位艺术家画好了油画肖像，印刷了 6000 份年历赠品。“仁爱传递”理念吸引了上汽和安惠生物科技等大量国企和民企的参与。我们分别在北京工人文化体育场、南京五台山体育场、南通体育会展中心举办了 3 场大型“博爱中国仁爱传递”公益晚会，每场晚会规模人数均达到了 2 万左右，每次活动都得到当地党委和政府的大力支持。11 月 22 日，联合香港仁爱堂在香港会展中心举办了“关顾民困、共建和谐——慈善组织角色和挑战”海峡两岸四地研讨会及“和韵天歌——感悟道德经”咏颂公益晚会，让“仁爱传递”公益活动第一次走出大陆。

第二，抓优质服务、拓宽筹资途径。中心人员少，项目多，一切工作以筹资和资助为重心，基金工作以“仁爱基金”为重点，去年重点通过改进筹资模式，即将过去资金全部到位后再筹备活动和先筹款再办活动转变为边筹资边筹备活动和由企业直接捐办活动，将动员企业捐款转变为主动为企业服务，使企业主动捐款筹资的方式，所做的转化取得了明显成效。广州世贸服装城主动捐款200万元支持在香港举办“和韵天歌——感悟道德经”咏颂会；南京市鼓楼区在我们筹备“博爱中国·仁爱传递”公益晚会期间，了解“仁爱传递”项目内容和理念后，一次捐助“仁爱传递”工作经费100万元。今年，中心的基金额达到了1718万元（其中现金捐赠人民币825万元，捐赠物资折合人民币893万元）。

第三，抓团队建设，扩大志愿者队伍。随着实体项目的快速增加，加上各项工作线长面广，为有效解决好人少事多的矛盾，我们采取了下列措施：一是在团队建设上下功夫，加强学习培训力度，提高员工素质，加强制度建设，改进工作作风，加强检查督促狠抓工作落实；二是在志愿者队伍建设上下功夫，根据中国红基会志愿者管理办法，结合工作的实际，采取“三同”措施，即志愿者与员工管理制度相同、工作评价标准相同、激励机制相同，极大地调动了志愿者的工作积极性。目前，志愿者和志愿者工作团队已经成为我们事业发展中心工作不可缺少的一支生力军。仁爱基金志愿者工作办成立两年来，坚持与各项社会救助相结合，以特困群众为资助对象，为扬州老年公寓募集善款854万元，举办捐赠活动或义诊13次，共资助困难群众6198人、遗属98户，资助总额达158.7万元，受到社会各界的高度评价。

回顾事业发展中心一年工作，我们深感成绩确实来之不易。在看到成绩的同时，我们也要清醒地认识到，我们的发展还存在不少的困难和问题。一是筹资和资助工作有待进一步拓展。目前，无论是筹资领域，还是资助领域，都存在很大的发展空间，无论与国内知名公益基金品牌相比还是与领导要求相比都存在很大差距。二是公益项目的动态管理有待加强。尽管我们在制度设计和建章立制上做了大量的工作，随着公益项目的增加和规模不断扩大，在项目的后续管理和动态管理方面还存在许多不足，包括资助项目的跟踪监督、项目完成后的效益评估、对捐赠方的服务反馈等都有待改进和加强。三是建成后的老年公寓管理模式和制度有待进一步探讨和加强。四是队伍建设有待进一步加强。无论是我们的专职人员，还是志愿者，在相关法律法规、专业基本知识、社会活动等方面都有待进一步提高水平。

二、"十二五"工作展望

今后5年，我国进入一个新的重要战略发展期。目前，国家和各部门都在编制"十二五"经济社会发展规划。党的十七大提出了要加快推进以改善民生为重点的社会建设，为红十字事业提供了良好的发展机遇。但我们也要清醒地看到红十字事业发展大背景的两个主要问题：一是经济发展一条腿长、社会发展一条腿短的问题仍然没有解决；二是在社会发展领域，对社会组织的作用重视不够。在这样的背景下，红十字事业发展面临着诸多挑战。面对新形势下红十字事业面临的挑战，华建敏会长要求我们必须不断思考，厘清思路，创新观念，寻找出路。红十字事业要办成"两个平台"：一是使红十字事业成为广泛动员全社会奉献爱心、构建和谐社会的平台；二是要依靠各级红十字会做好规定动作和自选动作，使红十字事业成为广纳贤才、培养人才，让人才有所作为的平台。

中国红十字基金会事业发展中心，作为红基会主要负责发展和管理公益实体单位的部门，一定要按照领导要求围绕大局定好位，抓住机遇谋发展。为贯彻落实红十字会总会和红基会工作要求，切实做好"十二五"期间工作，中心依据国家法律和有关规定，研究起草了中国红十字基金会事业发展中心《2011—2015年事业发展规划》(讨论稿)。这也是本次会议的重要议题之一。在这里，我把中心"十二五"期间事业发展规划的初步构想向大家作概括介绍，请大家充分发表意见，以便尽快确定实施。总体来说，制定"十二五"

事业发展规划，要做到“四个明确”，相应提出具体构想，作为今后一个时期工作的努力方向和奋斗目标。

（一）明确指导思想

以邓小平理论和“三个代表”重要思想为指导，认真贯彻落实党的十七大、十七届三中全会精神，坚持以人为本；坚持以科学发展观统领工作全局，坚持围绕中心、服务大局，弘扬“人道、博爱、奉献”的红十字精神，坚持“巩固成果、提升水平、持续发展”的方针，努力把红基会事业发展中心建设成工作科学化、项目品牌化、筹资长效化、服务专业化、运作社会化的人道救助公益团体，为推动和谐社会建设和有特色的红十字事业发展作出更大贡献。

（二）明确战略重点

一是全面推进“曜阳国际老年公寓”的建设。主要是根据《曜阳养老事业发展纲要》确定的规划目标，在 5 年内建成 10 所设施一流、服务优质的老年公寓。积极探索公益性服务和市场化运作相结合的新型养老模式，构建高标准、高质量的管理和服务体系，打造“曜阳”品牌形象。

二是全面提升扬州世明和北京拔萃两所双语学校的影响力。扬州世明双语学校围绕“质量、服务、特色”的办学思路开展各项工作，继续夯实“扬州市艺术特色学校”“江苏省实验小学”“江苏省优质幼儿园”等教育品牌，争创扬州市一流名校。北京拔萃双语学校在追求和形成“高质量、有特色、国际化”的过程中，不断扩大对外宣传和影响，并在外地条件较成熟地区建立拔萃分校（园）4—5 个，建立拔萃双语教育集团，逐渐形成在国内外有影响的拔萃教育模式和教育品牌。

三是全面打造 3 项公益专项基金品牌。集中力量，做大做强“仁爱”“文化”“三全助学”3 个专项基金，在提高基金质量上下功夫，形成特色品牌。

四是全面建设高素质、专业化公益管理团队。强化学习，加强培训力度，发展志愿者队伍，努力建设高素质、专业化、适应时代发展需要的公益团队。

（三）明确发展目标

"十二五"期间事业发展中心的工作总目标是：逐步形成以实体公益单位为主体、以专项基金筹资和实体项目经营增值为主导的可持续发展的公益慈善救助体系。各项工作的具体目标是：

1. 学校教育。

（1）学校教育大发展。拔萃幼儿园5年发展成规模，寄宿、日托同时招，小班、中班、大班达到16班，招收学龄前儿童超过320人，同时可在北京等地区开办分园。

（2）九年义务教育上水平。世明学校义务教育抓优质均衡，建立健全义务教育质量监测制度。拔萃学校实施"目标导向、自主学习、形成性评价、反馈补救助"的课题教学改革，在教育改革实践中追求教育教学的高质量。

（3）高中教育出特色。世明学校高中教育在内涵建设方面形成特色，加强人文教育、科学教育、实践教育，促进各类学生全面发展。拔萃学校要在高中"红萃生"培养、艺术特长班和国际高中课程班三个方面形成特色。

（4）特色教育成品牌。学校要坚持优质发展与特色发展相结合，要继续在双语、中英文双学历证书教育和国际化方面形成特色；同时要进一步加强科技、体育、艺术等特色项目建设，将"青少年红十字活动"和"志愿者活动"纳入学校德育体系。

2. 曜阳国际老年公寓。按照曜阳养老公寓全国连锁的思路，要力争在5年时间里在全国范围内建成10家老年公寓，形成连锁服务态势。打造强势品牌，用高度的责任感和使命感全身心投入公寓的管理和服务，着力构建高标准、高质量的管理和服务体系，打造品牌形象，达到经济效益和社会效益有机统一。建设完善标准服务体系，完善组织机构，充实领导力量，认真抓好老年公寓办公室内部和所属专业团队建设，加强素质管理与培训，同时重视引进人才、培养骨干力量，为曜阳老年公寓全国连锁式发展做好人才储备。

3．公益专项基金。把提高基金的质量作为工作重点，集中力量做大做强“仁爱”“文化”“三全助学”3个专项基金，按照“基金形成规模、影响形成品牌、工作形成网络、资助形成气候、捐赠形成渠道”的要求做大做强，通过努力，争取实现亿元规模基金的突破。

（四）明确实施措施

良好的规划和宏伟的蓝图，要靠强大的执行力去推动实施。我认为团队的执行力是为了实现某项工作目标而采取的多种措施所形成合力的综合体现。为了实现中心“十二五”发展规划的目标，在五年发展规划中提出了8项措施，这里就不再一一说了。我想特别讲一讲体制和机制创新问题。

近几年来，因为有在座的各部门、单位负责人共同努力，有各位爱心企业家代表对中心工作的长期参与和大力支持，中心的各项工作得到了长足的发展。特别是我们的工作得到了党和国家领导人和红十字会领导的充分肯定。春节前，全国人大常委会副委员长、总会会长华建敏，总会党组书记、常务副会长王伟，分别专题听取了事业发展中心的工作汇报。他们明确指示，把曜阳老年公寓建设工作纳入红十字会工作整体范畴，加强工作力度，继续抓紧抓好，要求红基会事业发展中心按有关规定程序，改变现有隶属关系，机构独立升格，以改变现有运行机制与事业发展要求不相适应的状况。

按照上级领导指示，中心研究决定，拟从三个方面采取措施，加强机构体制和机制的创新建设。一是围绕工作职责，中心内部机构增设文化宣传管理办公室，以增强中心工作的宣传优势。二是创新用人机制，加强人才引进力度。从现在开始，中心各部门和单位可以按审批程序，通过聘用制的方式解决人员不足问题，以满足工作人员需要。三是开始申请办理机构独立升格工作，拟向中编办申请，单独成立“中国红十字事业发展中心”，作为隶属红十字总会的正局级自收自支事业单位。同时为了继续发挥事业发展中心现有的公募筹资功能，在成立“中国红十字事业发展中心”的同时，向民政部申请成立以总会作为主管部门的“中国红十字事业发展基金会”。新机构实行两块牌子、一套人马的体制运行。

制定和实施《2011—2015 年事业发展规划》，符合形势发展需要和中心工作长期发展要求，对于保持事业发展中心持续、稳定发展具有重要意义。希望大家高度重视、认真研究、热烈讨论，积极提出意见和建议。

三、2011 年工作目标和主要任务

2011 年事业发展中心工作总的要求是：认真贯彻落实党的十七大和十七届四中、五中全会精神，以“三个代表”重要思想和科学发展观为指导，紧密配合总会和基金会的中心工作，以大力发展公益实体为中心，以制度建设为主线，全力推进“曜阳国际老年公寓”建设，全面提升“扬州世明、北京拔萃”双语学校影响力，打造“仁爱基金”专项基金品牌，在继续加大筹资和资助力度的同时，加强能力建设，加强制度建设，提升管理水平，做大平台，做响品牌，做强队伍，努力实现事业发展中心各项事业又好又快地发展，进一步增强经济实力、创新能力和综合竞争力，努力开拓各项工作的新局面。

2011 年事业发展中心的主要预期目标：计划筹款 5000 万元，引进建设资金 2 亿元；扬州曜阳国际老年公寓经营实现收入平衡有盈余；北京曜阳国际老年公寓的营运步入正常轨道；富春江曜阳国际老年公寓胜利竣工、落成、营运；南京曜阳国际老年公寓奠基动工；对签订合作协议的老年公寓要完成或部分完成前期筹备工作；扬州世明、北京拔萃双语学校要与时俱进，特色办学，继续稳步提升教学质量和管理水平，使双语学校真正成为社会和家长满意的学校；专项基金筹资突破 500 万元，资助达到 500 人，公益宣传活动影响 5 万人。2011 年，要重点抓好六个方面工作。

（一）进一步认清形势和突出重点

2011年是国家进入“十二五”时期的开局之年，是基金会换届后的第一年，也是事业发展中心在高起点上实现新发展、再上新水平的关键一年。可以说，新的一年工作创新的任务艰苦繁重，发展的机遇与挑战并存。一方面由于自然灾害和人为事故频发、疾病种类和患者增加、社会老龄化速度加快等，社会对人道的需要在不断增加，对红基会救助的期望值在不断提高；另一方面，党和政府对红十字事业越来越重视，总会和基金会对事业发展中心工作的要求越来越高。华建敏会长在红基会三届一次理事会讲话指出，红十字会是党委和政府在人道救助领域的得力助手，是构建和谐社会的重要力量，是推进精神文明建设的生力军，是国家之间交往、树立国家形象的重要渠道；红十字会的工作，关键是增强责任感、提高执行力、提升公信力、加强创造力。作为红基会主要负责发展和管理公益实体的部门，我们事业发展中心任重而道远。

红总会把2010年确定为能力建设年，要求我们着力提高围绕中心服务大局的能力，着力提高突发公共事件的应急能力，着力提高自救互救的培训能力，着力提高学习能力。总会要求，把加强能力建设作为长期战略，围绕加强能力建设，每年提出一个重点。2011年要把加强管理作为重点，即“以管理为核心的制度建设年”，要求进一步解放思想，在体制创新、机制完善和法制建设等三个方面大胆探索，保持红基会的可持续发展。红基会要求我们突出事业重点，规范管理，提高公信力，在保证基金安全的前提下，采取合法有效的方式，筹集善款，开展基金增值活动。因此，我们要认真贯彻落实党的路线、方针和政策，遵循国家的法律法规，遵守红总会和红基会的规章制度，抓住机遇，克服困难，改善不足，大胆探索，勤奋工作，努力实现中心各项事业又好又快发展。

（二）进一步提高学校教育质量和管理水平

学校常规管理是学校工作的生命线，在新的一年里常规管理工作要在惊喜上下功夫，在有效上做文章。

第一，推进素质教育，全面实现育人目标。一是扎实做好德育养成教育。坚持育人为本、德育为先，把立德作为教育的根本任务。二是突出形成红基会办学的教育特色。以弘扬“人道、博爱、奉献”的红十字精神为主线，结合中小学生的特点，进一步挖掘红十字精神的丰富内涵，让红十字运动的内容有机地融入学科教育中。三是规范办学行为。通过在观念上转变、思路上创新，有效的考核与评估，把教育的注意力引导到规范办学行为、实施素质教育、关注学生全面发展上来。四是着力培养学生创新实践能力。在夯实学生科学文化知识基础的同时，培养学生的创新精神和实践能力，抓好抓实各种劳动实践、兴趣活动课，促进学生积极主动、生动活泼地全面发展。

第二，狠抓教育教学研究，促进教育质量上升提速。树立与时俱进的教育新理念，积极推进教学教研发展进步。一是在学校教育过程中，坚决杜绝脱离实际抓教研。进一步确立正确的学校观、市场观、学生观、教学观、质量观，规范教育教学研究工作。二是以教育科学研究为先导，积极引导教师主动参与开展教研，推进教育教学改革。三是加大教研成果的推广和应用。准确把握教研工作的指导思想和目标任务，加强对教改工作的组织和指导，认真分析解决教学疑难问题，提升教师教学水平，促进教育质量的提高。

第三，加强学校班子建设和队伍建设。今后要以事业发展中心学校管理办为主牵头，加强对校长的评议和考核工作，对学校班子成员实行捆绑管理、综合考核。校级干部履职不力，民主评议达不到要求的，坚决予以撤换和免职。要完善对教师的考核和奖惩，进一步激发教师的工作积极性。学校管理既要坚持制度管理，也要辅以情感管理，坚持以人为本，从政治上、情感上、业务上、经济上给予教职员工关心，真正做到教师与学校共发展、教师与学生共成长。领导干部要想教师所想、急教师所急、忧教师所忧、喜教师所喜，经常与教师交流谈心，让教师充分感受到学校大家庭的温暖，使每个教师都认识到自己是学校的主人，以主人翁的态度去关心学校的每一件事，做好每一项工作。

第四，满足市场需求，抓好特长教育，形成办学特色。为适应市场的需要，求得生存与发展，我们要下决心，始终坚持通过教育项目的不断创新，满足社会对特长教育的需求，形成教育特色。一是在高中阶段面向中国学生开设艺术特色班，对希望出国留学的学生开设面向英美澳的国际高中课程班。在初中开设英语、数学课程，在小学和初中继续开好英国数学和英文实验班课程。二是争创舞蹈考级中心，进一步建设好北京舞蹈学院北京拔萃素质教育基地。继续在小学初中广泛开展艺术教育活动，积极创造条件，争取早日成为其下属的舞蹈考级中心。三是扩大国外学生的招生规模，提升拔萃国际部教育效益。国际部的首要工作就是多招学生，同时要抓质量，要强化国际部管理，提高学科教育教学质量，尤其要提高英文课程的教学质量，扩大国际部的社会影响力。四是加强校园文化建设，用健康的文化理念和文化活动推动学校特色发展，创建具有使命、拔萃特色的校园文化。

第五，下决心做好新学年的招生工作。近几年来，我们始终把提升教学质量放在学校工作的首位，学校社会影响力不断扩大，使学校不仅彻底改变了难招生的被动局面，而且实现了学生招生从生源不足到寻找优质生源的转变。但我们决不能因此而止步，我们一定要乘势而上，不断强化和优化招生的措施。一是要继续全面细化招生工作责任制。要主动出击，深入到中小学、幼儿园、社区开展招生工作。二是要善待学生，巩固学额，不嫌弃学习有困难的学生，满腔热情地帮助每一个学生成功。三是要善待家长，虚心听取家长的意见与批评，不断改进工作。我们要记住：口碑是最好的广告，通过老师、学生、家长的沟通互动，形成良好的口碑，杜绝学生流失。

（三）进一步推进曜阳养老事业新发展

2010年是红基会曜阳养老事业取得突破性进展的一年。经过多年的摸索和积累、研究和创新，实现红基会曜阳养老事业五年规划已经有良好的开端。红基会曜阳养老事业符合和谐社会的发展要求，有利于改善关系民生的社会养老问题，树立了良好的社会形象，并引起较好的社会反响。因此，2011年，养老工作要突出抓好以下几个方面工作。

一是切实加快拟建项目的工作进度。新的一年，我们要按照“建管并重、稳步推进”的原则，依照《曜阳养老事业发展纲要》，探索以多种发展模式建设老年公寓。2011年计划完成以下任务：一是确保杭州曜阳国际老年公寓今年上半年竣工落成；二是完成南京、海南三亚老年公寓建设的前期准备工作，并争取年内破土动工；三是对已签订合作协议的重庆、青岛、营口、徐州、五指山等地的曜阳国际老年公寓，尽快启动筹备工作，力争年内办结动工前的一切筹备手续。为了上述工作目标，要加强红基会、地方政府、合作方的协调，突出重点，争职各方面支持，争取年初有一个好的建设开局，年终有一个好的结果。

二是切实抓好已建成老年公寓的运营管理。建成后的老年公寓的经营管理是当前摆在我们面前的突出问题。解决好普遍存在的入住率偏低、经营效益偏低、品牌影响力偏小的问题，只能通过实践不断探索和总结。这里也需要一个过程，需要曜阳人不懈努力。一是着力构建高标准、高质量的管理和服务体系，用优质服务打造品牌形象。根据曜阳定位的服务水平制定执行的服务标准，创建具有曜阳特色的个性化老年服务。根据不同地区、不同人群的需要补充和完善服务标准。二是建立健全各项管理制度，确保工作目标执行到位。通过管理制度，保证在曜阳内部建立一种“执行文化”。就是说，在曜阳老年公寓内，仅有领导和骨干具有执行力是不够的，还要把执行力融入职工的思想意识中，大力倡导工作学习化、学习工作化，把所学知识转化为应用能力，还要把奖惩制度和执行力联系起来，确保公寓高效运行.

三是切实抓紧建立曜阳养老基金。为了更好地推动曜阳养老事业，我们在建设服务优质的高端老年公寓的同时，还应帮助那些弱势群体老人，让他们得到关爱，同样享受到改革开放的成果。为帮扶特殊困难家庭，根据《曜阳养老事业发展纲要》，为困难家庭老人养老提供资金帮助。我们要抓紧建立曜阳养老基金，力争在5年内使曜阳养老基金达到2亿—3亿元人民币的基金规模，并确保8%以上的年增长率。这项基金要补贴到曜阳老年公寓的公益性养老，同时要通过体检、医疗补贴、送慰问品、组织有益活动等，给特殊困难家庭老人送去温暖，惠及更多的老年朋友。

四是切实抓好团队的组织建设。培养和造就一支能适应市场竞争的优秀团队是曜阳养老事业发展的关键。不仅要有充满爱心为老年人护理的服务团队，也要有善于经营管理老年公寓的专业团队，还要有素质较高、把握全局的管理团队。员工的素质尤为重要。员工素质越高，工作标准和工作效率也就越高，机构事业发展就越快，品牌知名度的提升就越迅速。曜阳国际老年公寓的发展目标一定不能定为“创造更多的需求”，而是要通过培养和提高团队员工的素质，来满足曜阳老人的需求，寻求曜阳事业发展的增长点，不断完善老年公寓的经营管理和服务工作，让入住老人舒心，让老人子女放心。

（四）进一步加快壮大专项公益基金的实力

基金工作去年有一个好的局面，新的一年要再接再厉，继续坚持“以项目促公益，以公益带活动，寻求捐受双方共赢”的策略，争取再上一个新台阶。全年的工作，要坚持抓好“三个继续”。

一是继续抓重点。坚持一切工作以筹资为重心，以“仁爱基金”为重点，通过举办慈善晚会、医疗救助等多种方式募集善款，力争筹资突破1000万元。

二是继续抓长远。鉴于公益机构的主要特点是整合社会资源，要立足长远，始终把资源的整合、利用和积累放在工作的重要位置，在项目的选择和策划上，力求长短结合，循环运作，做到每个活动结束，团队不散；每项资助完成，跟踪不停；每个项目启动，力求做到数年滚动执行。通过坚持数年，把专项基金平台变成资源、人才、资金汇聚的蓄水池。

三是继续抓推广。面对日新月异的信息时代，“酒香不怕巷子深”的古训不再适用。我们一定要在基金品牌打造、宣传造势和筹款模式创新上下功夫。一要利用自有的宣传阵地抓推广。充分利用“仁爱基金”网页和《月览》、内部杂志《中外名人书画家》，宣传基金工作的动态，扩大影响。二要继续以举办公益活动方式抓推广。全年以基金办为主组织举办的大型公益活动要在 5 次以上，实现宣传影响人数 5 万以上的工作目标。三是通过发挥名人、明星效应，量身设计公益新产品，联手大型企业抓推广。四是要继续利用名人、明星参与公益活动抓推广。在充分利用现有明星名人资源的前提下，重点要以前年 11 月在人民大会堂启动“仁爱传递”活动为平台，用中华民族“得到帮助，就要感恩”的传统高尚理念，积聚更多的名人、明星和普通志愿者参与到红十字事业中来。整合更多的爱心企业和爱心人士投入到“仁爱重生”“仁爱克癌”“仁爱光明”“仁爱自然医学”等公益行动中来。

（五）文化宣传工作

红十字事业不仅是红十字人自己的事业，更应该是面向全社会开放的大众事业，要通过强有力的宣传措施，让更多的人了解和参与。

一是完善机构。事业发展中心从今年起，新增设文化宣传办公室，保证有专人和专门机构常年抓文化宣传工作。

二是深化宣传内容，创新宣传方式。坚持“贴近生活，贴近实际，贴近群众”的原则，宣传和弘扬红十字精神。常年组织开展“红十字传播行动”，加强与报纸、网络、电视、电台等多种媒体合作，创新传播手段，扩展传播领域，扩大传播受众人群。

三是加强宣传队伍和阵地建设。发挥中心《月览》及网站等媒体的阵地作用，使之成为广大会员、志愿者以及社会各界了解中心工作信息的重要信息窗口。中心各部门、各合作志愿者单位都要安排专门领导抓宣传工作，安排专人负责宣传工作。从今年开始，宣传工作纳入全年工作的考评内容。

四是继续抓好"博爱中国"文化品牌建设。从2006年开始，我们围绕"博爱中国"的主题，对红十字文化建设作了一些尝试性的探索和实践，取得了很好的效果。目前正在会同湖南省文化厅联合筹备承办以文化部、全国文联、湖南省政府为主办单位的"中国百诗百联竞赛"文化征集评选活动，颁奖仪式拟于今年下半年在CCTV以"博爱中国"公益晚会的形式完成。春节前，我们还联合文化部相关部门与巴西《资源杂志》签订了中巴文化交流合作协议，通过文化元素搭载公益活动，强化"博爱中国"的文化品牌，提升中国红十字的国际形象。但"博爱中国"文化品牌建设是一个系统工程，需要强有力的领导大力支持，需要成立专业的和专门的策划运营机构和必要的经费保障，需要得到中宣部和中央电视台的大力支持。为此，我们拟请示总会领导批准支持承办中国红十字"博爱中国"文化品牌建设的开发和宣传推广工作，并请领导帮助协调中宣部、中央电视台，争取每年在央视3、4频道，有3—5次60分钟的播出时间。

（六）进一步加强公益团队的能力和作风建设

新的一年的工作艰巨而光荣，为了圆满完成既定的各项工作任务，我们首先必须统一认识，振奋精神，在解放思想、改进作风、加强管理方面狠下功夫。

一是深入开展实践科学发展观活动。各部门和基层各单位要制定方案，组织员工和志愿者开展学习实践活动，加强理论学习，提高自身素质，解放思想，振奋精神，充分发挥大家的积极性、主动性和创造性，鼓励大胆探索、开拓创新。要制定鼓励企业家和个人捐款的政策，创造捐款和募捐的社会氛围，广泛建立纵向和横向的战略合作伙伴关系，让更多的人参与到公益事业中来，为构建和谐社会作贡献。

二是大力提倡勤劳、务实、高效、节约和廉洁的工作作风。一分汗水一分收获。我们要实现跨越式发展，就必须坚决反对怕苦、怕累、拖拉、浮漂的作风，坚决反对铺张浪费和贪污腐化的恶习，必须老老实实做人、踏踏实实工作。

三是切实加强内部管理和队伍建设。我们的工作要有规划，要有计划，要有目标，要有步骤地开展。要完善各项规章制度，使我们的工作做到有章可依、违章必究，以维护正常的工作秩序。要建立健全岗位责任制，做到工作目标职责明确，考核奖罚分明。要加强学习培训，提高员工和志愿者的思想素质和工作能力，建设一支热爱红基事业、具备高素质的队伍。特别要加强善款善物的管理，确实保障有效使用，扩大社会救助和社会监督，提高红基事业的社会公信力。

夯实基础、开拓创新，努力开创事业发展中心工作新局面[①]

今天，我们在这里召开中国红十字会总会事业发展中心 2012 年度工作会议。今年 4 月，总会召开直属单位领导干部会议，宣读了中编办《关于设立中国红十字会总会事业发展中心的批复》，宣布了总会党组对中心领导班子成员的任命，总会事业发展中心正式成立。今天的会议，是总会事业发展中心成立以来召开的第一次工作会议，目的是向大家介绍新机构，总结上半年的工作，部署和安排下半年工作任务，以便更好地夯实基础，开拓创新，努力开创新形势下事业发展中心工作新局面。

下面，我代表总会事业发展中心作工作报告，主要就中心组建基本情况、上半年工作开展情况和下半年的工作重点，讲三个方面。

---

① 2012 年 7 月 13 日，在中国红十字会总会事业发展中心 2012 年度工作会议上的报告（有删节）。

一、关于总会事业发展中心组建基本情况

（一）新机构成立的背景

自2006年红基会事业发展中心（原红基会事业发展办公室）成立以来，我们按照总会要求，紧紧围绕养老、教育等核心内容，探索出了一条红十字组织创办公益实体，广泛动员社会力量参与和发展红十字事业的新路子。3个老年公寓先后建成投入使用，在很大程度上实现了当地老年朋友老有所养、老有所乐的心愿；2个双语学校，一直坚持红十字特色，招收培养了一批品学兼优，家庭困难的“红基生”和“红萃生”，延伸了红十字会的工作手臂，得到了华建敏和王伟、赵白鸽等领导同志的充分肯定和社会各界的一致好评。为进一步拓宽红十字事业的发展途径，总会领导站在新时期红十字事业发展的战略高度，研究决定，将原红基会事业发展中心机构独立升格，成为总会直属事业单位，专题呈报中编办批准，成立“中国红十字会总会事业发展中心”。2011年5月，中编办正式批复总会事业发展中心成立，并赋予了我们负责对所属公益机构的管理、指导及对外交流等工作的职能和为中国红十字会事业发展提供服务的工作定位。

在新机构筹建过程中，总会领导给予很多指导和帮助。总会党组书记、常务副会长赵白鸽亲自安排我们到计生委太仓培训中心学习考察，拓宽了中心今后的发展思路。在研究中心的工作定位和主要职责时，总会支持增加“接受社会捐赠”的职能，并理顺与红基会的关系。总会各有关部门帮助中心做了大量工作，使中心筹建进展比较顺利。

（二）新机构的性质、工作定位和主要职责

为谋划新机构长远发展，按照总会及中编办对新机构的定性，我们对新机构基本定位、主要职责、发展目标、考核体系等方面的问题进行了认真深入的研究，确定了新机构的工作定位和主要职责。

1．新机构性质。按照中编办批复精神，新成立的总会事业发展中心为中国红十字会总会直属自收自支事业单位。这就要求我们要摒弃“等靠要”的思想，立足实际，把握政策，开拓市场，发挥主观能动性，探索动员社会力量、利用社会资源、运用市场运作方式服务于红十字事业发展的新模式。

2．基本定位。成立总会事业发展中心，是适应新形势下红十字事业发展的需要。我们今后的主要任务是广泛动员社会力量，兴办为公益服务的实体机构，壮大实体力量，增加公益资金总量，实现资产保值增值，使事业发展中心成为红十字事业的“造血机构”，探索发展红十字事业的新路子。概括起来，就是三句话：秉承宗旨，发展红会实体单位；坚持公益，整合社会各类资源；创新机制，探索市场运作模式。

3．工作职责。按照总会和中编办批准的中心《章程》规定，新机构的工作职责主要包括五方面内容。（1）受托管理红基会的实体。在总会领导下，按政策法规要求，逐步将“3+2”实体与红基会进行产权、管理等方面的剥离，由总会授权中心管理已建成的“3+2”实体单位，即3所曜阳国际老年公寓（扬州、北京、富春江）、2所双语学校（扬州世明、北京拔萃）。（2）创办新型公益性实体。按照拓展业务范围、延伸红十字组织工作手臂的需要，发展公益性实体，探索市场经济条件下的新的公益路子。（3）建立相关公益性基金。以公益实体为依托，建立公益专项基金，扩大筹资规模，重点用于办学、文化、养老、救助、扶贫等公益事业。（4）组织倡导社会化服务。组织开展为改善人的生存和发展境况、保护人的生命与健康的帮老助教、救死扶伤、扶危济困等公益活动，服务民众，回报社会。（5）开展境内外交流活动。发挥民间交往的桥梁作用，通过弘扬文化、宣传培训、举办论坛、组织演出等开展境内外交流活动，提高中国红十字会在社会上的影响力。

（三）新机构成立后的工作要求

新机构成立之后，工作定位、职责任务、人员编制、用人机制、薪酬制度等方面都进行了较大调整。可以说，新机构使命光荣，任务艰巨，对中心各级干部职工和各实体负责人提出了新的更高的要求。我们所有工作人员都要适应新形势，在思想、作风和工作方法等方面都要自觉有所转变，才能不辜负总会的期望，做好自己的本职工作。

一要牢记职责。新机构成立后，中心作为总会直属单位，地位重要，负有重大职责。中心每一名领导干部和工作人员，都必须时刻牢记自己肩负的使命职责，牢固树立全局意识、责任意识，认真贯彻执行总会和中心的各项工作部署，真正做到思想统一，步调一致，用自己的实际行动，高标准地做好各项工作，努力使中心的各项工作走在总会下属事业单位中的前列。

二要加强学习。面对新的形势、新的任务和新的要求，我们首先必须加强学习，充实知识，以适应新的工作发展需要。要在充分了解当今世界先进NGO组织（非政府组织）发展水平的前提下，结合工作实际，进一步解放思想，深化对中心工作特点和规律的认识，不断提高做好各项工作的能力。

三要团结协作。团结是事业成功的重要基础，只有团结才有战斗力。我们要把各级班子的团结协作，作为各项工作的要务抓紧抓好。要自觉形成互相尊重、互相支持、讲求原则、坦诚相待的良好风尚，不断提高班子的凝聚力和战斗力，用强有力的领导班子带强有力的工作团队。

四要各负其责。当前，中心发展面临的机遇难得，挑战也很多，只有突破挑战，才能抓住机遇。要健全集体领导与个人分工负责相结合的工作机制，使每一位同志既按照分工切实履行好自己的职责，同时也主动关心全局，积极参与集体决策，形成整体合力。所有人员都要把握分工定位，切实履行职责，勇于负责，自觉承担任务，高标准完成工作，开创中心工作的新局面。

五要严格纪律。要坚持依法办事，规范工作。要按程序请示汇报工作，一级对一级负责。重要工作部署和重大事项决策，都要集思广益，充分论证，集体研究，以减少失误，避免出现问题。每一位同志都要增强法律意识，提高政策把握水平，遵纪守法，严以律己，用实际行动维护红十字机构的形象和声誉。

二、关于中心 2012 年上半年工作情况

为谋划好新机构今后的工作特别是今年的工作，2 月 20 日我们召开了中心建设和发展工作座谈会，邀请中心高级顾问和相关专家及各实体单位负责人建言献策、发表意见。会后中心拟定了《总会事业发展中心 2012 年工作要点》，确定了今年工作要按照总会要求，主要是紧紧围绕基础性工作，以制度建设和团队建设为主线，以实体单位的科学管理和发展为重点，起好步、开好局。上半年，我们主要完成以下工作：

（一）新机构组建工作基本完成

1. 办理完成登记报批手续。按照中编办批复精神和总会领导的要求，在对新机构的主要职责、内设机构和人员编制等进行认真研究后，初步确定并向总会报批了新机构的“三定方案”，确定中心内设 4 个部门，即办公室、老龄事业部、教育事业部和项目拓展部，明确了各部门职能分工，为各项工作的开展奠定了基础。按照国家关于办理事业单位法人登记的有关规定，积极争取总会和中编办有关部门的支持，于 5 月完成了法人登记证、组织机构代码证办理。协调财政部、国家税务总局、北京市公安局及工商银行北京支行，办理了税务登记、发票申领，开立了中心银行财务账号并刻制了各类公章。到目前为止，中心已具备了独立办公运转的完备条件。

2. 明确了部门和人员责任。按照“三定方案”有关内部机构设置的规定，尽快完成部门组建，明确了人员编制、工作任务，确定干部的工作职责和具体分工，建立健全目标考核体系，做到定岗、定责、定编，为顺利开展各项工作奠定了良好的组织基础。

3. 调配和招聘中心工作人员。根据工作要求，对新机构岗位设置、人员配备进行认真研究和调整，重新安排了已有人员的岗位。根据工作需要，从团中央和红基会等单位调入 4 名干部，从华北电力大学等国家重点院校应届毕业生中选拔了 2 名优秀毕业生，研究任命了各部门负责人。目前，中心在职人员（含顾问和志愿者）共 22 人。同时，为满足新机构各项工作快速发展的需要，目前正在拟定面向社会公开招聘人才的方案，计划本次会议之后，迅速启动该项工作，通过公开招聘人才的措施，尽快完成中心各部门骨干力量的充实工作。

4. 理顺实体单位管理关系。在得到总会主要领导的同意后，对“3+2”实体资产委托专业机构进行了评估，向法律顾问进行了咨询，明确了产权关系，于 2 月向总会报送《关于申请红基会授权委托总会事业发展中心继续开展公募筹款的请示》等一批文件。积极推进“3+2”实体与红基会的剥离工作，于 6 月中旬下发了各实体名称变更的通知。目前，各单位名称变更工作正紧张有序进行。

为了探索市场运作的手段，发展红十字事业，指导实体单位的发展，中心上半年进行了认真研究，并采取了实际举措。我们期望通过上下共同努力，在 3—5 年内，把“曜阳”和“拔萃”打造成全国养老、教育领域的知名品牌。

（二）中心内部建设和管理初见成效

1. 理顺上下关系，争取各方支持。根据业务职能归口，建立完善了与总会相关职能部门的沟通渠道，保证信息畅通、关系顺畅。进一步发挥中心联系广泛的优势，加强了与地方红会的紧密合作，围绕养老、教育、医疗、救助、扶贫、文化等中心业务范围，与江苏、福建、山东、浙江、广西、河南等省的各级红会建立了工作联系，进一步提高了服务社会的能力和水平。同时加强了与各级党委和政府的联系，争取得到他们的重视、关心和支持，为我们各项工作开展创造了良好的环境。

2．狠抓建章立制，实行科学管理。按照切合实际、行之有效的原则，中心已经建立了包括人事、财务、办公流程、档案管理等在内的一整套规章制度。在广泛征求干部职工意见的基础上，正在不断对一些实际操作中容易忽略的环节进行细化和完善。同时，在管理制度的执行上下功夫，坚持周一上午工作例会和周五下午两小时集体学习制度，做到工作有布置、有检查，人人学习遵守各项规章制度。各项工作都能落实到人、督查到时、完成到位，初步形成了用制度管人、管事、管物的良好局面。

3．建立健全宣传机制，加强舆论宣传引导。上半年重点加强了和新闻媒体的紧密联系，得到了新闻主管部门对中心工作的大力支持，建立了与新华社、人民日报、中央电视台、凤凰卫视等重要媒体的沟通渠道。按照提高“知晓率、参与度、认同率”的要求，利用传统和新媒体手段，对中心重点工作和大型公益活动进行了适时的综合报道。同时，联合中央电视台12频道录制了《平安365》栏目急救小知识宣传片，已于7月10日11点首播，将连续从7月10日至18日播放8天，每天滚动播放，开创了红十字会紧急救助知识在央视推广的先河。与网络经营公司签署了委托网站建设的合同书，与有关单位制定了《事业发展通讯》内部刊物出版机制，奠定了坚实的宣传基础。

（三）成功组织大型公益活动

1．纪念世界红十字日大型公益活动丰富精彩。为纪念第65个世界红十字日，中心与扬州市红十字会于5月6日联合开展了“关爱老人送慰问、送健康、送文化”大型公益活动。中心协调爱心企业向扬州市红十字会捐赠了价值70万元的牦牛奶粉；组织江苏省武警总医院、扬州市红十字会博爱免费门诊在扬州曜阳国际老年公寓和扬州市邗江区翠岗花园社区开展义诊和免费发放药品；扬州曜阳国际老年公寓当天向老人开放了所有文体设施；扬州市红十字会博爱文艺演出队、扬州世明双语学校师生、扬州曜阳国际老年公寓的老年人以及特邀来扬义演的歌唱家为大家献上了两台精彩的文艺演出；驻扬州各高校红十字会、社区红十字服务站、扬州曜阳国际老年公寓积极参与红十字知识宣传，开展了形式多样的志愿服务活动；向40余户特困老人捐赠了慰问品和慰问金。新华社等权威媒体对活动进行了全面报道，树立了中心的公益形象，取得了良好的社会效果。

2．上海百名专家大型义诊活动受到了社会普遍欢迎。5月26日，中心与上海市欧美同学会、复旦大学附属华山医院和富阳市人民政府联合开展了上海百名专家大型义诊活动，组织了来自上海市10余所三甲医疗机构的近百名知名专家，面向富阳市特困和空巢老人、对社会有贡献的老年朋友开展了义诊。协调复旦大学附属华山医院长期派驻教授和副教授级专家在富春江曜阳国际老年公寓坐诊，定期进行轮换。同时，向富阳市捐赠了定期公益疗养名额。新华社、人民日报、央视网、凤凰卫视等权威媒体对该活动进行了系列报道，在宣传中心工作的同时，树立了富春江曜阳国际老年公寓热心公益、勇于承担社会责任的良好形象。

（四）双语学校工作又有新进展

1．教师队伍建设不断增强。中心一直强调要坚持以人为本，要求各学校紧紧围绕创建"高质量、有特色、国际化"的目标要求，切实加强教师队伍建设。上半年，北京拔萃和扬州世明两所双语学校分别建立完善了学校学科带头人、首席教师制度，积极构建以弘扬红十字精神为特色的学校德育课程体系，加强了青年教师和骨干教师的培养并为其提供良好的教学和科研环境。这些举措，为提高教师的专业素质和道德修养，建设专业技能过硬、师德高尚的教师队伍起到了显著的促进作用。上半年，两所学校多名教师承担了省、市级课题项目。4月，扬州世明双语学校教师承担的省级课题《中小学科学认读的衔接》通过了中期论证。

2．学生中考、高考成绩又创新高。6月中考、高考，北京拔萃双语学校和扬州世明学校均超额完成教育主管部门下达的升学任务。拔萃双语学校本科上线率达到 43%，40 名参加高考的学生全部被国内外大学录取，其中 26 人被加拿大皇后大学、多伦多大学等知名大学录取，黄慧珍同学更是同时被清华大学和人民大学录取。世明双语学校在生源较差的情况下，发挥自身优势，因材施教，取得了升学率 100% 的优异成绩，其中有 70 多人被省级重点以上中学录取。

3．红十字特色教育更加凸显。两所学校不断探索红十字特色学校教育管理方法。目前两校共有“红基生”和“红萃生”165 人，上半年资助特困初中、高中生 265 万元。两校充分利用优质教育资源，积极帮助西部地区学校。北京拔萃双语学校为周口市商水县谭庄镇第三初级中学对口援建了图书室。两校通过一系列活动，将红十字精神植根于孩子们的心灵，推进了红十字学校组织建设。

（五）专项基金规范管理进一步加强

今年上半年，中心及各专项基金共募集捐赠资金 2070 万元，确保了各项公益活动项目的顺利开展，实现了上半年新机构组建与工作开展两不误的目标。今年 4 月“自行车事件”发生后，中心一方面配合总会和红基会认真应对，一方面总结汲取教训，立即对各专项基金进行了详细摸排，完善了各项制度。中心项目拓展部为此做了大量工作，牵头对专项基金的管理、项目运作和报批程序进行了清理规范，对管理不严的基金进行了清理整顿。昨天，中心召开了专项基金工作座谈会。中心专门请总会办公室和纪检部门的主要负责同志、红基会专项基金管理部的负责同志，从不同角度对从事基金管理工作的同志们进行了系统培训，并就专项基金的工作开展和项目运作程序再次强调了纪律，取得了圆满效果。

三、关于中心下半年重点工作和具体要求

下半年，中心的整体工作思路是：坚持以抓好基础建设不动摇，进一步

推动机构建设和业务建设；坚持以品牌建设为重点，进一步推动运营管理和项目建设；坚持以抓好绩效考核为手段，进一步推动机制创新和制度完善。下半年重点工作和具体要求是：

（一）尽快制定《曜阳国际老年公寓三项标准》

我们每位同志都要树立品牌建设意识，共同努力，推动中心品牌建设工作，争取尽早推出中心的红十字事业项目的品牌。目前，中心品牌建设最具备条件、最有希望的是“曜阳国际”这个品牌。曜阳国际老年公寓的建设，适应了我国养老事业的需要，同时探索了新型社会养服务老模式，并且已有几年的工作实践基础。但是曜阳还没有统一的建设、服务和管理标准，当务之急是要加快这三项标准的制定。制定《曜阳国际老年公寓三项标准》，应根据国家已颁布的老年公寓标准，借鉴国内外成熟的老年公寓建设管理先进经验，结合我国实际，体现先进的机构养老理念和文化。这是科学管理老年公寓，打造国内养老行业的知名品牌的基础性工作。老龄事业部和各老年公寓负责同志都要高度重视，把此项工作作为下半年工作的重点。老龄事业部要抓紧拟定三项标准的制定方案，明确理念原则、成果要求、工作步骤、完成时间等，认真选择项目执行机构，推动这项工作尽快完成。各老年公寓要边实践边总结，积极为标准制定工作建言献策。

（二）继续探索我国养老事业发展新模式

到目前为止，我们已经在北京、扬州、杭州建成了三所高标准的曜阳国际老年公寓，在公寓的建设和管理上取得了一些实践经验，但决不能有丝毫的放松和满足。下半年乃至今后相当长的时间内，我们重点要办好三所已建成的老年公寓，加强运营管理，提高服务水平，争取成为“曜阳国际”的旗舰店。三所老年公寓要不断总结，完善制度，改进工作，争取走在养老事业的前列。与此同时，我们也要抓紧抓好已具备条件的新的老年公寓的筹建工作，争取有更多“曜阳国际”展现在我国养老事业舞台。

高档老年公寓是机构养老的一部分，面对的是有突出贡献和有经济承受能力的老人。对于中低收入家庭、不具备机构养老条件的一般家庭或空巢家庭老人的养老，我们公益机构也要加强研究，当好政府的助手，发挥应有的作用。下半年，老龄事业部要在这方面进行研究，探索建立“曜阳托老所”，力求把机构养老和社区养老、居家养老相结合，解决大部分老人养老中许多现实问题。可以在一些城市试点，吸收社会资金，利用社会资源，与地方政府和爱心企业合作，探索新的社会养老服务模式，为更多的家庭、更多的老人送去社会更多的关怀和温暖。

（三）稳步推进“红十字示范校”建设

在中心已经建成的实体中，两所学校的工作一直比较突出：拔萃学校连续几年在朝阳区名列前茅，是北京市社会办学的第一名；世明学校的特色教育成果显著，每年都上一个新台阶。取得这样的成绩的原因，一方面是所有教职工的共同努力，另一方面也是我们办校突出公益特色的结果。

创建“红十字示范校”是红总会向全国各中小学发出的倡议。教育事业部和两所学校的负责同志要认真总结各项工作的成功经验，把创建红十字示范校作为特色办学工作的重点。一是以“红基生”“红萃生”为基础，继续扩大扶助范围，建立“青少年红十字校外教育基地”，健全完善红十字教育体系。二是要对照创办“红十字示范校”的标准，联系实际，从硬件和软件两方面，系统制定创建目标，争取用最短的时间，实现成为省级和国家级红十字示范校的目标。三是利用拔萃品牌的现有影响力和全国多地慕名前来中心要求兴办“拔萃”学校的实际，中心决定按品牌建设的要求，系统规划、系统建设，争取把“拔萃”打造成全国社会办学的知名教育品牌。

（四）扎实做好专项基金和项目拓展工作

我们应该充分肯定的是，近年来，三个专项基金通过定向筹款，资助了上千名贫困学生，救助了许多贫困的重症肌无力、心脏病、尿毒症患者和脑瘫患儿；中心先后在北京、成都、南京、南宁等地主办了几十场大型公益晚会，“博爱中国、仁爱传递”已基本形成了中心的文化品牌项目。

面向西部和少数民族地区的人道救助与公益活动，我们还有很大的发展空间。鉴于此，在今后的项目拓展工作中，要紧抓两条主线不放松：一是要狠抓专项基金规范管理与服务；二是有针对性地开展西部和少数民族地区的人道救助和公益活动，特别是在中央统战部和中共中央直属机关青联、中央电视台等单位的大力支持下，开展同心民族地区博爱家园计划，关注民族地区教育、医疗和文化发展。尽快完成“中国红十字会总会事业发展中心十佳劳伦斯冠军委员会”的组建洽谈工作。重点关注外来务工人员子女及生活保障等问题。办好在山东和深圳的博爱中国红十字之夜大型公益演出活动。

（五）精心构建中心宣传工作体系

多年来，中心在养老、教育等方面做了大量的工作，也多次得到中央及地方各级领导的充分肯定。但是，很多普通群众还不知道中心是什么样的机构，也还有许多资源没有融入我们的活动中来。究其原因，就是我们的宣传工作做得不够，总认为做好事不必自我宣传，这是一个误区。

前面我一直在强调品牌建设，而宣传工作正是品牌建设中的一个重要组成部分。总会主要领导多次要求我们加强宣传工作，中心主任办公会也一致认为，宣传工作必须常抓不懈，要以阵地建设为基础，以媒体支持为保障，以品牌推广为目标。为此，项目拓展部要加强中心宣传阵地建设，尽快搭建一网一刊宣传平台；要畅通沟通渠道，继续加强与媒体的紧密联系；要做好品牌推广，利用传统和新媒体等多种手段，提高中心的知名度和美誉度，精心设计并尽快建设中心宣传工作体系。

（六）着力加强中心队伍建设

党高度重视人才工作，强调人才是第一资源。吸引了人才，我们的事业才有了发展的基础。中心是红十字系统机构改革试点单位，我们一定要始终坚持任人唯贤的原则，立足于把中心打造成人才聚集地，选拔培养有才能、有作为的人到中心工作。创新选人用人机制，建立和完善待遇引人、制度管人、感情留人的人事管理制度。要广泛听取各方面专家意见，真正实现中心的科学决策和科学发展。

基于上述的思想和原则，在推进人事福利制度的改革方面，今年中心要重点抓 3 件事。一是在近期面向社会，按照公开、公平、公正原则，招录一批工作人员，充实中心多部门工作力量。二是抓好顾问委员会、专家委员会和志愿者 3 个团队的建设和管理。三是在中心全系统建立和完善全员能上能下、绩效挂钩的薪酬体系。目前，中心已经按“工资总量比红基会高 10%、绩效报酬占 40% 的比例、个人职位能上能下”的 3 项原则，制定出台了相关人事管理制度，并从本月开始试运行，边执行、边完善。在这里，我要特别强调两条。第一条，希望各实体单位和合作单位一定要配合中心的相关部门，做好各项工作，不要因为配合不够，影响中心员工的待遇。第二条，各实体单位在这次会议之后，都要参照中心的做法，结合本单位的情况，建立和完善本单位绩效薪酬挂钩考核制度。这一条，要纳入中心今年对各单位工作考核的重点内容。另外，中心也在研究对各实体单位管理和业绩的考核办法。总之一句话，要用先进的机制，建设优秀的工作团队。

同志们，中心的发展已经进入一个新的历史时期，机遇和挑战同在，这给我们的工作提出了更高的要求。我们一定要在总会党组的关怀和指导下，在有关方面的支持和配合下，团结一心，把握机遇，解放思想，开拓创新，扎实推进各项工作的开展，争取为我国红十字事业的健康蓬勃发展作出新的更大贡献！

统一思想、明确方向，争取实现新形势下中心工作的全面发展①

党的十八大高度重视民生工作和社会建设，提出要“大力发展老龄服务事业和产业”，为中心的发展指明了方向。去年12月24日，中国红十字会总会党组书记、常务副会长赵白鸽在出席中心2012年度考核测评会议时，对中心各项工作给予了充分肯定，并对中心今后的发展提出了明确要求。这次工作会议，通过学习贯彻党的十八大报告有关精神和总会领导有关要求，进一步统一思想，明确方向，认真总结2012年工作，部署和安排2013年工作任务，努力争取实现新形势下中心工作的全面发展。

下面，我代表中心作工作报告，讲三个方面的问题。

一、2012年中心各项工作取得重大进展

2012年是新机构正式组建和开展工作的第一年，也是中心各项工作快速发展的一年。在总会领导的关心指导和有关方面的支持配合下，中心和实体

① 2013年3月13日，在中国红十字会总会事业发展中心2013年度工作会议上的报告（有删节）。

单位团结一致，紧紧围绕基础性工作，以制度建设和团队建设为主线，以实体单位的科学管理和发展为重点，较好地实现了起好步、开好局的任务目标，养老、教育、文化和宣传等各项工作均取得重大进展，全年共接收捐赠款项7065.15万元，完成捐赠支出5042.56万元。

（一）基本完成新机构组建工作

2011年5月，中编办批准中心为总会直属事业单位。去年，中心主要下力气抓紧新机构的组建工作。一是谋划了新机构未来工作。2月初召开了中心建设和发展工作座谈会，邀请中心高级顾问和相关专家及各实体单位负责人建言献策，就新机构未来工作基本定位、发展规划、机构建设及一年工作安排等进行研讨，起草了向总会领导的汇报提纲，拟定了《总会事业发展中心2012年工作要点》。二是注册登记了新机构。在总会和中编办的大力支持下，于4月底前完成了新机构的注册登记工作，并开设银行账户，刻制了各类印章，使新机构具备了开展各项工作的基本条件。三是建立健全了规章制度。按照切合实际、行之有效的原则，建立了包括人事、财务、办公流程、档案管理等在内的一整套规章制度，并不断对一些实际操作细节进行细化和完善，初步形成了用制度管人、管事、管物的良好开端。四是选配了各级干部。经过中心主任办公会多次酝酿和讨论，严格按照干部选拔任用工作的有关规定，任命了各部门负责人，并分别面向社会和志愿者进行了2次公开招聘，充实了中心骨干力量。五是协调了各种业务关系。在得到总会主要领导同意后，明确了中心与“3+2”实体的产权关系，与红基会剥离工作准备就绪并已启动进行。建立和完善了中心与总会的沟通渠道，加强了与地方红会的紧密联系，积极争取各级党委和政府的大力支持。

（二）对中心工作作出了全面部署

在基本完成新机构的组建工作后，我们立即着手全面部署工作，7月连续召开了中心2012年度工作会议和专项基金工作座谈会。一是研究部署了下半年工作。对中心工作进行了深入研究和全面部署，同时，对中心各级干部职工和各实体单位负责人提出了牢记职责、加强学习、团结协作、各负其责、严格纪律的要求。二是提出了创建项目品牌的要求。在总结上半年工作进展情况的基础上，提出下半年重点工作和具体要求。特别提出每位同志都要树立品牌建设意识，推动中心品牌建设工作，并邀请了“居然之家”董事长张学武就品牌建设举办了讲座，将打造“曜阳”养老、“拔萃”教育和“博爱中国”文化3个品牌作为3—5年的中心重点发展战略。三是构建了中心宣传工作体系。通过争取各方支持，建立了中心自己的网站，创办了《事业发展通讯》(已出刊6期)，畅通了与新华社、人民日报、中央电视台、凤凰卫视等重要媒体的沟通渠道。全年主要媒体报道达150余次，其中《平安365》栏目《致命的疏忽》，开创了红十字会紧急救助知识在央视推广的先河；“同心·博爱民族地区小学校长培训班”取得良好的宣传效果。四是建立了绩效考核制度。经过认真研究，初步建立了绩效考核制度，明确了各部门任务目标，制定了干部竞争上岗、职工双向选择和部门经费核算制度。

（三）养老事业得到快速发展

养老服务是重要的民生工作，也是中心的核心业务。2012年中心的养老工作，实现了新的突破。一是加强了已建成项目的运营管理。扬州曜阳国际老年公寓首次实现了收支平衡，二期工程建设于8月正式开工。北京曜阳国际老年公寓建立和完善了各类服务机构和服务标准，已入住老人200余人，并与各大部委老干部局形成联动，开展了老干部轮流入住体验活动，扩大了影响。富春江曜阳国际老年公寓于5月26日正式投入运营，利用自身优势，连续2次开展了大型义诊活动，在当地引起了较大的社会反响。二是组建探索养老事业产业化的“专业团队”。在认真解读政策法律、研究学习国际红十字组织发展模式的基础上，中心在国家工商管理总局注册成立了懿德投资管理有限公司。公司将采用市场化运作手段代事业发展中心执行筹资、投资和运营管理业务，或通过控股、参股及战略联盟等各种形式，与其他爱心企业合作，参与发展曜阳养老事业。三是规范了新建项目合作模式。根据《曜阳养老事业发展纲要》的计划，我们用了 3 个月的时间，对新建项目的合作模式和具体条款进行了认真研究，拟订了《合作协议模版》，并积极协调当地政府加大了新建项目的推进力度，银川、福州、三亚、南宁老年公寓的筹备取得较大进展。四是探索完善曜阳公益养老新模式。曜阳托老所是中心去年全新启动实施的养老服务公益项目，面向社区中低收入家庭老人，提供日常生活照料服务，满足不同层次老人的养老需求。这是中心强化养老公益性，体现政府购买服务，实现养老服务多元化的重要措施。2012 年，在山东省各级领导的支持下，济南和莱芜两地的 5 个托老所项目试点工作进展较快。

（四）教育事业发展态势喜人

教育事业一直是中心工作的重点，双语学校是中心最早开拓建设的公益实体。2012 年有新的发展，呈现良好的态势。一是两所双语学校教育质量喜人。按照“高质量、有特色、国际化”的目标要求，北京拔萃和扬州世明两所双语学校，分别建立完善了学校学科带头人和首席教师制度。两所学校多名教师承担了省、市级课题项目，教师队伍建设不断加强。在去年 6 月进行的中、高考中，两所学校均超额完成教育主管部门下达的升学任务。拔萃双语学校本科上线率达到 43%，40 名参加高考的学生全部被国内外大学录取。世明双语学校取得了升学率 100% 的优异成绩，其中有 70 多人被省级重点以上中学录取。二是红十字特色教育的成果喜人。两所学校均把红十字宗旨纳入德育教育的重点科目，全面开展创建红十字示范校系列活动，红十字特色教育对社会的影响更加凸显。扬州世明双语学校全年“孝廉助学金”惠及 179 人次，“红基生”惠及 164 人次，共计资助费用达 64.66 万元。北京拔萃双语学校现有在校“红萃生”113 人，资助费用 282.5 万元。三是开展“拔萃”公益助学项目的态势喜人。项目宗旨是充分利用双语优质教育资源，积极协助发展少数民族地区和贫困地区的教育事业。项目一启动就获得了一批爱心企业家的积极响应，很快就确定并实施了湖南衡阳、甘肃甘南等一批公益学校建设项目，同时设立助学奖金、助教奖金，得到了各级领导和社会各界的高度评价。

（五）基金管理和文化宣传取得新的成绩

2012 年，我们集中力量对专项基金项目进行了整顿和规范，扩大了文化宣传规模和影响。一是完善了专项基金的工作模式。5 月至 11 月，中心开展了专项基金清理整顿工作，理顺了管理体制和工作模式，对有关资料翔实备案，建立了切实有效的专项基金准入与退出机制。二是成功组织红十字博爱周活动。我们按照红总会的要求，从 5 月开始，充分抓住“世界红十字日”、富春江曜阳国际老年公寓正式运营等契机，联合当地政府和红十字会，在江苏扬州、浙江富阳、河南汝州等地开展了一系列的大型公益活动。全年开展大型公益活动 11 场次，直接受益人群 2 万多人次。人民日报、中央电视台、新华网等 30 多家媒体对上述活动分别进行了报道，树立了中心的公益形象，取得了一定的社会效果。三是着力打造“博爱中国”文化品牌。中心于 8 月和 12 月，分别在山东、福建两省开展“博爱中国”文化演出 7 场次，以实际行动贯彻落实党的十八大精神，感召社会各界关爱老人，取得了良好的效果。

二、新形势对中心工作提出了更高的要求

2001 年以来，中心探索建设曜阳国际老年公寓，发展曜阳养老事业，走过了一条不平坦的道路。我们的探索历经坎坷，曾受到社会质疑，在红十字系统也存在不同声音。倍感欣慰的是，我们在探索路上从未停止前进，因为

这是惠及老人、造福人民的伟大事业。红十字会是党和政府在人道工作领域的得力助手，就应在保障和改善民生中发挥重要作用。党的十八大报告明确指出，要“加强和创新社会管理”，“强化企事业单位、人民团体在社会管理和服务中的职责”，要“大力发展老龄服务事业和产业”。这对我们是极大的鼓舞，使我们看到这些年所有的努力完全都是符合党的要求、国家希望和社会需求的，同时也为我们指明了前进方向，进一步增强了我们发展养老事业和产业的信心和决心。

去年8月，总会印发了《中国红十字会总会事业发展中心主要职责、内设机构和人员编制方案》(以下简称《三定方案》)，细化了中编办赋予中心的职能，明确了中心主要职责、内设机构、人员编制等，将是我们今后工作的重要依据。《三定方案》明确中心的一项主要职责，即“动员社会力量，兴办养老、医疗、康复、教育等与红十字宗旨相符的社会公益机构或实体”，并强调中心要“负责所属公益机构和实体的管理、指导、监督及对外交流工作”，这就重申了中心的业务必须紧紧围绕“一老一小”，突出了对已建和将建的公益机构和实体的管理、指导和监督。《三定方案》中关于中心内设机构和人员编制的规定，满足了中心实际工作的需要。中心是自收自支事业单位，内设4个部室，确定事业编制20个。特别要指出的是，《三定方案》明确了中心接受捐赠的职责，可以“接受社会定向捐赠资金，建立专项公益基金(非公募)，资助公益项目的实施”。这就为我们整合社会资源、调动社会力量，开展公益活动和项目建设奠定了坚实基础。总会及时印发《三定方案》，为中心的建设和发展创造了极为有利的条件，这就要求我们抓紧工作，落实到位，尽快形成养老、教育、基金“三位一体”的总体格局，努力打造“曜阳”养老、“拔萃”教育和“博爱中国”文化3个知名品牌。

我们的工作一直得到总会领导和有关部门的支持。去年12月，总会党组书记、常务副会长赵白鸽出席中心2012年度考核测评会议时，在讲话中对我们的工作给予充分肯定。她指出，“对于养老事业，我认为中心的工作方向非常正确"；"对于教育事业，中心通过拔萃助学基金帮助上千个孩子入学，形成了非常可观的社会影响力"；"对于文化事业，厦门的演出非常成功，影响非常好，我很是感动"，要求总会有关部门要宣传中心工作，消除误会和偏见。同时，她要求我们，一是一定要更加突出红十字的公益特色，扩大对留守儿童、失能老人等社会弱势群体的救助工作；二是要加强战略、法律、财务等方面专业人才的引进，加强团队的管理建设；三是要加强宣传工作，增强工作的透明度，主动接受社会监督；四是要拓展国际业务，实现中心红十字事业的快速稳定发展。赵白鸽同志对中心的工作寄予很大希望，对我们的工作要求语重心长、针对性强，将成为我们今后工作的重要指导和目标任务。

对于今后一个时期的工作，我认为，在座中心和实体单位的同志首先要提高认识，统一思想，振奋精神，明确方向。我们一定要认真学习和深刻领会党的十八大精神、总会印发的《三定方案》有关规定和赵白鸽同志的工作要求，结合中心和实体工作实际，认真查找差距，制定改进工作的措施，力求把各项工作做得更好。我认为，今后无论工作再多再忙，不管干什么工作，但都必须头脑清醒，厘清思路，做到以下"四个始终"。

一是始终高举公益大旗。党的十八大解决的一个重要问题，就是全面建成小康社会要举什么旗、走什么路的问题。对中心来讲，作为中国红十字会总会直属单位、国家批准的正式事业单位，同样有举什么旗、走什么路的问题。最近总会领导逢会必讲，各项工作必须坚持社会公益性。我们中心也必须以"人道、博爱、奉献"红十字精神为宗旨，始终高举公益大旗，努力打造公益服务品牌，这是我们的立身之本。为适应市场经济的需要，我们还要探索公益性服务与市场化运作相结合的新型公益发展路子。

这些年，我们开展的"红基生""红萃生"公益助学项目和老年公寓公益性服务活动，得到了上级领导和社会的普遍认同，这正是因为我们坚持了公益性。但是近两年出现的网络事件，被社会质疑的工作，从根本上说也都是涉及公益性的问题。今后做任何事情，商谈论证任何项目，都要把体现公益性放在第一位。对于实体单位来说，社会效益也是应该首先要考虑的，在体现公益性的同时，要有合理合法的经济收入，尽最大努力争取达到社会效益和经济效益双赢。决不能因为我们的决策失误或工作不到位，而造成社会公信力下降，给红十字会形象带来不良影响。

二是始终坚持改革创新。党的十八大报告强调，“要始终把改革创新精神贯彻到治国理政各个环节”。习近平总书记上任不久就到改革前沿广东省考察，就是说明走强国之路要坚持改革开放正确方向。《国务院关于促进红十字事业发展的意见》明确要求“着力推进红十字事业改革创新”，提出要“建立与社会主义市场经济体制和国际人道主义原则相适应的体制机制”。华建敏会长也多次强调，发展红十字事业必须走改革创新的路子。

多年来，我们在工作实践中探索创办学校和老年公寓公益实体，寻求建立与企业长期合作的长效公益机制，把公益性服务与市场化运作有机地相结合，充分体现公益机构的优势和特色，促进红十字事业可持续发展，都是改革创新的尝试。实践证明，方向是正确的，成效是明显的，得到了上级领导和社会各界普遍认可，下一步，各部门各单位还要坚持改革创新，勇于探索。过去改革创新试点还要进一步深化，同时还要探讨新问题，创造新经验。比如中心和“3+2”实体的内部管理关系；懿德公司的工作职责及与实体单位的关系；中心实行企业化管理中的资金筹集和使用；公益性服务和市场化运作如何达到协调和统一等，都需要做深入研究。这就要求每个同志都要有敢为人先、勇往直前的气魄和胆识，同时要重视理论和政策学习，经常思考和研究问题，开拓性地大胆工作。

三是始终规范有序工作。党的十八大报告指出，“提高社会管理科学化水平”，“引导社会组织健康有序发展”。赵白鸽同志对我们在各地兴建曜阳老年公寓和托老所很支持，但她认为“现在的难点是管理，要非常严格”。这确实是目前中心养老工作亟待解决的重大问题。中心已启动“建设、服务、管理”三项标准的编制工作，但进展太慢，影响了养老机构建设和管理规范有序运行。此外，自中心新组建以来，我们明确了领导班子成员分工和各部门的职责，但重大活动仍存在组织忙乱、责任不清的问题。有的实体单位对中心布置的工作不积极配合，如在去年拍摄中心宣传片的过程中，个别单位就给摄制单位留下了不好的印象。

在网络媒体高速发展的今天，我们的一言一行都处在社会大众的监督之下。在开展工作时，务必要依法依规，注意形象。目前中心已制定了一系列新的规章制度，下一步还要进一步健全和完善。中心各部门都要按照层级管理的有关规定，规范工作流程。各实体单位、各专项基金也要按照中心要求，抓好工作的落实，并及时发现和解决工作中存在的问题。我们一定要认真遵守执行有关规定，吸取网络事件的教训，使每项工作、每个公益活动都做到有法可依、有据可查、合情合理、不出问题，经得起群众监督、上级检查、媒体评说和历史考验。

四是始终抓好团队建设。打造高素质的团队是做好工作的基础，是提升单位竞争力的关键。总会领导曾多次强调，要“建立开放式的工作机制，充分吸纳专家学者、社会知名人士等方面参与”。赵白鸽同志非常关心我们的团队建设，认为中心应有战略、法律、财务等方面人才。去年中心工作取得的成绩，我们的顾问、专家和志愿者发挥了很大作用。现在我们要抓紧组建3个团队，吸纳更多人才参加，成立各自委员会，制定管理章程，以便更好地发挥他们的作用。目前，中心各部门人才缺乏，需认真研究如何利用公益机构的优势、中编办和总会给予的有利条件，吸引各种人才投身公益事业。

总体来说，我们的队伍在不断壮大，现有同志都很勤奋敬业，一直在积极努力工作。但是也有个别同志还存在平时不重视学习、不思考问题、不主动工作、不承担责任的问题，政策水平、综合素质和工作能力还不能适应新形势下工作的需要。在人手少的情况下，中心各部门需要团结一致、齐心协力，发挥各自的才干，共同做好工作。为此，在这里，我提三点要求：一是严格分工，各负其责。领导班子和各部门及每位同志都认真履行各自职责，同时还要顾全大局，相互支持，不能出现推诿、扯皮的现象。二是继续认真坚持学习和例会制度。通过每周五集中学习，达到相互交流、互相促进的目的。通过周一例会，检查各自工作，及时解决问题，确保落实到位。三是建立业绩考核和责任追究机制。凡工作业绩突出与其本人工资收入挂钩，但对不负责任，造成工作拖拉、失误或不良影响的，都要严肃批评，个人作出检查或采取组织处理措施。今天会上，中心各分管领导将向我递交目标责任书，意味着你们担负起不可推卸的责任。希望你们本着对事业、对中心、对同志们负责的态度，切实负起责任，认真抓好分管的工作。

以上“四个始终”，我认为，对于我们队伍建设和事业发展至关重要，属于方向性、原则性问题，关系到中心和实体在红十字系统内外的信誉和形象，关系到我们的长期生存和持续发展，同时也关系到每位同志的价值取向和成长进步。我们每位同志都要认真思考，落实行动，在工作中体现“四个始终”，做到“四个始终”，以使我们的各项工作不偏离正确轨道，争取为社会各界关心和关注的红十字事业增光添彩！

做到“四个始终”，有一个头脑清醒的问题，同时还有一个团结协作问题。头脑清醒是做好工作的前提，团结协作是做好工作的基础。这里我想重点讲讲加强团结协作的问题。随着事业的发展，我们的队伍越来越大。不仅中心各部门人员在不断增多，而且实体单位也将不断增加，此外，与我们合作的企业单位、支持我们工作的顾问、专家和志愿者团队也在不断壮大。团结协作就显得越来越重要。能不能搞好团结协作，中心的同志负有重大责任，其他同志同样也有责任。我想，大家必须做到以下三点。一是思想统一，步调一致。我们是为了公益事业走到一起，那就要心往一处想，劲往一处使。“四个始终”就是“四项基本原则”，就要共同遵守执行。二是相互理解，互相支持。个人所处位置不同，从事工作也不同，难免交叉或有矛盾，就需要互相配合、协助、补台，而坚决不能推诿、扯皮、拆台。三是脚踏实地，真抓实干。空谈团结，无济于事，还要看实际行动，最终反映在工作中。每位同志都要按各自分工，尽心尽力、尽职尽责地干好自己本职工作。不要埋怨领导，也不要埋怨别人，首先看自己工作做得如何，各级要负起各级的责任。我相信，做到以上三点，我们的团队就应该是个团结向上、充满活力的团队，我们的事业就会大有作为、充满希望。

三、2013 年中心的重点工作和目标任务

2013 年中心工作的总体思路是：在总会党组的领导下，深入贯彻落实党的十八大精神，以邓小平理论、“三个代表”重要思想、科学发展观为指导，高举公益大旗，继续狠抓制度建设和团队建设，不断开拓进取和改革创新，争取养老事业和产业新突破，教育事业和专项基金工作上台阶，文化和宣传活动影响力有所提升，努力实现事业发展中心工作全面发展。2013 年要做好以下重点工作：

（一）继续大力发展曜阳养老事业和产业

老龄事业部和各老年公寓要严格按照中心统一部署，落实目标责任书明确的各项工作任务。一是强化已建项目运营管理。扬州曜阳和富春江曜阳的入住率要争取达到 100%，北京曜阳接待各部委老干部轮流体验入住人数要达到 300 人。二是稳步推进新建项目。在确保扬州曜阳二期工程高质量完工的基础上，完成富春江曜阳二期工程报批手续办理，加快推进福州、银川、三亚、南宁等地新建老年公寓筹建进度。三是积极开展曜阳托老所建设试点。争取莱芜、济南托老所试点项目 5 月正式投入使用，在若干革命老区和贫困地区新建和资助一批社区养老机构，继续与中国伊斯兰教协会合作，协助当地做好少数民族地区养老机构建设。四是努力争取中央专项彩票公益金支持西部失能老人养老服务项目。五是加快制定曜阳养老“三个标准”，用新的标准推动老年公寓服务和管理水平全面提高。

（二）努力推进红十字特色教育事业

教育事业部、项目拓展部和各学校要做好五个方面的工作。一是搞好北京拔萃双语学校建校 10 周庆典活动，充分展示红十字特色教育事业辉煌成果。二是继续着力打造拔萃公益小学项目。保证衡阳市衡南县拔萃公益小学建设项目顺利落成，年内建成拔萃公益小学 1—2 所。三是继续提升公益项目影响力。要在严格管理的基础上，进一步提高红十字特色教育品牌效应。四是狠抓教育质量和教师队伍建设，不断提高教师素质和教学质量，做好“红十字示范学校”创建工作，做好艺术特色教育。五是继续加大对西部地区基础教育的支持力度。举办“同心博爱”民族地区小学校长培训班，完善“正坤助学助教基金”管理，完成对困难学生和优秀教师的资助工作。

（三）切实做好专项基金管理工作

要对各专项基金进一步进行清理和整合，确定今后专项基金发展格局，主要做好四个方面的工作。一是深入研究确定专项基金发展战略。要立足为中心重点业务工作服务，对现有基金进行清理整合，形成仁爱、教育、文化三项专项基金稳步发展的格局。二是加强专项基金的规范管理。紧贴中心业务和目标，设立子基金，加强工作的专业指导，努力提高各专项基金工作人员的素质，确保规范运作，公开透明。三是充分发挥基金的服务保障功能。加强与相关部门的沟通联系，按照专项基金管理章程，严格基金使用管理。四是拓宽基金筹资渠道。利用“世界红十字日”等契机，继续做好“博爱中国”公益演出活动，整合社会资源，动员社会力量，确保完成年度筹资任务。

（四）加强对外宣传和交流工作

项目拓展部要进一步厘清宣传思路，加强宣传的计划性和针对性，紧紧围绕中心核心业务开展宣传工作，要做好四个方面工作。一是加大宣传工作力度。紧紧围绕养老、教育等中心核心业务，明确宣传主线。二是继续加强与主流媒体沟通协调。对中心重点工作、大型公益活动进行及时报道，展示中心的良好社会形象。三是开展好公益文化活动。广泛开展扶老助残、国际交流和青少年文化活动，形成项目品牌。四是抓好“一网一刊”编辑和管理。增强时效性和生动性，确保网站内容及时更新和《通讯》按时保质出刊；扩大赠阅的点和数量，增强中心宣传阵地的影响力。

（五）全面强化团队建设和管理

要做好四个方面的工作。一是抓紧干部招聘和管理。制定中心编制使用办法，做好干部聘用工作，年内争取配齐各部门主要负责人，完成干部双向选择工作；完善派出机构及聘用人员的管理细则，明确工资待遇、绩效考核等，形成责、权、利相对应统一的管理体制。二是落实中心主任领导下的分管领导负责制。签订目标责任书，抓好责任制落实，合理分解各项工作任务，真正做到任务到部、责任到人。三是切实搞好绩效考核。制定针对中心各部门的可操作性强的考核实施细则，抓紧制定并完善实体单位绩效考核办法，建立并逐步完善对干部取工的激励机制。加强和提升对实体单位财务、绩效等重点工作的服务、指导和监督管理。四是做好人才引进工作。做好顾问、专家和志愿者“三个团队”建设工作，加强后勤服务保障。建立教育培训管理机制，为干部职工的学习深造创造条件。

（六）发挥党组织领导核心作用

今年上半年要确保完成中心党支部的组建和报批工作，同时重点抓好三项工作。一是加强党支部建设。把中心党支部及实体单位党团组织建设列为中心重要工作，经常性检查指导。加强对党员思想教育，努力提高党员思想水平和综合素质，在各方面发挥模范带头作用。二是狠抓党风廉政建设。严格落实党风廉政建设责任制，按照“谁主管、谁负责，层层抓落实”的工作原则，明确责任内容，明确办事程序，规范干部行为。三是建立党内组织生活制度。定期召开民主生活会，健全和完善监督管理机制，深入开展争先创优和反腐倡廉学习教育活动。

致力发展公益事业，着力打造公益品牌[①]

今天，我们在这里召开中国红十字会总会事业发展中心2014年度工作会议，总结去年工作、部署今年工作。下面，我代表中心作工作报告，讲三个方面。

一、2013年中心各项工作取得重大进展

2013年，在总会党组的正确领导下，在有关部门和社会各界的关心和支持下，中心各部门及所属实体单位、各曜阳养老机构和相关合作单位，团结一心、无私奉献，紧紧围绕“曜阳养老”、“拔萃教育”和“博爱中国”文化等3个公益品牌建设，及时调整工作重心，关注弱势群体，服务于“一老一小”，扎实推进养老、教育等公益事业，各项工作取得了重大进展。2013年我们共募集捐赠款物累计7156.15万元，公益支出累计3459.20万元，举办各类公益活动116场次。截至2013年底，3所老年公寓公益入住会员39人，资助失能老人620人；两所学校累计资助“红萃生”2201人次，资助金额达1185.60万元。

---

① 2014年2月17日，在中国红十字会总会事业发展中心2014年度工作会议上的报告（有删节）。

（一）中心工作思路和重心有新要求

在事业发展中心 2013 年度工作会议上，我们提出了“始终高举公益大旗、始终坚持改革创新、始终规范有序工作、始终抓好团队建设”的指导思想和工作要求。一年来，我们牢记和坚持“四个始终”，根据机构的性质和定位，结合形势的发展变化，及时调整中心工作思路和重心，特别是曜阳养老工作实现了“三个转移”，即养老模式由老年公寓单一方式转向老年公寓、托老所和保姆服务等多种方式并进的养老服务体系；服务对象由重点为对国家、民族和社会作出突出贡献的老人转向为不同层次的老人提供服务；工作方法由摸着石头过河转向既制定远景规划又脚踏实地开展工作。通过工作思路的调整、工作重心的转移，我们的工作更加符合党和国家的政策要求，更加符合形势和任务发展的需要，更加切合老人和孩子的需求。

（二）“曜阳养老”工作有新突破

养老工作是中心的核心业务和重点工作，2013 年取得了较好成绩，并有新的突破。一是全面启动“曜阳关爱行动”公益项目。“曜阳关爱行动”专门面向失能老人提供养老服务，计划用 3 年时间在全国资助或共建 300 家面向社区、面向中低收入家庭、面向失能老人的曜阳托老所。目前已在江西、陕西等 8 个省（区）的革命老区和贫困地区与相关单位合作共建了 64 家托老所。二是举办曜阳养老机构院长和护理员培训班。2013 年，举办了“曜阳”老年公寓和托老所院长、护理人员培训班，对来自全国各地的 70 名院长和 120 名护理员进行了培训，内容涉及养老政策法规、基础理论、护理业务、实际操作等方面，得到了养老一线工作人员和社会的普遍好评。在征求曜阳托老所、护理人员的意见和建议基础上，同时完善了“曜阳养老”建设、管理和服务三项标准，编写了“曜阳”养老培训规划、“曜阳”养老培训教材，为曜阳养老规范化建设打下了基础。三是老年公寓运营良好。扬州老年公寓推出“四大服务模式”和“八位一体服务管理体系”。“四大服务模式”即自理老人采用老年大学服务模式、轻度失能老人采用医养结合的康复模式、中度和重度失能老人采用全护士专业化护理模式、公益会员采用全免费疗养模式。“八位一体服务管理体系”指以曜阳管家为核心并结合医生、护士、护理员、康复治疗师、营养师、厨师、义工等8个服务岗位，为老人提供个性化、规范化服务。目前，公寓出租率为100%，入住105户，入住率达68%，入住老人满意度达89.67分。富春江老年公寓紧紧围绕公寓营销和做好服务两条主线，开展精神养老、文化养老活动，满足老人多元需求。2013年，新增签约39户，签约总数达55户，入住老人54名。四是推进新建老年公寓项目落地。在银川、福州、五指山、三亚、南宁和漳州等地筹建老年公寓。其中，五指山老年公寓一期工程已经奠基开工，扬州老年公寓二期已进入封顶阶段，富春江老年公寓已按计划完成销售任务。

曜阳养老的实践与探索引起了社会各界的关注。在2014年“中央党校案例教学讲题资助奖励项目”申报中，“曜阳养老”通过了课题申报、答辩和评审，将于2014年上半年走进中央党校省部班、地厅班和中青班课堂。《人民日报》刊发了我的署名文章《坚持公益性服务和市场化运作相结合——“曜阳”养老事业发展的实践与探索》(《人民日报》2013年11月17日第5版)，对曜阳养老工作进行了报道。在CCTV年度中华慈善人物的评选中，我们推荐的陕西省商洛市丹凤县敬老院院长（曜阳托老所所长）徐升莲，被评为2013年度中国十大慈善人物。中央电视台邀请我参加了“CCTV慈善之夜”晚会，先后两次对我和中央党校教授青连斌，就“曜阳关爱行动”实施情况、社会组织参与养老进行了专题访谈。

（三）“拔萃教育”工作有新进展

通过创办公益学校，加大扶贫助学力度，狠抓办学质量，着力提升“拔萃教育”品牌建设水平。一是双语学校特色教学成绩显著。两所双语学校已发展成为集学前教育、小学、初中、高中和国际部于一体的现代化、国际化、特色化寄宿制学校。2013 年，拔萃学校中考成绩位列朝阳区第 13 名；高考本科上线率超额完成区指标，一本超过区指标 17%；国际部高考本科录取比例为 100%，许多学生在北大、清华等国内一流大学榜上有名。2013 年，世明学校中考被四星级高中录取 50% 以上，小学部在扬州邗江区小学毕业生调研考试中，取得全区数学、英语两个第一，语文第二的优异成绩，并荣获江苏省“红十字示范学校”、江苏省巾帼标兵单位和江苏省健康促进学校银牌和扬州市法制优秀学校等荣誉。二是进一步加大对“红萃生”助学力度。2013 年两所学校共资助“红萃生”460 多人次，资助金额 410 多万元。加大对西部贫困地区助学力度，在青海都兰县试点，实施“正坤助学、奖学、奖教金项目”，每年资助和奖励 500 名学生、120 名教师。三是成功举办北京拔萃学校成立 10 周年纪念活动。以“感恩 10 年”为主题，举办北京拔萃双语学校建校 10 周年纪念活动，制作了宣传片和宣传画册，展示 10 年来学校教育成果。社会各界代表、学生师生和家长近 4000 人出席了纪念活动，中央电视台、人民网、新华网等主流媒体对活动进行了报道。四是推动实施“拔萃公益小学”项目。实施“拔萃公益小学”项目，选取湖南省衡南县、甘肃省夏河县，与当地学校共建“拔萃公益小学”，帮助中西部贫困地区改善教学条件。目前，湖南衡南“拔萃公益小学”正式揭牌，二期工程已经完成。甘肃省甘南县和云南省红河县“拔萃公益小学”已签订合作协议，第一期资助款下拨到夏河县和红河县。

（四）公益基金、救助和文化宣传有新成效

继续做好基金、救助和文化宣传工作。一是进一步规范专项基金的运行和管理。对江上青教育基金、仁爱基金和红十字文化发展基金进行了清理和整合，明确了三个专项基金的发展战略。2013 年三个专项基金共募集捐赠资金 3505.2 万元，为开展各项公益活动提供了资金保障。其中，江上青教育基

金资助、奖励江苏省仪征市扬子学校和甘肃省都兰县中小学师生共计738名，援建了“衡南拔萃公益小学”。二是做好公益救助工作。与比利时UCB制药集团合作，建立“UCB健康希望基金”，举办了“同心·博爱”新疆和藏区两期乡村医生培训班，对160名乡村医生进行了培训，向部分优秀学员所在医疗机构或红十字会赠送了急救车12辆。赴四川雅安灾区，慰问灾区老人，协调落实三菱（中国）公司向雅安灾区捐赠汽车事宜，向灾区学校捐赠10万元资金和物资。三是深化拓展文化宣传工作。举办“5·8”世界红十字日系列纪念活动，赴江西省瑞金市开展关爱失能老人慰问活动，就合作共建“曜阳托老所”进行调研、磋商；组织中心党员干部参加北京拔萃双语学校“世界红十字日”纪念活动。为弘扬“孝亲敬老”传统，感召社会各界积极参与公益养老事业，在2013年重阳节——全国第一个法定“老年节”当天，在全国曜阳养老机构开展以“博爱中国·我的曜阳·我的重阳”为主题的敬老助老活动，组织志愿者、医疗专家开展健康讲座、义诊送医、陪伴老人、生活服务、文艺演出等慰问活动，为64家托老所的600多个失能老人赠送慰问品，近万人参加了当天的活动。四是构建多层次立体式宣传平台。依托“一网一刊”，加强对中心重点工作、公益活动的宣传力度。与央视少儿频道共同开展了《走在春风里》系列公益活动，在黑龙江佳木斯和云南昭通市彝良县开展“纪念毛泽东同志‘向雷锋同志学习’题词50周年特别节目”，向彝良县毛坪小学捐赠亲情手机10部、图书200套，使留守儿童与在外地打工父母保持联络畅通。启动中心门户网站改版升级工作，着力构建“一网一刊一台”宣传、交流、服务平台。目前已进入试运行阶段。与中央教育电视台和国家开放大学签订合作协议，启动了全国“老年频道”筹建工作。

（五）中心自身建设有新举措

2013年，我们根据形势的变化和事业发展的需要，狠抓团队建设和管理，进一步规范工作流程，为各项工作的顺利开展注入了动力、活力。一是实施绩效考核管理。制定了绩效考核实施细则，中心主要领导与各分管领导签订目标责任书，班子成员、各部（室）和实体单位的负责人向中心主要领导递交目标责任书，逐级分解工作任务，真正做到任务到部门、责任到人头。二是抓实党员干部队伍建设。2013 年，从北京市组织系统、北京市红十字系统和 2013 年应届毕业生选调和招聘优秀人才 10 名，充实到中心各个部门。同时，抓好顾问、专家和志愿者队伍建设，发挥好参谋咨询作用。三是抓好党支部和党风廉政建设。明确了“围绕中心抓党建、抓好党建促发展”支部工作思路。按照“谁主管、谁负责，层层抓落实”原则，明确“一把手”为党风廉政建设第一责任人。建立了廉洁自律和内部风险控制机制，与各部门及实体单位签订廉政风险责任书，将廉政风险防范任务分解到部门和个人。

在看到成绩的同时，我们也要清醒地认识到工作中的差距和不足。在党的群众路线教育实践活动中，我们通过召开座谈会、民主生活会，广泛征求意见和建议，查找了班子及班子成员在“四风”方面存在的问题，具体表现为：重实践轻学习、重实干轻研究、重结果轻过程、重团结轻批评。比如，在筹建曜阳托老所的过程中，少部分养老机构对“曜阳关爱行动”公益项目的重要性认识不足，没有达成共建共赢的共识；对曜阳托老所如何管理、双方的责权利等问题，还需要深入研究；日常工作流程规范化还存在一些问题，需要进一步完善相关制度。

二、在工作实践中取得的经验和体会

回顾过去的工作，我们在推进养老、教育等公益事业的实践与探索中积累了一些有益经验，形成了一些理念、思路。具体来讲，有以下几点体会：

一是社会组织在公益事业中前景广阔、大有可为。改革开放以来，我国经济快速发展，但社会事业未能协调同步发展，民生工作有较大“缺口”，特别是医疗、养老、教育等重大民生问题亟待改善。近年来，党和政府对社会组织参与社会事务出台了一系列文件。党的十八届三中全会通过的《中共中央关于全面深化改革若干重大问题的决定》提出，要"激发社会组织活力，推进社会组织明确权责、依法自治、发挥作用，适合由社会组织提供的公共服务和解决的事项，交由社会组织承担"。国务院《关于加快发展养老服务业的若干意见》（国发〔2013〕35号）和民政部《关于开展公办养老机构改革试点工作的通知》（民函〔2013〕369号）也对社会组织参与养老给予了明确规定。党和政府的政策为社会组织特别是公益性社会组织发展提供了宝贵机遇和广阔空间。作为党和政府在人道工作领域的得力助手，红十字会在社会管理和建设中负有重要职责，需发挥积极作用。以"曜阳养老"为例，2001年，我们就开始关注养老问题。2006年启动"曜阳国际老年公寓"建设项目，2009年以后，先后建成了"扬州曜阳"、"北京曜阳"和"富春江曜阳"三所国际老年公寓；2012年开始实施"曜阳托老所"公益项目，为社区、中低收入家庭和失能老人提供日常生活照料。2013年又实施了"曜阳关爱行动"，专门面向失能老人提供生活照料、医疗护理和精神慰藉服务，并在江西、陕西等8个省（区）的革命老区和特困地区，建成了64家托老所。同时，以老年公寓和托老所为依托，将"曜阳"养老服务延伸到家庭，为失能老人提供保姆式的生活照料、医疗护理、精神慰藉等养老服务，切实改善失能老人的生活境遇和生活品质。我们的工作既符合国家的政策要求，又符合养老服务发展的趋势和方向，也得到了上级领导的肯定，赢得了社会各界的认可。因此，社会组织特别是公益组织，一定要紧抓机遇、大胆创新，在公益事业中充分发挥好生力军作用，做好"拾遗补阙"工作，当好党和政府的助手。

二是创办公益实体是推动公益事业可持续发展的重要支撑。公益性社会组织担负着促进社会公平正义、和谐发展，面向社会公众特别是社会弱势群体，提供公益服务产品的任务。红十字会是以"人道、博爱、奉献"为宗旨的公益机构，担负着救死扶伤、扶贫济困的神圣使命，但传统的工作主要是开展社会募捐活动，用募集的资金和物品，对弱势群体实施救助。这种传统做法在今后的工作中还不可或缺，但只限于这种做法，公益活动就会缺乏生机和活力。创办公益实体是一项创新，由“输血功能”变为“造血功能”，就把传统做法的公益资金的捐进捐出变为公益资金的保值增值，从而不断积累用于公益的社会资金，并提供长期开展公益活动的载体，有利于红十字事业可持续发展。近年来，中心通过社会捐赠资金或与爱心企业合作，共创办了3所公益性老年公寓，建成了两所公益学校，5所公益实体总计形成了近10亿元用于公益的社会资产。筹建曜阳托老所是中心在创办公益实体方面的新的尝试。2013年我们和有关机构合作，共建了曜阳托老所64家。公益实体的发展对公益事业发展将起到不可估量的促进作用。

三是积极探索公益性服务和市场化运作相结合的公益发展新路子。在市场经济条件下，公益实体必须坚持走公益性服务和市场化运作相结合的新路子，实现从“行政化”运作向“市场化”运作转变。公益实体的运营管理，在突出公益性的同时，可以面向社会，按市场经济规律经营管理。一方面，要积极争取政府政策扶持和资金支持，政府通过“公建民营、民办公助、政府补贴和购买服务”等多种方式给予支持，从而充分体现公益性；另一方面，要用市场配置资源，增强公益事业活力，扩大社会影响面。目前，中心在探索公益性服务和市场化运作相结合的实践中，积累了许多有益的经验和成功案例，搭建了推动公益事业持续发展的平台，具备了很强的资源整合能力。我们与爱心企业合作创建的“曜阳国际老年公寓”，就是动员社会力量特别是爱心企业致力于公益养老的一种成功尝试。老年公寓的公益性主要体现为让入住老人享受免费或低收费优惠待遇，对特殊困难家庭老人的养老进行帮扶，向周边地区的老人开放医疗、保健、文体设施等，惠及更多的老年朋友。同时采取市场化运作的方式，即一部分公寓和文化娱乐设施对外开放，参照市场价格收费。如“北京曜阳”，根据双方协议，红会拥有20%权益，用于公益性养老；其余80%权益属于企业，可以面向社会，按市场经济规律开发经营。

四是有为才能有位，有位更要有为。事业发展中心成立以来，大胆创新、开拓进取，积极推进养老、教育等公益事业。经过多年的实践与探索，我们打造了“曜阳养老”、“拔萃教育”和“博爱中国”文化宣传3个公益品牌，构建了“曜阳老年公寓”、“曜阳托老所”和“曜阳保姆服务”的曜阳养老服务体系。我们的工作得到了上级领导的高度认可和社会各界的普遍好评。中国红十字会常务副会长赵白鸽同志多次对我们的工作给予充分肯定。2013年赵白鸽同志再次作出批示：事业发展中心工作取得重大进展，养老模式进入中央党校课程，《人民日报》作了专门报道，“红萃生”比例加大，望进一步抓好机构发展和管理，以取得新的更大的进步。2013年底，财政部批准了《中国红十字会总会彩票公益金失能老人养老服务项目》，对我们的“曜阳关爱行动”给予1.23亿元专项补贴基金。民政部、教育部、国家新闻出版广电总局、全国老龄办、中国老基会领导分别听取了中心关于公益养老和公益助学的工作汇报，实地考察了北京曜阳老年公寓，对中心工作给予了很高评价。实践证明，只有真抓实干，才能有所作为；只有有所作为，才能拥有位置、赢得尊敬。

三、2014年中心工作指导思想和重点工作

按照党中央和国务院最新精神，根据总会党组的要求，经过认真研究，我们确定2014年中心工作的指导思想是：以党的十八大和十八届三中全会精神为指导，深入学习领会习近平总书记系列重要讲话精神，在总会党组的领导和指导下，以蓬勃向上的朝气、开拓进取的锐气、不畏艰险的勇气、求真务实的风气，全面推进“曜阳关爱行动”，积极开展扶贫助学工作，深化基金和文化宣传工作，力争重点工作出精品、难点工作求突破、特色工作创亮点、日常工作争一流。2014年重点工作有以下几个方面：

（一）全力实施和大力推进“曜阳关爱行动”

昨天晚上中心的同志就彩票公益金项目的有关情况，向大家作了说明，大家对此有了一个大致的了解。应该说，彩票公益金项目为我们的“曜阳托老所”的发展提供了一个难得的契机。我们就是要通过项目的组织实施，完善“曜阳”养老服务体系，大力推进面向失能老人的“曜阳关爱行动”，改善失能老人的生活境遇和品质，惠及更多的失能老人。我们计划两年内在有关省（自治区、直辖市）老少边穷地区资助300家“曜阳托老所”，资金主要用于新增床位、配备设备、培训护理员和志愿者。这里，我要特别强调一下“曜阳保姆服务”，就是我们通常所说的居家养老服务。据我所知，有几家托老所做了一些有益的尝试，做得还不错，但大多数托老所在这方面的工作还是空白。所以，我们未来两年有一个很重要的任务，就是要大力开展“曜阳保姆服务”。为此，我们专门从彩票公益金中拿出一部分资金，大体上平均每家托老所2014年5万元、2015年8.7万元，用于推动“曜阳保姆服务”建设，支持托老所为居家失能老人服务。

在此，我再强调几点。一是统一共建认识。在曜阳托老所的筹建过程中，由于少数养老机构认识不足，导致建设质量、速度受到一定影响。今年，我们将本着自愿互利、共建共赢的原则，统一思想、达成共识。二是明确共建目标。按照“公平、公正、公开”和“以自主投入建设为主、彩票公益金配套支持为辅”的原则，明确准入条件，通过推荐、申报、评审等程序，筛选出300家相关养老机构，签订合作协议，做强做大300家“曜阳托老所”。三是用好管好彩票公益金。严格按照《中国红十字会总会事业发展中心2014—2015年彩票公益金项目实施方案》和《中国红十字会总会事业发展中心彩票公益金失能老人养老服务项目管理办法》规定，严格标准、规范程序、严格监管。四是抓住实施重点。今年，我们主要向有关省（自治区、直辖市）老少边穷地区倾斜，重点面向失能老人，为他们雪中送炭，发挥彩票公益金最大社会效益。同时，我们还将抓好曜阳团队建设特别是管理团队的建设。

（二）做好"曜阳标准"试行实施工作

2014年，在建成的64家曜阳托老所试行"曜阳养老"建设、服务和管理三项标准，推动形成以人为本、诚实守信、管理规范、优质发展的曜阳养老服务市场，彰显出"曜阳养老理念"。"曜阳养老理念"就是弘扬"人道、博爱、奉献"红十字精神，突出人文关怀和医疗保障两大特色，提供专业化、规范化和人性化服务，让每位曜阳老人安享晚年。此外，要加快推进福州、三亚、五指山、南宁、银川等地老年公寓项目建设，尽快完成协议重签工作，明确双方的权、责、利。

（三）扎实推进拔萃教育工作

北京拔萃学校要制定学校五年发展规划，践行与推广"新三观"即新的学生观、教学观、质量观。实现高中教育特色化、初中教育优质化和小学教育品牌化。扬州世明学校要落实听、巡、评课制度，举办学校第五届科技艺术文化节，开展"红萃生"及留守儿童、困难家庭学生的公益救助活动，实现多元化、特色化发展目标。同时，加速推进世明学校国际部、拔萃学校三期建设。完成甘南夏河县"拔萃公益小学"建设，给予云南省红河县"拔萃公益小学"资金资助。

（四）做好中心信息平台建设工作

当今社会是信息社会。互联网和物联网将主宰未来经济和社会发展。信息化建设是推动中心全面发展的"牛鼻子"。2013年，中心决定将信息化建设作为推进中心发展的重点工作，并启动中心门户网站改版升级工作。信息系统平台第一期于2014年1月底建成并开始试运行，2月将正式上线运营。今年初，中心成立了信息中心，组建了专门团队，保证信息化建设与中心事业发展需求相适应。今后，信息化建设必须与中心公益品牌建设同步推进。通过网络信息平台，将原有的宣传功能拓展为宣传和管理功能并存，使信息网络的宣传、管理、培训和资源整合功能得以实现。通过网络平台，群众可随时查询捐赠资金、物资的使用情况，保证捐款捐物信息公开、透明，从而提升红十字系统公信力和感召力。

（五）继续做好基金筹资与管理工作

公开透明是基金工作的生命线，是做好筹资工作的前提，也是红十字组织取得公信力的源泉。今年，我们要深入研究专项基金发展战略，继续对仁爱、教育和文化专项基金进行清理、整合。紧贴中心业务和目标确立子基金，拓宽基金筹资渠道，加大基金融资力度。提高各专项基金工作人员素质，确保基金规范运作、公开透明。加强与相关部门的沟通联系，按照专项基金管理章程，严格基金使用管理，充分发挥基金的服务保障功能。

（六）提升文化宣传工作水平

打造一支讲政治、懂业务、高素质的文化宣传工作队伍。完善“一刊一网一台”宣传阵地，创办老年大学。今年5月，正式开通“老年频道”，为全国老人提供一个“老有所学、老有所教、老有所为、老有所乐”的平台。继续加强与人民日报、中央电视台、新华社等主流媒体的沟通协调，突出主题、挖掘内涵、弘扬主旨，对中心重点工作、大型公益活动进行深度报道，从而感召更多社会力量支持和参与公益事业。

（七）继续抓好团队自身建设

党支部、工会要定期组织开展活动，发挥好支部、工会的战斗堡垒和桥梁纽带作用。严格落实绩效考核办法，将绩效考评结果作为奖励惩戒、提拔任用的重要依据，解决好“干与不干、干多干少、干好干坏都一个样”的问题，营造“事业留人、感情留人、待遇留人”的良好氛围。继续抓好专家、顾问和志愿者队伍建设，做好人才引进工作，为中心发展提供智力保障和人才支撑。

机遇与挑战同在，责任和梦想并存。2014 年，对于事业发展中心来说，是工作任务繁重的一年，也是事业发展关键的一年。这就需要同志们同心同德，群策群力，共同努力把各项工作做好。在这里，我特别希望能得到在座的各实体单位，包括新加入曜阳养老事业的曜阳托老所的负责同志的理解、支持和配合。无论什么工作都是事在人为。我们要解放思想、抓住机遇，全力推动各项工作再上新台阶，努力营造“想干事的有机会、会干事的有平台、能干事的有舞台、干成事的有位置”的工作氛围。为此，我再提出几点要求。

一要敢于担当。我们从事的是公益事业，既要有爱心，又要敢担当。在座的各位同志，特别是托老所的院长，你们身上有很多感人的故事。正是由于你们的担当、奉献，才能够义无反顾地投身于养老事业。我们希望有更多敢于担当的爱心人士、社会组织参与曜阳养老事业，做强曜阳品牌。二要真抓实干。我们不仅要有“想干事”的愿望、“敢干事”的勇气、“会干事”的方法，更要有脚踏实地、真抓实干的作风。在座的各位院长从事养老工作的时间或长或短，经历过许多曲折，正是凭借真抓实干的坚守作风，才能够走到今天。只要我们心往一处想、劲往一处使，就一定能够完成今年各项工作任务，也一定能为我国的公益事业作出贡献。三要用心做事。用心做事就是要具备事业心、责任感，善于破解工作中的难题，善于总结经验教训，善于调动和整合资源，善于协调各种关系。公益事业是一项需要全社会参与的事业，是一项社会系统工程。我到地方部分养老机构调研时，接触过很多养老机构的院长，他们历经艰辛、矢志不渝。正是由于他们用心、用情做事，才能在困难中坚守至今。四要廉洁自律。我们既要能干事、干成事，更重要的还要保证不出事。今年，中央彩票公益金项目已经通过财政部立项审查。如何用好、管好彩票公益金，对我们是一个巨大的考验和挑战。我们要深入学习领会习近平总书记在十八届中央纪委三次全会上的重要讲话精神，严守党纪国法，干干净净干事、清清白白做人。

2014 年是充满希望的一年。党的十八大、十八届三中全会和国务院《关于加快发展养老服务业的若干意见》，为社会组织参与公益事业提供了广阔的空间，带来了前所未有的机遇，也为公益事业发展指明了方向。我们一定要解放思想、大胆创新，紧抓机遇、深化发展，全力推动中心各项工作再上新台阶，为推动我国公益事业发展作出更大的贡献！

奋力拼搏、开拓创新，推动中心重点工作迈上新台阶[①]

今天，我们在这里召开中国红十字会总会事业发展中心 2015 年度工作会议，总结去年工作、部署今年工作。下面，我代表中心作工作报告，讲三个方面。

一、2014 年中心各项工作取得重大进展

2014 年，在总会党组的正确领导下，在有关部门和社会各界的关心和支持下，中心各部门及所属实体单位和相关合作单位，团结一心、无私奉献，以组织实施“中央专项彩票公益金支持失能老人养老服务项目”和开展曜阳保姆服务试点两项工作为重点，统筹推进养老、教育、文化、基金等各项工作，出色地完成了年度既定目标和任务。截至 12 月底，中心募集捐款捐物累计 1438.90 万元，公益支出累计 1750.26 万元。“扬州世明”和“北京拔萃”两所学校共资助“红萃生”等贫困学生 305 人，资助金额 266 万元。

---

① 2015 年 1 月 18 日，在中国红十字会总会事业发展中心 2015 年度工作会议上的报告（有删节）。

（一）精心组织实施中央专项彩票公益金支持失能老人养老服务项目

目前我国年满 60 岁及以上人口已超过 2.4 亿人，其中高龄、空巢、失能、失独等特殊群体老人高达 1.56 亿，他们多数是半自理和不能自理的老人，身患各种疾病，很难享受到专业的生活照料和医疗护理。自 2012 年以来，中心持续开展“曜阳关爱行动”，并于 2014 年成功申请了“中央专项彩票公益金支持失能老人养老服务项目”，这对于带动经济欠发达地区和失能老人养老问题较突出地区的养老服务工作、加强我国社会建设和管理、促进红十字事业全面发展都具有重要意义。

1. 积极争取财政部立项。“曜阳关爱行动”在全国捐建了 64 家曜阳托老所，惠及失能老人 600 多人。为了帮扶更多的失能老人，我们通过总会向财政部申请中央专项彩票公益金支持失能老人养老服务项目。在我们的努力和争取下，项目得到了财政部的支持，获批了 1.23 亿元彩票公益金。项目将资助全国 31 个省（自治区、直辖市）的近 600 家养老机构，改善了近 1.5 万失能老人的生活境遇和品质，并惠及其他老人近 10 万人。

2. 精心做好项目实施的准备工作。中心成立了彩票公益金项目领导小组，领导小组下设项目办公室，办公室下设多个办事机构并确定联系各省（自治区、直辖市）的联络员，筹备成立项目专家评审委员会。领导小组和办公室多次召开专题会议，研究制定了《中央专项彩票公益金支持失能老人养老服务项目实施方案》等重要文件。在项目实施前，领导小组和办公室多次对联络员进行项目培训，为项目的顺利实施做好充分准备。

3. 严格选拔受助养老机构。为确保项目实施的“公平、公正、公开”，中心领导分别带队赴各省进行调研和实地核查，并与部分申报机构进行了座谈，听取了基层养老机构的需求和意见，进一步完善项目执行的标准和程序。同时，中心还对养老机构的审核提出了 2 个 100% 核查和 1 个 20% 抽查的要求。2个100%核查包括：通过网络审核的养老机构，市、县红会保证100%实地核查后报省红会；省红会将筛选后的候选名单报至中心要保证100%实地核查。1个20%抽查是指：从候选名单中抽取20%，由中心联合省级红会进行实地抽查，共同确认。最后由项目评审委员会严格按照评审标准对推荐养老机构进行打分，按分值高低进行排序，确定拟受助养老机构并进行网上公示。2014年，共有21个省（直辖市、自治区）381家养老机构接受了资助。

4．加强对资助物资使用的监控和管理。中心委托中央国家机关政府采购中心进行资助物资招标、采购工作。中心分别与每个受助养老机构签署了《项目资助协议书》，再由中标单位按有关规定将物资直接配送到养老机构。为加强对物资使用的管理，我们与专业机构合作，准备建立全国性监控平台，对所有接受资助的养老机构的物资管理及使用情况进行追踪管理，进一步提高资助物资的社会效益。

（二）继续完善曜阳养老体系建设

为贯彻落实国家建立“以居家为基础、社区为依托、机构为支撑的养老服务体系”的要求，2014年，我们继续完善曜阳养老服务体系建设，重点开展了曜阳保姆服务试点工作，把工作做稳做实，为老人提供高品质的养老服务。

2014年，济南曜阳国际老年公寓正式落成并开始运营，福州、五指山项目举行了奠基仪式，银川、三亚、南宁、漳州等曜阳国际老年公寓正在积极筹建中。特别要提到的是富春江曜阳国际老年公寓今年取得了突出成绩：整体管理成本下降一半，二期住房预订人数超过了预期目标，社会反响良好。此外，中心分别赴广西、福建和海南等省的养老机构进行调研，捐助并慰问了近50家养老机构。曜阳托老所“建设、管理、服务”三个标准编制工作已完成，于7月初经专家评委会审定通过后正式颁发试行。曜阳保姆服务的管理和服务两项标准还在修改完善中。其中，陕西西安三桥托老所（老年公寓）

通过了中国质量认证中心 ISO9001 质量管理体系认证，获得 2014 年 ISO9001 质量管理体系认证证书。

2014 年的重点工作是在江苏扬州开展曜阳保姆服务试点工作。曜阳保姆服务是依托当地曜阳老年公寓和托老所的养老资源，面向社区、面向中低收入家庭、面向失能老人提供的居家养老服务。

1．设立专门机构，筹划组织服务。中心联合中国老基会、扬州市政府，共同主办了“曜阳关爱失能老人行动——曜阳保姆服务启动仪式”，成立了扬州曜阳养老服务中心。服务中心共配备管理人员、医护人员和护理员共 118 人，为需要服务的老年人提供保姆式的养老服务、医疗服务及全托、半托、订餐等服务。服务中心依托健康小屋的可移动医疗检测设备，建立了 30 位失能老人的健康档案，把“医养结合”理念贯穿于曜阳保姆服务的全过程。

2．推行社区居家养老服务。我们联合扬州市政府在扬州三里桥社区举行了“扬州曜阳关爱失能老人行动捐赠仪式暨曜阳保姆服务项目签约仪式”，确立了试点社区和老人，曜阳保姆服务正式走进社区。工作内容包括：上门了解老人的需求，派发宣传资料；通过信息平台接收服务订单，对老人进行服务；统计和监督上门服务流程；做满意度回访。我们的医疗工作人员全部持有专业医护执照，护理员入户前也都经过我们专业的护理知识培训，并颁发了结业证书。

3．做好曜阳爱老志愿者服务。曜阳爱老志愿者是曜阳养老专业医护队伍的有力补充，彰显了曜阳居家养老服务人文关怀的特点。自试点工作开展以来，中心与扬州志愿者联盟、扬州工业职业技术学院、扬州技师学院等合作，招募社会志愿者及学生志愿者 60 余名，组成了扬州志愿者联盟曜阳爱老志愿服务大队和 5 支大学生志愿者服务队，为居家养老老人提供精神慰藉、生活照料、代买代办、专业服务等形式多样的精神关爱活动。目前上门服务次数已达 300 余次，举行大型志愿者活动 7 次，获得老人的普遍好评。此外，志愿者队伍入户前全部接受了培训，并制定了志愿者管理制度及激励机制。目前，扬州曜阳爱老志愿服务已逐步向周边社区辐射，全国各地志愿服务也在逐步开展。

4．曜阳保姆服务受到社会的关注和好评。扬州电视台就曜阳保姆服务对中央党校青连斌教授、华山医院董竞成教授和扬州琼花观社区李华主任进行了专访，肯定了曜阳保姆服务对扬州养老事业的推动作用。青连斌教授在《人民日报》发表了署名文章《居家养老是适合我国国情的养老方式》，以“曜阳保姆服务”为例，阐述了居家养老的必要性，深层次探讨了如何做好适合中国国情的居家养老服务。中心在试点社区进行了两次健康讲座和十大孝星评选，得到了老人们和社区居民的热烈好评。此外，中心还在试点社区广泛宣传，利用宣传栏，每个社区安装放置10块宣传牌，橱窗张贴宣传标语，发放居家养老宣传手册，宣传曜阳保姆服务理念，营造敬老爱老助老的良好社会氛围。

（三）探索和学习国内外先进养老服务经验

为在养老服务工作中，进一步发挥社会组织生力军的作用，中心针对中国的养老问题做了许多研究和努力，取得了一点成绩。巨大的养老压力和艰巨的养老任务要求我们要积极听取各方意见，深化对养老工作的认识，为实现全体人民老有所养的目标发挥好社会组织的作用。

1．中央党校对“曜阳养老”模式做了深入研究探讨。中央党校经过大量实地调研，将“曜阳养老服务体系”作为中国的“养老难题如何破解”研究和教学的重要案例，于2014年9月走入中央党校厅局级和省部级班课堂。中央党校青连斌教授在全国中文核心期刊《科学社会主义》杂志发表调研文章《让全体人民老有所养——对中国红十字会总会曜阳养老服务体系建设的调研》，文章结合中国的养老形势，对曜阳养老服务体系做了系统的介绍和阐述，探讨了“曜阳养老”模式的可行性。

2．学习、借鉴发达国家和地区成功养老经验。为提升曜阳养老服务专业化水平，培养和造就专业化、高端化、国际化的养老护理专业人员，促进中国养老服务业与发达国家接轨，中心先后赴法国、比利时、日本等国和中国台湾地区，学习、考察先进养老经验。扬州、富春江两所老年公寓已与台湾三芝双连安养院建立姊妹院，在人员培训、高层交流和养老业务工作中加强合作。中心筹集资金与比利时鲁汶大学联合开设中欧高级养老护理人员培训班，由中心选派专业护理院校的学员到比利时免费进行培训学习。此项合作被纳入习近平总书记访问欧洲时与比利时签订的一揽子协议之中。目前，第一期培训班的 12 位学员已圆满完成学习培训任务回国。

3. 建立曜阳养老服务信息平台体系，创新养老服务手段。在大数据时代，我国养老工作的复杂性使得推进养老服务信息化工作变得尤为迫切。信息化的使用创新了养老服务手段，扩大了养老服务范畴，提升了养老服务水平。一是筹备建立曜阳养老服务信息平台。我们投资 300 万元，在新建办公楼建立全国性曜阳养老服务信息平台。中心与中交集团合作，签订战略合作协议，定制开发养老信息平台软件系统，为中心构建信息网络奠定基础。二是建立曜阳托老所和失能老人信息数据库。依托曜阳养老服务信息平台对曜阳老年公寓、曜阳托老所、曜阳保姆服务和老人进行信息收集和集中管理。除此之外，我们建立失能老人健康档案，通过养老机构和社区对老人们实施动态的健康监测和管理。目前信息平台已采集录入扬州试点社区近 7000 名老人基本信息。三是通过信息平台体系开展曜阳保姆服务。曜阳保姆服务是由养老服务中心通过信息化的公共呼叫平台加社会化养老服务方式，对所辖社区的老人开展上门服务。在扬州试点，养老服务中心接听电话，收集整理老人的服务需求，并及时通过网络调动养老护理员或者医生、护士提供入户服务。服务试运行一个多月以来，累计生成 500 余个已完成工单，直接上门为老人服务 500 余人次，获得老人们的普遍好评。

（四）教育、基金、博爱文化和宣传工作稳步推进

2014 年，根据总会领导的要求，在着力打造曜阳养老服务体系的同时，

"拔萃教育"和"博爱中国"文化两个公益品牌的发展也取得了显著成绩，为加强中心的凝聚力，增强中心的美誉度与影响力，聚集了更多的社会能量。

1．"拔萃教育"建设有新提升。教育公平是社会公平正义的基础和底线，资助贫困家庭品学兼优的孩子，一直是我们的办学宗旨和追求目标。一是扩大办学规模。2014年，济南拔萃幼儿园正式开业，可容纳100多个小朋友。二是提升教育水平。扬州世明和北京拔萃两所双语学校，已发展成为集学前教育、小学、初中、高中和国际部于一体的现代化、国际化寄宿制学校，在今年的中考和高考中都取得了优异的成绩。三是加强公益办学和助学金力度。为帮助改善贫困地区、偏远山区的教学设施和办学条件而启动的"拔萃公益小学"项目，目前已在江苏省仪征市、安徽省泗县、湖南省衡南县、甘肃省甘南县和云南省红河县捐建了5所"拔萃公益小学"。此外，我们加大对特困"红萃生""红基生"资助力度，加大对西部贫困地区助学力度，在青海都兰县新设立"正坤助学、奖学、奖教金"，每年资助和奖励620名师生。

2．认真做好基金管理工作。一是建立健全基金管理规章制度。为进一步加强基金的管理，保证基金运营的顺畅有序，中心制定了《江上青教育基金管理办法》，并成立江上青教育基金管理委员会。二是举行"曜阳关爱行动"——乡村医生培训班，为推动贫困、边远、落后地区医疗和养老事业的发展，提高当地乡村医生医疗水平，动员乡村医生为当地的失能老人服务。2014年，在"UCB健康希望基金"的大力支持下，"曜阳关爱行动"——乡村医生培训班推出了"曜阳关爱行动"——贵州和海南乡村医生培训班，为来自贵州和海南13个民族的共220名乡村医生进行培训。

3．继续提升"博爱中国"文化品牌影响力。"博爱中国"是中心为传播公益理念，感召社会各界爱心企业和爱心人士，积极弘扬"人道、博爱、奉献"红十字精神，广泛募集善款而举办的公益养老文化宣传活动。2014年，中心分别在广西、黑龙江、江苏扬州等地，与地方政府或相关部门，联合举办"敬老、爱老、助老"活动，向当地的养老机构捐赠物资，进一步弘扬"博爱中国”公益文化理念。此外，我们还在重阳节、世界红十字日等重要节日举办大型文化宣传活动，并在养老院和社区组织义诊，旨在感召和动员更多的社会力量参与养老，营造敬老爱老助老的良好社会氛围。

4．持续加强中心宣传工作。依托中心“一网一刊”加强对中心重点工作、公益活动的宣传力度。中心新版网站已经上线，目前正在积极创建中心网站英文版。2014 年，中心积极筹拍《关爱失能老人行动》的宣传片，并计划 2015 年初在中央电视台播放，曜阳保姆服务纪录片也在积极筹拍中。为拓宽中心的宣传渠道，我们申请了中心官方微信公众号，并成立了东北、华北等全国 7 个大区的养老院长微信群，及时公布中心信息，加强相互交流学习，加大中心宣传推广的范围和力度，加强与各彩票公益金项目资助养老机构的有效沟通和密切联系，便于与养老机构的交流学习。

（五）中心自身建设有新举措，注入新动力

2014 年，我们根据形势的变化和事业发展的需要，狠抓团队建设和管理，进一步规范工作流程，兑现奖惩，充分调动员工工作积极性，提高工作效率和工作质量。

1．注重作风建设，继续巩固党的群众路线教育实践活动的成果。作风代表形象、作风决定成败。尤其在公益机构面临信任危机的今天，作风建设显得更加重要。一是严格纪律，防微杜渐。在日常工作中，我把改进工作作风作为一件大事来抓，取得一定的效果。无论是下基层调研，还是在日常工作中，中心干部职工一直要做到严格自律、勤俭节约、不讲排场、杜绝浪费。在今年实施的“彩票公益金项目”核查中，我们继续履行“三不”工作纪律，即不接受宴请、不接受礼品、不接受参观旅游安排。到基层调研，我们自己解决交通食宿问题，不给地方增添麻烦。二是建立作风建设长效机制。为促进改进作风常态化、制度化，我们结合中心工作实际，制定了《“四风”突出问题专项整治方案》等，对照形式主义、官僚主义、享乐主义和奢靡之风的

问题，采取了精减会议和各项检查，杜绝“门难进、脸难看、事难办”，整治公款送礼、公款吃喝、奢侈浪费，强化制度管理等四项措施。此外，中心对干部职工倡导敢担当、敢揽事等务实的工作作风。三是建立了廉政风险防范机制。中心各部门及实体单位签订廉政风险责任书，将廉政风险防范任务分解到部门和个人，积极营造风清气正、干净干事的良好工作氛围。

2．狠抓团队建设，提升干部职工专业素质。一是搞好党支部和工会组织建设。中心党支部、工会定期组织开展活动，发挥支部、工会的战斗堡垒和桥梁纽带作用，加强干部培训、沟通，增进员工感情，增强团队凝聚力。中心为干部职工增加了健康体检，工会对有困难的家庭及时送去慰问。中心党支部利用周末休息时间，组织中心党员干部学习党的十八届四中全会《决定》、党史、党章和宪法，加强党员干部的党性修养，加深对国家依法治国战略的理解。二是加强和重视干部队伍建设和专业素质提升。2014 年根据总会的要求，中心接收了 1 名军转干部，从国家质检总局调入 1 人，并从社会上招聘优秀人才 2 名，充实到中心相关部门。中心继续秉持“事业留人、感情留人、待遇留人”的原则，做好总会干部备案工作和团队员工的思想政治工作，为中心发展提供智力保障和人才支撑。同时，抓好顾问、专家和志愿者队伍建设，发挥好参谋咨询作用。

3．建立健全规章制度，科学考核干部员工。中心班子成员一起对中心的规章制度内容做进一步的修改、完善。一是继续完善目标责任制。班子成员向中心主任、各部门及各实体单位分别向分管领导、部门工作人员向各部门（室）负责人分别递交了目标责任书，逐级分解工作任务，真正做到任务到部门、责任到人头。二是规范人事管理制度。根据中心工作实际需要，对部分岗位进行公开选拔，引进优秀人才；加强干部培训、沟通；完成干部备案及编制使用工作；完善人事管理相关制度。三是严格实施绩效考核。中心通过考勤、考工作、考制度，综合考评各部门工作人员任务完成情况，根据考核结果，坚持奖惩兑现。此外，中心筹建办公楼，积极改善工作环境。中心积极争取相关部门支持，筹建了办公楼，计划在 2015 年 5 月正式投入使用。其间，总会党组书记徐科与民政部副部长窦玉沛等到新建办公楼指导考察。

一年来，在中心全体同志的共同努力下，虽然我们的各项工作都取得了重大进展，取得了较大成绩。但是，我们的工作仍然存在一些不足和需要改进的地方，团队建设从制度建设与完善向能力与素质建设转变的速度有待进一步提升。

二、关于加强团队建设和管理的有关要求

回顾过去的一年，各位同仁攻坚克难、拼搏进取，在打造曜阳养老、拔萃教育、博爱文化 3 个品牌等工作方面，都取得了新进展、新突破、新成效。特别是彩票公益金项目实施和曜阳保姆服务试点工作，我们的团队都表现出了团结的斗志和创新的勇气，使我们曜阳养老事业又登上了一个新的台阶。

但是，我们也要清醒地认识到当前新的形势，养老工作已经成为党和政府刻不容缓要解决好的重要民生课题。在刚刚结束的两会上，李克强总理在政府工作报告中 14 次提到“养老”这个关键词，说明了养老工作的紧迫和社会各界的关注，也为我们的事业发展带来新的机遇和挑战。今天的会议是内部的工作会议，我想借这个机会，结合我们去年的工作实际，就抓团队建设、改进工作作风、提高个人素质和能力讲一些问题，实际上也是对我们在座的中心和实体单位的同志们提出 2015 年的工作要求。

（一）认清形势，敢于担当

当前，我国养老形势非常严峻，年满 60 岁及以上人口已超过 2.4 亿人，其中高龄、空巢、失能、失独等特殊群体老人高达 1.56 亿。他们中多数是半自理和不能自理的老人，其中仅失能老人全国就有 4000 万人。这是事关我国社会和谐稳定的民生大事。2013 年国务院下发的 35 号文件明确规定，要鼓励

社会组织和民间力量参与养老工作，政府购买社会化养老服务工作等。这就为社会组织在新形势下的生存和发展指明了方向。我们正在组织实施的彩票公益金支持失能老人养老项目，就是政府购买社会养老服务的项目。该项目1.23亿元资金可以为1.5万多名失能老人的养老提供服务，就是说大约1万元帮助一个失能老人养老，4000万失能老人就需要4000亿元资金。对于失能老人，我们养老服务就还有大量的工作要做。如果再考虑高龄、空巢、失独等其他特殊群体老人，或者帮扶低收入家庭老人养老，我们的任务就更重了。同志们，这就是我们当前事业发展面临的新机遇，我们每一位同志，如果不认清这个新形势，不增强责任感和紧迫感，没有敢于攻坚克难、敢于担当的精神，没有"踏石留印、抓铁有痕"的实干精神，再大的机遇，都只是过眼云烟。

怎样才能做到"敢于担当"呢？担当是勇气，也是责任。在我看来，就是要求我们团队肩负起社会责任，不辜负党和政府的重托、人民的希望，团队里的每一个人都要做到"不推事躲事，不投机做事"，要齐心协力，团结共事。但在过去的工作中，有的同志不能勇挑重担，往往是"多一事不如少一事"，得过且过；有的同志报喜不报忧，习惯于找理由，为自己部门或个人推脱任务，甚至为一些小事引起不必要的矛盾；还有的人不能沉下心来干工作，总是想抓机会敷衍了事，在没有机会了事的时候，就找客观理由说事等等，这都是不敢担当的表现。团队的力量需要每个人都发挥作用。在今后的工作中，无论是中心同志还是实体单位的同志，无论是领导同志还是一般同志，都要有敢于担当和团结协作的精神。

（二）忠于职守，用心干事

忠于职守，用心干事，说到底，就是"忠诚"。这既是一个组织对每个成员的基本要求，也是每个人对自己人生的一个基本态度。一方面，对组织忠诚，干好本职工作，增强团队战斗力；另一方面，对自己忠诚，用心干事，提高自身本领和能力。忠于职守，用心干事还有一层意思，就是尽职尽责、尽心尽力，全身心投入工作，干好自己职责范围内的事。老实地说，在中心员工队伍中，绝大多数同志对本职工作是认真负责的。但是，懒惰、无所事事、消极怠工的现象在少数人身上也时有表现。对于领导交办的工作不能有始有终地完成，自己的言行常常表现为说话的巨人、行动的矮子。这些不良苗头，如果不引起大家的重视，最终也将会贻误工作，影响发展。我衷心希望，同志们在今后的工作中，无论什么时候，无论在什么岗位上，都要爱岗敬业，以忠于组织、忠于事业的态度，尽职尽责、尽心尽力地做好自己分内的每项工作，为国家、为集体作出应有的贡献。

（三）加强学习，提升素质

我们刚刚讲的用心干事，并不是空洞的口号，不是凭一腔热情，更不是靠一身力气，而是要有做事的本领，尤其是要有“会说话、会办文、会办会、会办事”的基本功，这就需要加强学习，提高素质。譬如，如果不了解国家的相关政策，不了解政府工作的基本程序，你和政府的同志就对不上话，争取政府工作的支持就是一句空话；如果要做项目，对项目的可行论证、立项等一无所知，从哪个部门开始，各种报批手续在哪里完成，一头雾水，谈做项目就是无稽之谈。如果要整合社会资源，对拥有不同资源的各方优势、劣势不清楚，人员对接不上，活动组织不了，整合的结果只能是到处碰壁等。特别是我们将来要到国家部委工作，如果现在不抓紧学习，增加知识积累，将来就有可能没有话语权，更谈不上做好工作。

我们现在从事的是养老、教育等公益事业，这些工作更需要上述几个基本功打好基础。特别是近年来，随着中心工作平台的提升、养老事业发展定位的转变、对外交流与合作的日益增多，以及中心自身建设等工作面临任务重、难度大的客观现实，对我们的工作能力和协调各种关系的能力都提出了新的、更高的要求。一是要努力加强学习。要联系实际学，根据工作要求，学政策法规，学专业理论知识。要虚心请教学，向有实践经验的同志学习，学会倾听别人的意见，完善自己的思路。要善于在干中学，我们的前辈传下来的“好记性不如烂笔头”“磨刀不误砍柴工”等都讲的是勤学苦练干中学的道理。二是要善于思考问题。思路决定出路。面对工作目标任务，要坚决防止“不服从”和“盲目服从”两种倾向，倡导多思考问题，创造性地开展工作。一定要在工作中，深入观察体验，不断发现问题，及时思考解决途径，不断完善执行环节，以小胜换大胜，以积效换高效。三是要不断总结经验。人的能力与人的经历和阅历直接相关联，但具有同样经历和阅历的人，其能力的差距，在很大程度上取决于个人是否善于不断总结经验。所以，不断总结积累工作经验，对于能力建设十分重要。在此，我们共勉，要不懈努力，把自己打造成为素质高、能力强的合格人才。

（四）遵守规矩，按章办事

俗话说，没有规矩不成方圆。一个组织的团队建设，遵守规矩，尤为重要。遵守规矩，就是要遵守纪律、按章办事。中心成立以来，制定和完善了很多规章制度，涉及学习、会议、人财物管理、纪律等，对实体单位也都有制度要求。我们大家都要共同遵守，今后要朝着按制度管人、管钱、管事方向努力。

为此，一是把好自己的嘴，不利于团结和工作的话坚决不能说；二是管好自己的手，要按章办事，按程序办事，坚决杜绝自己的言行有损团队秩序的运行；三是定好自己的位，对照自己的岗位职责，分工定位，准确把握好自己在团队中的作用，老老实实做人，踏踏实实做事。特别是中层骨干，要始终带好头，以对事业、对集体、对自己高度负责的态度，发挥好承上启下的作用，贯彻好上级领导的工作要求，带好自己的队伍。特别在遵守规章制度上，要保持一份清醒、一份冷静、一种定力，以身作则、做好表率，时时讲制度、事事合规矩。只有大家都懂规矩、守纪律，才能营造风清气正、干事创业的良好氛围，才能保障中心的事业顺利推进。

三、2015 年工作指导思想和重点工作

按照党中央和国务院最新精神，经过认真研究，我们确定 2015 年中心工作的指导思想是：以党的十八大和十八届一中、二中、三中和四中全会精神为指导，深入学习领会习近平总书记系列重要讲话精神，以继续组织实施“中央专项彩票公益金支持失能老人养老服务项目”和巩固及推广曜阳保姆服务试点两项工作为重点，推进中心养老工作，积极开展扶贫助学工作，深化基金和文化宣传工作，为实现“曜阳梦”而不懈努力。

中心工作的指导思想是总结中心历年来工作经验、深入分析我们处于重要战略机遇期、发展进入新阶段的新情况和深层次问题而提出的。这里我特别强调一点，曜阳养老是中心的重点工作和核心业务，经过多年的实践与探索，形成了“曜阳老年公寓”、“曜阳托老所”和“曜阳保姆服务”的曜阳养老服务体系。曜阳养老服务体系是适合我国国情的养老模式，也是实现中国梦的组成部分。未来几年，中心将全力推动曜阳养老服务体系的建设，把实现老有所养的“曜阳梦”作为中心战略性、全局性的目标。

下面，我来讲一下 2015 年的重点工作。

（一）高质量完成中央彩票公益金 2015 年项目的实施，并做好新一轮项目申请

2014 年，彩票公益金项目为我们的“失能老人关爱行动”提供了一个难得的契机。我们就是要通过项目的组织实施，大力推进面向失能老人的“关爱行动”，改善失能老人的生活境遇和品质，惠及更多的失能老人。我们计划在 2015 年，在有关省（自治区、直辖市）老少边穷地区资助 200 家养老机构。在此，我再强调几点。一是做好实施计划。在 2014 年项目实施过程中，由于我们的实施经验较少，少数省市不配合，导致项目执行速度受到一定影响。今年，我们将本着团结协作、互帮互助的原则，统一思想、达成共识，先期

做好实施计划，规避去年项目执行中出现的问题，争取一步到位地实施好项目。二是明确职责分工。在 2014 年彩票公益金项目执行过程中，我们成立了项目领导小组、项目办公室，专家评审委员会和各省市联络小组，各位同事各司其职，按时完成了既定目标。2015 年项目执行中，我希望大家按照项目分工，明确职能职责，完成好分配的任务。三是做好监督指导工作。督促 2014 年度计划中已接受资助的受助机构和 2015 年度即将接受资助的受助机构，严格按照《项目资助协议书》规定，管好用好受助物资，并在所有受助养老机构中推行资助物资追踪管理系统。四是做好新一轮项目申报工作。中心执行的彩票公益金项目面向失能老人，为他们雪中送炭，发挥了彩票公益金最大社会效益。2015 年，我们要继续做好项目的执行工作，并做好这两年彩票公益金项目执行的相关材料收集和整理，努力争取总会和财政部对项目的认可，为中心今年申请新一轮彩票公益金项目做好准备。

（二）进一步完善"曜阳"养老服务体系建设

为贯彻国家建立"以居家为基础、社区为依托、机构为支撑的养老服务体系"的要求，我们将继续完善包括老年公寓、托老所和保姆服务三个模式的曜阳养老服务体系，重点开展了曜阳保姆服务试点工作，把工作做稳做实，为老人提供高品质的养老服务。

2015 年，我们将启动福州、三亚、南宁曜阳老年公寓项目建设，完成五指山老年公寓项目建设；加大曜阳托老所建设力度，在原有的 64 家的基础上增加到 150 家；扩大曜阳保姆服务试点范围。中心将与中信集团合作，在北京市、深圳市开展曜阳保姆服务试点工作，为在全国范围内推进曜阳保姆服务工作积累经验。

大力开展"曜阳保姆服务"是中心未来几年的重点工作。为此，中心专门抽调干部职工，配备专项资金，培训护理员团队，推动"曜阳保姆服务"建设。在此，我再强调几点。一是统一服务目标。在曜阳保姆服务的开展过程中，由于少数社区对曜阳保姆服务认识不足，导致试点工作的进度受到一定影响，今年，我们将本着自愿互利、共建共赢的原则，统一思想、达成共识。为老年人提供高科技、高质量、高效率、低成本的“居家养老”与“医疗护理”服务。二是规范服务内容和标准。继续强化曜阳保姆服务的标准化建设，加强服务的监督管理，确保老人得到安全有效的专业养老服务和医疗服务。三是抓好服务团队建设。抓好曜阳保姆服务中管理、护理、医疗和志愿者四个专业服务团队的建设，坚持持证上岗，委托专业机构对每一个服务人员进行培训，制定严格的监督制度及激励机制。此外，还要对我们的服务团队和社区工作人员进行定期的宣传，让每一位服务人员都深刻领会到实施曜阳保姆服务的必要性。

（三）夯实实体单位规范化管理，全面提高经营效益

一是理顺老年公寓组织架构，强化规范管理。坚持公益性与效益性并重的原则，进一步加强对北京曜阳、扬州曜阳、富春江曜阳和济南曜阳 4 所老年公寓的工作指导、管理。针对个别老年公寓职工人数偏多、组织结构较散、部门之间人员重复配置、组织和人员结构失衡等问题加大重组力度。要建立稳定且精干的院领导班子，实行扁平化的管理模式，厘清人员职责定位。二是加强资产监管，完善财务过程监督。中心决定成立“实体单位资产财务管理与审计办公室”（以下简称“资财办”），作为中心办公室的内设机构，直接受中心主任领导，办公地点设在扬州。“资财办”的主要职能是对各实体单位开展资产财务管理和重大合同管理等工作，管理方式有：对实体单位实施分账统管；对各实体单位理事会通过的预算，实施财务过程监管；对重大合同实行审核批准制。今年，先行在扬州曜阳国际老年公寓、扬州曜阳养老服务中心和富春江曜阳国际老年公寓试行。三是完善老年公寓服务项目，提升服务质量。针对曜阳老年公寓入住老人文化素质比较高、经济条件比较好、消费需求愿望较为强烈等情况，各老年公寓要丰富文化体育活动，提高老人素

质；美化院区环境，提升入住舒适感；及时解决存在问题，提高老人对服务满意度。四是加强对扬州世明和北京拔萃学校的指导。坚持按照世明、拔萃两所学校社会效益工作目标责任书的要求对两所学校实施目标管理；确保校园安全“零事故”；继续协助推进世明学校国际部的建设工作；配合开展晋江拔萃学校建设工作。

（四）做好基金管理和筹资工作

对仁爱、教育、文化三项专项基金进行清理和整合，深入研究专项基金发展战略。紧贴中心业务和目标，设立子基金，加强工作的专业指导，提高各专项基金工作人员的素质，确保规范运作，公开透明。加强与相关部门的沟通联系，按照专项基金管理章程，严格基金使用管理，充分发挥基金的服务保障功能。确保江上青教育基金的保值增值。重点抓好 UCB、安多福等基金项目，在原有项目合作基础上，积极开拓新的合作领域和合作项目，此外，中心要拓宽筹资渠道，加大融资力度，筹资任务具体到人，每人每年筹集工作经费 5 万元。

（五）深化拓展宣传交流工作

2015 年，中心将与中交集团合作，建立中心信息网络服务平台，实现中心门户网站改版升级并正式运行。在宣传方面要紧紧围绕养老、教育等中心核心业务，明确宣传主线。继续加强与人民日报、中央电视台等主流媒体交流合作，确保主流媒体对中心重大活动报道不少于两次。重点收集“中央专项彩票公益金支持失能老人养老项目”中的典型人物事迹，做好项目宣传工作。开展“曜阳关爱行动”宣传片的推广。扩大《事业发展通讯》发放范围，将发放范围由总会相关部门、省级红会、实体单位扩大到各“曜阳托老所”、彩票公益金资助养老机构，实现发放全覆盖。加快微信公众号的建设和全国七大区养老机构院长微信群的管理。开展好公益文化活动，继续实施“曜阳关爱行动”——乡村医生培训班项目，举办云南、广西乡村医生培训班。

（六）继续抓好团队自身建设

2015 年，我们将根据形势的变化和事业发展的需要，狠抓团队建设和管理，进一步规范工作流程，兑现奖惩，充分调动员工工作积极性，提高工作效率和工作质量。

一是加强党支部、工会工作。党支部和工会要定期组织开展活动，特别是要重视党员的发展工作，发挥好党支部、工会的战斗堡垒和桥梁纽带作用。二是全面实施事业发展中心主任领导下的部长负责制，实行经费部门核算管理制度。严格落实全员绩效考核办法，拿出每人收入的 10% 与绩效考核挂钩，按照“周考核、月统计、季兑现”办法实施，同时将绩效考评结果作为奖励惩戒、提拔任用的重要依据，探索实行“能者上、庸者下”的激励机制，解决好“干与不干、干多干少、干好干坏都一个样”的问题，营造“事业留人、感情留人、待遇留人”的良好氛围。三是继续加强中心智库建设。打造一支素质优良、结构合理、作用突出的专家、顾问团队，充分发挥顾问、专家在重大项目、重大问题的参谋咨询作用。四是做好人才引进工作。探索引进和培养创新型人才的方式方法，促进团队建设从制度建设与完善向能力与素质建设转变，为中心发展提供智力保障和人才支撑。

高举旗帜、勇于创新，努力开创中心各项工作新局面①

今天，我们在这里召开中国红十字会总会事业发展中心2016年度工作会议，总结去年工作、部署今年工作。下面，我代表中心作工作报告，讲三个方面。

一、2015年中心各项工作取得重大进展

2015年，在总会党组的正确领导下，在有关部门和社会各界的关心支持下，中心各部门、各实体单位以及相关合作单位，团结一心、开拓创新、奋力拼搏，以组织实施“中央专项彩票公益金支持失能老人养老服务项目”和打造“曜阳养老”品牌两项工作为重点，统筹推进养老、教育、文化、基金等各项工作，出色地完成了年度既定目标和任务，取得了骄人的成绩。截至12月底，中心募集捐款捐物累计2167.07万元，公益支出累计1390.74万元。

① 2016年2月26日，在中国红十字会总会事业发展中心2016年度工作会议上的报告（有删节）。

（一）精心组织实施中央专项彩票公益金养老服务项目

在红十字总会和各地方红会的大力支持和配合下，通过中心全体干部职工的不懈努力，第一期中央专项彩票公益金支持失能老人养老服务项目已于2014、2015年全部实施完毕。项目在全国范围内资助近600家养老机构，直接惠及失能老人达到4万人。

1. 做好项目实施的准备工作。中心成立了彩票公益金项目领导小组，领导小组下设项目办公室，办公室下设多个办事机构并确定联系各省（自治区、直辖市）的联络员，筹备成立项目专家评审委员会。领导小组和办公室召开专题会议超过30次，研究制定了《项目实施方案》《资助协议》等重要文件。此外，领导小组和办公室多次对联络员进行项目培训，为项目各项工作的顺利开展奠定了良好基础。

2. 严格选拔和核查受助养老机构。养老项目申报采取网上申报和线下申请并行，中心对省级红十字会上报的材料进一步进行审核，将符合条件的养老机构名单及有关材料提交项目评审委员会评审，最后确定受助养老机构。为保证项目实施的“公平、公正、公开”，各组联络员奔赴各省实地核查，与各省级红十字会共同从拟推荐名单中，选取20%的养老机构作为抽样核查对象，共对30个省市的130多家养老机构进行了调研和实地核查，并出席各省市的物资资助仪式，出差超过150人次。

3. 完善程序和资料的收集。为加强对资助物资的使用和管理，中心分别与每个受助养老机构签署了《项目资助协议书》。为不断改进和完善项目的实施，中心对各省市养老机构开展了满意度调查，共发放满意度调查表152份，受资助机构对此次项目的满意率高达99%。同时，中心在核查过程中收集了各省市彩票公益金项目的宣传材料，着重收集典型人物事迹，制作完成了彩票公益金项目的宣传片和宣传册，发放给各省市红会和项目资助的养老机构，扩大彩票公益金项目的影响力，增加了社会效益。

2015年，共有9个省（市、区）208家养老机构接受了资助。通过项目实施，受助的养老机构提升了接纳和服务失能老人的能力，提高了养老服务人员专业化水平，尤其使贫困地区或养老问题较突出地区低收入失能老人养老问题得到缓解，改善了失能老人生活境遇和生活品质。

此次项目实施，中心同志人人参与，全力以赴，都作出了各自的重要贡献。项目办公室负责具体的物资采购和项目实施，发挥了牵头和协调作用；各联络组的组长和联络员负责具体的联络、核查和材料收集，也起到了至关重要的作用。为使这项工作得到延续，我们在去年又申报了中央彩票公益金"十三五"项目，并将中西部贫困地区作为重点资助区域，争取为贯彻国家"精准扶贫"战略部署作出应有的贡献。目前，我们的申报得到了总会和财政部的认可，项目正在批复过程中。

（二）继续完善曜阳养老服务体系建设

遵照国家建设"以居家为基础、社区为依托、机构为补充的覆盖城乡的多样化、多层次养老服务体系"的目标要求，2015年，我们继续发挥红十字会社会组织的优势和作用，整合社会资源，调动社会力量，实现共建共赢，完善曜阳养老服务体系建设，全方位满足不同层次老年群体的养老服务需求。

1. 继续加强老年公寓的管理与建设。曜阳国际老年公寓的建设和管理是曜阳养老服务体系的重要组成部分，是开展曜阳保姆服务的基本前提和重要支撑。2015年，在中心的指导下，各养老机构在加强自身管理及新项目拓展等方面都做出了很大努力。

扬州曜阳老年公寓精简机构、整编重组，将原先的9个部门精简为5个部门，对精简后的中层管理岗位采用竞聘上岗的方式，重新整合管理团队。公寓同时重视交流学习，与中国台湾养老专家、比利时黄白十字会、武汉银龄老年公寓等单位开展了学习交流与互动活动。

富春江曜阳老年公寓建立健全管理制度，完善了各部门岗位责任，对员工实行考勤管理和绩效考核，奖勤罚懒，在调动和增强员工的工作积极性与责任心的同时，提高了各部门的办事效率。公寓二期工程如期动工建设，于2015年底顺利封顶，预售情况良好，到目前为止已预售72套，占销售总额的34%。

济南曜阳老年公寓拓展业务领域，积极争取政府和部门的支持，于2015年9月成为山东省民政厅组织的省级财政支持社会组织发展和购买社会组织公益慈善服务示范项目的“A3包——社区居家养老服务示范项目”的成交供应商。

此外，五指山、三亚、福州、南宁、北京顺义等地的老年公寓项目，也在按计划积极筹备和建设过程中。

2．切实抓好社会化的居家养老服务。社会化居家养老超越机构照料、家庭养老的最大优势在于，既可以让老人居家享受晚辈赡养、老人自养和老伴互养，也能够享受机构进入家庭使老人得到专业化的养老服务。2015年，扬州曜阳养老服务中心全面引进了苏州姑苏区居家乐养老服务中心的“虚拟养老院”养老服务信息平台和全套管理模式，建立了曜阳养老服务信息平台和呼叫中心；对广陵区居家养老服务站点建设进行了完善，新设立了汶河街道荷花池社区站和曲江街道文昌花园社区站，基本对广陵区主城区形成了全覆盖；参与了政府养老服务市场化竞标，高分取得市养老服务信息平台的运营管理权，并成功签署加盟合作机构20家，已初步形成扬州曜阳居家养老服务社会化供应网络。

3．筹备建立全国“曜阳养老”品牌建设联盟。为充分发挥红十字组织的优势，广泛整合社会资源，依靠和发挥各相关养老服务组织的力量，中心全面实施建设曜阳养老服务品牌战略，筹备和启动建立全国“曜阳养老”品牌建设联盟。目前，已有200多家养老机构与中心签订了《曜阳养老服务品牌建设战略合作协议》，对于推动养老机构从“联盟”向“连锁”发展，逐步实现将“曜阳养老”打造成中国养老服务业知名品牌的目标，有了一个良好的开局。

4．探索启动了“互联网+”的智能化养老助老工作。2015年，中心把“互联网+”的模式引入养老服务业，建立智能化养老服务平台。中心联合爱心企业北京容德科技有限公司依托“百分孝心网”众筹平台，共同发起了“智能化养老服务阳光行动”，向全国养老机构免费开放智能化养老服务平台。此外，中心与中国老龄事业发展基金会联合发起了“失能老人关爱行动”互联网公益众筹项目。通过互联网手段向全社会众筹资金和产品，帮助符合条件的养老机构进行设施改造和居住环境改善，对贫困家庭的失能老人予以资助，解决老人特别是失能老人的基本生活问题。该项目得到了众筹网、京东众筹、腾讯众筹、淘宝众筹等互联网的合作支持，目前，首个众筹资金项目已获成功，产品众筹项目正在紧锣密鼓地筹备之中。

5．曜阳养老培训工作进一步加强。2015年，中心先后组织完成四期曜阳养老护理员（院长）培训班。授课内容的编排越来越科学，授课老师整体水平越来越高，培训管理越来越规范。授课教师除中心聘请的专家外，全部为2014年UCB健康希望基金资助、由中心和承德护理职业学院选拔派遣到比利时鲁汶大学进修培训过的业务骨干担任教师。此外，还特别邀请了中国台湾、澳大利亚养老机构负责人到培训班进行专题讲座。这四期培训的共同特点是学员缺课少、学习氛围浓、学员收获多，得到了各级领导和参训学员的一致认可。

6．“曜阳养老”受到社会的广泛关注和好评。近年来，曜阳养老服务的真抓实干，引起了社会各界的广泛关注，多家媒体给予报道。2015年3月，中央电视台对扬州曜阳保姆居家服务进行采访，制作一期45分钟的节目《夕阳花》，并邀请中心领导和相关专家做客央视直播间，介绍中心居家养老工作，并深度解析国内居家养老服务面临的种种问题和解决办法。4月，人民日报《民生周刊》对扬州曜阳国际老年公寓和居家养老服务中心进行了深度采访报道，给予高度评价。此外，央视《夕阳红》栏目多次联合中心共同制作“爱耳日”“爱眼日”等专题节目。

（三）“拔萃教育”事业稳步发展

“拔萃教育”事业一直是中心工作的重点之一。2015 年的教育工作连续呈现良好的发展态势。

1．教学成绩显著。在中心的指导和全体教职人员的共同努力下，中心所属学校长期注重办学理念的不断创新，保证了学校办学动力，提高了教研教学能力，教学质量管理、行政管理、服务管理水平均有了进步，收获了多项佳绩。

扬州世明双语学校 2015 年中考超额完成了扬州教育局分配的定向指标，最高分 743 分位居扬州市前列，有 7 人被扬州中学录取，创历史新高；初中毕业生 54% 被扬州中学等四星级高中录取，合格率达 100%。小学部四、五年级分别参加“江苏省质量调研”和“义务阶段小学生学业质量监测”的考核，均以优异的成绩居全区前列；六年级毕业考试，语、数、外均为全区前三名。

北京拔萃双语学校在北京民办教育协会和有关单位组织召开的“2015 年北京市优秀民办中小学评选表彰大会”上被授予“2015 年北京市民办中小学优秀学校奖”。国际部的学生不仅被清华、北大等国内名校录取，还有部分同学被多伦多大学、滑铁卢大学等世界名校录取。

2．公益特色突出。教育公平是社会公平正义的基础和底线，资助贫困家庭品学兼优的孩子，一直是我们的办学宗旨和追求的目标。为帮助改善贫困地区、偏远山区的教学设施和办学条件而启动的“拔萃公益小学”项目，目前已在江苏仪征市、安徽泗县、湖南衡南县、甘肃甘南县和云南红河县捐建了 5 所“拔萃公益小学”。此外，我们继续实施“红萃生”资助和对西部贫困地区助学，其中第三年度的“正坤助学金、奖学金及奖教金”资助项目，让青海省都兰县共有 62 名师生获得了 18 万元资助或奖励。上述公益项目的实施和推进，使拔萃教育的公益特色更加突出。

（四）探索和学习国内外先进养老服务经验

为了充分发挥社会组织在养老服务领域中生力军的作用，在社会面临巨大养老压力和艰巨养老任务的形势下，我们不断深化对养老工作的认识，探索和学习国内外先进养老服务经验，为改进曜阳养老服务工作进行大胆尝试。

1. 成功举办中国养老服务业发展高层论坛。10 月 21 日，中心联合中国社会保障学会在人民大会堂成功举办了中国养老服务业发展高层论坛。全国人大常委会副委员长、中国红十字会会长陈竺向论坛发来贺信，第十届全国政协副主席张怀西出席论坛并题词“关爱老人、温暖社会”。中央有关部门领导、国内知名专家，以及来自全国社会保障学界的专家学者与全国养老机构负责人代表 600 余人出席了论坛。论坛围绕“养老服务展望”“居家养老服务”“医养结合”“养老机构”“养老产业”“智能化养老”等主题展开了深入研讨。中央电视台一套新闻直播间对该论坛进行了实时报道，并在各大新闻网站和学术期刊中刊载，在政府、学术界和全国各地的养老机构中都产生重大影响。

2. 学习、借鉴发达国家和地区的成功养老经验。为提升曜阳养老服务专业化水平，培养和造就专业化、高端化、国际化的养老护理专业人员，中心采取走出去和请进来的方式，先后组团赴法国、比利时、日本等国和中国台湾地区进行专题学习、考察。2015 年，我们与台湾的邓世雄先生及其团队围绕“公寓管理团队建设、曜阳养老标准系统建立和公寓阶段性营运成果体现”三个目标实现全面合作。我们与比利时黄白十字会，就居家养老服务签订了合作协议，拟引进欧洲成功经验，在北京市朝阳区和海淀区开展试点。今后，我们将继续开展各种形式的国际交流和合作，以不断提升养老服务的品质和水平。

（五）基金、博爱文化和宣传工作稳步推进

公益基金、“博爱中国”文化和宣传工作是中心工作的重要组成部分，各部门和学校从未放松，去年，在确保上述各项工作稳步推进的基础上，此项

工作也都取得了显著成绩。

1．基金项目的执行精准到位。十佳劳伦斯冠军委员会专项基金在郑州、福州、桂林等地的活动和江上青教育基金资助西北农林科技大学学生王晓丽等工作，都是抓住了关键环节，保证了工作到位、无一差错。乡村医生培训是比利时“UCB 健康希望基金”的支持项目，动员乡村医生为当地的失能老人服务是曜阳养老关爱行动的重要组成部分。在连续几年成功举办的基础上，2015 年又举办了云南、广西两期乡村医生培训班，为来自云南和广西多个民族的共 200 名乡村医生进行了培训。

2．“博爱中国”文化品牌影响力继续提升。“博爱中国”文化是中心为传播公益理念，感召社会，弘扬红十字精神，广泛募集善款而举办的公益文化宣传活动。2015 年，中心又紧扣养老主题分别在杭州、扬州和北京等地，与地方政府或相关部门联合举办博爱“敬老、爱老、助老”活动。

为培养少年儿童艺术人才，中心博爱办和北京拔萃双语学校合作开办博爱艺术培训班。2015 年秋学季，博爱艺术培训班从北京拔萃双语学校的小学部和中学部共招收 144 名学生，开办了主持人和合唱两个艺术特长培训班，受到了师生和学生家长的一致好评。此外，我们还在重阳节、世界红十字日等重要节日举办大型文化宣传活动，经常参与在养老院和社区组织的主题义诊活动，感召和动员更多的社会力量参与养老，营造了敬老爱老助老的良好社会氛围。

3．中心宣传工作不断创出新特色。在充分依托中心“一网一刊”加强对中心重点工作、公益活动的宣传报道基础上，中心新版网站已经上线，目前英文版网站正在积极创建中。2015 年，中心组织拍摄和编印中央专项彩票公益金支持失能老人养老服务项目的宣传片和宣传特刊，真实记录了项目实施的全过程；编辑出版了《事业发展通讯》12 期，印刷发行数量达到了 12000 册。此外，还借助新媒体建立了西南、华南地区等 7 个红十字养老联络群，邀请贵州、云南等省级红十字会工作人员、彩票公益金受助养老机构负责人加入微信群，为及时协调解决养老机构提出的问题提供了方便，也增强了我们为基层服务的意识。

（六）中心自身建设的新举措，为机构注入了新动力

2015 年，我们根据形势的变化和事业发展的需要，狠抓团队建设和管理，进一步规范工作流程，兑现奖惩，充分调动员工工作积极性，提高了工作效率和工作质量。

1. 注重作风建设，继续巩固党的群众路线教育实践活动的成果。在 2015 年实施的“彩票公益金项目”核查中，我们继续履行“三不”工作纪律，即不接受宴请、不接受礼品、不接受参观旅游安排。到基层调研，我们自己解决交通食宿问题，不给地方增添麻烦。为促进改进作风常态化、制度化，结合中心工作实际，履行“一岗双责”，全面落实主体责任，中心对干部职工倡导敢担当、敢揽事等务实的工作作风。同时，建立了廉政风险防范机制。中心领导与各部门及实体单位签订廉政风险责任书，将廉政风险防范任务分解到部门和个人，积极营造风清气正、干净干事的良好工作氛围。

2. 注重团队建设，不断提升干部职工的职业素质。一是发挥好党支部的作用。2015 年，党支部重点抓好“三严三实”教育活动，对存在的突出问题进行重点整治，使中心广大党员干部的党性、品格、境界和素质得到进一步提升。7 月，中心组织了党风廉政建设主题教育活动，全体党员到延安梁家河参观学习，学习老一辈革命家艰苦卓绝、不懈奋斗的光荣传统。根据总会的要求，中心组织学习传达党的十八届五中全会精神，并邀请中央党校教授为学习“十三五”规划建议和《中国共产党廉洁自律准则》《中国共产党纪律处分条例》作辅导讲座。多种形式的学习使中心同志对党的十八届五中全会精神和内容有了深刻理解，增强了贯彻执行的自觉性。二是发挥工会组织作用。工会组织是党联系群众的桥梁和纽带，一定要发挥工会组织作用，让干部职工体会到来自单位的关爱。为保证健康饮食，由工会牵头，成立了临时

食堂，为干部职工提供早餐和午餐，让大家吃到了干净卫生、价格便宜的饭菜。同时中心工会积极响应总会的号召，鼓励中心职工参加总会组织的徒步健走活动，并在办公楼设立了专门的体育活动室，缓解大家工作压力，放松身心。三是加强干部队伍建设和专业素质提升。根据工作需要，2015 年中心招录 1 名社会学专业的硕士研究生，从中国人保、北京丰台医院等单位调入 2 人，充实到中心相关部门。为提升干部的综合素质和工作能力，安排两名干部分别到扬州国际老年公寓和富春江国际老年公寓任职副院长，进行 6 个月的挂职锻炼。另外，做好干部总会备案工作和团队员工的思想政治工作，为中心发展提供智力保障和人才支撑。同时，抓好顾问、专家和志愿者队伍建设，发挥好参谋咨询作用。

3．注重规章制度的完善和执行，科学考核和评估团队成员工作。中心班子对中心的规章制度内容，每年集中组织一次修改完善，在此基础上，抓好规章制度的执行工作。一是坚持目标责任制管理。班子成员向中心主任、各部门及各实体单位向相关分管领导、部门工作人员向各部（室）负责人分别递交了目标责任书，逐级分解工作任务，真正做到任务到部门、责任到人头。二是规范人事管理制度。根据中心工作实际需要，对部分岗位进行公开选拔，引进优秀人才。加强干部培训、沟通。及时完成干部备案及编制使用工作。完善人事管理相关制度。三是严格实施绩效考核。中心通过考勤，考工作、考制度，综合考评各部门工作完成情况，根据考核结果，坚持奖惩兑现。

此外，2015 年 5 月，中心新办公楼正式投入使用，为保证办公楼的安全、整洁，中心聘请安排了保安、保洁和绿植管理人员，整体工作环境有了很大改善。入驻后，中心与 5 所实体单位实现了实时视频联络，大大提高了工作效率。

一年来，虽然我们的各项工作都取得了重大进展，但是仍然存在不足与差距，亟须进一步改进与完善。比如，老年公寓管理人才的缺乏以及规范化建设亟待改进，特别是与台湾团队的合作效果有待提升；工作缺乏统筹谋划，出现跛脚和不均衡发展的现象；绩效考核工作与激励机制有待完善；团队建设需要加强，特别是年轻干部的培养锻炼、人才的引进与流动，需要我们认真研究并制定相关制度等。

二、工作中的思考和体会

回顾和总结过去一年的工作，我们积累了一些有益的经验，对所从事的公益工作加深了认识，形成了一些思考和体会，更加增强了做好工作的使命感和责任感。具体来讲有以下几点：

一是牢记公益宗旨，始终高举公益大旗。多年来，我们的各项工作，特别是养老、教育和文化宣传工作，之所以得到社会各界的高度认可，最重要就是因为我们始终牢记公益宗旨，秉持“心系民生、回报社会”的公益理念，为“一老一小”做了大量的实事和好事，最终形成了曜阳养老、拔萃教育和博爱文化公益品牌。

红十字是一种精神，更是一面旗帜。习近平总书记指出，“中国红十字会是党和政府在人道领域联系群众的桥梁和纽带”。2015 年 6 月，全国人大常委会副委员长、中国红十字会会长陈竺到中心调研，对中心的工作给予高度肯定，希望事业发展中心在红十字旗帜下继续秉承“人道、博爱、奉献”的红十字精神，将养老、教育和文化基金等各项工作继续做大做好。特别是养老工作要坚持医养结合，发挥优势、体现特色，为更多的老人送去温暖，为我国的老龄事业作出新的贡献。

今后，我们将继续高举公益大旗，大胆探索兴办公益实体的路径，创新管理模式；加强与中国社会保障学会合作，运用大数据等现代信息技术，努力把“曜阳养老”打造成知名红十字公益品牌，形成具有医养结合与人文关怀特色、具有统一标准的曜阳养老联盟和连锁养老机构，让更多的老人安享幸福晚年，为全面建成小康社会，实现中国梦作出积极贡献。

二是创新工作思路，不断提升各项工作水平。发展的出路在于创新，创新的目的是发展。党的十八届五中全会强调，实现“十三五”时期发展目标，破解发展难题，厚植发展优势，必须牢固树立并切实贯彻创新、协调、绿色、开放、共享的发展理念。其中，把创新的发展理念放在第一位。2015 年 5 月，习近平总书记在接见中国红十字会第十次全国会员代表大会代表时指出，“希望中国红十字会适应新形势新任务，紧紧围绕党和国家中心任务，增强责任意识，推进改革创新，加强自身建设，开展人道救助，努力为国奉献、为民造福”。同年 7 月，习近平总书记在中央党的群团工作会议上强调，群团组织要增强自我革新的勇气，开展工作和活动要以群众为中心。

2015 年，我们坚持以老年人的需求为出发点，坚持立足社区，从重机构养老转为以居家养老为重，建立全国“曜阳养老”联盟；根据国务院《关于积极推进“互联网 +”行动的指导意见》与北京容德科技有限公司合作，把“互联网 +”的模式引入曜阳养老，建立了“百分孝心网”智能化养老服务平台；同时，与京东众筹平台合作，实施互联网公益众筹项目，都是创新养老工作理念和思路的大胆探索实践，取得了初步成效。今后，我们将依托互联网 +、大数据等信息化手段，继续创新养老工作方式方法。

2015 年，世明、拔萃两所双语学校以提高教育教学质量为宗旨，充分发挥“红十字”公益特色，创新办学理念；继续强化内部管理体系，完善学校的各种考核方案；深化课程与教学方法改革，推进课堂转型；坚持因材施教，注重启发式、探究式、讨论式、参与式教学等，都推动各项工作健康、有序发展。教育工作方面的创新任重而道远，我们仍要持之以恒，狠下功夫。

三是坚持走符合国情、符合实际的社会化养老之路。党的十八届五中全会中指出，我国人口老龄化态势明显，老年人口比重高于世界平均水平，对我国人口均衡发展和人口安全提出了新的挑战。全会通过的《关于国民经济和社会发展第十三个五年规划的建议》明确提出：“积极开展应对人口老龄化的行动，全面放开养老服务市场，通过购买服务、股权合作等方式支持各类市场主体增加养老服务和产品供给。”由于我国养老服务面临的特殊情况，仅靠政府之力难以满足日益增长的社会养老服务需求，必须坚持走符合中国国情和实际的社会化养老之路。

曜阳养老是我们的核心业务和重点工作。多年来，我们不断适应国家关于养老服务的新形势、新任务和新要求，顺应民生的期盼和需求，不断调整养老工作思路，积极探索公益性服务与市场化运作相结合的新型社会养老服务模式，从建设“曜阳老年公寓”“曜阳托老所”，到试点实施“曜阳保姆服务”，初步构建了“三位一体”的养老服务体系，满足了不同层次、不同类型老人的养老需求。

今后，我们将按照党的十八届五中全会和习近平总书记关于应对老龄化的部署和要求，结合党中央关于精准扶贫、打赢脱贫攻坚战的有关工作要求，继续探索和完善符合国情、面向社会、满足不同群体老人养老需求的曜阳养老服务体系，同时精心实施“十三五”中央专项彩票公益金支持失能老人养老服务项目，重点支持中西部贫困地区的养老机构和生活困难的失能老人，在社会组织参与养老服务的实践中发挥更大的作用。

四是统筹协调、突出重点，推动中心各项工作稳步发展。实践告诉我们，统筹协调是推动工作持续健康发展的前提和关键。全面建成小康社会，关键在“全面”。党的十八届五中全会提出的“五大发展理念”中，“协调发展”强调的也是“全面”二字，注重的是解决发展中不平衡、不协调的问题。“十二五”是全面建成小康社会的关键和开局时期，落实和实现好“十二五”发展目标，必须坚持统筹兼顾、协调发展。

“不谋全局者，不足以谋一域。”在事业发展中心成立之初，我们就按照中央编办的批复精神和总会党组的要求，确立了养老、教育、文化和基金等“三位一体”的工作格局，统筹协调推动各项工作均衡发展。实践证明：只有胸怀全局、统筹兼顾，发挥优势、补齐“短板”，才能把工作做实做细，从而推动各项工作健康可持续发展。今后我们要坚持统筹兼顾、突出重点，高质量做好“一老一小”工作。同时，要同步推进基金、文化工作，努力加强自身建设，不断开创各项工作的新局面。

三、2016年工作指导思想和重点工作

按照党中央、国务院最新精神和总会2016年工作总体要求，经过认真研究，我们确定2016年中心工作的指导思想是：以党的十八大和十八届五中全会精神为指导，深入学习领会习近平总书记有关重要指示，不断开拓创新，积极进取，以建设“曜阳养老”品牌联盟及继续申报和执行彩票公益金项目两项工作为重点，稳步推进养老服务精细提质工作，积极开展精准扶贫助困工作，不断改进教育、基金和文化宣传工作，为实现“曜阳梦”而不懈努力。

2016年是全国“十三五”规划的开局之年。中心工作的整体思路是：认真总结中心多年来工作经验，深入分析发展的新阶段，面临的新情况、新问题和新机遇，紧紧围绕“十三五”发展的总体目标，精心谋划全年工作的新举措和新途径，真抓实干，全面完成“十三五”开局之年的各项工作任务。这里，我特别强调一点，为适应国家应对人口老龄化的严峻形势，贯彻党中央、国务院关于大力发展养老服务业的要求，体现红十字会公益机构的宗旨和作用，曜阳养老在任何时候都是中心的重点工作和核心业务。“三位一体”的曜阳养老服务体系是我们大家共同努力，经过多年的实践与探索的成果。未来几年，中心将全面扩大成果，全力推动“曜阳养老”品牌的建设，把实现老有所养的“曜阳梦”作为中心战略性、全局性的工作目标。下面，我讲一下2016年的重点工作。

（一）加大工作力度，继续实施曜阳关爱行动

“曜阳关爱失能老人行动”（以下简称“关爱行动”）是中心的重要公益

项目，为改善失能老人基本的生活状况发挥了积极的推动作用，获得了各级政府和社会各界的好评。2016 年，中心将继续加大力度实施关爱行动，加强对中西部贫困地区失能老人的帮扶和资助。彩票公益金项目是关爱行动最重要的组成部分。本轮申报的彩票公益金项目如能获批，对关爱行动将是有力支撑。

在实施关爱行动中要注意以下几点：一是提升资助对象的精准性。认真核查关爱行动的资助对象的条件，脚踏实地找到“贫根”，调研养老机构和失能老人的切实需求，凝神聚力对症下药，逐项解决实际困难，使关爱行动资助到点上、根上，让贫困老人和失能老人得到真切的实惠。二是做好中央彩票公益金项目的实施工作。我们将本着团结协作、互帮、互助的原则，与地方红会统一思想、达成共识，规避去年项目执行中出现的问题，争取项目高质量实施，一步到位。三是做好宣传工作。为扩大关爱失能老人行动的社会影响，宣传工作要保证每一次资助活动都能在地方媒体和中央媒体上有所报道，要特别注意抓好彩票公益金项目活动过程中的宣传工作，注重做好典型人物和先进事迹的材料收集整理和宣传报道。

（二）组织专门力量，积极筹备兴建京承国际健康产业园

中心将与承德市委市政府合作，在河北省承德市共同筹备兴建京承国际健康产业园，这将是今年中心事业发展的又一大事。未来建成的京承国际健康产业园，融教育、养老养生、培训和康复医疗为一体。项目建设包括：国际健康学院、拔萃双语学校、全国养老培训基地、国际养老机构、体检康复中心 5 个板块，是全面展示中心 10 年养老实践和教育成果的现代化建设综合体。康养中心的建立符合京津冀一体化进程的要求，对于缓解北京地区的养老难题和养老服务的人才瓶颈问题都具有十分重要的现实意义。

目前，一是成立筹备委员会。项目确定成立以事业发展中心、承德市委市政府及其相关部门为主要力量的筹备工作委员会，抽调专人专职推动项目

的实施工作。二是做好项目可行性论证工作。为项目的精准定位与长远发展，中心将联合承德市委市政府在对项目进行充分调研的基础上，作出高质量的可行性论证报告。三是组建专业团队，按照标准精心做好规划设计工作，抓紧项目的申报，按期完成立项批地等工作。四是积极筹备招商引资。中心将与承德市委市政府共同努力，科学决策，积极招商引资，多方寻求有资金实力、有技术实力的合作机构，创造条件，尽快启动建设，共同完成项目开发。

（三）紧跟中央部署，着力抓好精准扶贫工作

按照中央部署，在“十三五”期间基本消除现行标准下的绝对贫困状况，是全面建成小康社会的核心任务之一。习近平总书记指出，扶贫开发工作已走入“啃硬骨头、攻坚拔寨”的冲刺期，要求各级党委政府要在精准扶贫、精准脱贫上下功夫，要真抓实干，决不能让困难地区和困难群众掉队。

在今后的五年，中心要按照党的十八届五中全会的要求，将精准扶贫作为一项重点工作来做。一是成立精准扶贫工作小组，形成中心主任主抓、班子成员具体抓、中心全体工作人员分工抓的长效工作新态势。二是联系中心实际制定精准扶贫方案。将中心重点工作与精准扶贫政策相结合，立足于关爱老人、关爱孩子、关注贫困弱势群体、关注中西部贫困地区，制定好五年工作规划方案。三是坚持按照“精准识别、精准帮扶、精准管理和精准考核”的要求，把中心的各项精准扶贫工作落到实处。

（四）狠抓精品建设，全面实施曜阳养老品牌战略

最近，习近平总书记对加强老龄工作作出重要指示，强调要“加强项层设计，完善重大政策制度，及时、科学、综合应对人口老龄化”。2016 年事业发展中心将贯彻习近平总书记指示精神，结合我国养老政策和形势的发展变化，根据机构的性质和定位，加强顶层设计，进一步谋划中心工作思路，把握养老服务的方向和重点。中心将继续与中国社会保障学会合作，加强对基

层养老机构和养老群体调研，以便及时调整战略部署与规划。根据2015年的调研成果，中心将全面实施建设曜阳养老服务品牌战略，提升养老服务质量和抵御竞争性风险的能力。

这里，我要对全面实施曜阳品牌战略提出几个要求。一是“百分孝心网”要全面优化上线，各项服务功能要实现，真正开始为养老机构、老人和老人家属提供全方位一体化的智能服务，为品牌联盟建设与推进养老智能化提供技术保障。二是要积极加大与老基会、地方红会、各地养老机构和各类养老服务提供机构的合作力度和范围，增加合作成员单位，扩大曜阳品牌联盟的影响力。三是狠抓精品建设，把曜阳养老服务工作引向精细提质的纵深方向发展，着力抓好五项工作，即全力打造“三位一体”扬州曜阳旗舰精品工程，精细打造“医养结合”的贵阳养老院示范工程，高质量办好曜阳联盟成立大会，合力参与办好“2016中国湖南国际老年产业博览会”，联合湖南省红十字会和长沙青松老年公寓，在长沙示范建设“三位一体”的青松曜阳养老服务体系模式和曜阳养老产业小镇。四是继续大力推动新上养老项目的建设工作。扬州曜阳二期工程建设要抓紧扫尾竣工。富春江曜阳二期工程、五指山曜阳、福州曜阳的建设工作，要在保证质量的前提下加快建设速度。三亚、南宁、顺义和山东乳山的曜阳公寓项目要抓紧协调立项、批地和规划设计工作，争取尽快破土动工建设。

（五）严格规范管理，全面提高实体单位经营效益

一是加强对各老年公寓和养老服务中心规范管理。坚持公益性与效益性并重的原则，进一步加强对各养老实体单位工作的具体指导，重点围绕打造扬州“三位一体”曜阳养老旗舰示范工作，确保富春江国际老年公寓二期项目第一阶段建设完工，协助服务中心促成政府购买养老服务招标采购工作等，全面推动养老服务提质增效。要完善“三个标准”体系建设。结合各实体单位工作实践，进一步完善管理制度，规范工作流程，不断推进“曜阳养老”

标准体系建设。要强化曜阳核心理念，提升员工主人翁意识。通过培训、宣传等措施加强各实体单位的团队建设和员工凝聚力，使员工深刻理解曜阳品牌的核心和服务理念，形成正确的价值观，树立积极工作的思想意识。

二是加强对扬州世明和北京拔萃学校的工作指导。坚持按照世明、拔萃两所学校社会效益工作目标责任书的要求，对两所学校实施目标管理，确保校园安全“零事故”。配合开展晋江拔萃学校建设工作。加强对“红萃生”的资助和管理。

三是加强实体单位的资产监管工作。完善财务过程监督，把对各实体单位的资产财务管理和重大合同管理工作落到实处。严格监管目标责任书和财务预算的执行。要求各实体单位根据年度工作计划与中心签署工作目标责任书。以每月报表、季度考核的形式监督管理其目标责任书各项指标的落实和财务预算的执行。

（六）拓宽工作思路，继续抓好基金筹资和文化宣传

在基金筹资管理方面，一是紧贴中心业务和目标，对仁爱、教育、文化三项专项基金进行清理和整合，确立子基金。二是加强对筹资管理工作的专业指导，提高各专项基金工作人员的素质，确保规范运作，公开透明。三是加强与合作机构的沟通联系，按照专项基金管理章程，严格基金使用管理，充分发挥公益基金的服务保障功能。重点在做大做强 UCB 培训、中国十佳劳伦斯冠军委员会专项基金、安多福生命健康基金、仁爱克癌基金推广，虹膜识别文化发展基金等项目上下功夫。四是中心筹备成立筹资办公室，加强筹资工作，拓宽筹资渠道，完善筹资机制，加大筹资力度，筹资任务具体到人，每人每年筹集工作经费 5 万元。

在文化宣传方面，要紧紧围绕养老、教育等中心核心业务，明确宣传主线。继续加强与人民日报、中央电视台等主流媒体交流、合作，确保主流媒体对中心重大活动报道不少于两次。重点收集“中央专项彩票公益金支持失

能老人养老服务项目"中的典型人物事迹，做好项目的深度宣传工作。开展"曜阳关爱行动"宣传片的推广；抓好"博爱中国"公益文化品牌升级工作，继续实施"曜阳关爱行动"乡村医生和曜阳养老院长（护理员）培训项目，高质量办好内蒙古、云南乡村医生培训班和两期曜阳养老院长（护理员）培训班。

（七）采取有力措施，继续抓好团队自身建设

2016 年，我们将根据形势的变化和事业发展的需要，狠抓团队建设和管理，进一步规范工作流程，兑现奖惩，充分调动员工工作积极性，提高工作效率和工作质量。

一是加强领导，适当调整领导分工。中心主任负责中心全面工作，主管中心办公室，主抓财务和大项目建设工作。常务副主任吴昂坪协助中心主任负责中心日常工作，主管项目拓展部和老龄事业部，主抓养老服务工作与养老机构的管理工作。主任助理王国华主管教育事业部，主抓中心大型项目建设工作。二是加强党支部、工会工作。党支部和工会要定期组织开展活动，特别是要重视党员的发展工作，发挥好党支部、工会的战斗堡垒和桥梁纽带作用。三是加强工作经费管理。在依法管理好项目资金的基础上全面实施事业发展中心主任领导下的工作经费部长负责制，实行工作经费部门核算、责任到人的管理制度。严格落实全员绩效考核办法，继续按照"周考核、月统计、季兑现"办法考评工作，鼓励探索实施"资源占用、经费使用、核算到人"的经费管理制度。四是创新工作分段评估机制。在抓各项工作的落实方面，全员实施"明确到位（部门、临时机构或个人）、自主推进、友情配合、结项评价"的工作机制，全面杜绝推事、躲事、怠慢做事和不认真干事的不良风气。同时将绩效考评结果作为奖励惩戒、提拔任用的重要依据。探索实行"能者上、庸者下"的激励机制，解决好"干与不干、干多干少、干好干坏都一个样"的问题，营造"事业留人、感情留人、待遇留人"的良好氛围。

五是加强智库建设。打造一支素质优良、结构合理、作用突出的专家、顾问团队，充分发挥专家、顾问在重大项目、重大问题的参谋咨询作用。六是加强人才引进工作。探索吸引、引进和培养创新型人才的方式方法，促进团队建设从制度建设与完善向能力与素质建设转变，为中心发展提供智力保障和人才支撑。

创新思路、开拓进取，推动中心重点工作取得新进展[①]

2016年，在总会党组的正确领导下，在有关部门和社会各界的关心支持下，中心各部门、各实体单位、曜阳联盟成员单位以及相关合作单位，上下一心、团结合作、创新思路、开拓进取，养老、教育等各项工作都取得了可喜的成绩。下面，我代表中心作工作报告，讲三个方面。

一、2016年中心各项工作取得重大进展

2016年，中心及实体单位全体员工，团结一心、攻坚克难、奋力拼搏，精心组织实施“中央专项彩票公益金支持失能老人养老服务项目”，成功举办第二届中国养老服务业发展高层论坛，全力打造“曜阳养老联盟”，建立健全规章制度，加强干部队伍建设，日常工作有序推进，顺利完成了全年工作任务。截至12月底，中心募集捐款捐物累计4461万元，公益支出累计2032万元。

① 2017年2月16日，在中国红十字会总会事业发展中心2017年度工作会议上的报告（有删节）。

（一）“曜阳养老”品牌建设有新突破

1．初步制定曜阳养老标准。中心与中国社会保障学会合作，成立了曜阳养老标准编制领导小组，中国社会保障学会秘书长、人民大学教授杨立雄带队，先后赴济南曜阳国际老年公寓、贵阳曜阳养老服务中心进行调研。在收集相关资料、总结成功经验的基础上，完成《曜阳养老标准——失能失智篇》的初稿，经修改完善后，在全国团体标准信息平台上发布并出版，并在加入曜阳联盟的养老机构中正式实施。

2．打造曜阳养老示范点。成立贵阳市曜阳养老服务中心，引进北京的高端医疗团队和设备，依托当地的医疗资源，启动了“曜阳关爱·温暖到家”等系列公益活动，举办了10多场公益服务进社区活动，邀请北京多家三甲医院专家团队及省市医院的30多名专家到社区，为老人开展义诊活动和健康讲座，入户服务1万多名老人，为1000多名老人免费体检和健康失能评估，为164名老人进行脑卒中免费筛查活动，并为有脑卒中风险的老人建立健康档案，进行追踪服务。

此外，贵阳市曜阳养老服务中心还与贵阳市红十字会共同开展“曜阳·筑梦”公益活动，由曜阳养老服务中心投入1000万元人民币，定向用于贵阳市贫困低收入失能老人及其他需要帮助老人的医疗救助和养老服务。2016年12月，贵州省政府将贵阳曜阳养老服务中心确定为贵州省大健康示范项目，并在第二届贵州省大健康医药产业发展大会上，进行经验交流，与会300余名代表现场参观了曜阳养老服务中心，对曜阳养老服务模式给予了高度评价。

为贯彻落实陈竺会长指示精神，中心与北京医院、北京城建集团于2016年8月29日共同签订了《“国家老年医学中心医养结合示范养老院”合作协议》，由三方合作，把北京曜阳国际老年公寓建成“国家老年医学中心医养结合示范养老院”，取得了阶段性成果。

3．有序推进智能化养老工作。2016年，我们与北京容德科技有限公司合作，选取陕西、河北、湖北和吉林4个省，启动曜阳养老联盟建设工作，共同发起“智能化养老服务阳光行动”，依托中心信息网和微孝百分网，创建公开、透明、开放、共享的“智能养老”综合服务平台，向加入曜阳养老联盟的养老机构提供无偿服务，帮助他们解决智能化水平低、宣传渠道少、获得捐赠难、抗风险能力差等困难，提升养老机构的服务质量和水平。截至目前，已有6个省的2000多家养老机构加入“曜阳养老联盟”和“微孝百分平台”。

2016年，中心指导扬州曜阳国际老年公寓，成立了扬州曜阳养老服务中心，运用智能化养老服务信息平台、健康小屋等新型智能化服务手段，对老人健康进行动态监控和跟踪服务，把专业化、个性化的养老服务送进社区和家庭，打通居家养老服务“最后一公里”，推动智能化养老从“概念”到“落地”。目前，扬州市广陵区政府决定，每年拿出近400万元，购买扬州曜阳养老服务中心的居家养老服务。

4．众筹工作取得初步成功。我们与京东、腾讯和淘宝等具有合法资质的公益众筹网进行合作，启动微公益行动，共同实施公益众筹项目，筹集项目资金，定向用于帮助困难失能老人，为他们提供公益性养老服务。经过前期沟通，实地核实，我们确定关爱失能老人公益众筹项目首发案例的资助对象。2015年12月11日，“为他们点亮生活的希望”公益众筹项目在京东众筹平台正式上线，共筹集资金20180元，超出众筹基本额度15000元，筹资金额完成率达到135%。

5．继续实施曜阳关爱行动。2016年，在“关爱行动”项目中，中心在河北、山西、江苏3省5家养老机构和1家希望小学举办了慰问演出活动，发放慰问金及捐赠物资共计119万元。有序推进“十三五”彩票公益金项目工作，2016年彩票公益金项目预算资金为1003万元，累计在云南、广西、贵州3省资助50家养老机构，向每家养老机构提供价值20万元的物资资助。在总结过去实施彩票金项目经验的基础上，我们调整方法，完善措施，提升了资助对象的精准性，加大了彩票公益金项目宣传工作，做好典型人物和先进事迹的材料收集整理和宣传报道。2016 年曜阳关爱行动共惠及失能老人 2364 名。

6．逐步推进曜阳养老品牌建设。根据 2015 年与中国社会保障学会合作成果，及时调整养老战略部署与规划，实施曜阳养老品牌战略，加强对基层养老机构和养老群体调研，提升养老机构养老服务质量和抵御市场风险能力。2016 年着力抓了六项工作：一是全力打造“三位一体”扬州曜阳旗舰精品工程；二是狠抓富春江曜阳老年公寓和扬州曜阳老年公寓的建设和销售工作，取得显著成效；三是精细打造“医养结合”的贵阳养老院示范工程；四是合力参与办好“2016 中国湖南国际老年产业博览会”；五是联合湖南省红十字会和长沙青松老年公寓，建设“三位一体”的青松曜阳养老服务模式和曜阳养老产业小镇；六是支持中心养老项目发展顾问厉恩海先生和养老养生健康顾问金桐桦先生孵化、拓展吉尼斯拉面和王艿斋站桩养生项目。

7．加快打造专业化养老服务团队。中心始终把养老服务人员和乡村医生作为培训重点，努力提升基层养老机构的管理、服务水平以及从业人员的综合素质。2012 年至今，我们共举办培训班 12 期，累计培训全国 500 多家养老机构的护理人员和院长达 2000 多人次。我们在总结过去经验和对实地调研的基础上，精心设计培训内容，邀请养老领域专家学者，深入分析和讲解我国养老服务业发展趋势和急需解决的问题，加强了培训的针对性和有效性。2016 年，中心先后完成三期曜阳养老院长、护理员培训班，20 个省（直辖市、自治区）的 432 名养老院长和护理员参加了培训。

此外，中心与承德市委市政府合作，共同筹建“京承国际健康产业园”，其中的一个重要板块就是兴建健康大学，创建全国医养结合养老人才培训基地，培育养老护理方面的专业人才。

为进一步做好扬州居家养老服务工作，加强对服务人员，特别是养老护理员和家政服务员的培训，扬州曜阳养老服务中心积极整合资源，努力争取地方政府及相关部门的支持，经扬州市人力资源与社会保障局和扬州市民政局批准，成立了“扬州市拔萃职业培训学校”，取得了养老护理员、五级到四级家政服务员等职业培训资质。

8．继续加强老年公寓的管理与建设。为进一步加强对实体单位的监管，中心采用机构自查和实地考核相结合的方式，对老年公寓依法办院、经济效益、社会效益和品牌维护等 4 个方面 20 多项内容，进行了考核评比；加强对养老公寓二期项目工程的监管，确保老年公寓依法依规建设，2016 年扬州、富春江两所老年公寓新建 12 栋公寓楼，新增住房 547 套。扬州和富春江两所老年公寓为进一步打造医、养、护三位一体的养老服务体系，在规范护理管理和服务的基础上，增设了失能失智护理区域，新建床位 140 张，全年累计服务失能失智老人近 100 人。扬州老年公寓荣获 2016 年度长三角发展协调会健康服务业专业委员会“长三角健康服务业示范企业”称号；富春江老年公寓获得浙江省百佳知名养老机构和人民满意医养结合机构称号。济南老年公寓是以照料失能失智老人为主的护理型老年公寓。2016 年全年累计服务老人 110 人，其中失能失智老人 95 人。济南老年公寓凭借良好的社会评价、丰富的管理经验和优质的养老服务，被山东省民政厅选为济南市居家养老示范项目试点单位。

（二）探索和学习国内外先进养老服务经验

为了充分发挥社会组织在养老服务领域中的生力军作用，在社会面临巨大养老压力和艰巨养老任务的形势下，我们不断深化对养老工作的认识，探索和学习国内外先进养老服务经验，为改进曜阳养老服务工作进行大胆尝试。

1．成功举办第二届中国养老服务业发展高层论坛。10 月 9 日，中心联合中国社会保障学会、北京医院在人民大会堂成功举办了第二届中国养老服务业发展高层论坛。全国人大常委会副委员长陈竺为论坛致辞，第十届全国政协副主席张怀西为论坛题词。中央有关部门领导、国内知名专家，以及来自全国社会保障学界的专家学者与全国养老机构负责人代表，共 700 余人出席了论坛。论坛围绕“医养结合的实践与探索”等主题展开了深入研讨。人民网、新华网等各大新闻网站和学术期刊，对论坛进行了报道，在政府、学术界和全国各地的养老机构中都产生了重大影响。

2. 学习、借鉴发达国家和地区的成功养老经验。为提升曜阳养老服务专业化水平，培养和造就专业化、高端化、国际化的养老护理专业人员，中心采取“走出去”和“请进来”相结合的方式，积极学习借鉴发达国家和地区的先进经验。2016 年，中心应邀参加了在北京国家会议中心举办的第五届中国国际养老服务业博览会，与参展的美、日、加等 10 个国家和地区以及国内 200 多家养老服务机构相互交流学习；加强了与比利时法兰德斯黄白十字会的合作，双方就“借鉴比利时养老经验，在中国发展和实施为老年人及慢性病患者提供高品质居家养老照护服务”等事宜达成了合作意向，并在比利时首相查尔斯·米歇尔访华期间，双方在比利时大使馆共同签署了关于在中国发展和实施居家养老照护服务的《谅解备忘录》，为下一阶段工作开展奠定了良好基础。

（三）“拔萃教育”品牌建设有新发展

1. 加强对两所双语学校的监管。根据 2016 年度两校工作目标责任书的内容，采用实地查看和视频督查相结合的方式，对两校的依法办学、经济效益、社会效益和品牌维护等四个方面，进行半年度和全年度工作督查。总体来说，两校完成 2016 年度工作较好，两所双语学校的家长满意度均达到 95% 以上。北京拔萃双语学校 2016 年高考和中考再创佳绩：本科上线率超过 68%，43 位同学超过本科分数线，超额完成朝阳区教委下达的高考指标；中考成绩 500 分以上 54 人，占总考生数的 68%。扬州世明双语学校按照扬州市教育局“教育质量攻坚提升年”的总要求，严抓教学质量，取得了显著成效。扬州世明双语学校 2016 年中考超额完成扬州市规定的指标任务；同时，强化博爱、艺术教育特色，形成内容主题化，形式多样化，校本课程与社团活动常态化的德育机制。

2．稳步推进“正坤助学金、奖学金及奖教金”项目。继续按计划实施第四年度的“正坤助学金、奖学金及奖教金”资助项目。青海省都兰县共有620名师生获得了18万元资助或奖励。都兰县政府发放仪式举行之后，中心对其中的部分师生进行了电话回访，回访对象均已在11月之前收到了相应的资助金和奖励金。中心已把此次发放情况向捐资方青海盐矿有限公司进行了反馈。

3．晋江拔萃双语学校建设工作有序推进。2016年5月12日举行了晋江拔萃双语学校奠基仪式，中心和晋江市政府分别成立了项目领导小组进行督导，按照建设设计方案，项目正顺利、有序推进。

（四）基金、博爱文化和宣传工作稳步推进

2016年，在养老和教育工作取得重大进展的同时，公益基金、“博爱中国”文化和宣传等工作也都取得了显著成绩。

1．基金项目执行精准到位。早在2012年，中心就与比利时UCB制药公司签署战略合作协议，设立“UCB健康希望基金”，主要用于培训我国老少边穷地区乡村医生和全国部分养老机构的院长及护理人员。2016年先后在云南、内蒙古举办两期乡村医生培训班，来自云南和内蒙古17个民族的200名乡村医生参加了培训。2016年11月，中心与“院士博爱基金”合作，共同举办了云南曜阳养老护理员培训班，项目执行18万元，委托云南中医学院组织全省50名养老护理员开展了为期10天的专业培训。

根据总会巡视组反馈意见，中心在基金筹资管理方面进行了系统梳理，一是紧贴中心业务和目标，对仁爱、教育、文化三项专项基金进行清理和整合，确立子基金；二是加强对筹资管理工作的专业指导，提高各专项基金工作人员的素质，确保规范运作，公开透明；三是加强与合作机构的沟通联系，按照专项基金管理章程，严格基金使用管理，充分发挥公益基金的服务保障功能。重点在做大做强UCB培训、中国十佳劳伦斯冠军委员会专项基金、安

多福生命健康基金、仁爱克癌基金等项目上下功夫。

2．“博爱中国”文化品牌感召力得到加强。“博爱中国”文化是中心为传播公益理念、感召社会、弘扬红十字精神、广泛募集善款而举办的公益文化宣传活动。2016 年，中心分别在江苏扬州和北京等地，与地方政府或相关部门联合举办“敬老、爱老、助老”活动，向当地的养老机构捐赠物资，进一步弘扬了“博爱中国”公益文化理念。

为培养少年儿童艺术人才，中心博爱办和北京拔萃双语学校合作开展博爱艺术培训班，并聘请歌唱艺术家韩磊和著名主持人张宏民为拔萃学校的艺术校长。2016 年度共有 193 名同学参加了博爱艺术主持人培训班和合唱培训班。博爱艺术培训班精心制订教学计划，全面提升教学水平，充实完善教学形式，特别是在挖掘学生自身潜能方面下了很大功夫。通过艺术培训，学生们的整体素质得到了明显提升。博爱艺术团合唱班的 20 名同学还参加了“两岸四地同心童梦 2017 中国少儿微电影春晚”的节目录制，并在旅游卫视播放，获得广泛好评。此外，我们还在重阳节、红十字日等重要节日举办大型文化宣传活动，并在养老院和社区组织义诊，旨在感召和动员更多的社会力量参与养老，营造敬老爱老助老的良好社会氛围。

3．中心宣传工作重点突出。在文化宣传方面紧紧围绕养老、教育等中心核心业务，明确宣传主线，做好中心核心业务和重大项目宣传工作。继续加强与人民日报、新华社等中央重点媒体单位及主流媒体的交流、合作，继续加强与总会媒体的交流合作，确保重点媒体、主流媒体、总会媒体对中心重大活动的持续报道和关注；继续做好展示中心全面工作和形象的“一网一刊”；开展“曜阳关爱行动”宣传片的推广；抓好“博爱中国”公益文化品牌升级工作。

（五）中心自身建设的新举措，为机构注入了新动力

2016 年，我们根据形势的变化和事业发展的需要，狠抓团队建设和管

理，进一步规范工作流程，兑现奖惩，充分调动员工工作积极性，提高了工作效率和工作质量。

1. 注重团队建设，不断提升干部职工的职业素质。一是发挥好党支部的作用。2016年，党支部重点抓好"两学一做"教育活动，对存在的突出问题进行重点整治，使中心广大党员干部的党性、品格、境界和素质得到进一步提升。按照总会的部署，结合中心的工作实际，党支部多次召开会议，研究部署学习教育活动，研究制定了《事业发展中心"两学一做"学习教育活动方案》，明确活动的步骤、内容和重点，为学习教育活动起好步、开好局打下了扎实的基础。7月，中心党支部牵头，组织全体党员干部赴贵州省息烽集中营，与贵州省武警总队党员干部开展"联学联做"活动，对全体党员进行革命传统和爱国主义教育。二是围绕中心工作，增强学习实效。围绕中心养老、教育和文化基金等重点工作和目标，组织民主生活会，开展"爱岗位、出点子、做奉献"大讨论，教育党员干部强化创新意识，敢于担当、敢于负责、敢为人先、勇立潮头，做示范，强实践，确保全年工作目标任务顺利实现。为进一步增强学习实效，中心党支部邀请中国社会保障学会秘书长、人民大学教授杨立雄，就如何开展曜阳养老联盟工作进行了专题辅导。三是加强干部队伍建设和专业素质提升。2016年，为了工作需要，我们分别从国投远东航运有限公司、北京丰台医院和中国航天科工集团公司培训中心调入3名干部，充实到中心相关部门。加强干部的业务素质和实干能力，需要增加干部职工的基层一线工作经验，中心委派一名年轻干部到扬州国际老年公寓任职副院长，时间半年。另外，中心继续秉持"事业留人、感情留人、待遇留人"的原则，做好总会干部备案工作和团队员工的思想政治工作，为中心发展提供智力保障和人才支撑。同时，抓好顾问、专家和志愿者队伍建设，发挥好参谋咨询作用。

2. 注重规章制度的完善和执行，科学考核和评估工作成效。中心班子对中心的规章制度内容，每年集中组织一次修改完善，在此基础上，抓好规章制度的执行工作。一是坚持目标责任制管理。班子成员、各部门主要负责人及各实体单位主要领导，分别向中心主任递交目标责任书，逐级分解工作任务，真正做到任务到部门、责任到人头。二是规范管理制度。根据总会要求，我们修改和完善了中心的干部人事制度，修订了中心财务报销、福利待遇等相关规章制度 3 个，废除 1 个规章制度。

一年来，虽然中心的各项工作取得了显著成绩，但是仍然存在一些不足与差距。比如，工作发展不平衡，绩效考核不精细；筹款筹物同比有所下降；曜阳养老联盟建设缺乏科学的顶层设计；党建基础性工作还不够完善；干部管理和制度建设方面还有待进一步规范等，亟须改进与完善。

二、工作中的思考和体会

回顾和总结过去一年的工作，我们积累了一些有益的经验，对所从事的公益工作加深了认识，形成了一些思考和体会，其中，最重要的有以下几点。

一是注重顶层设计，积极顺应形势任务发展的需要。党的十八届六中全会指出，“十三五”时期，中国发展的环境、条件、任务、要求等都发生了新的变化。认识新常态、适应新常态、引领新常态，保持经济社会持续健康发展，必须有新理念、新思路、新举措。发展理念是发展行动的先导，是发展思路、发展方向、发展着力点的集中体现。回顾多年来我们推进养老、教育等公益事业所走过的艰辛历程，之所以能够取得今天的成绩，其中一条重要的经验，就是我们始终把握国家形势任务发展的需要和部署，顺应和契合民生的期盼和需求，注重顶层设计，将“一老一小”作为核心业务和重点工作，选准了方向和道路，并且能够坚持不懈地走下去。比如，长期以来，我们一直把养老服务工作作为核心业务之一，将高龄、空巢、失能和失智等特殊群体老人作为重点服务对象，动员社会各界力量、募集款物，向他们提供公益性养老服务，改善失能老人的生活境遇和生活品质。当时，社会上很多人以及有关部门都质疑甚至否定我们的工作和做法，认为我们“不务正业”。实践证明，我们多年来矢志不渝、一以贯之推进养老和教育工作，顺应了时代发展的要求，方向和道路是正确的，工作是卓有成效的，取得的成绩也是有目共睹的。

二是明确职能定位，充分发挥社会组织的政府助手作用。应对人口老龄化是全社会的共同责任，也是一项涉及多领域、多层面的系统工程。在养老服务事业中，社会组织是一支不可或缺的重要力量，要为政府分忧解愁，积极发挥社会组织在养老服务中的生力军作用。我们事业发展中心“曜阳养老”品牌的创立和发展充分说明这一点。2017 年 1 月 5 日，中国红十字会总会、民政部、全国老龄办联合下发了《关于红十字会参与养老服务工作的指导意见》，是对我们过去工作的充分肯定，也为我们红十字机构今后开展养老服务工作指明了方向、提供了遵循。今后，我们将进一步顺应形势任务的发展需要，契合养老服务事业的需求，进一步发展和壮大曜阳养老事业。首先要适应我国养老政策发展的趋势，按照党和国家的要求，加强与中国社会保障学会、中央党校的合作，做好曜阳养老联盟建设的顶层设计，适时调整发展策略。其次要适应我国经济发展的形势，贯彻中国人民银行、民政部、银监会、证监会、保监会联合发布的《关于金融支持养老服务业加快发展的指导意见》有关精神，大力推动金融组织、产品和服务创新，改进完善养老金融领域服务，加大对养老服务业的金融支持力度。此外，中心要抓住机遇，加强曜阳养老的对外交流与合作。最后曜阳养老要紧跟科技发展的步伐，加快“互联网 + 社区 + 养老产业”战略布局，提供居家养老、社区养老、医养结合等专业化智慧养老解决方案及云服务，构建“云平台 + 产品服务 + 智能终端 +APP”融合创新的曜阳养老生态系统，加快推进曜阳养老联盟建设。

三是严守法律红线，始终坚持依法依规办事。多年来，我们的养老、教育、基金和文化宣传等各项工作，之所以能蒸蒸日上、稳步发展，其中，最根本的一条就是我们始终严守法律红线，坚持依法依规办事。早在 2012 年机构成立运营之初，我们就聘请法律专家作为中心法律顾问，对重大项目和重点工作进行把脉，确保重大项目和重点工作合法合规。同时，我们每年还拿出一定资金，与知名律师事务所合作，对中心签署的所有协议、合同、合作项目以及文化、基金等工作进行法律风险评估，努力做好法律风险防范工作，保证各项工作依法有序推进。2016 年 3 月《慈善法》颁布实施，提出要依法开展公益慈善活动。12 月国务院办公厅颁发《关于全面放开养老服务市场提升养老服务质量的若干意见》（国办发〔2016〕91 号），提出“各地要建立健全民政部门和相关部门协同配合的监管机制，加强对养老机构运营和服务的监管”。这为我们开展养老、教育等公益慈善事业提供了法律遵循，同时也提出了更高的要求，今后，我们将严格在法律框架内开展养老、教育、基金和文化宣传等公益工作，加强对老年公寓和双语学校的指导，坚持依法管理老年公寓、依法治校，努力规避法律风险。

四是加强信息披露，努力做到公开、透明、高效。公信力是红十字公益事业的生命线。在瞬息万变的信息化时代，没有公开透明的信息披露机制，公信力就无从谈起。只有工作透明，公众才会信服，红十字的社会公信力才能提高。目前，“郭美美事件”引发的公信力危机尚未完全消除，能否从根本上解决公信力问题，已经成为重塑红十字形象，迫切需要解决好的重大问题。近年来，事业发展中心尝试建立健全养老、教育等公益项目绩效评估、捐赠信息披露等各项制度和机制，特别是中央专项彩票公益金支持失能老人养老服务项目，涉及面广、社会关注度高，加上缺乏实施中央彩票金项目的经验，这对我们来讲是一个极大的挑战。为此，我们始终坚持“公开、透明、高效”的原则，及时向社会公开捐赠款项、救助对象、审批程序、财务审计结果等重大信息，自觉接受公众、媒体及捐赠者的监督，得到了上级机关和社会的普遍认可。

这里，我要特别指出，2016 年我们启动了微公益行动，筹集项目资金，定向用于帮助困难失能老人。“为他们点亮生活的希望”公益众筹项目，成功地救助了湖北山区的一户贫困失能老人，为今后开展公益众筹项目提供了有益经验。今年，我们将继续与京东、腾讯和淘宝等公益众筹网合作，实施公益众筹项目，及时发布众筹救助信息，做到资金募集、财务管理、招标采购、分配使用等信息公开透明，切实保障捐赠人和社会公众的知情权、监督权。

三、2017 年工作指导思想和重点工作

按照党中央、国务院最新精神和总会 2017 年工作总体要求，经过认真研究，我们确定 2017 年中心工作的指导思想是：以党的十八大和十八届六中全会精神为指导，深入学习领会习近平总书记有关重要指示精神，不断开拓创新，积极进取，以建设"曜阳养老"品牌联盟工作为重点，稳步推进养老服务精细提质工作，不断改进教育、基金和文化宣传工作，为实现"曜阳梦"而不懈努力。

这里，我特别强调一点，为适应国家应对人口老龄化的严峻形势，贯彻党中央、国务院关于大力发展养老服务业的要求，体现红十字会公益机构的宗旨和作用，根据总会党组书记徐科同志的要求，总会将委托中心承担部分重点课题和相关政策的调研任务。今后，中心继续把曜阳养老作为核心业务和重点工作，全力推动"曜阳养老"品牌建设，把实现老有所养的"曜阳梦"作为中心战略性、全局性的工作目标。

（一）狠抓精品建设，继续全面实施曜阳养老品牌战略

2017 年，事业发展中心将贯彻落实党中央和国务院的有关精神，结合我国养老政策和形势的发展变化，根据 2016 年的试点成果，全面实施曜阳养老品牌建设战略。总的来讲，要抓好七项重点工作：

一是与中国红十字基金会、北京容德科技有限公司共同发起成立"关爱

失能老人基金”，探索通过网络平台公开筹集资金，为居住在曜阳联盟养老机构的贫困失能老人提供资助。智能化养老服务阳光行动计划覆盖全国1万家养老机构，帮助更多的养老机构提升竞争力，提升养老服务品质。与上海领美投资控股有限公司、中国电信天翼电子商务有限公司三方合作，将在全国所有安装超级支付聚合收款系统的零售网点，使用电信翼支付，每消费一笔，领美软件科技有限公司向事业发展中心捐赠一分钱，所募集的全部资金定向用于资助和帮扶贫困失能老人。

二是在总结2016年举办“曜阳养老”论坛经验的基础上，加大与中国社会保障学会合作力度，在福建、贵州、江西和云南等4个省举办曜阳养老论坛，在北京举办第三届中国养老服务业发展高层论坛，全面推进曜阳养老联盟建设工作，积极推进医疗卫生与养老服务相结合。

三是在中心官网建设“曜阳联盟”专栏，介绍联盟情况，及时发布联盟信息，扩大联盟影响，吸纳联盟成员。

四是尝试与爱心企业建立方式灵活、模式多样的长效合作机制，鼓励企业以公益的方式，向养老机构提供产品和服务。

五是与爱心企业合作，建立智能化养老服务平台，编制养老产业大黄页，为养老机构提供公益性信息化服务。

六是拓展曜阳养老新项目。推进落实北京海淀区西三旗老年公寓的运营和顺义曜阳国际养老中心项目的筹建工作。深化与承德市委市政府的合作，全面推动“京承国际健康产业园”项目，特别是京承健康大学建设要取得实质性进展。

七是健全完善曜阳养老标准体系。推进落实《曜阳养老标准体系——失能失智篇》在全国团体标准信息平台上的公开发布、印刷出版等相关工作；确定曜阳养老标准体系顶层设计方案，并根据方案健全完善“机构养老标准体系、居家养老标准体系和曜阳联盟等级标准”的曜阳养老标准体系。

（二）组织专门力量，积极筹备兴建医养结合示范点

充分依托“曜阳养老”公益品牌优势，支持贵阳市乌当区大力发展养老产业，把贵阳市曜阳养老服务中心建设成高水平、有特色、在社会上有广泛影响的居家、社区、机构“三位一体”的养老服务体系，打造成全国的医养结合示范点。在推动贵阳医养结合示范点建设的过程中，要做到四个结合：一是注重政府引导和社会参与相结合，二是注重互联网与养老相结合，三是注重公益服务与市场运作相结合，四是注重硬件建设与软件建设相结合。

（三）加大工作力度，继续实施曜阳关爱行动

2017年，中心将继续加大力度实施关爱行动，加强对中西部贫困地区的失能老人的帮扶和资助。在实施关爱行动中要注意以下几点：一是做好中央专项彩票公益金项目的实施工作。完成“中央专项彩票公益金支持失能老人养老项目”2016年度50家养老机构资助物资的发放工作，并做好2017年度受助养老机构的选点、资助工作。二是继续推进北京居家养老服务项目。以海淀西三旗养老机构为基地，以周边社区的居家老人为对象，搞好北京居家养老服务的试点工作。三是强化项目规范管理。坚持公益性与效益性并重的原则，进一步加强对老年公寓的工作指导与管理，统一品牌和标示，提高养老机构管理能力，提升养老护理员的服务水平。

（四）满足社会需求，着力开展养老公益培训

针对当前我国“医养结合”养老服务所需的医师和护理人员极为紧缺的状况，今年我们将坚持“请进来”和“走出去”相结合，进一步扩大与比利时法兰德斯黄白十字会的合作范围，把比利时先进的居家养老服务理念和成功经验，引入到曜阳养老服务中，为失能老人及老年慢性病患者，提供高品质居家养老照护服务。同时，与UCB公司合作，在云南和广西地区举办3期

乡村医生培训班，预计培训乡村医生 300 人；在北京和云南举办曜阳养老院长、护理员培训班各 1 期，培训养老院长、护理员 400 人，从而进一步提升基层养老机构的管理、服务水平以及从业人员的综合素质。

（五）严格规范管理，全面提高实体单位经营效益

一是加强对各老年公寓和养老服务中心规范管理。坚持公益性与效益性并重的原则，进一步加强对各养老实体单位的工作指导，重点围绕打造扬州“三位一体”曜阳养老旗舰示范工作，确保富春江国际老年公寓二期项目第一阶段建设如期竣工，协助扬州服务中心做好政府购买养老服务招标采购工作，全面推动养老服务提质增效。要强化曜阳核心理念，提升员工主人翁意识。通过培训、宣传等措施，加强各实体单位的团队建设和员工凝聚力，使员工深刻理解曜阳品牌的核心和服务理念，形成正确的价值观，树立积极工作的思想意识。二是加强对扬州世明和北京拔萃学校的工作指导。按照世明、拔萃两所学校社会效益工作目标责任书的要求，对两所学校实施目标管理；确保校园安全“零事故”；配合开展晋江拔萃双语学校建设工作；加强“红萃生”的资助和管理。三是做好教育资源优势对接工作。推动晋江拔萃双语学校的建设；推动扬州世明双语学校与贵阳市乌当区的教育资源对接，重点是推动幼儿园建设；推动“阳光壹佰幼儿园”项目落地；继续推进京承大学战略合作举措落地，尽快组建项目公司，推进后续工作；积极筹划三亚大学建设。四是加强实体单位的资产监管工作。完善财务过程监督，把对各实体单位的资产财务管理和重大合同管理工作落到实处；严格监管目标责任书和财务预算的执行；各实体单位要根据年度工作计划与中心签署工作目标责任书；以每月报表、季度考核的形式，监督管理其目标责任书各项指标的落实和财务预算的执行。

（六）采取有力措施，继续抓好团队自身建设

2017 年，我们将抓好团队建设和管理，进一步规范工作流程，兑现奖

惩，充分调动员工工作积极性，提高工作效率和工作质量。

一是加强领导，适当调整领导分工。二是加强党支部、工会工作。党支部和工会要定期组织开展活动，特别是要重视党员的发展工作，发挥好党支部的战斗堡垒和工会的桥梁纽带作用。三是加强工作经费管理。在依法管理好项目资金的基础上，全面实施中心主任领导下的工作经费部长负责制，实行工作经费部门核算、责任到人的管理制度。四是完善财务管理制度。进一步加强日常财务管理工作，细化费用支出项目、提高资金使用效益。加强财务内审及对所属实体的监管。逐步建立健全中心内部控制制度规范。做好已批项目的财务监管工作。五是规范人事管理制度。认真做好人员招聘、调入工作；完成干部备案及编制使用工作；完善人事管理相关制度；继续抓好顾问、专家和志愿者"三个团队"建设工作。六是加强智库建设。打造一支素质优良、结构合理、作用突出的专家、顾问团队，充分发挥专家、顾问在重大项目、重大问题的参谋和咨询作用。七是加强人才引进工作。探索吸引、引进和培养创新型人才的方式方法，促进团队建设从制度建设向能力素质建设转变，为中心发展提供智力保障和人才支撑。

旧岁已展千重锦，新年再进百尺竿。回顾 2016 年，令人欢欣鼓舞。展望 2017 年，机遇与挑战并存，希望与梦想同在。2017 年，中国共产党将召开第十九次全国代表大会，全面建成小康社会、全面深化改革、全面依法治国、全面从严治党要继续发力。对于事业发展中心来说，2017 年也是曜阳养老联盟、拔萃教育等各项工作取得突破性进展的关键之年。我们要在总会党组领导和指导下，进一步解放思想、大胆创新，准确定位、提升能力，统筹协调、全面发展，努力开创中心各项工作的新局面，为我国公益事业蓬勃发展作出更大的贡献！

紧跟新时代、开启新征程，再创事业发展中心工作新业绩①

今天，我们在这里召开2018年度工作会议，回顾总结2017年工作，动员部署2018年工作。下面，我代表中心作工作报告，讲三个方面。

一、2017年中心各项工作取得新进展新成效

2017年在总会党组的正确领导下，中心各部门及实体单位按照年度工作计划，认真落实目标责任书，扎实推进“曜阳”养老和“拔萃”教育等重点工作，加强党建工作和干部队伍建设，有序推进日常工作，圆满地完成了全年各项工作任务。截至2017年底，中心募集捐款捐物累计2165.24万元，公益支出累计1887.39万元。

（一）认真学习宣传贯彻党的十九大精神

我们把学习宣传党的十九大精神作为当前重大的政治任务，采取集中学

---

① 2018年3月5日，在中国红十字会总会事业发展中心2018年度工作会议上的报告（有删节）。

习、个人自学、参加辅导、交流体会、举办论坛等多种形式，掀起了学习宣传党的十九大精神热潮。

1. 迅速组织党员干部学习，推动党的十九大精神入脑入心。10月18日上午，中心班子成员及全体干部一道，集中收看了党的十九大开幕式，聆听了习近平总书记的大会报告。会后，中心党支部4个党小组立即组织了学习、交流和研讨。此外，我参加了中央国家机关举办的学习宣传贯彻党的十九大精神辅导报告会，中心处级以上党员干部参加了总会举办的党的十九大精神学习辅导班。

2. 举办第三届中国养老服务业发展高层论坛，深入学习宣传贯彻党的十九大精神。在全国第五个法定老年节和九九重阳节当天，联合中国社会保障学会、人民日报《民生周刊》杂志社，在贵阳市共同举办第三届中国养老服务业发展高层论坛，紧紧围绕党的十九大报告关于"积极应对人口老龄化，构建养老、孝老、敬老政策体系和社会环境，推进医养结合，加快老龄事业和产业发展"的重要部署，就影响和制约我国养老服务业发展的重大理论和现实问题，进行了深入研讨交流。全国人大常委会副委员长、中国红十字会会长陈竺，第十届全国政协副主席张怀西分别为论坛发来了贺信，中国红十字会党组书记徐科出席了论坛。我在论坛上作了题为"以习近平新时代中国特色社会主义思想为指引，努力开创养老服务工作新局面"的主旨演讲。这次论坛的举办时机、主题内容，自始至终都贯穿了学习宣传贯彻党的十九大精神这一主线，人民日报、中国红十字报、贵州日报，以及人民网、新华网、中国网等中央、地方50多家媒体，对论坛进行了宣传报道。

3. 组织各实体单位学习宣传党的十九大精神。中心党支部要求各实体单位党组织，组织党员学习党的十九大精神或参加属地党组织举办的学习辅导班。通过学习，党员干部对党的十九大提出的一系列新思想、新理论、新观点和新判断，特别是习近平新时代中国特色社会主义思想，有了更加全面、深入和系统的理解。

（二）持续打造曜阳养老服务品牌

1．制定完善曜阳养老标准并开展试点工作。制定完善曜阳养老标准。品牌打造，标准先行。中心联合中国社会保障学会，按照国家标准的编制要求，制定了《曜阳养老标准（失能失智篇）》，明确了曜阳品牌养老机构的基本要求、服务项目与质量要求、管理要求、服务评价与改进等内容。在此基础上，中心组织撰写了配套培训教材，包括管理手册、服务手册、建设手册和员工手册。

开展标准应用试点工作。举办了《曜阳养老标准（失能失智篇）》应用试点培训班，来自全国60多家养老机构负责人参加了培训。中心与社会保障学会共同组织专家团队，赴9家养老机构进行了实地指导和专题调研，形成了专题调研报告，为进一步完善曜阳养老标准、全面开展曜阳养老标准试行工作做好了准备。

2．全面推进曜阳养老品牌旗舰店建设。制定曜阳养老品牌旗舰店建设方案。在多次调研并征求有关专家意见的基础上，11月，中心出台了《关于理顺管理体制、提升管理水平、增强服务能力建设曜阳养老旗舰店的意见》，明确了曜阳旗舰店建设目标、主要任务、发展思路和具体措施，为今后科学指导管理养老公寓和两个公寓的可持续发展指明了方向。

扬州曜阳国际老年公寓首次扭亏为盈。2017年实现总收入741.78万元、支出684.3万元，盈余57.48万元，首次实现盈余。截至2017年底，公寓入住老人496人，同比增加35%。公寓已累计收住半失能、失能老人近30人次，具备了建设护理院的技术和条件。成立了养老服务标准化办公室，先后组织职工30多人次参加养老业务培训。截至2017年底，公寓已有23人持有初级护理员上岗证书，4人持有中级护理员上岗证书，4人持有老年人能力评估证书以及其他组织协会的培训证书。此外，还支持扬州曜阳康复医院购置了高压氧、CT、DR等大型医疗设备，极大地提升了康复医院医疗服务能力。

目前，医院每月收住病人已达 80 余人，同比去年增加了 52%。

富春江曜阳国际老年公寓全面完成年度任务。2017 年二期工程建设取得了阶段性进展，建成 6 栋楼共 212 套公寓，新收住老人 300 余名；其余 9 栋楼已封顶，并已全部预订完毕。“医养护”一体化全程照护服务体系基本建成，成为浙江省养老服务业协会常务理事单位，荣获杭州市富阳区委组织部授予的“开放式党组织活动基地”称号。

此外，2017 年两所公寓共修订完善内部管理 11 项重要规章制度，实现了全年“零事故”目标。

3．曜阳养老品牌示范机构发展顺利。济南曜阳国际老年公寓实现良性发展。截至 2017 年底，公寓已收住失能老人 152 人次，同比增长 34.5%；实现业务收入 374.58 万元，同比增长 26.2%。公寓已拥有持证医疗护理人员 30 人，护理人员与入住老人的配备比例高达 1∶3，超过了国家规定标准。公寓已成为济南市养老机构长期护理险首批定点单位，为 20 余名老人申请了长期护理险。

贵阳曜阳养老服务中心实现快速发展。贵阳中心依托所属中西医结合医院，不仅为当地 3000 余名老人提供医疗健康服务，而且大力开展机构养老和社区养老服务，初步形成了医养结合养老服务的有效模式。2017 年入选国家发改委、民政部公布的国家养老服务业发展典型案例名单，被列为贵州省大健康医药产业示范基地。

邯郸曜阳养老服务中心顺利开局。自 5 月开业以来，邯郸中心依托当地红十字博爱医院，在收住入院患者的同时，为失能老人提供养老护理服务，先后收住 65 位失能老人，实现入住率达 81.25%。同时，邯郸中心以“曜阳爱心小屋”为基础，积极参与构建社区养老体系，研发了智能化养老服务信息平台，服务范围涵盖 13 个街道，收集了 3 万余组老人信息数据，累计提供养老服务 7000 余人次。

2017 年底，中心获得海淀区西三旗公建民营养老项目，自 2018 年起正式运营。此外，承德健康产业园项目、顺义曜阳国际老年公寓项目和门头沟潭柘曜阳国际养老旅游发展养老产业园项目正有序推进。

4. 探索农村失能老人养老服务。2017 年，中心依托贵阳曜阳养老服务中心，搭建了医疗养老信息化平台，组建农村养老服务团队，探索走村入户为老人开展养老服务。中心先后与自贡市 4 个区县人民政府签订了合作协议，计划自 2018 年起，共同在自贡市推进农村养老试点工作。

（三）稳步推进曜阳养老联盟建设

2017 年，中心通过彩票公益金、慰问贫困失能老人、举办曜阳养老系列培训班、曜阳养老联盟专题介绍会等方式，新发展曜阳养老联盟成员近 1000 家。截至 2017 年底，曜阳养老联盟成员已达到 3000 余家。

1. 积极开展“曜阳关爱失能老人行动”。继续实施“中央专项彩票公益金支持失能老人养老服务项目”。2017 年，中心利用中央专项彩票公益金项目，在湖南、陕西、四川等 3 省共资助了 50 家养老机构。每家养老机构获得价值 20 万元的资助物资，相关养老机构的建设水平和服务能力迈上了新台阶，累计惠及失能老人 2000 多人次。

组织“关爱贫困失能老人”系列公益活动。5 月，中心与河北省红十字会、邯郸市委市政府，共同举办了“关爱贫困失能老人暨纪念第 70 个世界红十字日”活动，为失能老人进行了公益捐赠，现场捐款超过 10 万元。6 月，中心组织中央党校厅局级干部进修班“民生与社会建设”研究专题的 43 名学员，到四季青敬老院开展考察学习暨慰问活动，共计捐赠 140 台电视，价值达 20 余万元。10 月，中心在长春举办了“关爱失能老人·走进长春”大型公益活动，为失能老人募集资金 10 余万元，受到社会各界的普遍好评。

依托互联网募集关爱失能老人专项基金。与中国老龄事业发展基金会合作，共同发起成立“关爱失能老人公益基金”，启动了“当你老了”公益平台，聘请中央电视台著名主持人朱军作为公益平台形象大使，通过网络众筹募集资金，资助和帮扶贫困失能老人。截至2017年底，共有4万多人参与捐款，捐款总额达200多万元，选取陕西、河北等地革命老区的47名贫困失能老人，作为首批资助对象，资助金额达94.4万元。

探索曜阳养老与群众体育相结合的公益道路。与国家体育总局社会体育指导中心合作，在深圳盐田体育中心举办“中国梦·舞九州—曜阳领舞杯”2017年中国广场舞公开赛总决赛，募集善款10余万元。同时参与举办中国广场舞发展峰会，探索新时代如何将体育运动和健康养老有效结合的方式方法。

2. 构建曜阳养老大数据智慧养老信息平台。2017年，中心与企业合作构建了以大数据为基础的智慧养老平台。经国家版权局批准，取得了曜阳智慧评估系统、智慧养老服务云平台、曜阳智慧养老服务客户端APP软件、曜阳养老服务机构客户APP软件、曜阳智慧养老大数据平台等9项计算机软件著作权。

3. 协助推进养老服务人才队伍建设。举办养老专业人员培训班。中心分别在云南和贵州，举办了两期曜阳养老护理员培训班和一期曜阳养老院长培训班，共计182名养老护理员和170名养老院长参加了培训，其中220名学员参加了在贵阳举办的“第三届中国养老服务业发展高层论坛”。

积极选树养老护理员模范典型。经过精心策划，中心通过总会，向中央电视台申请并获批举办“最美夕阳花”推荐展播活动。目前，中心与中央电视台社会与法频道合作，已经完成了“最美夕阳花”评选及展播活动的项目策划、总体计划、实施方案和支持性方案，爱心企业一次性捐赠3500万元，用于资助推荐及展播活动。

4. 搭建养老服务与管理的业务交流平台。参与举办“健康中国建设”学术研讨会。联合中国社会保障学会，在北京人民大会堂和友谊宾馆举办了“健康中国建设”学术研讨会。全国政协副主席韩启德出席开幕式并发表演讲，国家卫计委、人社部有关部委负责人，科研院校专家学者，全国各地社会保险部门负责人和医疗机构、曜阳养老联盟成员单位负责人，企业、媒体代表近 300 人参加了会议。扬州、富春江、济南、贵阳和邯郸曜阳养老机构负责人，就医养结合工作作了交流发言，另外 4 家曜阳养老联盟成员单位负责人做了经验交流。

5. 举办“第二届海峡两岸社会保障暨两岸恢复民间交流交往 30 周年论坛”。中心联合中国社会保障学会、两岸关系和平发展协同创新中心，在厦门举办了“第二届海峡两岸社会保障暨两岸恢复民间交流交往 30 周年论坛”，就海峡两岸社会保障、养老、医疗等民生问题，进行了深入交流和研讨。

此外，中心还组织曜阳养老机构负责人参加了“第六届中国国际养老服务业博览会”和“智慧养老健康中国健康产业博览会”。

（四）协助推进总会参与养老服务工作

1. 全面推进总会交办的三项任务。2017 年 9 月，总会委托中心，要求协助推进试点省市红会参与养老服务三项工作，包括老年人能力评估及机构建设、老年人救助和面向志愿者及家庭成员的养老服务技能普及培训等。中心专门成立了工作小组，先后赴 6 个试点省红会、12 个试点市红会开展调研，并向总会提交了《关于试点省红会建立老年人能力评估机构的指导意见》和《关于试点地区红会开展老年人救助工作的指导意见》等代拟稿，得到了总会领导的充分肯定。

2. 积极申报总会的课题研究项目。中心向总会申报了 2017—2018 年度研究课题《中国红十字会参与养老服务模式研究》，系统梳理、总结和提炼事业发展中心 16 年以来，开展公益养老服务的经验做法，梳理社会组织参与公益养老服务的有效模式和路径，提出可供地方红会学习借鉴的参与养老服务的模式和方法。

（五）着力打造“拔萃教育”公益品牌，突出红十字特色教育

结合“精准扶贫”工作，实施了“正坤助学金、奖学金及奖教金”“红

萃生”助学项目，中心累计资助贫困学生3000人次，资助金额达5000万元。此外，中心还聘请中央电视台主持人张宏民和著名歌手韩磊，担任北京拔萃学校艺术教育校长。中心还组织专业师资力量，举办红十字艺术教育培训班8期，累计培训600名艺术特长生。

1. 加强对两所双语学校的监管。根据2017年度两校《工作目标责任书》内容，对两校在依法办学、经济效益、社会效益和品牌维护等四个方面进行了半年度工作督查。总体来说，两校2017年度工作表现优异。两所双语学校的家长满意度均达到95%以上。北京拔萃双语学校教育教学成果喜人，小学部毕业统考名列朝阳区前茅，105人在全国书画大赛中荣获集体特等奖，其中有60人荣获一等奖；中学部60人参考，43人超过本科分数线，实现了一本、本科双超的教学目标；国际部2017届国际留学生100%被重点大学录取。扬州世明双语学校教育教学质量处于市直学校第一方阵；在扬州市教育局组织的体质健康抽测中获得市直学校第1名；“天使民乐团”选送的舞蹈《百家姓》走上了央视“大手牵小手”栏目；1名学生被评为江苏省少年科学院院士。学校媒体宣传工作突出，品牌美誉度逐年提升；在2017年扬州教育教学督导检查中获得优秀。年内，两校完成理事会换届工作，为后续工作开展奠定组织基础。

2. 稳步推进“正坤助学金、奖学金及奖教金”项目。继续按计划完成了第五年度的“正坤助学金、奖学金及奖教金”资助项目。青海省都兰县共有620名师生获得了18万元资助或奖励；截至2017年底，中心与青海正坤矿业有限公司已完成了5年《合作协议》，联合资助了青海省3100名师生分别获得奖教金、助学金、奖学金、共计100万元的资助奖励。

3. 促进博爱艺术培训班工作再上新台阶。2017年9月和12月，博爱艺术教育特聘校长张宏民及韩磊分别走进博爱艺术培训课堂，指导学生练习并与学生进行互动；合唱班的20名学生参加了全国首届少儿书画春晚的节目录制。截至2017年底，共有近700名学生参加了博爱艺术培训班。

4．督促协调“拔萃教育”品牌项目建设。2017年3月协调完成乌当区幼儿园合作办学项目的实地考察，10月，振新幼儿园顺利在乌当区举行了挂牌仪式。5月12日，举办了晋江拔萃双语学校奠基仪式，目前主体工程已封顶，正在筹备组建管理和教学团队，以确保2018年9月如期开学；承德健康产业园项目、夏邑拔萃双语学校项目、福清市拔萃双语学校和养老养生城项目均在积极推进中。

（六）深化拓展宣传交流工作

2017年，中心紧紧围绕养老、教育等核心业务，明确宣传主线，加强与人民网、新华网、中国网络电视台、中国网等主流媒体的交流、合作，定期向中国红十字报、中国红十字会网站报送重要新闻稿件，全方位、立体式宣传和报道“曜阳”养老、“拔萃”教育等重点工作。其中，《关爱贫困失能老人“当你老了”公益平台在京启动》和《第三届中国养老服务业发展高层论坛举行》的宣传报道，得到了人民网、凤凰网等80多家媒体的报道和转载，在社会各界引起强烈反响。此外，我们还不断提升中心网站新闻稿件质量和可读性，突出图文报道的视觉化作用。同时，注重发挥“仁爱传递”微信服务作用，精心做好《事业发展通讯》编辑出版工作。

（七）稳步落实专项公益基金相关工作

2017年，中心利用UCB健康希望基金，先后在云南中医学院、云南经济管理学院、广西卫生职业技术学院，举办了3期乡村医生培训班，总计培训300名乡村医生。学员来自两省区全部30个地州的17个不同民族。后经UCB指定，中心委托北京大学易红梅副教授牵头的项目组，开展了对乡村医生培训的评估工作。这里，我要特别指出，在2017年达沃斯论坛上，比利时UCB制药公司被评为全球可持续发展领导力100强公司，该公司与中心合作的乡村医生培训公益项目是其中的重要内容。

（八）抓好党建工作和自身建设

1．抓实党建工作，切实发挥好“两个作用”。党支部坚持以党建工作带动和促进业务工作，确保党建和业务工作两手抓、两促进，发挥好党支部的战斗堡垒和党员的先锋模范作用。

探索“曜阳养老联盟”党建工作。中心党支部把曜阳联盟党建工作作为重点，认真落实《关于加强社会组织党的建设工作的意见（试行）》（中办发〔2015〕51号）精神，积极探索“曜阳养老联盟”党建工作的方法和路径。先后制定了《曜阳党建工作指导方案》《曜阳联盟党建工作实施意见》，鼓励加入曜阳联盟的养老机构建立党组织，积极争取当地党委的支持。2017年9月，中心联合湖南省红会和长沙市委组织部，在长沙率先启动了“曜阳养老联盟”党建试点工作，建立了“5+X”标准体系，“5”即班子建设好、党员队伍好、基础保障好、作用发挥好、综合评价好；“X”即基层的特色工作，为探索社会组织党建工作做出了尝试。

认真履行党风廉政建设责任制。成立了党建工作办公室，副主任吴昂坪主抓党建和党风廉政建设工作，明确1名党建专干，负责日常工作。同时，中心以部（室）为单位，成立4个党小组。各党小组以开展“两学一做”学习教育活动为契机，建立廉政风险责任制，将目标任务分解到人、责任落实到人。此外，中心定期开展谈心谈话活动，及时掌握党员干部思想动态。中心班子成员带头遵守政治纪律和政治规矩，切实增强“四个意识”。同时，按照“教育在先、预防在前”的总体要求，严格管理党员干部，多打“预防针”、常念“紧箍咒”、筑牢“防火墙”，教育党员干部守住底线、不碰红线。

建立“两学一做”学习教育长效机制。为深入贯彻习近平总书记关于推进“两学一做”学习教育常态化制度化的重要指示精神，中心党支部把“两学一做”纳入“三会一课”，融入日常管理中。各党小组定期组织学习，认真学习党章党规、习近平总书记系列讲话、相关政策法规等内容。

认真落实中央、总会巡视整改任务。根据中央第九巡视组的反馈意见和《中国红十字会党组落实巡视反馈意见问题清单、任务清单、责任清单》的要求，研究制定了整改方案，明确了职责分工。支部成员按职责分工，负责落实责任范围内的整改工作。同时，将整改任务分解到各党小组，做到任务到人、责任到岗、要求到位，确保整改任务有人抓、有结果，高质量完成了整改任务，修改完善规章制度6个，完成率为100%。

2. 加强团队自身建设。根据工作需要，我们从北京市总工会调入1名干部担任副主任，配齐了中心领导班子。从北京市环保局调入1名干部，新聘用1名硕士研究生，充实到办公室。为提升养老管理人才，我们选出2名干部赴比利时法兰德斯黄白十字会参加培训，学习借鉴比利时先进的养老护理保险体系建设、居家养老护理服务模式。同时，还抓好顾问、专家和志愿者队伍建设，发挥好参谋咨询作用。

3. 有序推进网络信息、财务等其他工作。根据形势任务的变化和事业发展需要，进一步规范工作流程，逐步提高工作效率和工作质量。

抓好网络信息安全工作。根据总会要求，成立了中心保密和国家安全、网络安全和信息化、普法工作领导小组，我担任组长，班子成员、各部室主要负责人任小组成员。领导小组下设办公室，负责保密和国家安全、网络安全和信息化、意识形态、普法等工作。

规范财务管理。配合国家审计署，对中心2016年度预算执行情况和其他财政收支进行审计，并对审计过程中提出的问题进行了整改。完成了2016年度的财务审计和UCB健康希望基金专项基金审计工作。参加总会2017年度财务检查工作，并对检查中发现的问题进行了整改，各项财务管理基础工作有明显改进。

完善内控机制。开展了内部控制基础性评价工作，修订了《事业发展中心财务支出管理规定》，制定了《事业发展中心固定资产管理办法》《事业发展中心合同管理办法》《事业发展中心筹资管理（暂行）办法》等规章制度，进一步完善了中心的内控体系。此外，举办了 2 期财务内控知识学习培训，帮助干部职工了解内控管理要求。

一年来，虽然我们的工作都取得了较大的成绩，但是仍然存在一些薄弱环节。比如，“曜阳养老联盟”建设工作缺乏顶层设计，推进缓慢；比如，党建基础性工作不够扎实，“三会一课”制度还需要进一步完善。特别是“曜阳养老联盟”党建，由于领域、地域、行业的差别，导致工作对接不力、效率不高。比如，干部队伍的科学化管理还有较大的提升空间等。

二、多年来做好工作的心得体会

回顾和总结过去一年的工作，我们积累了一些有益的经验，形成了一些思考和体会，有以下几点。

第一，围绕中心、服务大局是做好工作的重要前提。近年来，“曜阳养老”服务工作，在社会上产生了积极影响，得到了上级领导和社会各界的普遍认可。特别是“曜阳养老”被遴选为中央党校研究和教学案例，走进省部级、地厅级和中青年领导干部培训班课堂。中央党校、中国社会保障学会承担的“中国养老难题如何破解”国家调研课题，将曜阳养老的探索与实践写进了调研报告，习近平总书记、李克强总理分别作出重要批示。这些成绩的取得，很重要的一点，就是我们的养老服务工作，始终紧紧围绕和服务党和政府积极应对老龄化这一重大民生问题，及时调整工作思路和重心，扎扎实实地开展养老服务工作。

习近平总书记在党的十九大报告中明确指出，“中国特色社会主义进入新时代，我国社会主要矛盾已经转化为人民日益增长的美好生活需要和不平衡不充分的发展之间的矛盾”。这一重大政治判断和重大理论创新，涵盖了经济、政治、文化、社会、生态等方方面面。就我国养老服务领域来说，还存在区域发展不平衡、社会资源利用不充分、思想观念落后固化等诸多问题。新时代老龄事业和产业任重而道远。

凡是党和政府所需和人民群众所盼，就是红十字会工作围绕的中心和服务的大局。对事业发展中心而言，养老服务工作是我们的重中之重，协助党和政府有效解决养老服务领域中不平衡、不充分的矛盾，就是我们养老服务工作需要围绕的中心、服务的大局。因此，我们要振奋精神，奋发进取，当好政府的助手，在协助政府保障和改善民生，特别是养老服务方面，创出新业绩、作出新贡献。

第二，不忘初心、牢记使命是做好工作的基本原则。始终高举公益大旗，是红十字工作的立身之本。多年来，我们的公益养老和教育工作，之所以得到各级领导和社会各界的高度认可，重要的一条，就是我们秉持“心系民生、回报社会”的公益理念，为“一老一小”做了大量的实事和好事。比如，曜阳养老服务始终坚持把公益性放在第一位，决不因为经济效益而牺牲公益性，从而造成社会公信力下降，给红十字会带来不良影响。“曜阳关爱失能老人行动”就是一个典型的公益项目。

习近平总书记指出，“中国红十字会是党和政府在人道领域联系群众的桥梁和纽带”。今后，我们将继续高举公益大旗，结合精准扶贫工作，进一步探索帮扶失能老人的方法和路径，逐步扩大帮扶范围。加强与有关企业的合作，运用互联网＋养老、大数据等现代信息技术和智能化手段，努力把“曜阳养老”打造成全国知名的公益养老品牌。

第三，顶层设计、长远谋划是做好工作的根本方法。回顾“曜阳养老”“拔萃教育”的发展历程，我们之所以能够取得骄人的成绩，其中很重要的一条经验，就是我们始终紧跟国家形势和任务的变化，注重顶层设计、做好长远谋划。比如，在养老工作中，我们先后制定了《曜阳养老五年发展规划纲要》《关爱失能老人行动方案》《曜阳养老标准体系建设》，选准了方向和道路，并且以心无旁骛、不畏艰难的定力，以逢山开道、遇水搭桥的魄力，进行了坚持不懈的探索与实践。

习近平总书记在党的十九大报告中明确指出，“积极应对人口老龄化，构建养老、孝老、敬老政策体系和社会环境，推进医养结合，加快老龄事业和产业发展”。今后，我们要以党的十九大精神为指导，结合事业发展中心实际，既要立足工作现状，抓重点、补短板、强弱项；又要着眼长远发展，做好打基础、立支柱、定架构的工作，精心编制中心五年发展规划，特别是养老服务工作五年规划，努力把“曜阳养老”打造成为全国知名养老品牌，实现“曜阳养老”的规模化、特色化和连锁化。

第四，夯实基础、凝心聚力是做好工作的关键所在。一流的事业需要一流的人才队伍。打造一支高素质的团队，是做好各项工作的基础，更是提升单位竞争力的关键。公益事业更应该建立开放式的工作机制，广泛吸纳专家学者、社会知名人士、广大志愿者等方方面面的参与，为推动红十字公益健康事业发展夯实基础。

实践证明，我们的工作之所以取得了一定成绩，离不开一支高素质的干部队伍。这些年来，我们在抓好业务工作的同时，把团队建设作为基础性、根本性工作，吸纳各领域、各专业的干部，充实到中心各部门和各实体单位，他们在各自的岗位上，都发挥了积极的作用。特别是我们的顾问、专家和志愿者发挥了很大作用。比如，在实施养老和教育等重大项目之前，我们都要征求专家、顾问的意见和建议。比如，我们在充实领导班子成员时，充分考虑年龄、专业结构和工作经历，配齐配强班子。今后，我们将进一步加强团队建设，努力打造一支政治过硬、素质优良、结构合理的干部队伍。

三、新时代面临的形势和 2018 年工作任务

党的十九大鲜明地提出了“中国特色社会主义进入新时代”的重大政治判断，精辟地阐述了习近平新时代中国特色社会主义思想，科学地描绘了新时代中国特色社会主义事业的宏伟蓝图。特别是党的十九大报告提出的“加快老龄事业和产业发展”，为我们的养老工作指明了前进方向，提供了根本遵循。

2018年中心工作的指导思想是：以党的十九大和十九届一中、二中、三中全会精神为指导，深入学习领会习近平新时代中国特色社会主义思想，开拓创新、锐意进取，全力推进曜阳养老工作，稳步推进教育、基金和文化宣传工作，努力开创事业发展中心工作新局面。

（一）深入学习宣传贯彻党的十九大精神

2018年是全面贯彻落实党的十九大精神的开局之年。我们将按照中央和总会党组的要求和部署，精心制订学习党的十九大精神计划，充分利用“三会一课”平台，持续深入推进党的十九大精神学习贯彻工作。重点抓好四个方面工作：一是抓系统深入。通过集中培训、专家辅导、反复学习、深入讨论等方式，教育引导中心党员自觉践行“四个意识”，引领党员干部更加全面准确把握党的十九大精神，切实发挥党支部战斗堡垒作用和党员先锋模范作用。二是抓“关键少数”。中心领导班子和各实体单位一把手，要带头学习、带头宣讲，示范引领党员干部学习。三是抓监督考核。中心党支部要对党员干部学习情况进行监督和考核，确保学习实效。四是抓学用结合。开展“不忘初心、牢记使命”主题教育活动，引导干部职工把思想统一到党的十九大精神上来，把力量凝聚到实现党的十九大确定的各项任务上来。五是抓培树典型。按照党的十九大关于党建工作的精神要求，召开曜阳养老联盟党建工作会议，总结交流经验，树立先进典型，引导养老机构完善党组织建设，切实发挥好基层党组织的战斗堡垒作用和党员的先锋模范作用。

（二）精心做好中心五年发展规划工作

精心制定中心五年发展规划，明确今后5年的发展目标、重点任务、主要举措、保障措施等，创建曜阳养老品牌和拔萃教育品牌。经过5年的努力，中心要力争成为国内公益养老和民办教育的引领者、红十字系统参与养老服务和宣传红十字精神的示范者。主要任务包括：一是在2020年底前将扬州曜阳老年公寓和杭州富春江曜阳老年公寓建成曜阳养老品牌旗舰店。二是在北京、若干省会、若干地级市等建设 2—3 所具有典型示范作用的曜阳养老品牌示范店。三是帮助相关省市红会建成 10 家左右红十字特色养老机构。四是建成中国曜阳养老联盟，力争发展 5000 家养老机构、1000 名专业律师、100 家养老培训机构和 200 家老年产品企业加入联盟。五是将扬州世明双语学校和北京朝阳拔萃双语学校建成民办国际教育品牌学校，打造拔萃教育品牌，择机在全国举办 5—8 所拔萃品牌学校。

（三）全面推进曜阳养老的各项工作

1. 大力加强曜阳养老品牌建设工作。一是继续做好曜阳养老标准制定及完善工作。完善曜阳养老标准体系，编制曜阳养老机构的等级标准。开展集中培训和业务指导，将试点单位数量扩大到 300 家。二是加强对实体机构的管理和指导。采用信息化监管手段，加强日常监管和业务指导，帮助扬州曜阳国际老年公寓和富春江曜阳国际老年公寓实现年度目标，确保 2019 年底全面实现旗舰店建设目标。加强对济南曜阳国际老年公寓、贵阳曜阳养老服务中心和邯郸曜阳养老服务中心等实体机构的管理监督和业务指导。三是推动西三旗曜阳养老院尽快开业。加快与海淀区民政局沟通，尽早实现养老院开业运营。与首医大附属北京康复医院、当地社区卫生服务中心开展医疗康复合作，探索医养结合的有效模式和发展途径，争取 2018 年底前收住老人 30 人。四是推进农村养老服务试点工作。指导贵阳曜阳养老服务中心，制订完善自贡市农村养老服务试点工作方案并推进落实，为社会组织参与农村公益养老服务探索路径、积累经验。另外，要继续推进在建老年公寓及北京顺义、门头沟等新项目的落实工作。

2. 大力推进“曜阳养老联盟”建设。一是制订完善曜阳养老联盟建设方案，明确联盟职责定位、发展目标、成员构成、内部架构、主要业务、运营模式和风险防控等关键要素。制订完善联盟章程和五年发展规划，择机举办曜阳养老联盟成立仪式。二是选拔曜阳养老联盟省级联络人。依托当地红十字会，在各省市知名民办养老机构中，推荐选拔曜阳养老联盟省级联络人，组建曜阳养老联盟成员的首批骨干队伍。三是继续开展关爱失能老人系列公益活动。在河北、河南和江西，实施“中央专项彩票公益金支持失能老人养老项目”，做好2017年度50家养老机构申报选定、物资采购和发放工作。加强与各省红十字会合作，设立曜阳公益资助项目。同时不断发展养老机构加盟，力争会员达到5000家。四是开展养老服务与管理教育培训工作。加快推进承德和扬州养老服务职业教育项目。举办3期曜阳养老院长和5期护理员培训，累计培训2000人次，初步形成培训的课程体系并建立相应的师资团队。尝试举办境外培训，组织曜阳养老联盟成员出国交流。五是继续搭建养老服务与管理交流平台。举办第四届中国养老服务业发展高层论坛，在曜阳养老联盟内举办养老服务与管理的专题研讨会，为联盟成员提供业务交流平台，带动联盟成员提升整体服务和管理水平。六是选树养老服务人才的模范典型。开展“最美夕阳花”优秀养老护理员推荐展播活动，在曜阳养老联盟成员单位中选拔优秀养老护理员，展示曜阳养老联盟成员单位，展现曜阳养老联盟标准服务体系风采，在社会上形成关心关爱养老护理员的良好氛围。七是起草曜阳养老志愿者团队建设方案。推动曜阳养老联盟志愿者队伍建设，力争在2018年底发展志愿者约3000人。八是打造“互联网+”的智能化养老公益平台。与合作企业加强联系和沟通，配合曜阳养老联盟建设，大力推动“互联网+”的智能化养老公益平台建设工作，鼓励联盟成员单位通过现代科技手段提升管理和服务水平。

（四）协助总会开展公益养老工作

一是继续协助总会，指导试点省市红会开展老年人能力评估和机构建设工作，指导试点省市红会开展老年人救助工作，制订《红十字会开展面向志愿者、家庭成员的养老护理知识技能普及型培训工作方案》，并指导试点省市红会开展培训工作。二是完成总会2017—2018年度研究课题《中国红十字会参与养老服务模式研究》的相关工作。联合扬州、富春江、济南、贵阳、邯郸、北京西三旗等地的6家实体机构，共同推进课题研究，力争形成一个既可供红会借鉴、推广，又对曜阳养老品牌建设形成支撑的课题。三是积极协助相关省市红会参与养老服务工作，帮助具备条件的地方建设公益养老机构并提供运营指导和发展帮助。

（五）深入推进拔萃特色教育工作

一是按年度工作目标对中心下属两双语学校加强监管，并完成对两校的年度工作考核，确保全年无责任事故。二是做好博爱艺术培训工作，完成主持人和合唱班约200人的招生任务，出台艺术培训财务管理办法。三是推进晋江拔萃双语学校建设项目，预计8月之前完成校舍软硬件建设、管理教育团队建设，争取9月如期开学。

（六）继续做好UCB健康希望基金工作

一是6月在云南昆明举办1期乡村医生培训班，培训100名云南乡村医生。二是在条件成熟时，在自贡市组织实施防治癫痫培训。三是总结2013年至2017年度乡村医生培训经验，起草分析报告，制作1本工作总结画册，拍摄1部总结宣传片。

（七）完善党建基础性工作，抓出党建特色亮点

认真开展“两学一做”活动，完善“三会一课”制度。通过规范、正常、有序的支部，确保党建工作顺利开展。实施“曜阳养老联盟”党建“五个一工程”，即创建1个曜阳党建网，建立10个党支部，引导100个党支部上网活动，推选1000个起模范党员，做10000件好事。总结长沙试点工作经验，在“曜阳养老联盟”成员单位中推广。

（八）不断完善中心内部的日常管理

进一步厘清中心的主要职责，明确中心的业务范围，申请获批相关业务资质证书，不断加强中心的业务发展能力。完善人事管理制度，修订完善《职工考勤与休假管理办法》和《中心绩效考核与奖惩管理办法》。做好人员招聘及调入工作，完成干部备案及编制使用工作。继续做好顾问、专家和志愿者“三个团队”建设工作。完善财务制度。完成中心非营利组织免税资格认定延期申请工作。根据2017年中心内部控制基础性评价工作结果，起草制定专项物资采购管理，进一步完善中心的日常规章制度。

（九）深化拓展宣传与交流工作

继续做好中心和实体单位重大活动的宣传报道工作；对中心网站进行改版并做好日常维护工作；重新拍摄1部中心宣传片和制作1本中心宣传册；继续加强与重点新闻媒体沟通协调，营造良好舆论氛围；继续加强《事业发展通讯》编辑工作；继续发挥“互联网+”作用，加强微信服务号等网络手段的建设及运维工作；继续积极配合总会组织宣传部做好“舆情报告”工作。通过“最美夕阳花”优秀护理员展播活动，加强与各省级红十字会、各曜阳养老联盟成员及相关机构的联系，在全国范围内挖掘推选一批有奉献精神、业务能力强的护理员典型，在社会上形成关心关爱养老护理员的良好氛围。配合曜阳养老联盟建设，与爱心企业合作，设立曜阳养老服务专项基金。

高举公益大旗，服务“一老一小”，不断推进红十字事业持续健康发展[①]

今天，我们召开中国红十字会总会事业发展中心2019年度工作会议，总结2018年工作，部署2019年工作。本次会议的主要任务是：深入学习领会习近平新时代中国特色社会主义思想，全面贯彻落实党的十九大精神和党中央、国务院重要文件精神，切实研究落实总会党组工作要求和改革工作部署，锐意创新、攻坚克难，推动中心的各项工作2019年再上新台阶，为红十字事业持续发展作出新贡献。下面，我代表中心作工作报告，讲三个部分。

一、2018年中心各项工作取得新的重大进展

2018年，在总会党组的正确领导下，在有关部门和社会各界的大力支持下，事业发展中心及所属实体单位，学习贯彻习近平新时代中国特色社会主义思想和党的十九大精神，以党建工作为引领，着重围绕“一老一小”，积极推进养老、教育、文化等重点工作。截至2018年底，中心募集捐款捐物价值

① 2019年2月22日，在中国红十字会总会事业发展中心2019年度工作会议上的报告（有删节）。

共计 2515.78 万元（比去年增加了 16%）用于公益项目，使更多的孩子成就梦想，让更多的老人安享晚年。

（一）持续深入学习宣传贯彻党的十九大精神

2018 年，中心坚持以习近平新时代中国特色社会主义思想为指导，制定有关措施，通过多种形式，持续深入学习宣传贯彻党的十九大精神。

一是研究制订《中心五年发展规划（2018—2022）》。2018 年初，中心在认真学习十九大精神、系统总结过去 5 年工作经验的基础上，组织制订了《中心五年发展规划（2018—2022）》，明确了中心今后 5 年的发展目标、总体思路、路径方法和重点工作。

二是推进落实总会改革工作重点任务。总会改革启动以后，中心迅速召开了中层及以上干部会议，成立了事业发展中心改革工作领导小组，及时制定了相关工作方案并报总会。截至年底，中心已经总结提炼了开展公益养老的工作经验，并组织力量赴 4 个省 7 个地级市开展了专题调研。

三是举办第四届中国养老服务业发展高层论坛。10 月 17 日，中心与中国社会保障学会在扬州共同举办了第四届中国养老服务业发展高层论坛，论坛以“养老服务中的人文关怀”为主题。相关领导、专家学者、养老机构负责人和企业代表等共计近 500 人参加了论坛。

四是举办“宣讲行、送教行”大型公益活动。8 月和 11 月，中心与中国教育报刊社合作，先后在安徽泗县和贵州遵义，举办了“宣讲行、送教行”大型公益活动。来自东部发达地区的 20 余名优秀教师，为当地一线教师和教育管理者，举办了理论宣讲和教育教学理念交流等活动。

（二）以党建为统领促进中心及相关单位的发展

一是切实抓好中心自身党建工作。专门成立了党建工作办公室，设置了党建专员岗位。中心党支部在做好“三会一课”基本建设的同时，与各党小组签订了党风廉政建设责任书。通过专题党课和理论学习，不断加强党员的思想政治工作。

二是指导实体单位做好党建工作。中心党支部制定了《事业发展中心2018年党建工作三十条》，指导中心所属养老和教育实体单位党支部，在做好职工党建工作的同时，组织好入住老人和在校学生党员的党日活动。

三是探索引导养老机构做好党建工作。联合相关企业研发了曜阳智慧党建手机APP。截至年底，支持平台中的150家养老机构已在APP上实现信息互通。中宣部"党建网"以及国家人社部《中国组织人事报》相继进行了专题报道。

（三）曜阳养老品牌建设得到不断加强

一是曜阳养老机构人文关怀和医养结合特色愈加凸显。2018年，"扬州曜阳"和"杭州富春江曜阳"已建成了自理型养老公寓、康复（老年）医院和护理院三大功能模块，能同时满足自理型老人、患病老人和失能、半失能老人的养老需求，初步形成了"全程照护医养结合型养老服务模式"，成为曜阳养老旗舰店。其中，扬州曜阳康复医院实现全年医疗收入1230万元，比2017年增长96%，第四季度实现收支平衡；扬州曜阳公寓和康复医院的联合体，入选"2018年中国医养结合50强"排名第38位，比2017年上升4个位次。

"济南曜阳"采用了"养老院＋幼儿园"建设模式，并与周边医疗机构签订医疗服务协议，建立老人就医绿色通道，凸显了医养结合专业护理特色，2018年入住率超过85%，基本实现收支平衡。"贵阳曜阳"和"邯郸曜阳"依托原有医院的医疗优势，已建成高水平医养结合型养老护理院，入住率都超过了80%，同时向周边地区提供居家社区养老服务。"贵州曜阳"入选国家发改委遴选的新时代养老服务典型案例。2018年11月，以公建民营的形式，"北京海淀曜阳"承接了北京市海淀西三旗养老服务中心的管理运营工作，已正式揭牌。截至年底，已收住失能、半失能老人20余名。

二是“曜阳关爱行动”惠及更多的失能、半失能老人。2018年，利用中央专项彩票公益金项目资金1000万元，为河北、河南和江西3省50家养老机构添置了10余类养老物资和设备，提高了入住老人特别是失能、半失能老人的生活品质。此外，先后赴湖南省醴陵县、河北省定州市、广东省珠海市、河北省正定县、江西省兴国县等地，向10余家养老机构累计捐赠款物价值超过200万元，举办了健康义诊和慰问演出活动，惠及失能、半失能老人近1000名。

8月，与广东省珠海市红十字会合作，共同举办了“关爱贫困失能老人、关注特殊儿童慈善之夜”大型公益活动，共筹集善款1420万元（其中捐赠物品折价968万元）。9月，与CCTV社会与法频道，合作举办了《福寿中国》大型晚会，共同启动了“温暖夕阳——关爱贫困失能老人行动”。目前，首笔爱心救助款30万元已分送到河北、贵州、内蒙古等地养老机构。

三是曜阳支持平台工作得到较大发展。截至目前，中心已联系近5000家养老机构。为了方便养老机构间的交流，中心选拔了20名养老机构负责人，授权其为所在地区联络员。为帮助更多的养老机构稳步发展，中心共计举办了3期曜阳养老院长培训班和1期曜阳养老护理员培训班，委托制作了50节养老护理微课视频，累计培训了440名养老院院长和50名养老护理人员。5月，中心组织扬州、杭州、海淀等曜阳养老机构参加了第七届中国国际养老服务业博览会。10月，中心还组织30余家养老机构参加了与中国社会保障学会共同举办的第四届中国养老服务业发展高层论坛。9月，在总会的大力支持和指导下，中心代表红会组织，第一次与央视社会与法频道合作，举办了《守护夕阳——养老护理职业荣耀盛典》。节目展示了9名优秀养老护理员的先进事迹。国内养老护理员先进代表首次登上了央视大舞台。该书目已于2019年1月2日正式播出。此外，反映30名优秀养老护理员的事迹视频，也在央视网、今日头条和西瓜视频等网络媒体播出，浏览量超过850万人次，点赞数超过800万人次，大大提高了养老护理员的社会地位和荣誉感。

（四）“拔萃教育”品牌影响进一步扩大

一是两所双语学校不断取得新成绩。北京拔萃双语学校小学部毕业统考名列朝阳区前茅，中学部实现了一本、二本双超的教学目标，国际部留学生100%被重点大学录取，一批学生被世界排名前50名的大学录取。扬州世明双语学校教育教学质量稳居扬州市前列；“天使民乐团”选送的器乐表演《金蛇狂舞》获得扬州市特等奖；1名学生被评为江苏省少年科学院小研究员；选派优秀教师和管理骨干，前往安徽泗县、贵州贵阳市开展支教送教活动；隆重举行了庆祝建校20周年活动，极大地提升了学校和拔萃教育品牌在扬州地区、江苏省乃至全国的社会影响。

二是打造公办民助基础教育办学新模式。北京市通州区教委通过中心，委托北京拔萃双语学校，管理新建的北京拔萃骏源学校。9月1日，北京拔萃骏源学校正式开学，公办民助的创新融合，为北京城市副中心基础教育注入了新的活力。

（五）对外交流与合作有了新进展

一是主动到发达国家和地区学习养老工作经验。2018年8月，我带队到美国、加拿大，与当地养老机构和社会组织开展工作交流，学习发达国家先进的养老服务理念和成功做法。10月，中心领导吴昂坪同志带队到香港，与红十字会交流参与养老服务和开展志愿服务的工作经验。

二是主动引进外国基金开展公益项目。2018年，中心继续与比利时UCB制药公司合作，先后在云南、四川举办了两期乡村医生培训班，共培训乡村医生412名。与UCB健康希望基金在四川省自贡市启动了癫痫病援助项目。

（六）中心的自身建设和宣传工作取得新成效

一是中心内部建设得到加强。2018年，为加强队伍建设，中心从北京市朝阳区引进了1名正处级干部，同时招聘录用了3名工作人员。目前，中心现有工作人员35人，本科及以上学历33人，其中博士学位2人、硕士学位13人。为进一步完善管理制度，中心按照总会的要求并结合自身实际，制定完善了《预算决算管理办法》《日常经费使用管理办法》等重要制度，对大型活动项目经费、公务差旅经费等，进一步加强规范管理。

二是“曜阳养老”“拔萃教育”品牌宣传影响得到扩大。2018年10月，中心与经济科学出版社合作，编辑出版了《曜阳养老人文关怀的探索与实践》系列丛书一套三册，全面展示了中心开展曜阳养老19年来的理论思考、实践做法和初步成绩。2018年是扬州世明双语学校建校20周年，中心在《中国教育报》上发表了《以红十字精神为引领，助力新时代教育事业》的文章，在《人民日报》上发表了《社会组织公益办学的实践与思考》的文章，系统总结和提炼了社会组织助力新时代教育事业的经验和体会。

三是中心公益性服务的社会形象得到提升。2018年，中心先后在《人民日报》《中国教育报》等国家级媒体发表4篇专题文章，展示中心对养老、教育的思考与探索。与中央广播电视总台合作，举办了“福寿中国——关爱失能老人大型公益活动”，共同拍摄了纪录片《草原医生》，拍摄制作了中心宣传片《博爱天下》，有效地提升了中心公益性服务的社会形象。

事业发展中心的以上工作成绩，得到了上级单位和有关领导的充分肯定，得到了社会各界的普遍认可和好评。令我们特别欣喜的是，2018年9月26日，全国人大常委会副委员长、中国红十字会会长陈竺同志在认真审看了中心的工作汇报材料以后，作出了重要批示；具体内容是：“祝贺总会事业发展中心在‘一老一小’人道救助领域取得的重要进展，望继续努力，为国奉献、为民造福！”陈竺会长的重要批示，不仅对中心过去的工作给予了充分肯定，而且对今后的工作提出了殷切希望，将激励我们牢记使命、坚定不移、砥砺前行，争取为红十字事业发展再创新业绩。

在过去的一年中，各项工作所取得的成绩，是总会党组和有关领导统揽全局、正确指导的结果，是中心领导班子成员团结一心、积极作为的结果，是中心各部门、各实体单位凝心聚力、奋发进取的结果，是各位顾问专家和爱心企业、爱心人士悉心指导、大力支持的结果。今天到会的同志是各方面的代表，我代表事业发展中心，向大家所作出的贡献表示崇高的敬意和衷心的感谢！

虽然我们的工作取得了突出成绩，但是也要看到还存在一些不足。比如，学习贯彻习近平新时代中国特色社会主义思想还不够深入；贯彻上级有关政策还不完全到位，和总会党组的要求还存在一定的差距；曜阳养老和拔萃教育的品牌建设还有待于进一步加强；队伍建设、制度规范、管理机制等内部管理工作还需要进一步改进和完善。这些问题和不足，需要我们今后着力加以解决，不断将有关工作向前推进。

二、深入学习领会习近平新时代中国特色社会主义思想

事业发展中心作为总会的直属单位，所从事的工作是红十字事业的重要组成部分。在新的形势下，我们要在总会党组的正确领导下，以习近平新时代中国特色社会主义思想为指导，进一步树牢“四个意识”，坚定“四个自信”，坚决做到“两个维护”，认真贯彻落实党和国家以及总会党组的工作要求，坚持改革创新，做到求真务实，稳步推进各项工作。贯彻落实的前提是认真学习领会好有关精神。今天，我们借工作会议的机会，再一次组织学习。大家务必认真学习领会好以下三方面的重要精神。

一是认真学习领会习近平总书记有关方面的重要论述，包括习近平总书记关于群团工作、红十字事业发展和民生工作等方面的重要论述。

二是认真学习领会党中央、国务院有关文件重要精神，包括《中共中央关于加强和改进党的群团工作的意见》，《国务院办公厅关于全面放开养老服务市场、提升养老服务质量的意见》（国办发〔2016〕91号），工业和信息化部、民政部、国家卫生计生委联合印发的《智慧健康养老产业发展行动计

划（2017—2020）》《中华人民共和国民办教育促进法》，国务院办公厅印发的《中国红十字会总会改革方案》等。

三是认真学习领会总会党组对改革工作的部署和要求，需要深入学习领会的内容包括《中国红十字会总会改革方案重点任务分工方案》、陈竺会长和梁惠玲书记在中国红十字会第十届理事会第六次会议上的讲话、梁惠玲书记在中国红十字会总会改革工作动员大会上的讲话等。

通过学习领会上述重要精神，回顾和总结 2018 年的工作，我们深深体会到：习近平新时代中国特色社会主义思想特别是习近平总书记关于群团工作、红十字会工作、民生工作的重要论述，对指引红十字事业发展具有十分重大意义。我们必须将习近平总书记的重要论述，作为做好新时代红十字工作的根本遵循，全面深入地加以贯彻落实。

认真学习领会上述重要精神，联系事业发展中心多年来的工作实践，我们更加深刻体会到：必须站在贯彻落实党中央对群团工作的要求、推进群团工作改革的高度，探索创新新时代红会工作的内容与方法；必须始终明确中心作为总会的下属事业单位，要大力宣传和带头实践“人道、博爱、奉献”的红十字精神；必须坚持红十字会是党和政府在人道领域的助手这一职责定位，主动济困扶弱，不断满足人民群众对美好生活向往的需要；必须充分发挥社会组织的积极作用，参与民生建设和社会治理，主动协助党和政府积极应对人口老龄化和加强教育工作。

三、2019 年中心和各实体单位主要工作安排

2019 年是全面建成小康社会的决胜之年，是深入贯彻落实党的十九大精神、扎实推进总会改革工作的关键之年。我们将迎来新中国成立 70 周年。事业发展中心要在总会党组的正确领导下，以学习贯彻习近平新时代中国特色社会主义思想、党的十九大精神、十九届三中全会精神为主线，贯彻落实总

会改革工作方案，攻坚克难、求实创新，围绕“一老一小”服务对象，扎实推进曜阳养老、拔萃教育和博爱中国等三大方面重点工作，推动中心的公益事业再上新台阶。

（一）坚持以党建引领中心和实体单位的各项工作

一是切实加强中心的党建工作。认真贯彻落实《中国共产党支部工作条例》，严格落实党风廉政建设“一岗双责”责任制。大力培养入党积极分子，争取发展新党员。完善党员理论学习制度并督促落实。制定工作规范和考核标准，尝试开展党小组工作年度考核。按照总会要求，开展“不忘初心、牢记使命”主题教育活动。支持工会做好相关工作。二是指导所属实体单位做好党建工作。坚持党建工作属地管理的原则，指导所属实体党支部，全面落实《党建工作三十条》，积极开展职工党建工作，同时做好入住公寓的党员老人、在校学生的思想教育和政治引导工作。指导济南曜阳、海淀曜阳和通州拔萃成立党支部，及时开展党建工作。三是引导广大养老机构做好党建工作。全面落实曜阳党建“五个一”工程，建好 1 个曜阳养老党建信息网，新增 10 个基层党支部，实现 100 家养老机构党组织和党员网上工作互动，推选 1000 名优秀党员，为所辖养老机构老人做 10000 件好事。将党建工作纳入曜阳养老支持平台优秀养老机构评选标准。

（二）协助总会及相关省市红会推进重点工作

一是推进落实总会改革工作重点任务。全面总结梳理中心从事公益养老服务、打造曜阳养老品牌的成功经验，认真调研相关省市红会参与养老服务的有益经验，制定《红十字会兴办医疗康复养老等社会公益事业的实施方案（2019—2021）》，报总会批准后组织实施。根据总会委托，开展养老护理培训和养老服务经验交流，制定《红十字会医疗康复养老机构建设、服务及管理标准》等制度文件，并开展标准培训、机构评估等工作。按照总会工作部署，做好湖北省英山县的对口扶贫相关工作，探索开展农村养老和教育扶贫相关工作。二是协助地方红会参与养老服务工作。协助山西、湖南、湖北等地红会参与养老服务工作，包括共同举办养老人才培训、合作兴办医疗康复养老机构、共同开展关爱贫困失能老人行动等。

（三）不断强化曜阳养老机构的品牌特色

一是大力建设曜阳养老品牌旗舰店。指导督促扬州曜阳，不断完善养老护理业务规范，提高护理院的入住率。强化人文关怀特色，开展“欢歌乐舞艺术养生”项目和志愿服务活动。强化医养结合特色，支持曜阳康复医院聚焦神经康复发展方向，提升医疗康复业务水平和健康服务能力。举办庆祝建院 10 周年活动，同时启动三期工程建设。

指导督促富春江曜阳，在强化人文关怀特色的同时，加大对富春江老年医院的指导力度，不断提高健康服务水平。完成二期工程建设，确保第二批老人按时入住。加强对海淀曜阳的工作指导，力争 2019 年入住率超过 75%，凸显人文关怀和医养结合的特色，实现内部管理顺畅、业务流程规范、经济效益可持续的发展目标。

二是做好曜阳养老示范机构的管理和指导工作。每季度召开中心所属曜阳养老机构工作会议，组织工作交流，开展业务培训，不断提高管理水平和服务水平。加强对曜阳养老品牌机构的现场管理和指导，及时发现问题和隐患，帮助提升管理和经营水平。

三是不断推进曜阳养老品牌的业务拓展。争取以公建民营的形式，管理运营福建省泉州市和湖北省孝感市 1—2 家公立养老机构。支持扬州曜阳公寓和医院以公建民营的形式，管理运营 1—2 家公立养老机构。

（四）更大范围持续开展曜阳关爱行动

一是持续做好各类公益项目。整合现有基金，依托总会设立“曜阳养老专项基金”，进一步规范大额捐赠资金的募集、使用和管理。做好2019年中央彩票公益金支持中西部养老机构建设项目，为山西、湖北、西藏等地50家养老机构和入住老人提供支持。与相关基金会合作，开展“关爱贫困失能母亲”活动。与拍卖机构合作，创新开展公益慈善拍卖活动，为贫困老人和失能老人募集关爱资金。二是开展农村养老服务试点。按照“两共建、一组建、一捐赠”的模式，与河北省正定县人民政府共同建设一所农村示范养老机构，与企业合作共建一座红十字曙阳水站；组建一支“曙阳养老志愿者服务队”；协调企业捐赠一套互联网健康管理系统。

（五）着力加强曙阳支持平台建设

一是精心做好支持曙阳养老服务体系的顶层设计。召开专题研讨会，邀请业界专家、省级联络人和相关企业，共同研究设计曙阳养老机构支持平台的顶层设计，明确支持平台的建设目标、组织架构、工作路径和措施安排。3月下旬与企业合作召开新闻发布会，正式启动“互联网医院”建设项目，力争为1000家养老机构的老人提供互联网医疗健康服务。与相关机构合作，制定完善曙阳养老机构相关标准，择机开展标准培训、人才培养和机构评估等工作。二是继续开展养老服务人才培训。举办3期曙阳养老院长培训班，培训养老院长不少于400人次。利用互联网开展线上普及性培训，年内完成培训5000人次。与扬州技师学院合作设立江苏国际技术学院，大力培养养老服务专业人才。三是举办第五届中国养老服务业发展高层论坛。10月7日，与中国社会保障学会合作，在福建省泉州市举办第五届中国养老服务业发展高层论坛，聚焦养老服务中的志愿服务，设立主论坛和若干分论坛，邀请领导嘉宾、专家学者和养老机构代表、企业代表参加论坛及相关活动。

（六）创新开展曙阳养老志愿服务试点工作

一是制订《曙阳爱老志愿者工作方案》。通过调查研究，总结地方志愿服务的成功经验，在曜阳养老服务中，建立相关制度，大力推行志愿服务工作。明确招募、培训、使用、管理等程序和规范，逐步健全曜阳爱老志愿者工作体系。二是指导地方摸索曜阳养老志愿服务试点经验。联合相关省市红十字会，确定10个试点城市，推广“时间银行”的概念，建设高水平、专业化的曜阳养老志愿者服务队伍，大力开展曜阳养老志愿服务工作。三是宣传推广曜阳养老志愿服务先进典型。与总会组织宣传部和中央广播电视总台合作，开展全国优秀养老志愿者事迹展播活动，大力表彰宣传优秀养老志愿者和志愿者队伍。

（七）不断加强拔萃教育实体的管理和指导

一是完善对北京拔萃和扬州世明的日常管理和年度考核。进一步明确办学理念和培养目标，完善学校各项管理制度和考核办法。推进红十字健康北京拔萃促进校和扬州示范校建设，积极做好博爱艺术培训班年度招生工作及各项重大活动的组织工作。二是加强对新建拔萃教育实体的指导。指导北京拔萃双语学校，办好北京通州拔萃骏源学校，不断完善教育教学管理，提高教学水平，扩大招生规模。指导做好晋江拔萃双语学校的开学筹备工作，力争5月上旬建成并启动招生工作。

（八）扎实推进“博爱中国”品牌建设

一是开展“博爱中国·文化”行动。壮大博爱艺术团，组织爱心艺术家赴养老机构、教育机构开展文艺演出和慰问活动。应湖北省孝感市的邀请，纪念“5·8”世界红十字日活动将在该市举办。此外，将在北京市朝阳区探索开展文化艺术进社区活动。二是开展“博爱中国·教育”行动。与中国教育报刊合作，继续开展“宣讲行、送教行”活动，组织理论宣传专家和基础教育专家赴中西部地区开展理论宣讲和教育帮扶活动；组织优秀教师赴革命老区和贫困地区开展长期支教活动。三是开展“博爱中国·健康”行动。继续与比利时优时比制药公司合作，推进癫痫病治疗培训项目。

（九）加强宣传与形象塑造工作

一是对现有宣传方式进行改进提升。升级中心官方网站，建设中心微信公众号，建设曜阳养老联盟信息化平台。制作中心宣传画册（2019版），及时编撰《中心工作通讯》。二是进一步加强和主流媒体的合作。继续保持与中央广播电视总台、人民日报、中国网、环球网等国家级新闻媒体的密切联系，及时发布中心的重要信息、鲜活经验和研究成果，不断提升中心的社会形象。三是建立与总会沟通的畅通渠道。及时向总会报送中心的重要工作进展和主要成绩成果，主动向中国红十字报、总会官方网站和相关信息平台报送宣传材料，协助总会不断扩大红十字会的社会影响力。

（十）切实加强中心的内部建设和管理

一是不断完善中心工作的顶层设计。按照总会改革工作的要求，修订完善《中心五年发展规划（2018—2022）》，制定年度分解方案并组织落实。调整完善中心顾问委员会成员名单和专家委员会成员名单，重要工作决策前及时听取顾问和专家的意见和建议。二是推进落实中心自身的改革工作任务。抓住总会改革工作的契机，调整完善中心的职责范围和业务内容，增设"志愿服务部"，在总会设立"曜阳养老专项基金"。三是加强人才队伍建设。继续引进高水平专业人才到中心工作。修订完善《职工考勤与休假管理办法》《绩效考核与奖惩管理办法》。开展养老、教育、项目管理等业务知识的培训。稳步提高职工收入和职工福利。四是完善中心内部管理制度。完善财务管理和审计制度。完善内部机构设置和部门职责分工，加强部门协作。做好办公区域的后勤保障工作和垃圾分类工作，营造干净、有序、和谐的办公环境。

同志们，新时代的号角已经吹响，新征程的使命令人奋进。让我们在新的一年里，坚持以习近平新时代中国特色社会主义思想为指导，在总会党组的坚强领导下，高举红十字公益大旗，紧紧围绕服务“一老一小”，不忘初心，牢记使命，埋头苦干，扎实工作，并不断锐意进取，开拓创新，争取以优异的成绩向新中国 70 华诞献礼！

主动作为、攻坚克难，奋力夺取抗击新冠肺炎疫情斗争和推动红十字公益事业发展的双胜利①

当前，全国人民在党中央的集中统一领导下，正在开展抗击新冠肺炎疫情的斗争。按照疫情防控的要求，我们采取网络视频会议的形式，召开中国红十字会总会事业发展中心2020年度工作会议。这次会议的主要任务是：全面总结中心2019年工作，对中心的疫情防控工作进行阶段总结并部署下一阶段工作，重点部署中心2020年的主要工作。下面，我代表中心作工作报告，讲三个部分。

一、2019年工作取得的主要成绩

2019年，中心在总会党组的坚强领导下，坚持以习近平新时代中国特色社会主义思想为指导，贯彻落实党和国家有关精神、中国红十字会第十一次全国会员代表大会精神，围绕总会改革工作任务和中心的重点工作，攻坚克

① 2020年3月16日，在中国红十字会总会事业发展中心2020年度工作会议上的报告（有删节）。

难，开拓创新，在各方面都取得了突出的成绩。

（一）认真落实总会改革任务和对口扶贫工作

第一，协助总会研究起草参与养老服务工作文件。组织专门力量，赴 6 个省级红会和 12 个地级市红会，开展红会参与养老服务和兴办医疗机构情况 2 个专题调研，撰写 2 份专题调研报告上报总会，并代总会撰写《总会关于进一步做好参与养老服务工作的意见》和《总会关于兴办医疗康复养老等社会公益事业的指导意见》。此外，还完成了总会委托的 2 期养老护理培训任务，培训养老护理员 200 余人。

第二，为英山县脱贫工作作出了积极的贡献。2019 年总会联系的湖北省英山县已脱贫摘帽。在这一年里，中心共计落实到位扶贫款物总价值 201.734 万元，其中包括向县红会捐赠工作经费 41 万元；支持英山县 3 个养老院 60 万元物资设备，向农村福利院捐赠约 20 万元物资设备；指导中心对口扶贫村党支部，组建了养老志愿服务队，发展志愿者 30 余人；设立曜阳养老活动中心（志愿者之家）和 2 个公益岗位，共计资助经费 25.6 万元；支持当地举办养老护理技能培训，培训养老护理员、志愿者和公益岗位人员共 150 人次；为 13 名在读高中生提供助学金共计 2.6 万元；捐建价值 47.45 万元的“互联网 +”医疗健康系统；购置特色农产品 1.8 万元；联合爱心企业捐赠 10 台防跌倒设备，价值 3.28 万元。2019 年 9 月，中央和国家机关工委的机关刊物《旗帜》杂志，专门刊登了介绍中心对口扶贫工作的署名文章，在中央和国家机关系统引起了强烈的反响。

（二）曜阳养老志愿服务取得积极进展

2019 年，中心结合公益养老，将曜阳养老志愿服务作为重点工作，研究制定了《红十字曜阳养老志愿行动方案》。5 月 8 日，举办了“博爱中国·走进孝感——纪念第 72 个世界红十字日暨曜阳养老志愿行动启动仪式”，选定省、市、县、乡、村5级6家试点单位，开展曜阳养老志愿服务行动。截至年底，共发展曜阳养老志愿者31067人，开展养老志愿服务超过30万小时。研发启用“曜阳养老志愿服务信息平台”和“曜阳志愿服务APP”。联合CCTV社会与法频道《夕阳红》栏目，制作并播出大型专题节目《守护夕阳——为老服务志愿者荣耀盛典》，集中展现了7支志愿服务队伍和优秀志愿者个人的感人事迹，积极营造了关爱困难老人、争做养老志愿者的社会氛围。

（三）曜阳养老公益品牌影响不断扩大

第一，建好管好曜阳养老实体。2019年，中心联合中国社会保障学会，研究制定了曜阳机构养老特色标准，编辑出版指导丛书一套三册，包括《曜阳养老机构建设管理指南》、《曜阳养老机构服务规范》和《曜阳养老机构员工手册》。截至2019年底，中心兴办的4家曜阳养老机构共计入住老人1800多人，其中失能老人200余人；内设医院日均住院人数超过100人。扬州曜阳积极打造“医康护养疗”五位一体养老服务体系，入选了国家卫生健康委2019年遴选的“全国医养结合典型经验”，并通过了省级养老服务标准化验收，成功举办了建院10周年庆祝活动。杭州富春江曜阳获评杭州市四星级养老机构，海淀曜阳开业首年入住率达到50%，济南曜阳入住率已超过80%。冠名兴办的贵阳曜阳、邯郸曜阳、孝感曜阳、抚远曜阳等4家养老机构发展平稳。

第二，持续开展曜阳关爱行动。中心已连续6年组织中央专项彩票公益金项目工作。2018年度工作得到了总会和社会审计机构的高度认可，项目评估得分名列总会系统第一。2019年中心继续组织该项目，为中西部地区50家养老机构提供了总价值1018万元的物资设备，惠及贫困及失能老人5000余人。此外，中心还积极募集爱心款物，支持了河北正定和云南文山等地9家养老机构经费及物资总价值125万元，惠及贫困及失能老人近1000名；为扬州市养老服务工作提供总价值78万元经费和物资支持，用于养老人才培训、老年文化活动和资助困难老人等。

第三，夯实曜阳养老支持平台。2019 年，中心联合中国社会保障学会，成功举办了第五届中国养老服务业发展高层论坛暨红十字养老服务论坛，参会人员超过 400 人；共举办养老培训班 18 期，培训养老院长和护理员共计近 1000 名，录制 50 节养老护理微课；与企业合作成立“曜阳互联网养老院”，为养老机构提供管理信息化平台和远程医疗服务，目前已有 100 多家养老机构纳入该平台。

第四，曜阳养老品牌影响力不断提升。2019 年，中心在《人民日报》上发表署名文章，重点介绍曜阳养老服务工作；《中国社会报》也对中心公益养老服务进行了专版报道。国家级重要媒体的宣传，极大地提升了曜阳养老公益品牌的社会影响力。为此，黑龙江省抚远市与中心签订合作协议，委托中心举办抚远市曜阳养老服务中心，探索开展旅居养老服务。

（四）拔萃品牌学校教育教学质量日益提升

2019 年，北京拔萃双语学校中考 90% 的学生成绩在 500 分以上，高考本科上线率 60%，超过区教育局的目标任务 20 个百分点。扬州世明双语学校中考成绩位列全市非公立初中第一名、市区所有初中合并排名第三位，超过 50% 的学生被四星高中录取。北京市通州区教委与中心签约，正式委托北京拔萃双语学校，管理运营通州拔萃骏源学校。拔萃骏源学校试运行一年，在校学生总计 261 人，得到了学生家长和当地群众的一致好评。众多家长联名写信给区委区政府，希望学校进一步扩大招生规模。中心与企业合作建设的晋江市拔萃双语学校，已竣工落成并开学，首年招收了 263 名学生。

（五）持续打造“博爱中国”公益品牌

第一，创新公益募捐的方式方法。2019 年，中心与北京电视台生活频道《拍宝》栏目组，联合举办了公益慈善拍卖活动 2 场，将拍卖佣金的 20% 共计 40 余万元，作为公益捐赠专门用于关爱贫困和失能老人。

第二，开展“博爱中国·文化”活动。2019 年，中心组织知名艺术家和歌唱演员 30 多人次，赴中西部地区举办慰问老人的专场演出 6 场，为 3000 多位老人送去高水平的精神文化食粮，受到当地领导和群众的热烈欢迎。

第三，开展“博爱中国·教育”活动。2019 年，中心与中国教育报刊社合作，组织京沪等地专家 20 余人，赴中西部地区举办“宣讲行、送教行”公益活动 4 次，宣讲党的教育思想和方针政策，惠及当地干部和教师近 1000 人。北京拔萃和扬州世明两所学校，共计为 237 名“红萃生”减免学费等合计 148 万元。

第四，开展“博爱中国·健康”活动。2019 年，中心利用 UCB 健康希望基金，举办了癫痫病专科治疗培训班 25 期，共计培训乡村医生 1997 人、校医 362 人、卫生专业学生 1147 人。中心与企业合作设立了“曜阳护理员关爱基金”，出资 15.88 万元，为 2647 名养老护理员购买了大病和意外伤害保险。

（六）加强内部建设和宣传工作

2019 年，中心修订完善了内部控制、财务管理、绩效考核、科级干部选用等方面的制度文件 10 余份。制定并实施《中心所属机构生命财产安全风险防控工作方案》。新录用职工 3 人，包括 2 名中共中央党校的博士后。目前，中心共有工作人员 34 人，包括博士 4 人、硕士 11 人。严格落实中央有关规定，完成了公务车拍卖工作。

2019 年，中心重点开展了 14 批（次）宣传报道，在人民网、中国网等国家重点新闻网站以及环球网、今日头条等重要社会媒体发布相关信息近 60 次，转载和转发 300 余次。2019 年，中心向总会报送工作简报 26 份、改革周报 34 期，在总会网站发布信息 7 条。在中心官网及微信公众号发布工作消息 23 条。

（七）切实抓好中心党建工作

中心党支部严格落实“三会一课”制度，全年共召开党员大会 4 次、支委会会议 11 次、党小组会议 23 次，举行支部集体党课 3 次。按期完成党支部委员会换届工作。培养入党积极分子 4 人。组织开展“不忘初心、牢记使命”主题教育活动，认真开展理论学习和专项整治，召开专题民主生活会，剖析检视问题，制定并落实整改措施。组织党员使用“学习强国 APP”开展学习。指导中心所属实体全面落实《党建工作三十条》，8 家实体已有 6 家建立了党支部。推进曜阳党建“五个一”工程，引导联盟养老机构开展党建工作。

2019 年，中心取得上述工作成绩，是总会党组和有关领导统揽全局、正确指导的结果，是中心领导班子成员团结一心、积极作为的结果，是中心各部门、各实体单位凝心聚力、奋发进取的结果，是各位顾问专家和爱心企业、爱心人士悉心指导、大力支持的结果。今天到会的同志，是各方面的代表。我代表事业发展中心，向大家所作出的贡献表示崇高的敬意和衷心的感谢！

在取得工作成绩的同时，中心也清醒地认识到，中心在加强思想理论学习、完善自身内部管理等方面还存在一些问题和不足，需要在今后的工作中切实加以改进和完善。

二、扎实做好新冠肺炎疫情防控工作

新冠肺炎疫情发生以来，事业发展中心坚决贯彻落实习近平总书记的重要讲话精神、党中央的决策部署和守土有责、守土担责、守土尽责的工作要求，在总会党组的坚强领导下，主动作为，上下联动，各项工作取得明显成效。

一是做好中心层面的疫情防控工作。2 月 4 日，中心党支部召开专题会议，学习传达习近平总书记的重要讲话精神，落实党中央关于疫情防控的决策部署，成立了事业发展中心疫情防控工作领导小组。随后，中心先后发出《关于在抗击疫情斗争中发挥党组织引领作用的倡议书》《致曜阳老年朋友们的一封信》《关于做好疫情防控期间曜阳养老志愿服务的倡议书》《致“拔萃教育”学校教职员工的一封信》，呼吁中心所属曜阳养老机构、联系的广大养老机构的党组织和党员、曜阳养老志愿者和拔萃教育各学校的教职员工，立足本职岗位，积极参与疫情防控工作，特别呼吁广大养老机构的入住老人，增强自我防护意识，支持配合疫情防控工作。

二是指导所属机构做好疫情防控工作。1 月 26 日“农历大年初二”，中心通过电话要求 4 家曜阳养老机构做好疫情防控工作，确保入住老人和员工的健康和安全。在中心的指导和属地党委政府及民政部门的统一指挥下，4 家机构迅速采取封闭管理及相关措施，截至 3 月 15 日，没有发生一起感染病例，所有在院居住的老人都健康平安。

中心所属拔萃教育各学校在尚未开学的情况下，认真做好校园内疫情防控工作，组织班主任及时联系所有学生，了解学生及家长的身体健康状况和假期外出旅行情况，及时收集学生的体温情况，同时组织学生在家通过网络进行学习。截至 3 月 15 日，未发现疑似和确诊病例。

三是积极支持湖北省及英山县疫情防控工作。中心党支部组织党员和职工捐款 2.88 万元，支持湖北英山县两个对口扶贫村的疫情防控工作。协调爱心人士，为英山县提供疫情防控定向捐款 6000 元人民币。为中心联系的湖北省 48 家养老机构，捐赠了价值 8 万余元的米面油和医用口罩。联系爱心人士，向湖北 8 家养老院捐赠医用口罩 4000 个；联系爱心人士，通过湖北省红十字会，向武汉市中心医院捐赠 1 套备灾数据光存储器设备。

此外，中心还参加了总会机关党委组织的疫情防控捐款活动，共计捐款 8950 元；联系爱心人士，通过中国红十字基金会，为钟南山院士科研团队捐赠人民币 500 万元；协助巴西南美洲商会，向扬州曜阳捐赠医用口罩 5000 个。

四是帮助所联系的养老机构做好疫情防控工作。1 月 27 日和 2 月 2 日，中心先后将扬州曜阳的疫情防控工作方案和强化方案，发给曜阳养老支持平台联系的养老机构，提供参考和借鉴。1 月 27 日，我联系了国家级中医大师姜良铎先生，开了一副提高身体抵抗力、防范新冠病毒感染的中药处方，推荐给了各养老机构。此外，中心还协调相关医疗专家，为部分养老机构提供了中药防疫配方的专业指导；协调微医集团和解放军总医院国家老年疾病临床研究中心，举办了疫情防控健康宣教网络讲座 18 次，参加人数超过 5000 人次；协调中国科学院心理研究所、中国中医药促进会、复旦大学附属华山医院等机构的专家，录制疫情防控视频，并推荐给各养老机构；协调北京师范大学心理学部，将全国各地心理咨询的机构信息，提供给养老机构；将中国政府网、《人民日报》、健康中国网站、中国疾控中心网站、中国医药报网站发布的疫情防控信息及科普文章，及时转发给相关养老机构。

疫情防控期间，中心关心所联系的养老机构防控情况，组织职工分别通过电话、短信、微信等方式，联系了包括湖北省在内的全国 2100 多家养老机构，送去了对养老机构和入住老人的关心，尽可能提供支持和帮助。前面所提到的对湖北省养老机构的捐赠物资，目前大部分已到位。针对其他地区养老机构普遍缺乏防疫物资的问题，中心积极协调有关地方政府和企业，购置了 10 万个口罩，通过快递陆续发送到各地相关养老机构。

五是大力宣传疫情防控典型事例。截至 3 月 15 日，中心官网累计发布相关新闻稿件 10 篇，转载总会抗疫防疫信息 19 条；中心官方微信“仁爱传递”服务号累计发布相关稿件 4 篇；“曜阳养老”公众号累计发布相关稿件 94 篇。

3 月 4 日，习近平总书记在中共中央政治局常委会会议上指出，经过全国上下艰苦努力，当前已初步呈现疫情防控形势持续向好、生产生活秩序加快恢复的态势，同时强调要清醒认识当前疫情防控和经济社会发展形势的复杂性，增强统筹抓好各项工作的责任感和紧迫感。我们要认真贯彻落实习近平总书记的重要讲话精神，一方面要继续抓实抓细各项疫情防控措施，确保取得疫情防控的最终胜利；另一方面要逐步恢复正常的工作秩序，研究和安排好今年的各项工作。下面就当前进一步做好疫情防控工作，我再讲几点意见。

第一，进一步做好中心自身的疫情防控工作。要在总会党组的领导下，积极配合属地党委和政府的防控要求，采取有力措施，确保中心职工的健康安全。要采取居家办公等灵活上班方式，减少办公区域的人群聚集，降低疫情传播风险。要严格落实上班人员的体温监测制度，发现发烧人员及时采取隔离措施。要加强进出办公楼的人员管理，严格体温检测和人员登记。要强化办公楼楼内区域的消毒措施，确保办公区域保持干净环境。

第二，中心所属机构要切实做到“两不误”。各曜阳养老机构，要按照属地党委和政府及民政部门的统一部署，结合中心发出的倡议书的要求，进一步发挥党支部的战斗堡垒作用和党员的先锋模范作用，完善封闭管理措施，确保不发生输入性疫情。同时，不断完善生活和医疗保障措施，做好养老服务工作。特别要加强心理疏导工作，防范老人因长期封闭管理出现心理问题。拔萃教育各学校，要按照属地党委和政府及教育主管部门的统一部署，结合中心发出的《致拔萃教育各学校教职员工的一封信》的要求，切实做好未开学期间的疫情防控和网络教学工作。初三、高三两个年级要按照统一部署，通过网络进行学习，积极准备即将到来的中考和高考。其他年级通过网络开展好教学活动，为全面开学做好准备。

第三，因地制宜继续做好疫情防控工作。中心所属机构以及联系的养老机构，要按照属地党委和政府及有关部门的统一部署，结合本地疫情防控形势，区分疫情防控风险等级，分区分级精准防控，同时有序恢复正常服务安排和教学秩序。各机构可随时向中心反映相关情况，中心将力所能及地给予支持和帮助，共同夺取疫情防控的全面胜利。

三、2020 年重点工作安排

2020 年是全面建成小康社会目标实现之年，是全面打赢脱贫攻坚战收官之年。中心将坚持以习近平新时代中国特色社会主义思想为指导，贯彻落实党和国家有关精神，按照总会党组的工作部署和要求，在做好疫情防控相关工作的同时，改革创新，开拓前行，突出重点，全面推进，力争曜阳养老、拔萃教育、博爱中国等工作取得新进展、迈上新台阶。

（一）紧紧围绕总会工作部署和要求开展工作

根据总会工作要求，协助打造“红十字‘救’在身边”活动品牌，探索新形势下红会创新参与养老服务的方式方法，推动总会出台关于进一步做好红会参与养老服务工作的指导意见。协助总会指导基层红会的养老服务工作和养老志愿服务工作。完成总会委托的养老护理技能培训工作。中心所属养老机构，要积极参与所在地区基层红会“博爱家园”建设。

加强与对口扶贫村的党支部共建活动，同时整合各方资源，协助总会做好英山县脱贫攻坚收尾工作。持续支持当地养老服务中心和志愿者之家的建设，指导当地不断完善农村养老服务模式。持续开展教育扶贫工作，资助当地贫困学生，尝试组织北京地区的退休教师志愿者到当地开展支教活动。进一步做好产业扶贫工作，协调爱心企业到当地投资，发展当地特色产业。持续做好健康扶贫工作，协调有关企业扩大对当地患病群众看病就医、健康保健等方面的支持和帮助。

（二）扎实推进曜阳养老联盟相关工作

近年来，中心建立了曜阳养老支持平台，联系了一批地方养老机构，在养老服务方面给予了一定的支持和帮助。在前不久与各地养老机构电话、微信联系中，相当一部分养老机构呼吁尽快建立曜阳养老联盟。中心经研究，认为正式组建联盟的条件已经成熟，已初步拟定了联盟章程，并确定了联盟下一步的有关工作。2020 年，中心将指导联盟，主要做好三方面的工作。

第一，做好联盟的基础性工作。目前，联盟章程征求意见稿已发至相关养老机构，下一步将进一步修改完善。同时，依据章程制定《会员管理办法》《会员代表选举办法》《会员代表大会选举规程》《理事会选举规程》《监事会工作规则》《分支机构管理办法》等制度文件。此外，要建设“曜阳养老联盟网站"，构建联盟内部管理的信息网络平台。

第二，建立联盟的组织架构。按照联盟章程确定的条件和程序，将曜阳支持平台联系的养老机构转为联盟会员，并从中推荐遴选联盟理事、常务理事和副理事长候选单位，力争10月召开会员代表大会。联盟将成立秘书处，并组建养老服务专家委员会、养老机构专业委员会、养老企业专业委员会和养老志愿服务专业委员会。要明确中心各部门与联盟的工作关系，以保障联盟各项工作顺利开展。

第三，发挥联盟平台服务作用。持续推进"曜阳互联网养老院"项目，推动更多的养老机构加入项目平台。与中国健康管理协会合作，探索开展"曜阳健康服务"公益项目，为有需要的养老机构入住老人及员工提供健康服务。组织联盟会员养老机构开展经验交流活动。

（三）不断提升曜阳养老品牌的社会影响

第一，研究制定和完善曜阳养老系列标准。成立曜阳养老研究所。联合有关单位，制定曜阳养老机构分类标准，力争完成联盟养老机构的分类工作。制订曜阳养老机构分级标准，突出曜阳养老的品牌特色。制定曜阳养老护士职业技能与分级标准。启动"曜阳居家社区养老标准"前期调研工作。

第二，加强对曜阳养老机构的管理和指导。通过调研和培训，完善中心管理和指导曜阳养老机构的体制和机制。各曜阳养老机构，要进一步突出"人文关怀、医养结合"的曜阳养老特色，率先应用落实曜阳养老标准，开展曜阳养老一对一结对志愿服务。扬州曜阳和富春江曜阳，要围绕"医养结合全程照护型"养老机构的发展目标，加快公寓三期工程建设，稳步安排老人入住；提高老年护理床位使用率，提高养老护理质量和水平；支持内设医院发展，提高医疗保障和健康服务水平。海淀曜阳要提高机构床位入住率，同时探索开展社区居家养老服务。济南曜阳、贵阳曜阳和邯郸曜阳，要实现机构养老和居家社区养老的协同发展。孝感曜阳要稳步提高老人入住率。抚远曜阳要开展旅居养老服务试点工作。中心要出台《曜阳养老品牌使用管理办法》，积极稳妥发展曜阳养老品牌冠名养老机构。

第三，通过培训推广曜阳养老标准。中心兴办的 4 家曜阳养老机构必须执行曜阳养老标准。中心同时选定有意愿的养老机构，开展曜阳养老标准应用推广工作。举办 3 期曜阳养老院长培训班，重点培训曜阳养老机构的建设、管理和服务标准的相关内容。开展标准应用验收，评定相关养老机构的曜阳养老等级。以“理论培训 + 现场指导”的方式，开展养老护理员培训。举办 3 期曜阳养老护理员培训班，同时组建曜阳养老护理宣讲团，深入 10 家养老机构开展现场实操指导。建设曜阳养老网络培训平台，制作网络培训课程，探索建立养老服务技能考试网络系统。

第四，持续开展曜阳养老学术和业务交流活动。10 月在山西省大同市，将与中国社会保障学会和有关单位继续合作，举办第六届中国养老服务业发展高层论坛暨养老服务产业博览会，搭建行业专家、养老机构与养老企业之间的交流协作平台。支持举办养老机构之间的经验交流活动。

（四）持续开展曜阳关爱行动

利用中央彩票公益金项目经费，同时动员社会爱心力量，支持中西部地区特别是革命老区、边疆和少数民族地区的 40 家养老机构，为贫困及失能老人提供人道救助，协助总会打造人道救助品牌。利用“曜阳护理员关爱基金”，为 5000 名养老护理员购买大病医疗和意外伤害保险，及时为患病或受到意外伤害的养老护理员提供人道救助。

（五）大力开展曜阳养老志愿服务

在继续做好 5 级试点工作的基础上，进一步完善曜阳养老志愿服务体系，制定《曜阳养老志愿行动指导意见》。在中心兴办的 4 家养老机构中开展曜阳养老“结对志愿服务”试点工作，包括组织低龄、健康老人与高龄、失能老人开展结对帮扶志愿服务活动；组织社会志愿者与困难老人开展“一对一”结对帮扶活动；与家医网和中国中医药研究促进会合作，组织医疗志愿者为养老机构老人提供结对型医疗健康志愿服务。及时总结试点工作经验，适时在联盟养老机构中广泛开展曜阳养老“结对志愿服务”活动。

（六）持续开展“博爱中国”系列活动

创新公益筹款的渠道和方式，提高公益项目的筹资水平。持续开展“博爱中国·文化”系列活动，组建博爱艺术团，组织知名艺术家和歌唱演员，赴中西部养老机构开展慰问老人的文化演出。具备条件时，举办纪念“5·8”世界红十字日活动。持续开展“博爱中国·健康”系列活动，选取养老机构试点建设“曜阳健康小屋”，向入住老人、职工和周边居民宣传科学的健康保健知识，并提供便捷可及的健康服务。持续开展“博爱中国·教育”系列活动，继续开展“宣讲行、送教行”系列活动，组织京沪等地党建专家、基础教育专家，赴中西部地区开展党建理论宣讲和基础教育教学指导。

（七）进一步打造拔萃教育的办学特色

进一步完善对扬州世明双语学校和北京拔萃双语学校的管理和指导，不断提高管理水平和教学质量。北京拔萃双语学校要管好办好北京通州拔萃骏源学校和晋江拔萃国际学校。扬州世明双语学校要做好贵阳乌当拔萃幼儿园的教学援助工作。各学校要进一步强化红十字办学特色，大力开展青少年红十字教育，同时依托江上青教育基金，开展公益助学活动，为经济困难学生减免学费、发放生活费等。推进福建福清拔萃双语学校建设。

（八）加强中心自身建设和宣传工作

进一步完善内部管理和制度规范。对所属实体涉及生命财产安全和红十字社会声誉的工作，加强指导和管理。通过公开招聘选拔优秀人才，充实中心的专业人才队伍。出台筹资激励措施，让每一名职工都为中心作贡献。

加强宣传工作。更新中心官网，管好用好中心微信公众号。主动联系重要媒体，开展重点项目和品牌宣传工作。积极向总会官网提供新闻素材。大力宣传联盟优秀养老机构和优秀人物的典型事迹。联合 CCTV-12 频道，开展“守护夕阳——优秀养老院长事迹推荐展播”活动。

（九）进一步加强党建工作

在党支部和党小组层面，切实加强思想政治理论学习，扎实做好党员干部和职工的思想教育。严格落实党风廉政建设责任制，建立完善在重大项目中防范廉政风险的制度和措施。严格落实“三会一课”制度，每月召开一次党支部委员会会议，每两月组织一次党小组集中学习，每季度召开一次支部党员大会，每半年举行一次集体党课学习。利用“七一”等重要时间节点开展主题党日活动。中心兴办的养老机构和学校要按照属地党委的工作要求，切实加强基层党建工作。中心党支部将与联盟相关养老机构党组织开展共建活动，发挥党建引领作用，实现党建与业务工作互相促进、同步发展。

2020 年的工作形势比往年更加复杂，目标任务比往年更加艰巨。在做好疫情防控工作的同时，还要全面推进各项重点工作，是对我们工作状态和能力的严峻考验。我们一定要按照党中央的决策部署，在总会党组的坚强领导下，不忘初心、牢记使命，振奋精神、迎难而上，夺取疫情防控和实现今年工作目标的双胜利，以扎实的工作成绩为实现全面建成小康社会的奋斗目标作出应有的贡献！

拓展拔萃教育品牌，助力优质基础教育发展[①]

很高兴与大家在这里相聚，共同见证中国红十字会总会事业发展中心与北京市通州区教育委员会签署战略合作协议，开启携手奋进共创佳绩、开拓进取永续发展的新篇章。

百年大计，教育为本。党的十九大报告围绕“优先发展教育事业”作出新的全面部署，明确提出：“建设教育强国是中华民族伟大复兴的基础工程，必须把教育事业放在优先位置，深化教育改革，加快教育现代化，办好人民满意的教育。”这为我们在中国特色社会主义新时代不断推进教育改革发展、大力提高国民素质指明了方向。党的十九大报告中还强调：“推动城乡义务教育一体化发展，高度重视农村义务教育，办好学前教育、特殊教育和网络教育，普及高中阶段教育，努力让每个孩子都能享有公平而有质量的教育。”“有质量”三字，醒目突出，重如千钧，清晰指明了未来教育发展的一大着力点。

中国红十字会总会事业发展中心始终全面贯彻党的方针和政策，发展公益教育事业，推动优质教育资源向农村、薄弱学校、贫困地区、困难群体倾

① 2018 年 8 月 1 日，在中国红十字会总会事业发展中心与北京市通州区教育委员会签署战略合作协议仪式上的讲话。

斜，重点创办富有红十字教育特色的基础教育学校，实施资助贫困家庭学生学习和生活的“红萃生”计划，在贫困地区筹建公益“拔萃小学”。截至2017年，已资助2200多人次，资助金额1500多万元。1998年和2003年，扬州世明双语学校和北京拔萃双语学校分别创立。拔萃学校内设幼儿园部、小学部、中学部和国际部等。拔萃学校遵循“一切为了学生、一切为了民族、一切为了明天”的办学宗旨，逐渐形成“让每个孩子都获得成功”的“拔萃”教育理念。北京拔萃双语学校被评为“北京市优秀民办学校”“北京民办教育社会公益评选优秀单位”。扬州世明双语学校发展质态和教育教学质量位列扬州市前茅，被评为江苏省红十字示范校。2012年，事业发展中心设立“拔萃小学”公益项目，资助老少边穷地区建设小学，目前已在湖南、甘肃、云南等省建成拔萃公益小学。事业发展中心与青海正坤矿业有限公司联合启动“正坤助学金、奖学金及奖教金资助项目”，已在2012—2017年资助和奖励青海省都兰县基础教育阶段家庭贫困、品学兼优学生和优秀教师3100人，资助金额总计100万元。

“拔萃”教育突出红十字公益教育特色。学校从建校起，就设立了“红萃生”救助制度，广泛吸收家庭经济困难、品学兼优的学生免费入学，充分体现了拔萃学校办学的公益性、慈善性。拔萃学校积极弘扬“人道、博爱、奉献”的“红十字”精神，将“青少年红十字活动”和“志愿者活动”纳入德育教育体系，突出紧急救护、志愿服务等红十字特色教育，设立校红十字会，常年坚持在校内外开展或组织师生参加募捐、义演和帮扶等公益活动。拔萃教育以“高质量、有特色、国际化”为办学目标，在课程设置上以国家教育部规定的教学大纲为标准，开设了国家教育部、北京市规定的全部课程，同时设置外教英语、红十字急救、美术、文艺、科技、体育等特色课程，注重对学生特长和素质的培养和引导。国际教育课程多元化，课程管理精致、完善，能够适应社会和家长对学校教育国际化的多元化需求。建设和拥有一支高水平的教师队伍是高质量办学的前提和基础。拔萃学校的干部、教师和职员在平凡的本职工作岗位上，发扬勤奋刻苦、敢于争先的精神，人人争做热爱学生、爱岗敬业的好干部、好教师、好职员，有 14 人被评为朝阳区校级"巾帼之星"；有 5 位干部和教师分获朝阳区民办教育先进工作者和优秀教师的光荣称号；2016 年 4 月，拔萃学校小学部语文教研组获得全国总工会授予的"全国工人先锋号"的光荣称号。"拔萃"教育不仅仅助力解决贫困地区、家庭经济困难等学生上学难的问题，更是让贫困学生共享优质教育资源，阻断贫困代际传递，促进学生们成长成才。

2015 年 7 月 11 日，中共北京市委十一届七次全会审议通过了《中共北京市委北京市人民政府关于贯彻〈京津冀协同发展规划纲要〉的意见》，通州区正式成为北京市行政副中心。2017 年通州区入选国家重大市政工程领域 PPP 创新工作重点城市，并获得全国文明城市光荣称号。自 2011 年来，通州区相继制订并实施了两期学前教育三年行动计划，着力将扩资源、调结构、建机制、提质量作为主攻方向，学前教育与义务基础教育事业取得了长足发展。此次，事业发展中心与通州区教育委员会的合作将着力解决优质教育资源不足、区域配置不均衡的问题，共同携手努力打造"高质量、现代化、国际化"的学前教育和义务教育阶段基础教育，让教育在公平基础上实现"有质量"，让琅琅书声满校园，幽幽书香沁心脾，更好地服务通州区教育发展需求。

我相信，今天的签约仪式将是我们双方优势互补、资源共享、互利双赢的开始，我们将进一步深化资源利用与整合，加强全方位的合作与交流，让通州区的孩子们能通过"有质量"的教育成就更好的自己，不断夯实国家和民族发展的根基。

【情况介绍】

1. 2018 年 8 月 1 日，中国红十字会总会事业发展中心与北京市通州区教育委员会，在北京签署战略合作协议。根据协议，北京市通州区教育委员会委托事业发展中心和所属北京拔萃双语学校，管理运营新建成的北京拔萃骏源学校。

2. 北京拔萃骏源学校位于北京市通州区马驹桥镇，是通州区教委整合马驹桥镇周边零散教育资源而兴办的九年一贯制义务教育学校，包括小学部和初中部，2018 年 9 月起试运行，2019 年 9 月正式开学。

宣讲十九大精神，传递先进理念经验，协助革命老区提升基础教育水平[①]

在这金秋送爽、硕果飘香的季节，我们大家相聚在历史文化名城泗县，共同参与“宣讲行、送教行”大型公益活动。

大家都知道，党的十九大对于“优先发展教育事业”作出了战略部署。党的十九大报告强调指出：“建设教育强国是中华民族伟大复兴的基础工程，必须把教育事业放在优先位置，加快教育现代化，办好人民满意的教育。”“要推动城乡义务教育一体化发展，高度重视农村义务教育，办好学前教育、特殊教育和网络教育，普及高中阶段教育，努力让每个孩子都能享受公平而有质量的教育。”我们这次“宣讲行、送教行”活动，就是深入贯彻落实党的十九大精神的实际行动，就是助推新时代教育改革发展的重要举措。

泗县是一个具有革命斗争传统的地方，也是江上青革命烈士——我的外公牺牲的地方。在那个全民抗战、烽火连天的年代，江上青烈士满腔热血、投笔从戎，大力宣传抗日主张，努力构建抗日统一战线，鼓舞广大民众的士气和斗志，为皖东北抗日根据地的建立和发展作出了特殊的贡献。这里，是

① 2018 年 8 月 25 日，在“宣讲行、送教行走进安徽泗县”活动上的讲话。

我魂牵梦萦、终生难忘的地方。每一次来到这里，我都充满着敬仰之情、怀念之情、感恩之情。

我的母亲叫江泽玲，也是一名人民教师，一辈子教书育人。作为革命烈士的后代，作为教育世家的后代，办学助教早就根植于我幼年的心灵深处，在参加红十字会工作后，我一直在努力践行着。1998 年和 2003 年，我们分别创办了扬州世明双语学校和北京拔萃双语学校。经过这么多年的实践探索，扬州世明双语学校教学质量位列扬州市前茅，被评为江苏省红十字示范校。北京拔萃双语学校被评为“北京市优秀民办学校”“北京民办教育社会公益评选优秀单位”。十几年来，扬州世明双语学校坚持每年选派教师骨干到泗县的江上青小学支教，江上青小学同时选派教师来扬州世明学校学习进修，双方已经形成互相促进、共同提高的良好局面。

习近平总书记强调指出，基础教育是立德树人的事业，是提高民族素质的奠基工程。我认为，基础教育核心在打基础，关键在抓质量，重点在促均衡。中国红十字会总会事业发展中心一直以“人道、博爱、奉献”的红十字精神为宗旨，积极发展公益教育事业，努力推动优质教育资源向薄弱学校、贫困地区、困难群体倾斜，实施资助贫困家庭学生的“红萃生”计划。截至 2017 年，已资助“红萃生”2200 多人次，资助金额 1500 多万元。在贫困地区筹建公益“拔萃小学”，目前已在安徽、湖南、青海、甘肃、云南等省捐建了 5 所“拔萃公益小学”。事业发展中心还动员社会爱心企业和爱心人士，设立了江上青教育基金等，共培训了西藏、安徽等部分少数民族地区和偏远落后区县的 90 位小学校长，并资助、奖励品学兼优的贫困学生及优秀教师共 6600 多名，基金支出已有 4000 多万元。

“宣讲行、送教行”公益活动，走进贫困地区和革命老区近 50 次，参与专家有数百人次，受益校长和教师 10 多万人。这项公益活动深受基层干部群众和学校的欢迎，已经形成了较大的品牌效应和影响力，有效推动了当地教育事业的改革发展。

在新时代教育改革发展的征程上，中国教育报刊社与中国红十字会总会事业发展中心实行战略合作，发挥双方优势，共同开展“宣讲行、送教行”活动，为贫困地区和革命老区教育提供发展动力和助力，一定会取得新的更大成效。我们要在习近平新时代中国特色社会主义思想指引下，将习近平教育思想送到各地，将国家教育方针政策送到各地，将先进教育理念送到各地，将社会各界的爱心资助送到各地，努力为办好人民满意的教育贡献我们的力量。

【活动介绍】

“宣讲行、送教行”活动，由中国红十字会总会事业发展中心和中国教育报刊社共同举办，自2018年起组织北京、上海等地的优秀教师，到中西部地区特别是老少边穷地区，宣讲党的教育创新理论，开展基础教育教学经验交流，积极帮助当地教育部门和中、小学提高理论指导水平和教育教学水平。

坚持立德树人，加强教师队伍建设，推动学校各项工作再上新台阶[①]

风雨历程二十载，励精图治拳拳心。过去的20年，我们坚守初心、不忘本真，以感恩之心投身教育事业；过去的20年，我们砥砺前行、接续用力，以拼搏精神建设教育事业；过去的20年，我们积极创新、锐意进取，以奋进姿态壮大教育事业。

在此，我谨代表中国红十字会总会事业发展中心，向长期关心和支持扬州世明双语学校发展的各位领导和社会各界人士表示衷心的感谢！向为学校教育默默奉献的教职员工致以崇高的敬意！向学校的各位校友及1600余名在校同学表达真诚的祝福。

我的外公江上青烈士，曾是一名教师。在那个全民抗战、烽火连天的年代，江上青烈士满腔热血、投笔从戎。我的母亲江泽玲，也是一名人民教师，一辈子教书育人。作为教育世家的后代，立志办学，回报乡梓，是我久藏的心愿。为满足广大市民对优质教育资源的需求，在中国红十字会与地方政府关怀支持下，在海内外贤达关心资助下，集腋成裘，聚沙成塔，扬州世明双

① 2018年10月16日，在扬州世明双语学校建校20周年庆典活动上的讲话。

语学校从创办起航到不断发展壮大。在这里，我特别需要感谢的是老一辈无产阶级革命家张爱萍爷爷，对创办学校给予了极大的关怀和鼓励，并专门为学校题写了校名，这是我们世明学校最大的荣耀。

栉风沐雨，春华秋实。事业发展中心始终坚持以人民为中心发展教育，坚持公益导向，面向地区实际，积极开展办学助学实践，取得了初步的成效。世明学校历届班子始终踏踏实实办学，兢兢业业育人。经过 20 年的探索与实践，学校已发展成涵盖学前和义务教育阶段的全日制寄宿综合学校，在扬州同类学校中名列前茅、享有盛誉。

20 年来，学校的全部收益与办学结余全部用于办学与自身再发展，由事业发展中心和当地教育主管部门对学校建设、管理、指导和监督等方面共同负责。这种办学模式，充分体现了学校的公益性质，形成了顺畅的管理体制和充满活力的办学机制，保证了学校健康、可持续发展。我们着力推动优质教育资源向贫困地区、困难群体倾斜，发放“孝廉”“李锦记”奖学金，为品学兼优的“红萃生”免除学费，累计发放资助金 1000 余万元，受益者近 7000 人次，让贫困学生共享优质教育资源，促进学生们成长成才，获得了社会各界的广泛赞誉。

20 年来，世明双语学校始终坚持德育为先，以德育启智，将“人道、博爱、奉献”的红十字精神有机地融入教学实践活动中，组织学生定期走访特教学校聋哑生、慰问福利院的孤儿及老人，让学生在活动中学会感恩，在感恩中学会爱党、爱国、爱他人。

20 年来，世明双语学校认真贯彻落实国家和扬州市教育部门关于依法治校、依法办学的部署和要求，全面规范学校的办学行为和教育教学活动。时刻绷紧安全管理这根弦，严格要求、防患于未然，为孩子们健康、快乐成长创造了良好的校园环境。

20 年来，世明双语学校坚持“以美益德，以美健体”的理念，致力于为每个学生提供可任意选择和充分发展的空间，形成了科学全面的艺术教育体系，为孩子们提供展示自己的平台，培育了创新精神，个性获得尊重和发展，综合素质得到普遍提高。

20 年来，世明双语学校始终秉承让每一个孩子都成功的教育理念，因材施教，教学质量屡创新高，已经成为扬州市民办教育的一张名片。20 年来的探索与实践证明了世明学校的成立与发展是社会组织公益办学的一种成功模式，展示了人道主义精神结出的丰硕成果，彰显了社会各界的真诚奉献。

风雨兼程二十载，世明圆梦花盛开。经过 20 年不懈的努力，世明双语学校荣获江苏省优质幼儿园、江苏省实验小学、江苏省示范初中、江苏省红十字示范校、扬州市素质教育先进学校、全国足球特色校、扬州市艺术教育特色学校、扬州市首批“群众满意学校”等称号，在当地获得了广泛赞誉。

老师们、同学们、朋友们！

过去 20 年的璀璨篇章，承载着每一代世明人的奋力拼搏，承载了世明人对国家民族的热爱与奉献，我们必须万分珍惜、代代相传。在这里，我要感谢伴随世明成长的一代代教职员工，你们的博学多识，培育了学子们的多才多能；我要感谢千千万万的世明校友，你们的奋力拼搏，成就了世明的今日辉煌；我还要感谢一直关心和鼎力支持世明的各位领导、各界朋友，无论在创校初期的艰难岁月，还是快速发展的今天，你们始终与我们在一起。

前不久，习近平总书记在全国教育大会上发表重要讲话，强调“坚持把立德树人作为根本任务，坚持优先发展教育事业，坚持社会主义办学方向，坚持以人民为中心发展教育，坚持把教师队伍建设作为基础工作”。这一重要精神为我们指明了教育发展的前进方向，提供了根本遵循。在新时代基础教育改革发展的征程上，我们今后一定要继续坚持德育为先，提高教学质量，积极推行以“感恩、进步”为核心的向善向上教育，培养心智俱佳的栋梁之材；我们今后一定要一如既往地坚持社会组织公益办学，以办好人民满意的教育为宗旨，促进基础教育的均衡发展；我们今后一定要始终如一地把教师队伍建设作为基础工作，建设一支高素质专业化的教师队伍，更好地为培育社会主义建设者和接班人发挥作用。

老师们、同学们、朋友们!

世明正青春，年少正当时，我们还需在未来的时光中让奋斗成为青春的底色，在成长中注入拼搏的精神，增加学术的积淀，夯实教育教学质量，坚定其脚步，强健其精神，为扬州的文明与文化增光添彩，为扬州的教育事业添砖加瓦，为中华民族伟大复兴的中国梦不懈奋斗!

最后让我们共同祝愿：扬州世明双语学校的明天会更好!

【情况介绍】

扬州世明双语学校，是江丹在扬州市委市政府及社会各方面的大力支持下兴办的第一所基础教育学校，位于瘦西湖风景名胜区，1998 年 9 月建成开学，包括幼儿园部、小学部和初中部。学校现有教学班 41 个，在校生 1700 余人；有在职教师 121 人，其中高级职称 23 人、中级职称 60 人，国家级学科带头人 2 人、省级学科带头人 2 人、市级学科带头人 4 人。学校先后获得国家优秀教学成果奖 4 项、江苏省优秀教学成果奖 13 项、扬州市优秀教学成果奖 22 项。中考成绩位列扬州市直属初中前 3 名。

创新使用信息技术，不断提升养老服务质量[①]

按世界通行标准，2000 年我国已进入老龄化社会。2000 年至 2018 年，我国 60 岁及以上老年人口，从 1.26 亿人增加到 2.49 亿人，占总人口比重从 10.2% 上升到 17.9%。面对迅猛发展的人口老龄化趋势，党中央和国务院作出了一系列的重要部署。中国红十字会是党领导下的群团组织，是从事人道主义工作的社会救助团体，是党和政府在人道领域的助手和联系群众的桥梁纽带。协助政府有效应对人口老龄化问题，是红十字会义不容辞的责任和义务。

中国红十字会总会事业发展中心是中国红十字会总会直属事业单位，在总会党组的支持和指导下，聚焦“一老一小”，致力于养老、教育、文化、救助等公益事业。多年来，事业发展中心秉承“人道、博爱、奉献”的红十字精神，主动发挥社会组织优势，整合社会资源和力量，一直在探索公益性服务和市场化运作相结合的新型社会养老服务模式，着力打造以“人文关怀”和“医养结合”为特色的曜阳养老品牌，逐步形成了包括兴建曜阳养老机构、开展曜阳关爱行动、构建曜阳支持平台为主要内容的曜阳养老服务体系。

习近平总书记指出：“信息化和经济全球化相互促进，互联网已经融入社

① 2019 年 3 月 28 日，在“智爱无疆·暖心曜阳”曜阳互联网养老院成立发布会暨微医捐助千院行动启动仪式上的讲话。

会生活方方面面，深刻改变了人们的生产和生活方式。"同时还指出："要推动互联网、大数据、人工智能和实体经济深度融合，加快制造业、农业、服务业数字化、网络化、智能化。"为贯彻落实总书记的指示精神，我们事业发展中心联合互联网医疗行业领军者——微医集团，利用曜阳养老支持平台，成立曜阳互联网养老院，共同推进"互联网＋养老服务"，探索智能化养老路径，创新社会养老服务新模式。这对于发展我国养老服务事业，包括曜阳养老服务，都将具有十分重要的意义。

一是智能养老与新型社会养老服务模式的探索。养老服务工作需要社会各界共同参与，特别需要发挥社会组织，包括公益机构的作用。探索公益性服务与市场化运作相结合是社会养老服务面临的重大课题。曜阳互联网养老院正是公益机构与爱心企业联手，在探索智能养老与新型社会养老服务模式方面的大胆尝试。

二是发展曜阳养老支持平台新的重要举措。截至目前，我们事业发展中心借助曜阳养老支持平台，已与全国近5000家曜阳养老机构建立联系，举办了20期养老院长和护理员培训班，累计培训2700人次。成立曜阳互联网养老院正是发挥曜阳养老支持平台更大作用的一项新的重要举措。

三是有利于提升养老机构服务能力和管理水平。曜阳互联网养老院借助互联网、云计算、大数据、物联网等信息技术，运用老年智能终端设备，以老年人、涉老服务机构、医疗机构等的数据为基础，以老年人健康管理为核心开展养老服务工作，这将大大提升参与养老机构医养结合的服务能力和管理水平。

四是将使更多的老人养老具有获得感、幸福感和安全感。曜阳互联网养老院主要包括生活、医疗、精神文化等3大功能，为老人提供全程、连续、方便、可及的养老服务。这对于居住在养老机构的老人，特别是地处边远地区的老人的养老有了更多的获得感、幸福感和安全感。

今天，曜阳互联网养老院正式成立，有了一个好的开始，但真正办好，还需要各个方面的共同努力、辛勤工作。事业发展中心在总会的大力支持下，将全力做好统筹、协调和宣传等工作。我们希望微医集团充分发挥自身优势，体现公益性，更多地听取养老机构和老人的意见和诉求，不断改进和完善互联网养老院的服务系统，提高服务质量。在这里，我们也特别希望曜阳养老支持平台的养老机构积极配合曜阳互联网养老院的组建、运营和管理工作，使其发挥更大的作用，力争成为我国智能养老服务和社会养老服务的典范。

【情况介绍】

曜阳互联网养老院，由中国红十字会总会事业发展中心和微医（医疗）集团公司于2019年3月共同成立，微医（医疗）集团公司负责日常运营和管理，旨在为广大养老院提供远程医疗、智慧养老等服务和养老机构管理信息化平台。根据合作协议，微医（医疗）集团公司将向中心所联系的1000家养老机构，提供为期2年的平台使用及相关业务的免费服务。

收藏善心，拍卖善举，关心关爱困难失能老人[①]

今天，中国红十字会总会事业发展中心与北京电视台《拍宝》栏目，在这里共同举办“收藏善心、拍卖善举——曜阳关爱失能老人行动公益拍卖活动”。在此，我首先代表活动主办单位，向前来参加活动的各位爱心人士，表示热烈的欢迎！向承办此次拍卖活动的北京适珍国际拍卖有限公司，表示衷心的感谢！

大家知道，2000 年我国正式进入老龄化社会。与许多国家的老龄化相比，我国的老龄化呈现出失能老人、高龄老人、空巢老人和贫困老人比例高等特点。截至 2018 年底，我国 60 岁及以上老年人口已达到 2.49 亿，占总人口比重 17.9%，其中失能老人超过 4000 万人。近日，国务院办公厅《关于推进养老服务发展的意见》特别强调，要“建立健全高龄、失能老年人长期照护体系”。有关数据进一步显示，我国还有大约 400 万贫困失能老人，严重缺乏生活照料、医疗健康、精神文化等方面的服务，亟须得到党和政府以及社会各界的关心、支持和帮助。

① 2019 年 4 月 27 日，在曜阳关爱失能老人行动公益拍卖活动上的致辞。

中国红十字会是党和政府在人道领域的助手。参与养老服务已经成为新时代红十字事业的重要组成部分。中国红十字会总会事业发展中心是经中编办批准设立的总会下属事业单位。中心秉承“人道、博爱、奉献”的红十字精神，从 1999 年就开始参与养老服务，一直努力探索公益性服务与市场化运作相结合的新型社会养老服务模式。结合红十字组织的性质和优势，我们着力打造了以人文关怀和医养结合为特色的“曜阳养老”公益品牌，逐步形成了包括建设曜阳养老机构、开展曜阳关爱行动、构建曜阳支持平台为主要内容的曜阳养老服务体系。

曜阳关爱行动主要面向贫困失能老人。多年来，中心先后协调了中央彩票公益金 1.53 亿元，以“仁爱基金”和“关爱失能老人公益基金”的形式，向社会募集爱心捐赠 3000 多万元，建设了 70 多家“曜阳托老所”，资助了中西部地区近 1000 家养老机构，帮助贫困失能老人改善生活条件，直接惠及全国各地贫困失能老人近 10 万人。中心还组建了博爱艺术团，先后组织爱心艺术家 100 余人次，赴吉林、山西、河北、湖北等中西部地区的养老机构开展慰问演出，丰富了当地老人的精神文化生活。

在开展曜阳关爱行动的过程中，我们深深地体会到，让广大贫困失能老人过上幸福的晚年生活，需要政府、家庭和社会的共同努力。在各级人民政府履行好养老服务托底责任、老人家庭尽到孝亲敬老责任的同时，还需要全社会共同为贫困失能老人奉献爱心、提供帮助。作为中国红十字会下属事业单位，我们事业发展中心在发挥社会组织作用、参与养老服务的同时，也积极呼吁社会各界都来关爱贫困失能老人。特别值得称赞的是，北京电视台《拍宝》栏目积极履行新闻媒体的社会责任、主动响应事业发展中心的号召，与我们商议联合开展公益拍卖，并共同委托北京适珍国际拍卖有限公司举办“收藏善心、拍卖善举——曜阳关爱失能老人行动公益拍卖活动”，将拍卖所得的部分佣金，专门用于开展关爱贫困失能老人行动。

“爱出者爱返，福往者福来。”各位爱心人士参与此次公益拍卖，就是在为广大贫困失能老人献爱心。当我们献出爱心的时候，会得到精神的慰藉和心灵的升华。在此，我代表事业发展中心、代表即将受到资助的贫困失能老人，再一次向北京电视台《拍宝》栏目和北京适珍国际拍卖有限公司，向积极参与公益拍卖的各位女士、各位先生，表示衷心的感谢！中心将按照国家有关规定，管好用好这笔爱心款项，让大家的爱心惠及贫困失能老人，让他们体会到社会主义大家庭的温暖，安享幸福的晚年。

【活动介绍】

"收藏善心、拍卖善举——曜阳关爱失能老人行动"公益拍卖活动，由中国红十字会总会事业发展中心与北京电视台生活频道《拍宝》栏目共同举办，于2019年4月27日、28日在北京举办了现场拍卖活动。《拍宝》栏目将拍卖佣金的10%，捐赠给事业发展中心的关爱困难失能老人公益基金。

大力弘扬红十字精神，积极参与养老志愿者服务①

今天是第 72 个世界红十字日。我们相聚在孝感市，与湖北省红十字会、孝感市人民政府联合主办“博爱中国·走进孝感——纪念第 72 个世界红十字日暨曜阳养老志愿行动”启动仪式。首先，我谨代表中国红十字会总会事业发展中心，向参加活动的各位领导、老年朋友和志愿者表示热烈欢迎！向关心和支持红十字养老志愿者公益事业的各位专家顾问、爱心企业、爱心人士和媒体朋友们表示衷心的感谢！

为了纪念世界红十字日，今年中国红十字会总会特举办“红十字博爱周”系列活动，主题是“爱心相伴，‘救’在身边”。大家知道，2000 年我国已进入老龄化社会。2000 年至 2018 年，我国 60 岁及以上老年人口，从 1.26 亿人增加到 2.49 亿人，占总人口比重从 10.2% 上升到 17.9%。面对迅猛发展的人口老龄化形势，党中央和国务院对养老服务工作作出了一系列的部署。习近平总书记明确指出，“要完善党委统一领导、政府依法行政、部门密切配合、群团组织积极参与、上下左右协同联动的老龄工作机制，形成老龄工作

① 2019 年 5 月 8 日，在“博爱中国·走进孝感——纪念第 72 个世界红十字日暨曜阳养老志愿行动”启动仪式上的讲话。

大格局”。2019 年 4 月 6 日国务院办公厅下发了《关于推进养老服务发展的意见》，明确提出要“大力培养养老志愿者队伍，加快建立志愿者服务记录制度，积极探索‘学生社区志愿服务计学分’、‘时间银行’等做法，保护志愿者合法权益”。作为党和政府在人道领域的助手和联系群众的桥梁和纽带，中国红十字会总会在 2017 年发布的《关于红十字会参与养老服务工作的指导意见》，就将志愿服务作为参与养老服务工作的四项重要内容之一。今天，我们举行“曜阳养老志愿行动”启动仪式，就是要将爱心与老人相伴，让老人身边有温暖，这对于纪念世界红十字日具有特殊重要意义。

事业发展中心作为中国红十字会总会下属事业单位，多年来高举红十字公益大旗，积极探索公益性服务与市场化运作相结合的新型社会养老服务模式，形成了曜阳养老公益品牌。在参与社会养老服务过程中，中心先后在扬州、正定、英山、兴国等地开展了养老志愿服务试点工作，取得了初步成效，受到了有关领导的充分肯定和当地老人的热烈欢迎。

孝感是我国历史文化名城和孝文化的重要发源地之一，具有深厚的传统文化底蕴。体现中华民族传统美德的二十四孝故事，很多就发生在孝感及附近地区。今天，我们在这里举行“曜阳养老志愿行动”启动仪式，就是进一步贯彻落实党和政府以及中国红十字会总会关于养老志愿服务的工作要求，弘扬孝老敬老的传统美德和“人道、博爱、奉献”的红十字精神，大力开展红十字养老志愿服务，让更多的老年人安享幸福晚年。

刚才，孝感市领导致了欢迎词，黄薇同志在发布词里介绍了“曜阳养老志愿行动”的总体安排和初步计划，与会领导向 5 级试点单位和 28 家养老机构志愿者队伍授旗，志愿者代表做了宣誓。宋悦明同志对做好湖北省红十字养老志愿服务工作提出了要求。下面，我就做好“曜阳养老志愿行动”工作，再提出几点希望。

1. 希望参与“曜阳养老志愿行动”的 5 级试点单位，尽快付诸行动。有关省、市、县、乡、村，应根据各自特点和优势，尽快制定完善试点工作方案。以红十字会及相关社会组织为主要实施单位，充分调研本区域内老年群体在志愿服务方面的需求，广泛发动、招募红十字志愿者，以结对帮扶、集中服务等形式，大力开展生活照料、医疗保健、精神关怀和文化活动等方面志愿服务。

2. 希望参与“曜阳养老志愿行动”的养老机构，抓紧研究措施。各地养老机构要主动与所在地红十字志愿服务组织联系，共同调研入住老人的服务需求，组织红十字养老志愿者提供相应志愿服务。同时发挥机构自身专长和人员优势，组织机构员工向周边社区的老年人群体，提供力所能及的社区养老志愿服务和居家养老志愿服务。条件具备的养老机构，还要尝试组织低龄健康老人为高龄失能老人提供互助服务，组织老人家属为养老院提供志愿服务，把曜阳养老品牌人文关怀和医养结合的特色落到实处。

3. 希望有志于“曜阳养老志愿行动”的广大青年和学生，立即行动起来。4 月 30 日，习近平总书记在纪念五四运动 100 周年大会上指出：“青年是整个社会力量中最积极、最有生气的力量，国家的希望在青年，民族的未来在青年。”总书记要求“新时代中国青年要继续发扬五四精神，以实现中华民族伟大复兴为己任，不辜负党的期望、人民期待、民族重托，不辜负我们这个伟大时代”。我也希望广大青年朋友，积极参与红十字事业和社会养老服务事业，加入红十字志愿者队伍，投身“曜阳养老志愿行动”，用实际行动，让广大老年人感受到党和政府的温暖、社会的关爱，能够安享幸福晚年，共同建设社会主义和谐社会。

【情况介绍】

“博爱中国·走进孝感——纪念第 72 个世界红十字日暨曜阳养老志愿行动”启动仪式由中国红十字会总会事业发展中心与湖北省红十字会共同主办，于 2019 年 5 月 8 日在湖北省孝感市举行。

根据 2018 年国务院批复的《中国红十字会总会改革工作方案》文件

精神和总会党组的工作要求，全国红会系统将更加聚焦“三救三献”核心业务，大力发展会员和志愿者，广泛开展红十字志愿服务工作。为此，事业发展中心自2019年起，将志愿服务作为中心重点工作，并于2019年5月正式启动了“曜阳养老志愿行动”，选定省、市、县、乡、村5级6个试点单位和28家养老机构，广泛开展红十字曜阳养老志愿服务工作。

建设基础教育名校，为广大人民群众提供更多更好的优质基础教育服务①

今天，我们相聚于此，共同庆贺晋江市拔萃双语学校落成。首先，我谨代表中国红十字会总会事业发展中心，感谢泉州市委市政府、晋江市委市政府及有关部门对学校建设的大力支持！感谢福建伟冠置业有限公司对联合办学的鼎力相助！感谢各位领导、各位来宾和社会各界人士对红十字事业的高度关注！感谢全体教育工作者对公益教育事业的倾心奉献！

中国红十字会总会事业发展中心是中国红十字会总会下属事业单位，长期致力于公益养老和基础教育工作，形成了曜阳养老和拔萃教育两个品牌。在基础教育领域，中心始终传承公益向善的社会责任，精心打造拔萃教育公益品牌，积极开展办学助学实践，先后建成了扬州世明双语学校和北京拔萃双语学校等多所学校。这些学校经过多年发展，在办学规模、教学成绩等方面稳居当地前列，得到了有关领导和社会各界的高度认可。

大家知道，我国是世界人口大国，教育是最重要的民生工作之一。经过70年的建设和发展，我国在基础教育领域取得了显著的成绩，但是优质基础

---

① 2019年5月12日，在福建省晋江市拔萃双语学校落成仪式上的讲话。

教育资源仍然存在发展不平衡、不充分的局面。泉州是古代海上丝绸之路起点，一直是东西方经济文化交流的重要桥梁，有着多元包容的国际化环境，人民群众盼望着拥有更加便捷可及的优质教育资源。泉州市委市政府、晋江市委市政府及时回应老百姓的热切需求，主动邀请事业发展中心利用拔萃教育品牌，来泉州晋江兴办基础教育优质学校。在有关部门和社会各界的大力支持下，晋江拔萃双语学校得以建成并投入使用。借此机会，我代表事业发展中心，向大力促成学校建设的泉州市委市政府、晋江市委市政府及有关部门表示衷心的感谢！向积极支持学校建设和发展的社会各界致以诚挚的谢意！

习近平总书记指出，"教育公平是社会公平的重要基础，要不断促进教育发展成果更多更公平惠及全体人民，以教育公平促进社会公平正义"。基础教育是立德树人的事业，让学生都享受到优质的教育资源，培养德智体美劳全面发展的社会主义建设者和接班人，始终是中国红十字会总会事业发展中心的初心使命。

刚才，张怀西主席、舒惠国书记、柳斌部长、李连宁主任等老领导，江泽玲、邱济隆等老校长，分别通过题词寄语、视频采访的形式，对晋江市拔萃双语学校送上了深情的祝福，提出了殷切的期望。希望学校认真领会各位老领导和老校长的祝福期望，把学校办好、办出特色。下面，我代表事业发展中心，再对学校今后的发展提出四点希望。

第一，全面贯彻落实党的教育方针和拔萃教育理念。习近平总书记指出，"坚持把立德树人作为根本任务，建设教育强国不能脱离立德铸魂"。学校要把立德树人作为办学之本，思想政治理论课是落实立德树人根本任务的关键课程，学校要将其融入教育教学实践的各个环节。学校要全面实践"厚德自强、博文约礼"的校训和"让学生享有与世界同步的优质教育，促进其素质全面发展"的教育理念，着力培养心智俱佳、崇智尚学的栋梁之材。

第二，坚持人才强校的发展思路，加强师资队伍建设。教育是国之大计、党之大计，教师是立教之本、兴教之源。习近平总书记强调，"建设社会主义现代化强国，对教师队伍建设提出新的更高要求，也对全党全社会尊师重教提出新的更高要求”。学校要通过公开招聘、轮岗交流等方式，尽快配齐配好高水平师资队伍。学校同时要积极争取泉州师范学院的专业支持，共同建设好“教学实验基地”，在提高现有师资队伍水平的同时，为学校的长远发展储备优秀的师资队伍。

第三，要不断强化办学的公益特色和红十字特色。学校要紧紧依托事业发展中心的江上青教育基金，设立“红萃”奖学金，坚持为家境贫寒、品学兼优的学生免收在校学习期间的全部费用，为“红萃生”的健康成长，铺就一条成才之路。学校要将红十字精神、志愿服务、应急救护培训等纳入学校教育教学内容，不断培育学生的博爱之心和关爱之心。

第四，要努力培养具有国际化视野的高素质人才。学校要紧紧抓住实施“一带一路”倡议的契机，充分利用泉州作为21世纪海上丝绸之路先行区的优势，将国际化理念纳入学校的内涵建设和特色发展，注重培养学生多元化的理解能力和国际化竞争意识，不断扩展学生的国际视野，主动适应新时代国际化背景对人才的需求。

教育是民族振兴、社会进步的重要基石，是功在当代、利在千秋的德政工程。把这一德政工程抓紧抓实、做大做强，是我们的共同责任。希望泉州市委市政府、晋江市委市政府及有关部门，一如既往地关心支持学校建设和发展。希望福建伟冠置业有限公司继续大力支持学校的建设和发展，早日完成二期工程建设，同时为困难学生提供支持和帮扶。希望泉州师范学院将学校纳入教学及科研重点支持范畴，帮助学校不断提高教育教学水平。希望社会各界能够一以贯之地关注学校发展，为学校提供帮助。我们坚信，晋江市拔萃双语学校必将以崭新的姿态迎接全新的挑战，必将成为“高质量、有特色、国际化”的闽南名校，为晋江市、泉州市乃至福建省提供高标准的优质教育服务，为新时代中国教育事业发展作出应有的贡献！

最后，再一次感谢各位领导嘉宾的莅临！感谢爱心企业的奉献！感谢社会各界及广大媒体的支持！祝大家身体健康、万事如意！

【情况介绍】

晋江市拔萃双语学校，是由中国红十字会总会事业发展中心和菲律宾伟冠集团联合兴办的一所集幼儿园、小学、初中、高中和国际部于一体的现代化、国际化寄宿制学校，由北京拔萃双语学校进行管理和指导。学校总占地面积156亩，总建筑面积16.2万平方米，计划设置教学班123个，可容纳学生4000名。2019年9月学校正式开学，现有小学、初中和高中各学段学生共计809人，专任教师93人。

大力弘扬红十字精神，积极探索公益养老服务[①]

自1999年以来，中国红十字会总会事业发展中心在总会党组的领导下，高举公益大旗，弘扬“人道、博爱、奉献”的红十字精神，努力探索公益性服务与市场化运作相结合的新型社会养老服务模式，着力打造了以人文关怀和医养结合为特色的“曜阳养老”服务品牌，逐步形成了包括建设曜阳养老机构、开展曜阳关爱行动、构建曜阳支持平台为主要内容的曜阳养老服务体系。现就2018年以来的主要工作情况作一简要汇报。

一、不断提高工作认识

经过20年的探索和实践，中心深刻地认识到，红会参与社会养老服务工作，不仅是各级红会贯彻落实党中央对群团工作改革和国务院对红十字事业发展的工作要求、切实推进自身改革创新的具体体现，而且是各级红会切实发挥党和政府在人道领域的助手作用，服务党政工作大局、协助应对人口老

① 2019年6月4日，全国红十字会养老服务工作会议上提交的经验交流材料。

龄化的具体体现，更是各级红会坚持服务群众的工作生命线、贯彻落实健康中国战略、不断满足人民群众对美好生活的新要求新期盼的具体体现。

二、大力开展曜阳养老服务

（一）探索兴办曜阳示范机构

中心先后在扬州、杭州、济南、贵阳、邯郸和北京海淀兴办了6所曜阳养老示范机构。其中扬州曜阳、杭州曜阳为医养结合全程照护型养老机构，济南曜阳、海淀曜阳为专业护理型养老机构，贵阳曜阳和邯郸曜阳为医养结合型养老机构。6家养老机构共计开放自理型养老床位2000余张、医疗床位400余张、养老护理床位200余张。截至2018年底，入住老人共计超过2000人。

（二）大力开展曜阳关爱行动

中心坚持把贫困老人和失能老人作为公益养老服务的主要对象。2018年，中心利用中央彩票公益金1000万元，支持河北、河南、江西等3省共50家养老院，添置了10余类养老物资和设施设备，惠及贫困及失能老人超过5000人。与此同时，中心积极整合社会资源，为湖南省醴陵市、河北省定州市和正定县、江西省兴国县等地的10家养老机构捐赠了价值超过100万元的养老设备及生活物资，直接惠及1000余名失能、半失能老人。中心同时组织博爱艺术团知名演员50余人，举办了高水平文艺演出6场，慰问老人1000余人次。

中心高度关注农村养老服务工作，2018年确定了河北正定府城驿老年公寓和江西兴国县崇贤光荣敬老院为“曜阳农村养老试点单位”，在湖北省英山县石头咀镇的叶家山村和水口村各建设了1个“曜阳养老活动中心”。

（三）着力建设曜阳支持平台

2018年，中心共计举办了3期养老院长培训班和1期养老护理员培训班、制作了养老护理微课视频 50 节，累计培训了 440 名养老院长和 50 名养老护理员。中心与中国社会保障学会联合举办了“第四届中国养老服务业发展高层论坛”，200 余名养老院长参加了论坛。中心还组织近 20 名养老院长参加了 2018 年中国社会保障学术年会养老服务论坛。特别是，2018 年 10 月中心与 CCTV 合作举办了“职业盛典——优秀养老护理员事迹展播活动”并在 CCTV-12 频道播出，极大地提升了养老护理员的社会地位和职业荣誉感。中心与经济科学出版社合作出版了《曜阳养老人文关怀的探索与实践》丛书一套三册，是国内首套从人文关怀视角总结公益养老经验的丛书，得到了有关专家和业界同行的好评。

（四）协助总会推进养老服务

年初，中心协助总会赈济救护部，就红会参与养老服务的三项工作开展了专题调研，在此基础上，代拟了《关于各级红十字会开展老年人能力评估并建立相应机构的通知》和《关于地方各级红十字会参与老年人救助工作的通知》两个文件并报总会。

2018 年下半年，中心协助总会赈济救护部，围绕“结合实际兴办医疗康复养老等与红十字会宗旨相符的社会公益事业”的改革重点任务，先后赴 6 个省红会、10 个地级市红会及相关养老机构开展专题调研，形成了专题调研报告，并提交总会领导审阅。

三、持续探索公益养老服务

（一）协助落实总会改革任务

2019 年，中心将制定《红会兴办医疗康复养老等社会公益事业的指导意见》并报总会审批后协助落实，进一步落实湖北省英山县对口扶贫任务中的农村养老机构支持建设与管理运营指导工作，承办赈济救护部委托的 2 期

"养老护理员培训班"，与相关省市红会加强养老工作交流，开展互帮互助。

（二）提升养老机构管理水平

2019 年，中心将全面落实《曜阳养老旗舰店建设方案》，完善"曜阳养老"机构年度绩效考核指标体系，加强养老机构生命财产安全风险管理，召开季度工作会议，举办养老机构管理业务培训，每月到曜阳养老机构开展现场工作指导，帮助曜阳养老机构提高经营管理水平。

（三）持续开展曜阳关爱行动

2019 年，中心将坚持操作程序更加规范、资质审核更加严格的原则，及时调整物资种类和标准，利用中央彩票公益金专项经费，支持湖北、山西和西藏等地 50 家养老机构及入住老人。中心将与中国红基会合作设立"曜阳养老专项基金"，与北京电视台合作举办"公益慈善拍卖"等活动，不断拓展公益筹款渠道，持续开展关爱贫困失能老人行动。

（四）不断夯实曜阳支持平台

2019 年，中心将与中国社会保障学会合作，研究制定"曜阳养老"标准 2.0 版，为广大养老机构提供机构管理指南和护理服务规范。继续举办养老院长培训班和养老护理员培训班。继续与中国社会保障学会合作，举办"第五届中国养老服务业发展高层论坛"等学术活动，为养老院长提供高层次交流平台。与微医集团合作建设"曜阳互联网养老院"，为中西部广大养老机构入住老人提供网络医疗服务平台。与有关企业合作设立"曜阳护理员关爱基金"，为广大护理员提供大病及意外伤害保险，将人文关怀对象范围拓展到养老服务人员。

（五）开展曜阳养老志愿服务

2019 年，中心将贯彻落实总会关于加强志愿者工作的要求，开展曜阳养老志愿服务（省、市、县、乡、村）5级试点工作，选定28家养老机构开展曜阳养老志愿服务。中心将与CCTV合作开展“优秀养老志愿者（团队）事迹展播”活动，积极选树养老志愿服务的先进典型，推动养老志愿服务工作。

总的来说，在总会党组的领导和社会各界的支持下，中心主动探索公益养老服务，取得了一些初步的成绩，在公益养老领域形成了一定的影响。随着全国红会系统改革工作的深入推进，中心将在总会党组的坚强领导下，在各级红会的支持和帮助下，持续开拓创新，整合社会资源，共同推进公益养老服务工作，为新时代中国红会事业的改革创新作出应有的贡献。

博爱中国，守护夕阳，大力发展公益养老服务事业①

唐代诗人徐凝曾经在《忆扬州》中写道，“天下三分明月夜，二分无赖（无赖，古语，意指“可爱”——编者注）是扬州”。今天，扬州市会议中心，高朋满座，气氛祥和。首先，我热烈欢迎大家来到我的家乡，参加“博爱中国·走进扬州暨扬州曜阳国际老年公寓成立十周年”系列活动！

我是1999年调到中国红十字会工作的，10年前参与了扬州曜阳的筹建工作。红十字会体现“人道、博爱、奉献”精神的第一所全程照护型养老机构落户扬州，是一种机缘巧合，也是我回报家乡的一个心愿。欣慰的是，在社会各界的大力支持下、在公寓全体员工的共同努力下，扬州曜阳已成为扬州市、江苏省乃至全国很多老年人晚年养老的向往之地。在此，我向扬州曜阳国际老年公寓成立十周年表示热烈的祝贺！向扬州曜阳全体员工和入住公寓的老年朋友们表示诚挚的问候！

今天活动的主题是“博爱中国，守护夕阳”。通过牵线搭桥，一批爱心企业和爱心人士，以各种方式助力扬州市的民生事业特别是养老服务工作，努

① 2019年11月15日，在“博爱中国·走进扬州暨扬州曜阳国际老年公寓建院十周年”活动上的讲话。

力贡献他们的力量，也是表达我对家乡人民特别是老年人身体健康、生活幸福的祝福和期望。刚才，刘禹同副市长在讲话中介绍了市委市政府积极应对人口老龄化、大力发展养老服务业的措施和成绩，让在座的同志都感到很高兴，让我们在养老服务方面都得到了不少启发。

大家都知道，刚刚闭幕的党的十九届四中全会，就全面实现国家治理体系和治理能力现代化，提出了13项必须坚持和完善的制度；在“坚持和完善统筹城乡的民生保障制度”中，就包含老有所养的问题。在此之前，党中央和国务院为应对人口老龄化，已作出一系列重大部署。今年3月，国务院办公厅印发的《关于推进养老服务发展的意见》又明确提出，要“确保到2022年在保障人人享有基本养老服务的基础上，有效满足老年人多样化、多层次养老服务需求”。党和国家如此高度重视养老服务工作，说明老年人养老问题非常突出，任务十分艰巨，需要我们坚持不懈、久久为功，付出更大努力，克服各种困难，这样才能把老龄事业发展好，把养老问题解决好。

在此，我建议大家，特别是在一线从事养老服务工作的同志，要认真学习领会中央有关精神，结合中国国情和地方实际情况，探索新时代中国应对人口老龄化的路径和模式，特别要探索大力发展中国特色公益养老服务事业的有关问题。

一是如何坚持以人为本的服务理念的问题。养老服务领域的以人为本，就是以老年人为中心，倾听老人呼声，回应老人关切，更好地满足老年人的需求。当前，在满足普通老年人多样化、多层次需求的同时，特别要关注解决城市“三无”人员、农村“五保户”、失能失智老人、高龄独居老人等困难老人群体的基本养老问题，让他们每个人同样感受到党和政府以及社会的温暖。

二是如何不断完善社会养老服务模式的问题。居家、社区和机构养老是目前主要的社会养老服务模式，但它们之间如何相互协调、如何体现公益性服务与市场化运作相结合、如何满足不同层次老人的多样化需求等问题，还需要进一步探索。根据十九届四中全会精神，扬州曜阳兼有三种养老服务模式的性质，如何协调统筹成为一体，养老服务如何实现医养康养相结合，更应该在今后的工作中深入研究。

三是如何持续加强养老人才队伍建设的问题。提高养老服务质量，关键是人才队伍建设，培训工作尤其重要。多年来，事业发展中心一直重视这方面工作，先后举办40期培训班，合计培训了养老院长和养老护理员4000多人次。前不久，国务院办公厅印发了《职业技能提升行动方案（2019—2021）》，民政部也提出，要在2022年底前培养培训1万名养老院长、200万名养老护理员。为实现这一目标，全国各地都要做出很大的努力。

四是如何调动社会力量发挥更大作用的问题。近年来，包括红十字会在内的社会组织，积极参与养老服务工作，做出了较为突出的成绩，但社会力量的潜力仍然巨大。有相当经济实力的企业和有闲置土地、房屋、公共服务设施的单位，都应动员起来将资金和资源用于养老服务事业和产业。当然，这需要规划先行、政策引导，必要时也可用行政干预等手段，鼓励用于公益养老服务事业。

同志们，朋友们！

今年9月2日，习近平总书记亲切会见中国红十字会第十一次全国会员代表大会代表，勉励我们弘扬“人道、博爱、奉献”精神，改革创新、奋发有为，为红十字事业发展作出新的更大贡献。这为新时代红十字事业发展指明了前进方向、注入了精神动力。中国红十字会总会事业发展中心将认真贯彻落实习近平总书记的指示精神，一如既往地高举公益大旗，持续推进曜阳养老服务事业。我们坚信，在各级党委和政府的重视和推动下，在广大老人和家庭的理解和支持下，在社会各界和各方面力量的积极参与下，中国特色的公益养老服务事业一定能够获得更大的发展，让全国所有老年人都能安享幸福的晚年！

【情况介绍】

扬州曜阳国际老年公寓，是江丹在扬州市委市政府和社会各界大力支持下兴办的第一所公益性养老机构，位于扬州市生态科技新城，2009年建成投入使用，占地面积177亩，总床位数1500张，包括自理型养老单元、老年护理院和曜阳康复医院三大功能区域，能够为自理型老人、半失能、失能老人和患病老人等各类老人，分别提供生活照料、康复治疗、医疗护理、文化娱乐、精神慰藉和安宁服务等养老服务，已形成“医养结合全程照护型”养老服务模式。2018年被评为江苏省示范养老院，入选“2018年度中国医养结合养老机构50强”，2019年底入选国家卫生与健康委员会“医养结合”养老服务典型案例。

大力宣传养老志愿服务优秀事迹，积极营造养老孝老敬老的社会环境[①]

欢迎大家出席《守护夕阳——为老服务志愿者荣耀盛典》专题节目新闻发布会。

我国是世界上人口老龄化程度比较高的国家之一，老龄化速度快，基数大，特别是高龄、空巢、失能、失智等特殊困难老人的养老服务需求强烈，供需矛盾十分突出。生活照料、医疗健康、精神文化等方面的养老志愿服务将在积极应对人口老龄化的举措中发挥越来越重要的作用。

习近平总书记指出，“志愿服务是社会文明进步的重要标志，是广大志愿者奉献爱心的重要渠道。要健全社会参与机制，发挥有关社会组织作用，发展为老志愿服务和慈善事业”。中国红十字会是党和政府在人道领域的助手和联系群众的桥梁纽带。协助党和政府积极有效应对人口老龄化、织密织牢民生兜底保障网，是红十字会的责任与义务。志愿服务是国际红十字运动七项基本原则之一，是新时代中国红十字事业的重要工作内容。为响应党和政府的号召，让更多的老年人安享晚年，几年来，中国红十字会总会事业发展中

① 2019 年 12 月 2 日，在《守护夕阳——为老服务志愿者荣耀盛典》专题节目新闻发布会上的致辞。

心在江苏扬州、河北正定、湖北英山、江西兴国等地进行了养老志愿服务的探索。

在此基础上，我们今年启动了曜阳养老志愿服务体系化行动。一是选定了湖南省、湖北孝感市、河北滦南县、北京八里庄社区、湖北英山水口村和叶家山村作为省、市、县、乡、村 5 级试点进行中心直属的曜阳养老志愿服务行动。二是以各地养老机构为依托，在北京、河北、山西等 18 个省（直辖市、自治区）启动了地方主导的曜阳养老志愿服务行动。三是与中腾兴曜科技有限公司共同搭建了曜阳养老志愿服务信息平台。同时，在国家卫健委和相关部门的支持下，与家医网在志愿服务方面开展战略合作，目前已有近 3 万名医护人员在曜阳养老志愿服务信息平台注册。

中国红十字会总会事业发展中心联合中央广播电视总台社会与法频道《夕阳红》栏目，于 2019 年 9 月制作了《守护夕阳——为老服务志愿者荣耀盛典》专题节目。为老服务志愿者优秀事迹展播及宣传推广大型媒体活动《守护夕阳——为老服务志愿者荣耀盛典》是养老志愿服务工作的重要组成部分，我们的目的就是要大力宣传养老志愿服务典型人物和典型事迹，倡导养老孝老敬老的社会风尚，感召社会更多公益力量关爱老人。

最近召开的党的十九届四中全会《决定》提出了“坚持和完善共建共治共享的社会治理制度，加强和创新社会治理”。“要建设人人有责、人人尽责、人人享有的社会治理共同体。”党中央的指示精神为志愿服务工作提出了新要求和新标准，我们将把十九届四中全会精神积极贯彻到养老志愿服务工作中，努力在志愿服务共享上下功夫，为社区居家的老人开展志愿服务，为养老机构的老人提供志愿服务，积极探索开展农村养老志愿服务，大力宣传优秀养老志愿服务事迹。

同志们，朋友们，让我们行动起来，在志愿服务中共同为不断增强老年人的获得感、幸福感和安全感而努力奋斗！

【活动介绍】

继2018年共同录制播出《守护夕阳——养老护理职业荣耀盛典》专题节目后，中国红十字会总会事业发展中心与中央广播电视总台社会与法频道《夕阳红》栏目再次携手，于2019年7月至9月共同录制了《守护夕阳——为老服务志愿者荣耀盛典》专题节目，12月2日在北京梅地亚新闻中心召开节目新闻发布会，12月5日在CCTV-12频道播出。节目展示了包括江西省南昌市章金媛南丁格尔志愿服务队在内的7支（位）养老志愿服务队（者）的感人事迹。节目播出后，在社会上引起了很大的反响，对推动社会各界更加关注养老服务、积极参加养老志愿服务、营造养老孝老敬老的社会环境起到了积极作用。

全面落实工作要求，推动中心党建工作再上新台阶[①]

一年来，在总会党组的坚强领导下，在直属机关党委、纪委的指导帮助下，我带领中心党支部全面贯彻落实中央和总会关于党建工作的各项要求，力求做到“年初有规划、年中有落实、年末有总结、全年有亮点”。

一、以加强党的政治建设为统领，用实际行动做到“两个维护”

一是坚持把党的政治建设摆在首位。年初制定《2019 年支部党建工作要点》，明确以党建引领中心各项工作，引导全体党员干部提高政治站位，严格落实党建工作“一票否决”制，签署党建工作责任书，明确党建工作考核结果作为个人年度考核的重要指标。

二是坚决落实脱贫攻坚任务。习近平总书记指出，要把打赢脱贫攻坚战作为重大政治任务。2019 年，中心落实到位扶贫款物总计 201.734 万元。中央和国家机关工委直属《旗帜》杂志 2019 年第 9 期刊登了我署名的《强化党

① 2020 年 1 月 16 日，中国红十字会总会机关基层党建工作评议考核会议上的述职报告（有删节）。

建引领，助力精准扶贫》文章，《中国老年报》两次用整版报道了我们脱贫攻坚的事迹，获得了社会各界的一致好评。

三是坚决落实《中共中央关于加强党的政治建设的意见》等党内法规和规范性文件要求。文件指出，群团组织是党领导下的政治组织，要充分发挥联系人民群众的桥梁和纽带作用，更好承担起引导群众听党话、跟党走的政治任务，把自己联系的群众最广泛最紧密地团结在党的周围。2019 年，中心开展联系群众活动 83 批次，惠及群众 10 万名。其中"曜阳养老"关爱失能老人行动 9 次，公益培训 48 期，捐助款物 1221 万元（含中央彩票公益金）；"拔萃教育"宣讲行、送教行 4 次，为 237 名"红萃生"减免学费合计 148 万元；"博爱中国"交流活动 12 次，慰问活动 10 场。发展养老志愿者 3 万名，成立 50 支志愿服务队，开展志愿服务 15 万小时，惠及老人 5 万名。这些行动切实增强了我们作为群团组织的政治性、先进性、群众性。

二、扎实开展"不忘初心、牢记使命"主题教育，用理论武装头脑，用真抓实干贯彻中央精神

一是认真落实主题教育各项任务。按照"不漏项、保进度、提质量、创特色"的工作要求，全力做好各项工作。制定主题教育实施方案。集中一周时间，组织党员学习规定书目，开展交流研讨。我作为支部书记讲党课 2 次，形成 3 点体会。开展党员干部谈心谈话 18 人次。开展"一老一小"工作调研，形成 5 篇调研报告，召开成果交流会，提出整改落实方案。召开专题民主生活会、对照党章党规找差距专题会，深刻检视剖析，找出问题 5 项，立行立改 3 项，常抓不懈 2 项。开展主题教育"回头看"工作，督促开展自查，广泛征求意见，实事求是评估成效，进一步强化整改责任落实。

二是认真抓好理论学习。把学习习近平新时代中国特色社会主义思想作为首要政治任务，及时跟进学习习近平总书记最新重要讲话、习近平总书记

关于群团工作的重要论述和对红十字事业重要指示批示精神，以及中国红十字会第十一次全国会员代表大会精神。采取各种形式学习 85 次，其中集体学习 12 次，专题研讨交流 6 次，各党小组学习 48 次，观看警示教育片 3 次，成立 4 个青年理论学习小组，开展学习 16 次。

三是认真学习贯彻党的十九届四中全会精神。党的十九届四中全会提出，积极应对人口老龄化，要加快建设医养康养相结合的养老服务体系。我们认真贯彻落实党中央的决定，去年底，我们与家医网、中国中医药研究促进会共同筹建曜阳养老医疗志愿服务队，目前已有近 6 万名医护人员加入了这支队伍，为医养康养结合的养老服务体系增添一支新生力量。

三、以提升组织力为重点，深入推进党支部标准化规范化建设

一是认真落实党支部工作条例。3 月完成支委委员补选工作，11 月完成党支部第三届支委会换届选举工作，选优配强领导班子，上报总会机关党委。完善党支部、党小组工作方法 3 条。

二是扎实推进党支部标准化规范化建设。根据工委下发的《党支部标准化规范化建设试点工作方案》《质量提升三年行动计划》和机关党委要求，制定《中心党支部标准化规范化建设暨党组织建设质量提升三年行动计划》，争取支部在建党 100 周年时被评选为“两优一先”暨“四强”先进党支部。

三是认真落实“三会一课”制度。全年共召开党员大会 4 次、支委会会议 11 次、党小组会议 23 次，举行集体党课 3 次、主题党日活动 2 次。

四是加强党员教育管理。严把发展党员入口关，培养入党积极分子 4 人。

四、驰而不息正风肃纪，营造风清气正的政治生态

一是锲而不舍落实中央八项规定精神。强化廉政建设，向党员干部发送

廉洁过节提醒350人次。严格执行公务用车管理规定，完成1辆公务车拍卖工作，目前中心已无公务用车。

二是解决形式主义、官僚主义突出问题。清理过期文件规定5份，修订文件2份，减少发文25份，缩减比例35%，切实为基层减负。

三是开展纪律、警示教育，严肃监督执纪问责。面向全体党员开展警示教育4次。严把党风廉政关，处置问题线索8件，谈话函询26人次，核实2件，了结2件。

五、突出党建引领政治属性，提升业务工作水平

一是以党建工作引领中心各项工作。坚决落实党建主体责任，支部书记负主责，支部委员负分管责任，引领推进“一老一小”工作，指导中心所属实体全面落实《党建工作三十条》，目前8家实体已有6家建立了党支部。推进曜阳党建“五个一”工程，引导广大养老机构开展党建活动460次。

二是以党建联建共建促进服务水平提升。与总会筹财部、朝阳区八里庄街道、中央音乐学院等单位开展“培根铸魂、同心共建”活动，深入八里庄街区60多个文艺社团，开展了近50场专家讲习及专业课程，惠及老人群众2000多人次。

六、贯彻落实红会“十一大”精神，确保党建工作与目标任务深度融合、相互促进

按照总会改革工作任务要求和中国红十字会第十一次全国会员代表大会精神，中心以党建工作引领，一是组织开展省级红会参与养老服务和兴办医疗机构情况专题调研，撰写《总会关于进一步做好参与养老服务工作的意见》（代拟稿）并报赈济救护部。二是研究制订了《红十字曜阳养老志愿行动指导

意见》和《红十字曜阳养老志愿行动方案》。选定省、市、县、乡、村 5 级 6 家试点单位和 28 家养老机构，开展了曜阳养老志愿服务 15 万小时。三是成功举办第五届中国养老服务业发展高层论坛暨红十字养老服务论坛，参会人员超过 400 人。四是成立“曜阳互联网养老院”，已有 100 多家养老机构纳入该平台。五是研究制订曜阳机构养老标准，编辑出版指导丛书一套三册。六是举办养老培训班 18 期，培训养老院长和护理员共计近 1000 名。七是扬州世明学校中考成绩名列市民办初中第一，北京拔萃学校高考本科上线率超过区教育局目标任务 20 个百分点，通州拔萃骏源学校、晋江拔萃学校先后加入我们，拔萃学校再添新成员。这些工作都是力求做到党建工作与总会目标任务一起谋划、一起部署、一起落实、一起检查。

七、积极落实总会 2019 年党建、纪检重点工作

一是积极推进意识形态工作责任落实。坚持每季度研究意识形态工作，督促指导直属单位落实意识形态工作责任制，密切关注干部职工思想动态，全年做政策解释和教育引导 8 次。

二是做好宣传工作。联合 CCTV 制作专题节目《守护夕阳——为老服务志愿者荣耀盛典》，集中展现了包括江西省红会推荐的章金媛南丁格尔养老志愿服务队在内的 7 支志愿服务队和志愿者个人的感人事迹。在《人民日报》和《旗帜》杂志发表署名文章 2 篇，重点宣传曜阳养老服务和对口扶贫工作。《中国老年报》还开展专版报道。全年向总会报送工作简报 26 份、改革周报 34 期，在总会网站发布信息 7 条。重点开展了 14 批（次）对外宣传报道，国家重点新闻网站发布相关信息近 60 次，转载和转发 300 余次。在中心官网及微信公众号发布工作消息 23 条。

三是做好相关重点工作。扎实开展精神文明建设、国家安全人民防线建设、网络安全工作责任制落实、领导干部插手干预重大事项记录、信访举报、

声誉风险管理等重点工作，落实相关任务 13 件。

八、积极整改上年度述职评议考核和督查、检查反馈问题

一是针对整治落实党建和党风廉政建设主体责任有待加强问题，中心党员领导干部全部签署了“一岗双责”责任书。二是针对所属单位可能发生生命财产安全风险问题，制定了《事业发展中心防范化解所属机构生命财产安全重大风险工作方案》。三是针对可能发生的网络舆情问题，制定了《事业发展中心网络舆情应急处置预案》。四是针对 5 年前制定的养老物资物品目录和质量标准规范已不能满足当前需求的问题，修订完成新版养老物资物品采购目录和质量规格标准规定。五是针对缺乏养老机构负责人和护理员专业培训教材问题，已编制出版养老机构负责人和护理员专业培训教材一套三册。

在取得成绩的同时，中心在加强思想理论学习、完善自身内部管理等方面还存在一些问题和不足，需要在今后的工作中切实加以改进和完善。

大力弘扬红十字精神，统筹做好疫情防控常态化工作和养老服务领域复工复产①

今天是第73个世界红十字日。中国红十字会总会事业发展中心通过视频连线的形式，举办“爱心汇聚红十字·携手同行战疫情暨纪念第73个世界红十字日”公益活动。

新冠肺炎疫情发生以来，以习近平同志为核心的党中央高度重视，统一部署，科学防治，全民动员，打响了疫情防控阻击战。经过全国人民3个多月艰苦卓绝的共同努力，疫情防控阻击战取得重大战略成果。目前，我国已经进入疫情防控常态化和加快有序复工复产的阶段。近日，中国红十字会总会印发了《关于开展2020年“红十字博爱周”活动的通知》，明确了今年世界红十字日活动的主题，并提出了相关的要求。事业发展中心举办这次活动，就是要贯彻落实党中央的决策部署和中国红十字会总会的工作要求，表彰疫情防控先进单位和个人，总结交流中心及联盟开展抗疫斗争的工作情况，部署常态化疫情防控和复产复工工作。借此机会，我讲几点意见。

---

① 2020年5月8日，在“爱心汇聚红十字·携手同行战疫情暨纪念第73个世界红十字日公益活动”上的讲话。

一、中国红十字会主动作为、全面动员，在疫情防控工作中发挥了不可或缺的作用

中国红十字会作为党和政府在人道领域的助手和联系群众的桥梁和纽带，是从事人道工作的社会救助团体。疫情发生以后，总会及时传达学习贯彻习近平总书记的重要讲话和指示批示精神，选派精干人员组成工作组，赴武汉指导湖北省和武汉市红十字会，不断提高工作效率和工作透明度；积极募集专项捐款，采购抗疫斗争急需物资，并及时运往武汉等疫情严重地区；组建中国红十字会救护转运车队，赴武汉开展重症、危重症患者救护转运工作；组织医疗专家团队，募集急需药品，支持湖北和武汉的重症患者救治工作；积极动员广大康复患者，开展血浆捐献工作；积极宣传红十字系统一线员工和志愿者抗击疫情的优秀事迹等。地方各级红会按照总会的工作要求，主动协助当地党委和政府，与卫健委等部门密切配合，积极开展疫情联防联控工作，发挥了红十字会在疫情防控中不可或缺的作用。

二、事业发展中心的疫情防控工作，得到了社会各界的鼎力相助

作为总会下属事业单位，事业发展中心坚决贯彻落实习近平总书记的重要讲话精神、党中央的决策部署和守土有责、守土担责、守土尽责的工作要求，先后面向养老机构党组织和党员、入住老人、曜阳养老志愿者、拔萃品牌学校教职员工 4 个群体，分别发出倡议书和慰问信，呼吁大家正视疫情、共克时艰。中心把养老服务作为疫情防控工作重点。正是由于动员和集聚了社会各方面力量，特别是发挥了各曜阳养老机构和联盟养老机构的积极性和能动性，中心的养老服务疫情防控工作才取得了突出的成绩。

（一）各养老机构积极开展疫情防控工作，保障入住老人和员工的身体健康与生命安全

疫情发生后，中心在第一时间为各养老机构提供了疫情防控建议方案和中药预防配方。各养老机构在中心的指导和属地党委政府及民政部门的统一指挥下，迅速行动、周密部署，及时采取封闭管理及相关措施，确保所有入住老人及员工都健康平安，没有出现一起疑似或确诊病例。

（二）广大爱心企业展现社会责任担当，踊跃捐款捐物助力抗疫斗争

疫情防控期间，曜阳互联网养老院网络平台，协调组织多名医疗专家，为养老机构的老人开展免费线上义诊活动。多名爱心企业家慷慨解囊，通过中心，分别向钟南山院士科研团队捐赠人民币 500 万元，向湖北省近 60 家养老机构捐赠了米面油等生活物资和医用口罩等，价值达 8 万余元，向全国其余各地 1000 多家养老机构，捐赠了 10 万个医用口罩，总价值达 30 万元。

（三）广大医疗卫生、心理健康专家积极普及相关科学知识，引导老年人开展积极防护、调适心理状态

疫情防控期间，事业发展中心联合解放军总医院，组织相关医疗专家，举办了疫情防控健康宣教网络讲座 18 次，养老机构参加人数超过 5000 人次；中心与中科院心理所、中国中医药促进会、复旦大学附属华山医院、北师大心理学部等机构合作，录制了疫情防控视频，推送了全国各地心理咨询机构信息，动员广大医疗和心理专家为老年人提供疫情防护知识和心理健康支持。

（四）广大曜阳养老志愿者主动奉献、一路逆行，积极奋战在抗疫斗争第一线

疫情防控期间，曜阳养老微医志愿者服务队的医护人员不惧危险，主动申请支援武汉当地医院的发热门诊；湖北省英山县水口村、山西省芮城县、河北省正定县、湖南省醴陵市等地曜阳养老志愿者服务队，积极参与防疫防控宣传、高速公路口执勤、人员体温测量、人口登记排查、重要场所及楼道消毒等防疫工作。

“群之所为，事无不成；众之所举，业无不胜。”李宁院长和 3 名代表的发言充分说明了这一点。这次公益活动，我们对疫情防控工作成绩突出的 4 个单位和 39 名个人进行了表彰，分别颁发了“抗疫集体”和“抗疫战士”牌匾。在此，我代表事业发展中心，向受到表彰的单位和同志表示祝贺！希望大家主动向他们学习，也希望更多的爱心企业、专家学者、广大曜阳养老志愿者，汇聚爱心、携手同行，继续支持中心和联盟的工作，给予养老机构更多的帮助，为我国公益养老事业作出更大的贡献。

三、各养老机构要再接再厉，统筹做好疫情防控常态化和有序复工复产的相关工作

近日，习近平总书记指出，我国疫情防控向好态势进一步巩固，要统筹推进疫情防控和经济社会发展工作，努力实现今年经济社会发展目标任务。4 月 22 日，民政部等五部委联合印发了《关于做好 2020 年养老院服务质量建设专项行动工作的通知》，明确提出了相关要求。针对各养老机构的下一阶段工作，我提三点建议。

一是进一步抓紧抓实抓细常态化疫情防控工作。各养老机构要按照属地党委和政府及有关部门的统一部署，结合本地疫情防控形势，抓紧抓实抓细

常态化疫情防控，同时有序恢复正常服务安排和生活秩序，确保入住老年人及员工的身心健康和生命安全。

二是进一步突出曜阳养老品牌的人文关怀特色。各养老机构要认真学习中心和中国社会保障学会共同编撰的《曜阳养老机构指导丛书》，落实曜阳养老标准，在做好生活照料、养老护理等基础工作的同时，积极开展文化娱乐、心理精神支持等方面人文关怀特色服务，让入住老人更加舒心、安心、放心。

三是进一步开展曜阳养老“结对志愿服务”试点工作。各养老机构要依托各地的曜阳养老志愿队及相关社会资源，组织社会志愿者与困难老人、医疗专业志愿者与高龄失能老人开展“结对帮扶志愿服务”，使志愿服务更具有针对性和实效性。具备条件的养老机构，还要组织低龄健康老人开展志愿服务活动。

同志们！

奋斗创造历史，实干成就未来。目前，新冠肺炎疫情已经在全世界形成大流行的态势，必将对全世界的经济社会发展造成持续而深远的影响，这对我国也将是巨大的挑战，同时危中有机，也会带来新的发展机遇。我们要坚决贯彻落实党中央的决策部署，居安思危、未雨绸缪，坚持底线思维，做好较长时间应对外部环境变化的思想准备和工作准备，同时充满信心、直面挑战，在做好疫情防控常态化工作的同时，做好养老服务领域的复工复产相关工作，提高养老服务的满意度，切实增强老年人的获得感、幸福感、安全感，共同为推动我国养老服务事业可持续发展作出应有的贡献。

【活动介绍】

2020年5月8日，中国红十字会总会事业发展中心举办了“爱心汇聚红十字·携手同行战疫情暨纪念第73个世界红十字日公益活动”。活动介绍了中国红十字会和事业发展中心开展新冠疫情防控的工作情况，对新冠肺炎疫情防控工作成绩突出的中心所属教育、养老机构及职工、社会爱心企业和个人进行了表彰，对做好疫情防控常态化工作进行了部署。根据疫情防控的相关要求，活动以视频直播的方式进行，主会场设在事业发展中心办公楼 4 层会议室，中心所属教育、养老机构以及曜阳养老联盟所联系的养老机构通过网络参加活动。

坚持党的领导，弘扬优良家风，不断推进红十字公益养老事业①

明天是伟大的中国共产党99周年华诞。今天，中国红十字会总会事业发展中心联合中央芭蕾舞团、北京市徒步协会，通过云端连线的方式，共同举办“永远跟党走·曜阳中国行——庆祝中国共产党成立99周年”活动。

本次活动的主题是坚持党领导一切工作，坚持以人民为中心，坚持生命健康至上，坚持弘扬优良家风，永远听党的话、跟党走，用实际行动和工作业绩庆祝建党99周年、迎接建党100周年。刚才，中央芭蕾舞团杨雄书记、北京市徒步协会史绍洁会长，作了简短、精辟的发言。下面，我就贯彻落实总会党组的有关要求，并结合事业发展中心的工作，讲几点认识和体会。

一、坚持党领导一切工作，必须增强“四个意识”

中国共产党自成立以来，坚持把马克思主义基本原理同中国具体实际相结合，团结带领中国人民艰苦奋斗，取得了一个又一个的胜利，为中华民族

① 2020年6月30日，在“永远跟党走·曜阳中国行——庆祝中国共产党成立99周年”活动上的讲话。

作出了伟大历史贡献。特别在新中国成立后，在党的领导下，建立和完善了社会主义制度，逐步确立起符合中国国情的政治、经济、文化、社会、生态文明等各个领域的制度体系。坚持中国共产党的领导，是中国特色社会主义最本质的特征，也是中国特色社会主义制度的最大优势。

现在我们党和国家进入了新时代，要始终坚持党对一切工作的领导。坚持党对一切工作的领导是由党的性质决定的，既是对历史经验的深刻总结，也是新时代推进中国特色社会主义的保证。当前，坚持党对一切工作的领导，就必须增强"四个意识"，坚定"四个自信"，做到"两个维护"，自觉在思想上、政治上、行动上，同以习近平同志为核心的党中央保持高度一致。

作为一名共产党员和党员领导干部，必须要对党忠诚，坚决拥护和接受党的领导，履行党员的义务。党组织要不断坚持和维护党的领导核心的体制和机制，加强党的自身建设，充分发挥基层党组织的战斗堡垒作用和党员的先锋模范作用。要通过党建引领各项工作，包括跨界的联建共建活动，相互学习、相互促进。我们这次庆祝活动，就是事业发展中心、中央芭蕾舞团和北京市徒步协会 3 家单位的党建联建共建活动，以此来庆祝建党 99 周年，迎接建党 100 周年。

二、坚持以人民为中心，大力弘扬红十字精神

习近平总书记曾深刻指出："中国共产党根基在人民、血脉在人民，党团结带领人民进行革命、建设和改革，根本目的就是为了让人民过上好日子。"他还指出："人民对美好生活的向往就是我们的奋斗目标"，"全面小康路上，一个也不能少"。习近平总书记一系列重要讲话坚持的就是以人民为中心的发展思想，体现了我们党全心全意为人民服务的根本宗旨和坚持人民主体地位，坚持立党为公、执政为民的执政理念。

今年，面对突如其来的新冠肺炎疫情，党中央始终把人民生命安全健康

放在第一位，统筹全局，沉着应对，果断采取一系列防控和救治举措，不计成本、不惜代价，在很短的时间内打赢了武汉保卫战、湖北保卫战，得到了国内广大人民群众的高度赞誉和国际社会的普遍好评，正是以人民为中心的发展思想在中国的生动体现和真实写照。

在抗击疫情中，中国红十字会作为党和政府在人道领域联系群众的桥梁和纽带，调动和整合社会资源，履行职责、共克时艰，发挥了不可或缺的作用。事业发展中心按照总会党组的统一部署和“守土有责、守土担责、守土尽责”的工作要求，在做好自身疫情防控工作的同时，积极开展了相关工作。“三救三献”是红十字会的职责所在，恰恰与维护人民群众的生命和健康息息相关，“人道、博爱、奉献”的红十字精神，决定了必须将以人民为中心的发展思想贯穿到红十字会的各项工作中。我们一定要坚持以人民为中心，大力弘扬红十字精神，一切为了人民，以对人民高度负责的态度，做好各项工作，向人民交上一份满意的答卷。

三、坚持生命健康至上，不断推进曜阳养老蓬勃发展

老人和小孩是人民群众中的弱势群体，是政府和社会关注和帮扶的重点对象。红十字会工作应以保障人民群众的生命和健康，满足人民群众的人道需求为出发点和落脚点。多年来，事业发展中心在总会党组的正确领导下，致力于服务“一老一小”公益事业，开展了一系列工作，正是做人民所想、干人民所盼。2018 年，全国人大常委会副委员长、中国红十字会会长陈竺同志批示：“祝贺总会事业发展中心在‘一老一小’人道救助领域取得的重要进展，望继续努力，为国奉献，为民造福”，是对我们过去工作的充分肯定，也是对做好未来工作的巨大激励。

曜阳养老服务是事业发展中心工作的重中之重。我们坚持公益性服务与市场化运作相结合的新型社会养老模式，重点面向各类困难老人及相关养老

机构，着力突出人文关怀和医养结合的特色，逐步形成了曜阳养老服务体系，打造了曜阳养老公益品牌。今天，初步建成的曜阳养老联盟网站正式上线。网站将以党建工作为引领，把联盟养老机构、养老相关企业、社会爱心资源等方面力量整合到一起，共同搭建促进养老服务业发展的网络信息平台。

刚才，中心与中央芭蕾舞团签订了合作协议，将共同组织若干革命经典剧目，到中西部养老机构开展义演，并尝试开展芭蕾舞普及教育，以满足老年人的精神文化需求；中心向北京市平谷区东高村镇敬老院捐赠了价值20万元的养老物资，以改善那里老人们的生活条件。我们希望广大养老机构积极参与中心和联盟举办的相关活动，同时根据自身条件，多为老人办实事、送温暖，切实增强老年人的获得感、幸福感和安全感。

四、坚持弘扬优良家风，带领家人永远听党话跟党走

近日，总会党组印发了《关于开展强化政治机关意识教育的工作方案》，要求各党支部以"不忘初心，弘扬优良家风"为主题，开展主题党日活动。家风问题非常重要，习近平总书记指出，"家风是社会风气的重要组成部分。家庭不只是人们身体的住处，更是人们心灵的归宿。家风好，就能家道兴盛、和顺美满；家风差，难免殃及子孙、贻害社会"。这就提示我们，党员领导干部在加强自身修养、坚定理想信念的同时，也必须管好亲属子女，弘扬优良家风。

我是江上青烈士的后代。从我幼年记事起，外婆就经常给我讲述外公的革命斗争经历，教育我要听党话、跟党走，当好革命接班人。我的母亲是一名光荣的人民教师，她也经常教育我，要继承外公的遗志，弘扬革命传统，做好本职工作，尽自己所能为社会作贡献。我的舅舅一直关心我的成长进步，对我寄予殷切希望。自参加工作以来，我始终牢记长辈的教诲和嘱托，珍惜革命烈士后代的身份，一直努力工作，特别是到了红十字会工作后，致力于

教育和养老等公益事业，尽力为我国社会建设贡献力量。

在此，我也希望参加活动的党员同志们，认真学习贯彻落实习近平总书记重要论述，继承中华优秀传统文化，弘扬革命先辈的红色家风。特别是要把对党忠诚教育纳入家庭家风建设，教育亲属子女树立正确的世界观、人生观和价值观，带领家人永远听党话、跟党走，遵纪守法、勤俭持家、刻苦学习、勤奋工作，用双手创造更美好的生活，奔向更加美好的明天。

在今天的庆祝活动中，事业发展中心和北京市徒步协会，共同正式启动了“永远跟党走·曜阳中国行”徒步活动。我们希望大家动员家人亲友和身边同事，积极参与这个活动，与广大徒步运动爱好者一道，用一年的时间，重走长征路，弘扬伟大长征精神，促进全民健康行动，迎接建党100周年。

同志们：梦在前方，路在脚下。自胜者强，自强者胜。今天的中国，有梦想，有机会，有奋斗，一切美好的东西都能够创造出来。让我们以习近平新时代中国特色社会主义思想为指导，始终坚持党对一切工作的领导，始终坚持以人民为中心的发展思想，不忘初心、牢记使命，团结一心、埋头苦干，为今年全面建成小康社会，为不久的将来实现中华民族伟大复兴的中国梦而努力不懈奋斗！

【活动介绍】

“永远跟党走·曜阳中国行——庆祝中国共产党成立99周年”活动，是中国红十字会总会事业发展中心、中央芭蕾舞团和北京市徒步协会，于2020年6月30日共同举办的党建共建联建活动。按照新冠肺炎疫情防控工作的相关要求，活动采用网络直播的形式进行，主会场设在事业发展中心4层会议室，中心所属曜阳养老机构、所联系的养老机构通过网络参与活动。

根据事业发展中心与北京市徒步运动爱好者协会签订的合作协议，两家单位将从2020年7月起，利用一年的时间，沿着红军长征的路线，组织开展徒步活动，学习传承伟大长征精神，宣传红十字公益理念和志愿服务精神，动员更多社会爱心力量关爱困难失能老人，以优异的成绩迎接中国共产党成立100周年。

根据事业发展中心与中央芭蕾舞团签订的协议，两家单位将共同组织若干革命经典剧目，到中西部养老机构开展义演，并尝试开展芭蕾舞普及教育，以满足老年人的精神文化需求。

积极搭建养老服务理论研究与实践探索相结合的发展平台①

今天，我们在这里举行中国社会保障学会养老服务分会成立大会暨第一届养老服务发展研讨会。在此，我谨代表中国红十字会总会事业发展中心，对分会的顺利成立和研讨会的成功举办表示热烈的祝贺！

对莅临会场并讲话的华建敏副委员长、写信祝贺的张怀西副主席，在研讨会上发言的李连宁副秘书长、陈俊宏副总编辑、闫青春主任及各位专家表示衷心的感谢！对来自全国各地的分会理事、向通过网络参加会议的曜阳养老联盟各养老机构负责人表示热烈的欢迎！对参与筹备工作的同志们表示衷心的感谢！

中国社会保障学会是经民政部批准成立的、从事社会保障相关理论研究的全国性社会团体，多次为党和政府建言献策，具有广泛的影响力。中国红十字会总会事业发展中心是中国红十字会总会直属事业单位，主要从事公益养老、基础教育等工作，打造了"曜阳养老""拔萃教育"等公益品牌。多年来，事业发展中心与中国社会保障学会在养老服务领域开展了富有成效的战

① 2020 年 7 月 19 日，在中国社会保障学会养老服务分会成立大会暨第一届养老服务发展研讨会上的讲话。

略合作，取得了丰硕的成果。我们共同发起的中国养老服务业发展高层论坛，已连续举办了5届，成为国内非常有影响的研究交流平台。我们共同研究制定了曜阳养老标准，编撰出版了《曜阳养老机构指导丛书》。学会指导和支持中心建设了曜阳养老联盟，并通过联盟为广大养老机构提供了物资资助、人才培训、精神关爱、志愿服务等支持性服务。通过这些努力，我们帮助广大养老机构提升了管理水平和服务质量，积极促进了养老服务业的发展。

当前，我国的人口老龄化正在持续加速发展，将对我国经济社会发展产生深刻而复杂的影响。作为全世界老年人口最多的发展中国家，我国的养老服务事业在近年来取得了快速的发展，但仍然面临很多问题和挑战，需要正确理论的指导。我认为，应当树立积极的老龄观，充分认识到老龄化本身就是国家经济社会发展的重要标志；在发展养老服务事业的过程中，既要遵从制度发展的一般规律，也要密切与中国的传统文化相结合，体现中国传统文化和人文关怀精神；通过理论研究和实践探索，确定机构养老、社区养老和居家养老三种模式的正确关系和融合路径。总之，养老服务事业发展是一个大的系统工程，需要学术界和实务界的共同努力。

今天，养老服务分会的成立，是中国社会保障学会主动响应党中央关于积极有效应对人口老龄化号召的重要举措，不仅有利于进一步提升我国养老服务的理论水平，协助党和政府制定更加有效的政策法规，而且有利于在理论界和实务界搭建一个畅通的平台，推动理论研究和实践探索相结合，促进养老服务业持续健康发展。让我感到特别荣幸的是，学会提名我为养老服务分会的名誉会长，获得了全体理事的认可。作为一名革命烈士的后代和红会干部，能够为国家的养老服务事业发展做点工作，是我毕生的愿望。我将不辜负大家的信任，带领我的同事，同时团结分布在全国各地的曜阳养老联盟各养老机构、养老企业和广大志愿者，全力支持分会的工作。

刚才，华建敏副委员长在讲话中、张怀西副主席在贺信中、郑功成会长在讲话中，分别对分会的建设和发展提出了殷切的希望和明确的要求，我们要在青连斌会长的带领下，在今后的工作中抓好落实，共同努力办好养老服务分会，充分发挥养老服务理论研究与实践探索相结合的平台作用。为此，我再提出三点建议。

一是不断推动养老服务的理论创新。当前，理论滞后是制约我国养老服务业持续健康发展的突出问题之一。分会应团结带领社会保障、养老服务及相关领域的专家学者，瞄准养老服务发展中的关键问题和重要问题，积极开展理论创新，用理论创新成果引领养老服务业的发展。

二是积极主动为党和政府建言献策。目前，积极应对人口老龄化已经成为我国的国家战略。分会应积极发挥智库的作用，将理论创新成果尽快转化为政策法规建议，及时上报国家有关部门，协助完善养老服务体系的顶层设计和政策法规。

三是持续为养老服务提供理论指导。当前，我国养老服务业还面临缺乏理论指导的突出问题。分会应在积极开展理论创新的同时，组织专家学者，深入养老服务一线，通过专题调研、指导咨询、研究交流、人才培训等方式，帮助提升养老服务业的整体水平。

最后，祝中国社会保障学会和养老服务分会的各项事业蒸蒸日上！祝第一届养老服务发展研讨会圆满成功！再一次感谢各位领导嘉宾、专家学者、养老院长、业界代表和同志们！祝大家身体健康！工作顺利！吉祥如意！

【活动介绍】

中国社会保障学会养老服务分会成立大会，于2020年7月19日在北京举行。第十一届全国人大常委会副委员长华建敏出席大会并讲话。中国社会保障学会会长郑功成宣读了学会关于成立分会的决定和分会领导成员名单。江丹被中国社会保障学会特聘为养老服务分会名誉会长，中共中央党校（国家行政学院）青连斌教授当选为分会首任会长。

【情况介绍】

根据《中国社会保障学会章程》和《中国社会保障学会养老服务分会工作规则》，中国社会保障学会养老服务分会是在中国社会保障学会直接领导下的非独立、非营利、全国性学术团体，可以独立开展业务范围内的相关活动。分会的宗旨和任务是：团结养老服务及相关领域专家、学者及养老服务企业和社会组织，开展养老服务理论与实务研究，促进养老服务领域的国内、国际学术交流。分会首任名誉会长是中国红十字会总会事业发展中心主任江丹，首任会长是中共中央党校（国家行政学院）青连斌教授。

以师德师风建设和学生思想政治教育为抓手，不断提升学校整体教育教学水平[①]

今天是我国第 36 个教师节，我们在这里举行新学年开学典礼，并以此庆祝这尊师重教的节日！首先，我代表中国红十字会总会事业发展中心，向拔萃学校的全体教职员工致以崇高的敬意和节日的问候！向出席开学典礼、长期关心和支持拔萃学校发展的各位领导嘉宾表示衷心的感谢！向参加开学典礼的全体同学特别是新同学表示热烈的欢迎！

北京拔萃双语学校建校 17 年来，紧紧围绕“高质量、有特色、国际化”的办学目标，认真践行“给学生提供最可行的教育，让每个孩子都获得成功”的办学理念，全面实施素质教育，注重学生的平衡发展，各项教育指标不断取得新突破，名列北京市十大民办学校，各项工作都得到了各级领导和社会各界的广泛好评。

特别突出的是上一学年，尽管受到新冠肺炎疫情的严重影响，全体教职员工在学校的带领下，积极落实疫情防控工作要求，确保了全校师生无疑似和确诊病例。同时，按照“教师离校不离教，学生停课不停学”的要求，充

① 2020 年 9 月 10 日，在北京拔萃双语学校 2020—2021 学年开学典礼上的讲话。

分利用网络、电视等渠道，开展教育教学工作，确保了教学质量不受影响；教学工作再次取得优异成绩，小学毕业班优秀率90%以上，中高考成绩高分段取得历史性突破。这些成绩的取得离不开每一位教职员工的努力和辛苦付出。在这场没有硝烟的战役中，大家都全力以赴，坚守岗位，展现了新时代教师不怕吃苦、迎难而上的优良师德师风，可以说每一个人都是“抗疫英雄”。我代表中国红十字会总会事业发展中心，向你们表示衷心的感谢和诚挚的慰问！我为拔萃学校拥有这样的老师感到无比自豪和骄傲！在这里道一声，你们辛苦了！

回顾过去，北京拔萃双语学校取得了可喜的成绩。如今，学校已经站在一个崭新的起点。昨天，习近平总书记在教师节来临之际，向全国广大教师和教育工作者致以节日祝贺和诚挚慰问，强调不忘立德树人初心，牢记为党育人、为国育才使命，不断作出新的更大贡献。在新学年开始之际，为全面贯彻落实习近平总书记讲话精神，我再提几点希望：

一是学校要抓好复学复课工作，确保恢复正常的教育教学秩序。按照教育部、卫健委等主管部门要求，平稳有序恢复教育教学秩序，同时严格落实防疫各项制度和要求，确保全体师生的生命安全；要发挥党组织引领作用，全面落实党的教育方针，坚持立德树人的根本任务，不断加强师德师风建设和学生的思想政治教育工作，不断提高教学水平和管理水平，切实推动学校各项工作向前迈进；要研究疫情防控常态化的教学组织工作，创新教学方法，确保教学效果，不断提升教育教学质量；要突出“红十字”公益性特色，继续做好“红萃生”公益扶贫助学工作，在生活上、思想上、学习上关心他们，让他们安心学习，健康成长。

二是全体教师要争做“四有教师”，切实提升自身师德师风修养。全体教师要全面贯彻党的教育方针，全面提升自身素质能力，做有理想信念、有道德情操、有扎实知识、有仁爱之心的好老师。要自觉坚持中国共产党的领导和中国特色社会主义制度，切实增强“四个意识”，做到“两个维护”；不断提高道德修养，主动弘扬中华民族优秀的传统文化；要认真研究学科知识，主动探索教育教学新方法、新方式，不断提高学科教学能力；要关爱学生、以德施教、因材施教，把学生培养成为道德高尚、人格健全、适应社会，有文化修养、有人文关怀、有责任担当的一代新人。

三是全体同学要以中华民族的伟大复兴为己任，努力实现德智体美劳全面发展。培养什么人，是教育的首要问题。全体学生要以中华民族的伟大复兴为己任，立志肩负起民族复兴的时代重任；要主动学习，创新学习，“敏而好学、不耻下问”，营造良好学习氛围，树立优秀校风学风；要积极参与体育锻炼，增强体质，锤炼意志；要重视艺术等标本课程的学习，提高自身的审美和人文素养；要积极参加劳动课程，主动承担家务，懂得劳动最光荣、劳动最美丽的道理；要积极参与红十字公益活动，怀博爱天下之心，做风华坦荡之人，成为社会主义事业的栋梁之材！

最后，再次向全体教师们致以节日的祝贺！向在座的各位领导表示衷心的感谢！祝大家身体健康、工作顺利，也祝愿拔萃教育为社会培育出更多的有益之才、拔萃之才！

【情况介绍】

北京拔萃双语学校是江丹兴办的第二所基础教育学校，得到了北京市和朝阳区的党政领导、有关部门和社会各界的大力支持。学校位于北京市朝阳区东坝地区，于 2003 年 9 月建成并开学，包括幼儿园部、小学部、初中部、高中部和国际部等，共有 80 多个教学班，国内外学生 2380 余人。现有教职工 350 余人，其中特级教师 2 人、高级职称 46 人，市级学科带头人 1 人、区级学科带头人 1 人。2016 年小学部语文教研组被中华全国总工会评为“全国工人先锋号”，学校被北京市教委及首都文明委评为“首批北京市中小学文明校园”。2017 年学校被评为北京市优秀民办学校。

弘扬伟大长征精神，坚持以人民为中心的发展思想，主动关爱困难失能老人①

金秋送爽，丹桂飘香。值此丰收时节，中国红十字会总会事业发展中心联合江西省红十字会、北京市徒步协会，在红军长征出发地——江西省于都县，举办“永远跟党走·曜阳中国行”系列公益活动。在此，我谨代表中国红十字会总会事业发展中心，向参加活动的各位领导、各位嘉宾和老年朋友们表示热烈的欢迎！向革命老区人民表示诚挚的问候！向抗疫一线的医务工作者和广大志愿者朋友们表示崇高的敬意！向关心和支持红十字公益事业的爱心企业和爱心人士表示衷心的感谢！

中国红十字会总会事业发展中心自成立以来，在总会党组的正确领导下，一直致力于服务“一老一小”公益事业，特别是在公益养老方面，中心坚持公益性服务与市场化运作相结合的新型社会养老服务模式，着力打造了以人文关怀和医养结合为特色的“曜阳养老”服务品牌。中心先后在扬州、杭州、济南、贵阳、邯郸、北京海淀等地建成了6家曜阳养老机构。中心同时与近3000家养老机构建立了联系，先后协调中央彩票公益金1.53亿元、募集爱心

① 2020年9月27日，在“永远跟党走·曜阳中国行——走进江西于都”活动上的讲话。

捐赠款3000多万元，累计支持中西部地区近1000家养老机构，惠及困难老人近10万人；先后举办了30多期养老培训班，培训护理员和养老院长3000多人次；联合中国社会保障学会，连续举办了5届“中国养老服务业发展高层论坛”；与中央广播电视总台合作，举办了2期“守护夕阳”专题节目，大力宣传优秀养老护理员和优秀养老志愿者的先进事迹。中心的曜阳养老工作得到了有关领导和业界专家的高度肯定和积极评价。2018年，全国人大常委会副委员长、中国红十字会会长陈竺同志作出专门批示：“祝贺总会事业发展中心在‘一老一小’人道救助领域取得的重要进展，望继续努力，为国奉献，为民造福”，这既是对我们工作的充分肯定，也是对做好未来工作的巨大激励。

今年7月1日，事业发展中心与北京市徒步运动协会，共同发起了“永远跟党走·曜阳中国行”系列公益活动，计划利用一年的时间，沿着红军长征途经的10个省份，开展徒步系列运动。于都县是中央红军长征集结出发地。今天，我们选择于都县作为活动的第一站，就是要大力弘扬长征精神，促进全民健康，推进公益养老事业，迎接建党100周年。早上，我们瞻仰了中央红军长征出发地纪念园，向中央红军长征出发纪念碑敬献花篮，追思革命先烈的丰功伟绩；慰问了于都县岭背镇光荣敬老院的老军人及其他老人，并赠送了价值20万元的养老物资。下面，我就此次活动，谈几点体会。

一、弘扬伟大长征精神，始终坚定理想信念，保持高昂斗志

85年前，红军战士手中有火种，心中有信仰，脚下有力量，高唱战歌从这里出发，踏上了艰苦卓绝的伟大长征路。尽管不知最后落脚点在哪里，到何时才能结束，但红军将士坚信“只要跟党走，跟着抗日救国的理想走，就会有前途”。今天，时代变了，条件变了，但共产党人为之奋斗的理想和事业不能变。我们要更加重视弘扬长征精神、传承红色基因，砥砺忠于信仰、献

身理想的高尚品格，始终保持革命理想高于天的昂扬斗志，保持对中国特色社会主义的坚定信念，只有把准理想信念这个人生方向的风向标，才能经受住考验，才能走好新时代的长征路。

二、弘扬伟大长征精神，始终以人民为中心，为人民谋利益

长征是一条战略转移之路，也是一条救国为民之路。“十送红军”的军民情深，不拿群众一针一线的秋毫无犯，“北上抗日”的坚定战略方针，“歃血为盟”的民族团结佳话，为长征烙印下深厚的为民底色。在今年的新冠肺炎疫情防控斗争中，党中央坚持人民至上、生命至上，以坚定果敢的勇气和坚忍不拔的决心，带领全国各族人民，同时间赛跑、与病魔较量，迅速打响疫情防控的人民战争、总体战、阻击战，经过艰苦卓绝的努力，夺取了全国抗疫斗争重大战略成果。中国共产党作为马克思主义政党，是全心全意为人民服务的政党，始终坚持以人民为中心的发展思想，在革命战争年代如此，在社会主义建设和改革开放时期也是如此。在新时代的长征路上，我们仍然要始终牢记宗旨、植根人民，常怀为民之心、恪尽为民之责，坚持以人民为中心的发展思想，同舟共济、开创未来。

三、弘扬伟大长征精神，始终胸怀发展大局，立足爱岗敬业

习近平总书记指出，当前，世界正在进入动荡变革期，国际经济、科技、文化、安全、政治等格局都在发生深刻调整，国内发展环境也经历着深刻变化，社会主要矛盾已经转化为人民日益增长的美好生活需要和不平衡不充分的发展之间的矛盾。实现“两个一百年”奋斗目标，我们还面临很多严峻的挑战，同时也面临难得的机遇。我们要赓续长征精神，传承革命风范，坚定“四个自信”，增强“四个意识”，坚决做到“两个维护”，同时立足本职岗位，

爱岗敬业，围绕养老、健康等民生问题，大胆探索，开拓创新，用实际行动去实现“两个一百年”奋斗目标。

最后，我代表中国红十字会总会事业发展中心，向全体参会人员发出倡议：让我们永远跟党走，弘扬伟大长征精神，宣传健康养老理念，积极参与公益养老事业，以优异的成绩迎接建党100周年！

【活动介绍】

“永远跟党走·曜阳中国行”系列公益活动，由中国红十字会总会事业发展中心和北京市徒步运动爱好者协会共同举办，计划从2020年7月起，利用一年的时间，沿着红军长征的路线，开展徒步活动，学习传承伟大长征精神，宣传红十字公益理念和志愿服务精神，动员更多社会爱心力量关爱困难失能老人，以优异的成绩迎接中国共产党成立100周年。活动第一站特地选在中央红军长征出发地——江西省于都县举行。

学习标准、贯彻标准、完善标准，合力推动养老服务高质量发展[①]

金秋十月，我们相聚在国家历史文化名城——山西大同，共同举办“2020年中央彩票公益金支持失能老人养老服务项目全国养老院长培训班开班仪式”。

首先，我代表中国红十字会总会事业发展中心，向参加培训的全体学员表示热烈欢迎！向出席培训班开班仪式的各位领导嘉宾，表示热烈的欢迎！向为本次培训班提供大力支持的山西省红十字会、大同市人民政府及有关单位表示衷心的感谢！向培训班授课老师和工作人员表示诚挚的慰问！向长期坚守在养老服务一线，任劳任怨、无私奉献的养老院长和管理人员表示崇高的敬意！

大家知道，我国是人口老龄化程度较高的国家。党的十九大报告强调，要“积极应对人口老龄化，构建养老、孝老、敬老政策体系和社会环境，推进医养结合，加快老龄事业和产业发展”。多年来，事业发展中心积极响应党和国家的号召，主动发挥党和政府在人道领域的助手和联系群众的桥梁纽带作用，大力弘扬“人道、博爱、奉献”的红十字精神，将公益养老服务作为核心业务和重点工作，在中国社会保障学会的支持和帮助下，着力打造了以

① 2020 年 10 月 17 日，在中央彩票公益金支持失能老人养老服务项目 2020 年第 2 期养老院长培训班开班仪式上的讲话。

"人文关怀"和"医养结合"为特色的曜阳养老公益品牌，形成了以兴办曜阳养老机构、开展曜阳关爱行动、搭建曜阳支持平台为主要内容的曜阳养老服务体系，得到了各级领导、业界专家的充分肯定和社会各界的普遍好评。

举办养老培训，是中心长期坚持的一项重要工作，得到了广大养老机构的热情回应。刚才，李强胜同志介绍了中心开展养老服务培训和中央彩票公益金支持失能老人项目的有关情况，汇报了本次培训班的筹备情况。大同市人民政府郭蕾副市长作了欢迎致辞，山西省红十字会郑红书记作了讲话。借这个机会，我就做好培训班相关工作、大力推进养老服务标准化建设再提几点意见和建议。

一、珍惜难得的学习机会，切实提高养老服务能力和水平

本次养老培训，是事业发展中心整合各方面力量开展的一次精品培训。在经费方面，得到了中央彩票金公益金项目的经费支持。在师资队伍方面，得到了中国社会保障学会专家团队的大力支持。在教材方面，培训班将使用事业发展中心与中国社会保障学会共同编撰出版的《曜阳养老机构指导丛书》。在课程内容方面，既有理论授课，也有座谈交流，还要参加第六届中国养老服务业发展高层论坛，就养老服务标准化进行专题交流；参观首届中国智能化养老服务产品展示会，了解智能养老服务产品发展形势。希望大家要珍惜这次难得的学习机会，认真听课、勤于思考，相互交流、取长补短，真正做到学有所获。

二、贯彻落实养老标准，推动养老机构持续健康发展

标准规范作用的发挥，关键在于认真执行，贯彻落实。在培训结束后，希望大家严格按照国家有关标准和《曜阳养老机构指导丛书》的相关要求，积极开展标准化建设。一是进一步扩大培训范围，开展专题培训，让机构全

体人员了解标准、理解标准、掌握标准、执行标准。二是持续开展标准化建设行动，查找自身在标准化建设方面存在的问题和不足，认真加以整改。三是完善绩效考核管理办法，充分调动养老机构管理者和护理人员贯彻落实养老服务标准的积极性。总之，要通过养老服务标准化建设的一系列工作，切实提高养老服务质量和管理水平，推动养老机构可持续发展。

三、发挥优势形成合力，以标准化建设推动养老服务高质量发展

多年来，事业发展中心的公益养老服务事业得到了社会各界大力支持。特别是在养老服务标准化建设方面，中心联合中国社会保障学会，积极研究探索国家有关基础标准，制定了具有人文关怀和医养结合特色的曜阳养老服务标准，并编撰出版了系列指导丛书。我们希望中国社会保障学会继续支持中心的公益事业，同时希望中国老龄协会及所属老年人才信息中心，中国仪器进出口集团有限公司、大同市人民政府及大同市卫生学校，发挥各自优势，支持中心的公益养老服务工作，为养老服务高质量发展作出我们应有的贡献。

我还要特别说明的是，“十四五”期间，事业发展中心将继续利用中央专项彩票公益金项目，在给予少数民族地区、边疆地区、贫困地区养老机构和入住老人物资帮助的同时，积极开展养老服务与管理的培训工作，切实帮助大家掌握养老服务各项标准规范，提高养老机构的管理能力和服务水平。

刚才，主持人宣读了“一带一路”全球慈善基金成立的发布词。大同不仅是古丝绸之路的重镇，而且在国家“一带一路”倡议中也具有重要的战略地位。丝绸之路经济带的纵横运行，皆经大同，均利大同。今天，“一带一路”全球慈善基金在大同成立，我作为管委会主任，希望借助这块“风水宝地”，进一步把“人道、博爱、奉献”的红十字精神发扬光大，感染和带动更多的人加入公益慈善事业中，为全球的慈善事业贡献更多的力量。同时，我希望“一带一路”全球慈善基金一定要心怀爱心，依法操作，善行善举，成为响当

当的公益基金、爱心基金、品牌基金！成为我国落实“一带一路”倡议的一面公益旗帜！

最后，再一次对全体学员表示热烈的欢迎！对“一带一路”全球慈善基金的成立表示由衷的祝贺！

预祝本次培训取得圆满成功！

【活动介绍】

中央专项彩票公益金支持失能老人养老服务项目2020年第2期养老院长培训班，由中国红十字会总会事业发展中心和山西省红十字会共同主办，大同市红十字会协办，大同市卫生学校承办，来自全国各地的135名养老院长参加了培训。

【情况介绍】

1. 中央专项彩票公益金支持失能老人养老服务项目，是经财政部批准、中国红十字会总会事业发展中心具体负责执行的公益援助项目。截至2020年底，事业发展中心累计使用项目经费1.67亿元，购买养老物资及设备设施，共计支持中西部养老机构829家；开展养老服务及管理培训，合计培训养老院长和养老护理员660多人次。

2. 2017年1月，中国红十字会总会、民政部和全国老龄办联合印发了《关于红十字会参与养老服务工作的指导意见》，明确要求各级红十字会在参与养老服务工作中，要重点聚焦养老护理技能培训、养老志愿服务、兴办公益养老机构和开展老年人人道救助等4个方面的工作。多年来，事业发展中心高度重视养老服务技能培训工作，先后利用UCB教育基金、院士博爱基金、中央彩票公益金等，并自筹工作经费，编辑出版了2套培训教材，举办了养老培训班近40期，培训养老院长和养老护理员合计超过3000人次。

附录

桑榆非晚霞满天

——曜阳国际老年公寓关爱老年人纪实

7月的江苏省扬州市炎炎似火，异常闷热。然而，记者在当地的曜阳国际老年公寓采访时发现，那里的老人悠闲自得，笑容如花，在宿舍、在食堂、在康复中心、在露天广场……那份悠闲和笑容如丝丝凉意袭来，沁人心脾。

老两口的一天

在公寓会所的阅览室内，记者见到来自山东滕州、住在5栋106室的陈克文老人。他已86岁高龄，却鹤发童颜、精神矍铄，向记者聊起一天的快乐生活：

我和老伴每天早上5点准时起床。5点半，我们同时出门。她去公寓东侧的金湾河边练太极，那里环境好，杉树高高耸立，金湾河水静静地流淌。我就开始一天里的第一次走路，大院绿草如茵，秀木成林，小桥流水，四季花开，鸟特别多，在这里走路是一种享受。

锻炼完后，回宿舍休息一会儿，7点半去食堂吃早饭。

上午，我陪老伴去康复中心做理疗、针灸或按摩，她腿疼、腰疼还有冠心病，毛病不少。无论院长，还是医生、护士，都热情得很，服务既专业又周到。

然后，我们去吃饭。早餐，我吃一个鸡蛋，喝一碗稀饭；中晚餐，五种菜选三种，有荤有素，南北风味的都有，很实惠。

下午，我来阅览室看看书报，或是去棋牌室、健身中心转转。

晚上 7 点广播一响，我老伴就去八卦广场学跳舞，先跳集体舞，再跳交谊舞。她参加了老年大学舞蹈班。她跳的时候，我就围着舞场转，算是一天里的第三次走路，一边走一边欣赏舞曲，感觉真好。8 点多舞会结束后，我们回房休息。

陈老高兴地说：“我们从大老远慕名而来，结果比我们想象的还好，好得我都形容不全啦！”言语间，洋溢着一脸的幸福。

呵护渗入点滴服务

扬州曜阳国际老年公寓占地 177 亩，五栋公寓楼和一栋会所、一个康复中心分布其中。

公寓内入住的老人平均年龄为 75 岁，身体都有或多或少的疾病。因此，康复中心在老人心中的位置特别重要。这个康复中心由曜阳国际老年公寓同武警江苏总队医院合作成立，建筑面积 1 万平方米，病床 150 张，设有 24 小时值班救护中心。

康复中心大门入口的墙壁上，挂着一排由治愈出院老人家属赠送的红色锦旗。

住在 3 栋 101 室的胡梅芳老人 80 多岁了，家里条件很好，但坚持住在曜阳公寓。胡老有一本贴身的小本子，随时记录所见所闻。她告诉记者，7 月 6 日，扬州突降大暴雨，水情紧急，公寓的景观河河水涨势凶猛，公寓运来多台水泵，不停地向外排水，全体工作人员不顾衣服湿透，冲锋在前，通宵达旦地干。

扬州曜阳一期工程于2009年11月7日运营以来，有41户入住，另有20多户已办完预订手续，即将入住。老人住进来后，几乎没有搬出去的。

扬州市副市长王玉新告诉记者："曜阳国际老年公寓落户扬州，市政府非常欢迎，从选址、规划、建设等方面给予高度重视和大力支持。从公寓运营大半年的情况看，反响非常好。"

探索新型养老模式

有关资料表明，截至2009年底，我国60岁以上老人占总人数的12%，全国城市空巢家庭比例高达49.7%，老龄化问题和养老问题日益凸显。国办转发的《关于加快发展养老服务业的意见》指出：要"逐步建立和完善以居家养老为基础、社区服务为依托、机构养老为补充的养老服务体系"。

为此，从2004年开始，中国红十字基金会率先启动曜阳国际老年公寓建设项目，2006年设立专门机构和人员，制定《曜阳养老事业发展纲要》，探索符合中国国情的公益性和产业化相结合的新型社会养老服务模式。

中国红十字基金会在整合各种社会资源时，积极探索与爱心企业形式多样的合作模式。扬州曜阳公寓的建设投资，全部来源于社会各界爱心人士的捐赠。扬州德豪润达广电有限公司总经理赵建华告诉记者："我们广东总部在今年春节后资助100万元，正是看中了红十字基金会这个公益品牌，相信每一分善款都用在刀刃上。"

与"扬州模式"不同的是，于今年6月6日落成的北京曜阳国际老年公寓，全部由北京城建集团投资，将于年底投入使用。"北京模式"的亮点在于，中国红基会拥有一定股份，以保证将一定比例的公寓优先提供给对国家作出突出贡献的劳模等老年朋友，体现其公益性。

今后几年，曜阳国际老年公寓将落户南京、杭州、宁夏、海南等地，探索更多适合时代发展的养老新模式，以满足社会各界老人的多层次养老需求。

中国红十字基金会副理事长江丹在接受采访时说："我们一定始终弘扬人道、博爱、奉献的红十字精神，致力于以曜阳国际老年公寓为平台，为老年人提供高品质、标准化、全方位的服务，更新养老观念，提高服务水平，用真诚和努力为发展我国的养老事业作出应有的贡献。"

（本文刊登于《人民日报》2010年8月6日第16版"综合"，作者为人民日报社记者程少华。）

充分发挥社会组织在老龄服务中的作用

——中国红十字会的做法与启示

党的十八大报告明确提出，大力发展老龄服务事业和产业。近年来，中国红十字会按照“建立以居家为基础、社区为依托、机构为支撑的养老服务体系”的要求，积极参与老龄服务业发展，努力探索公益机构参与老龄服务业发展的模式，取得了一定成效。

老龄服务业亟待大力发展

我国养老问题日益突出。根据国际组织的标准，1999 年我国老年人口超过总人口的 10%，正式进入老龄社会。老年人以每年 3.28% 的速度增长，养老问题日益凸显。20 世纪 80 年代实行独生子女政策后，我国老人照料问题日趋突出。面对严峻的养老形势，政府通过民政部门建立的敬老院、托老所，部分解决了中低收入家庭老人特别是一些贫困孤寡老人的养老问题；高收入家庭的老人则可选择入住经营性高档老年公寓；而处于二者之间的大部分老人则面临比较突出的养老问题，养老服务供求失衡矛盾日益凸显。

老龄服务业发展潜力巨大。老龄服务业具有产业链长、带动性强等特点，涉及看护护理、医疗康复、金融、旅游、文化等行业，发展前景可观。据预测，2015 年我国老年人护理服务和生活照料的潜在市场规模超过 4500 亿元。然而，养老服务经验和资质不足，是现阶段老龄服务业发展中非常突出的问题。健康老人以自主生活为主，辅以做饭、洗衣、打扫卫生、组织兴趣小组等服务即可；失能老人则需护理人员看护，且护理人员需经专业考核，具备护理经验和护理技能。目前，社会养老服务供给严重不足，加之机构不规范、服务水平低，直接影响老年人群体的生活质量。

老龄服务业发展应遵循政事分开原则。养老服务是基本公共服务体系的重要组成部分。建立健全养老保障体系，满足老年人多样化的生活服务需求，需要解决老年人最基本的养和医问题，营造全社会敬老爱老的社会氛围。这都需要大量资金和人员投入，社会组织在其中大有可为。养老服务的发展，应根据政事分开、政社分离的原则，改革现行管理体制和运行机制，吸引更多社会资源投入老龄服务业。通过政事分开、政社分离，政府和主管部门科学引导，充分发挥社会组织在养老服务中的积极作用和创造性。

发展老龄服务业符合国家政策导向。应对人口老龄化严峻形势，政府负有重要责任，但也不可大包大揽。加强和创新社会管理，需要政府转变职能，更好地发挥社会组织的作用。从政策导向上看，国家支持社会力量兴办养老服务机构，支持公建民营、民办公助、政府补贴、购买服务等多种方式兴办老龄服务业。

红十字会发展老龄服务业的实践探索

成立事业发展中心。2011 年中国红十字会总会事业发展中心（以下简称“事业发展中心”）成立后，将老龄工作作为核心任务，充实人员，加强力量，成立专业团队，邀请专家授课，进行专题调查研究。目前，已兴办“曜阳托老所”和“曜阳国际老年公寓”等机构，以满足不同层次的老年人需求。同时，努力在实践中弘扬“人道、博爱、奉献”的红十字精神，探索公益性服务和市场化运作相结合的新型公益发展路子，初步实现了从传统的公益资金捐进捐出向公益资金保值增值的新模式转变，变“输血功能”为“造血功能”，不断积累社会公益资金，为长期开展公益活动提供支持。

建设多层次养老公寓。事业发展中心制定《曜阳养老事业发展纲要》，明确发展目标、合作模式和运营办法。兴办的“曜阳托老所”面向低收入家庭，着力解决居家养老有困难但又无条件到机构养老的老年人养老问题。以社区为依托，为空巢老人、独居老人和子女无力照看老人特别是失能老人提供日间照料、医疗保健、文化娱乐等服务。目前，借助政府购买服务、有关部门帮扶、爱心企业捐赠、志愿团队服务等方式，事业发展中心已在山东济南、莱芜和福建福州等地筹建试点。兴办的“曜阳国际老年公寓”定位于服务高层老年群体。“扬州曜阳”“北京曜阳”“富春江曜阳”3 所老年公寓已正式运营，得到入住老人和社会各界的广泛好评，也为红十字会进一步开展尊老敬老助老公益活动提供了新平台。

制定养老服务标准。缺乏科学统一的标准，制约了养老服务质量的提高。事业发展中心组织专业团队，总结实践经验，研究制定“建设、服务、管理”3 项标准。老年公寓、托老所从外观设计到内部结构、设施配置均符合国家有关标准和老年人的生理特点，更加人性化；突出人文关怀和医疗保健特点，对入住老人的各项服务细致入微；内部管理流程和方法明晰，管理团队各项工作有章可循、规范有序。

积极建立与企业长效合作办公益事业的机制。社会各界支持是确保老龄服务业可持续发展的有效途径。从发达国家公益领域的经验看，公益机构与企业合作是基本模式，也是我国公益事业未来发展的方向。“扬州曜阳”利用社会各界定向捐赠资金和设备建设运行。其他两所老年公寓则尝试与爱心企业合作，全部由企业出资。“北京曜阳”和“富春江曜阳”一期工程分别与国有企业北京城建集团和浙江民营企业合作建设。企业在投资建成老年公寓后，又将运营盈利部分再捐给养老事业。

红十字会从事老龄服务业的特点

国务院《关于促进红十字事业发展的意见》明确提出，建立与社会主义市场经济体制和国际人道主义原则相适应的体制机制。红十字会按照这一要求，在多年致力于老龄服务业发展的实践和探索中积极创建新型社会养老模式，形成了自己的特点。

坚持公益性原则。坚持公益性服务是红十字会开展养老服务的核心原则。"曜阳国际老年公寓"划出公寓内一定比例的住房，提供给那些有突出贡献的劳动模范、伤残军人、见义勇为人士等老年人，通过发放补贴等方式对特殊困难家庭老人进行帮扶。同时，向社会开放部分医疗、保健、文体设施，惠及更多老年人。

探索两条腿走路的运行方式。公益性服务与市场化运作相结合，坚持以公益为目的，以市场为手段，努力实现公益机构和爱心企业互利双赢。目前，不少民营养老机构普遍存在重建设、轻服务的倾向，因此入住率较低，处于亏损或微利状态，企业投资积极性不足。有鉴于此，"曜阳国际老年公寓"项目在坚持公益性原则的同时，引入了市场化运作机制，将部分公寓和文化娱乐设施对外开放，参照市场价格收费。而在"北京曜阳"项目上，则根据双方协议，红十字会拥有 20% 的权益，用于公益性养老；其余归企业面向社会按市场经济规律开发经营。

坚持规范化、精细化发展。发展优质养老服务业，需要走规范化、精细化和产业化道路。在规划建设养老机构时，应考虑当地医疗条件，搞好统筹。应整合医疗资源，使养老机构与附近社区医疗服务中心形成定点服务关系，并加强养老机构医务室建设。曜阳养老的每个老年公寓都与知名医疗机构合作，建有医院或康复中心，使入住老人享有优质的医疗和养生服务。同时，邀请专家讲授四季养生之道，组织会员学习养生操、聆听养生音乐，提供养生餐、养生茶和养生药浴等项目，养老养生兼顾。

探索产业化养老模式。为提高运营效率，事业发展中心组建了懿德投资管理有限公司，以市场化方式进行养老项目的筹资、投资和运行管理，为曜阳养老事业产业化发展铺路搭桥。按照《曜阳养老事业发展纲要》的规划目标，除了已建成的“北京曜阳”“扬州曜阳”“富春江曜阳”3所老年公寓，还将在福建福州、海南三亚和五指山、宁夏银川等地建设一批养老项目，统一管理。另外，在北京、江苏南京、福建厦门、四川成都、江苏苏州、四川德阳等地成功举行了多次募集善款的大型公益文化活动，营造敬老助老的社会氛围，动员更多社会力量参与老龄服务业，为最需要帮助的老年群体做好事、办实事。

（本文发表于《人民日报》2013年3月27日第7版“调查与思考”栏目，作者为向东。）

扬州曜阳的养老范本

从扬州市中心向东约 10 公里，绕过远离公路的农宅、稻田，就会看见一片颜色亮丽的楼群。这里自然环境得天独厚，东面是树木葱茏的金湾河畔，北面则是扬州著名的凤凰岛森林公园。这里便是中国红十字会总会事业发展中心创办的扬州曜阳国际老年公寓。

如果在中午前后来到曜阳，路过餐厅大堂，可以看到七八个老人围坐一桌，非常有仪式感地端起高脚杯，同饮杯中的红酒。红酒中含有多种氨基酸、矿物质和维生素，看得出来，他们很注重养生。

他们是住在曜阳国际老年公寓里的老人，饭后他们也许会回公寓休息，也许会三五成群打台球，或者只是去太极广场走走，还有可能去休闲娱乐中心泡个澡。

老了也可以很体面

如何给自己一个体面的老年生活，是每个人都难以回避的民生问题。扬州曜阳是中国红十字会总会事业发展中心“曜阳养老”项目中最早投入运营的，致力于探索新型社会养老服务模式。

中国红十字会总会事业发展中心老龄事业部副部长李彤解释："所谓新型公益养老服务模式，就是为满足不同层次老人养老需求，将曜阳老年公寓、曜阳托老所和曜阳保姆服务结合起来，形成'三位一体'的新型养老服务模式。"

目前，扬州曜阳已建成公寓面积3.5万平方米，包括5栋公寓楼、1栋配套的老年活动会所、1栋老年康复医院，现已全部投入使用。

"选择扬州作为试点，主要是因为扬州的养老基础好，还有宜居的环境。"李彤表示。

在扬州，信步一走，便可将三月烟花、绿杨城郭尽收眼底；随处一坐，就能品尝到翻滚在舌尖上的淮扬美食。

在曜阳老年公寓餐厅，一样可以吃到扬州美食，如著名的扬州炒饭、烫干丝等。餐厅每周会制定营养丰富、全面合理的食谱，并经餐饮委员会对餐厅每周制定的食谱进行审核，提出建议后公布上墙。餐饮委员会由居住在这里的老人和餐厅工作人员组成。

除了美食，"房间会定期打扫，曜阳保姆是24小时的，随叫随到"。郑志超老人说。他的家位于老年公寓1号楼一层，两室一厅，他带着《民生周刊》记者参观了家里的紧急呼叫系统。

曜阳老年公寓副院长丁敏介绍，每户每个房间都安装有呼叫系统的紧急按钮，针对所有入住的老人，还会发放提醒服务牌，特别关注年龄较大独居和身体不适的老人。

"入住前这里的老人会有身体、精神状况的评估，入住后还会有一份健康档案，以便随时跟踪老人健康状况。"曜阳老年公寓副院长王秋林说。

王长安的老年追求

王长安，76岁，来自哈尔滨，公寓第一批入住者。

因为两个女儿都在美国，王长安很早就萌发了机构养老的想法，开始寻找理想之所。退休后，王长安和老伴辗转在北京、厦门住过几年，他们甚至想去美国养老。

在厦门东山岛居住的那段时间，王老感到了深深的孤独。在那个拥有50多栋别墅的高档别墅区里，除了王长安老两口，大多是游客临时居住。自然环境确是上乘，但医疗条件并不完善，王长安的女儿们开始劝说二老去美国。

到底在中国还是美国，王长安一直在思考，“去美国虽有女儿，但语言不通，各种不方便，在国内又没有更好的选择”。

就在二老已经做好去美国的准备，将国内房子全部卖掉，家具用品一律送人后，王长安在网上看到了一篇文章，作者是一位住在扬州曜阳的老人。

与曜阳取得联系后的那晚，王老失眠了，他想了整整一夜。第二天，用他的话来说，“180度大转弯”，他将定金直接打到了扬州曜阳账户。“我从未来过扬州，更未想过来曜阳养老。”

“这里的硬件设施超乎我的想象，与美国中高档老年公寓差不多。”据王长安介绍，美国大型连锁老年公寓，一个人的收费为每月三四千美元，如果两人入住，需再多缴1000美元左右。“这里的绿化非常好，美国中高档老年公寓的绿化面积也不过如此。”

2012年3月19日，王长安携老伴来到扬州。“我们受到了热烈欢迎，进屋后管理员已备好饭菜。”王老至今都记得那天桌上的4个菜。“人老了，需要的就是温暖。”他说。

延伸的养老服务

曜阳老年公寓现有老人273人，平均年龄79岁。除了为老人提供养老服务外，曜阳还在当地开展各类公益养老活动。

除付费入住的老人外，中心还委托扬州市红十字会甄选对国家、民族和社会作出突出贡献的劳模、英模、伤残军人等，邀请他们免费入住 3 个月。截至目前，已有 9 期共 107 人次体验了公益疗养历程。

周世恩，今年 89 岁，扬州人，扬州干休二所离休干部，上海交通大学毕业，参加过抗美援朝。周世恩夫妇是被邀请到曜阳的体验者，还不到 3 个月，他们就决定留下来。

因为国人的传统养老观念和当前养老服务体系建设的滞后，多数老年人还是选择居家养老，如何把养老服务延伸到居家养老的老年人，满足他们对养老服务的需求，曜阳一直在探索。

为了惠及更多居家养老老人，曜阳在扬州选取了 30 个社区，通过考察和测评，最终在社区日间照料中心基础上首批联合新建了 8 家曜阳托老所，为中低收入和特殊群体老人提供生活照料服务。

曜阳扬州琼花观社区托老所是其中之一，位于扬州“双东”历史文化街区，这是扬州首家社区托老所，有床位 30 张，开办食堂，由 8 名社工和 20 多名志愿者组成。

在这里，只要缴纳 8 元，就能享受荤素俱全的中餐，三无老人和孤寡老人免费。除可以在这里读书看报，下棋打牌，挥毫泼墨，每月 10 日还有专人为老人免费修脚、理发。

曜阳保姆也开始尝试依托曜阳老年公寓和曜阳托老所的养老资源，面向社区中低收入家庭、失能老人提供居家养老服务。

去年底，扬州市曜阳养老服务中心工作人员、医护人员、护理员和社会义工、志愿者来到扬州市三里桥社区，为失能老人提供曜阳保姆服务，自此，“曜阳养老”医养结合入户服务在扬州开始。李彤透露：“扬州如果做好了，我们会将模式复制到全国其他地方。”

曜阳养老项目自 2004 年启动后，目前已在全国建成 4 处，除江苏扬州外，浙江富阳、北京密云、山东济南各有 1 处。根据计划，今年全国要建设

10 所曜阳国际老年公寓。目前，重庆、厦门、海南、徐州、南宁等地项目均在筹备阶段。

（本文刊登于《民生周刊》2015 年 5 月 18 日特别报道，作者为记者崔靖芳。）

让“拔萃”更“出类”

——建校13年，资助283名贫困学子，99%的师生会“救命招”

2003年，北京拔萃双语学校在中国红十字会总会和北京市朝阳区政府的大力支持下诞生。此后10余年间，弘扬和传播“人道、博爱、奉献”的红十字精神一直是其德育教育的主要内容。

红十字，德育教育“大富矿”

拔萃学校主动将红十字精神融入整体教育中，全盘考虑，细致规划，使红十字精神在德育工作中有了广阔的生存空间。

学校党支部书记闫晓萍表示：“红十字精神是学校德育工作宝贵的资源，红十字历史是一部深刻的教科书，红十字精神的理解和内化过程是很好的德育教育。”

10余年来，拔萃学校通过“五个结合”，将红十字精神开发成德育教育的“大富矿”，让走出拔萃的数千名学子受益终身。“五个结合”，即品德教育与培养人道精神相结合，急救培训与博爱教育相结合，社会服务与奉献教育相结合，红十字志愿者活动与学校素质教育、校园文化建设相结合，红十字活动与心理健康教育相结合。

“五个结合”完全契合拔萃学校“让每个学生都得到发展，让学生学会做人”的育人理念。学校通过不同的形式、角度、题材来体现红十字精神，用红十字精神影响、激励、教育学生，在德育活动中渗透红十字精神，在宣传活动中传播红十字精神，在社会实践中体验红十字精神，在帮扶贫困中践行红十字精神。

闫晓萍认为，工作模式的创新，极大地丰富了德育工作的内涵，拓展了德育工作的外延，促进了学校的德育工作和素质教育的发展，提高了学生思想境界和道德修养。

2015 年，拔萃学校成为探索人道法教育项目试点学校，由校团委副书记于淼执教。“探索人道法课程让学生能深入地理解和挖掘人道精神的内核，为学生打开了学习思考的‘另一扇窗’。”于淼说。

拔萃学校不断深化红十字校园文化建设，提升了学校的办学品位，学校文化品牌效应凸现，学生自主发展体系凸显。

近年来，拔萃学校先后被评为“北京市民办中小学十强学校”“朝阳区环境教育绿色学校”“朝阳区中考优秀校”“北京市民办学校特色建设试点学校”“最具社会知名度民办中小学”。2014 年，拔萃学校被中国教育改革与发展研究会等单位评为“中国综合实力百强学校”；2015 年荣获“北京市民办中小学评选优秀学校奖”。“彰显红十字精神的校本德育模式”项目被评为朝阳区民办特色学校发展研究立项项目。2016 年，荣获北京市民办教育协会社会公益优秀单位。

与此同时，成百上千名出类拔萃的青少年带着“红十字财富”走出拔萃，步入大学，踏上不同的工作岗位，开启了多姿多彩的人生，而“人道、博爱、奉献”的红十字精神像一位良师益友，与他们形影不离。

红萃生，既“优”又“红”好少年

在拔萃学校，“红萃生”这三个字意味着“成绩优秀，博爱奉献”。

作为中国红十字会总会事业发展中心主办的学校，“公益”是流淌在拔萃师生血液中的DNA。拔萃学校从建校至今一直坚持开展“红萃行动”，招收家庭贫困且品学兼优的学生到校免费就读，让他们有机会享受优质教育资源。这些“红萃生”大多来自北京周边区或革命老区。

2015年，该校在校“红萃生”共有145名，其中21人来自延安、井冈山、青海等地。学校当年为他们减免费用343万余元。

13年来，拔萃学校共资助283名红萃生，资助费用约2000万元。

“红萃生”不仅要“优”，而且要“红”。拔萃学校通过多种活动、不同形式，将红十字精神融入“红萃生”的思想教育中，让他们学会感恩、学会博爱、学会奉献。

拔萃学校定期组织“红萃生”参加实践活动。农场劳动，让“红萃生”体会到劳动的快乐和团结协作的重要性；参观自然博物馆，开阔了“红萃生”的视野；参观抗日战争纪念馆，让“红萃生”把爱国情怀转化为勤奋学习的动力；观看天使荣耀艺术团演出，让“红萃生”学会自尊、自立、自强，做生命的强者……

不仅如此，学校还让“红萃生”担任社团职务，提高他们的综合能力。

“我是‘红萃生’，我是榜样”是“红萃生”的响亮口号。拔萃学校每年的第二学期都会评选“十佳拔萃学子”，树立同学们身边的楷模。2007年至2014年，拔萃学校共有8名学生被评为朝阳区“十佳中学生”，他们都是“红萃生”。

10余年来，这些家庭困难却品学兼优的“红萃生”在拔萃学校健康成长，屡创佳绩。可以说，每一名“红萃生”的经历，都是一个精彩的励志故事。

刻苦钻研的胡乔文曾被评为朝阳区优秀学生干部、优秀共青团员；“环保小卫士”叶璐收集废旧电池40余万节，她设计制作的“绿色奥运”废旧电池回收箱被首都博物馆收藏，她是北京奥运志愿服务宣讲团成员，曾担任2004年雅典奥运会和2008年北京奥运会火炬手，被第29届奥林匹克运动会组委会、北京奥运志愿者工作协调小组评为“北京奥运会、残奥会志愿者先进个人”；勤奋上进的隗立芳是北京市教委重点资助项目“翱翔计划”学员之一，荣获北京市中小学“阳光校园创新设计小专家”创意设计奖，2011年6月，隗立芳成为北京市民办学校第一个高中生党员；自强不息的王夏颖在朝阳区艺术节中荣获书法比赛一等奖……

“我们会坚持社会公益意识，坚持‘红萃行动’，竭尽所能帮助贫困学生，让更多的‘寒门学子’出类拔萃。”闫晓萍说。

志愿者，校内校外“活雷锋”

2009年，在隗立芳同学的建议下，拔萃学校红十字志愿者协会成立，隗立芳任首届社长。“红协”以学习宣传红十字精神，在校园内外开展各种志愿服务活动为宗旨，吸引了众多学生踊跃报名，很多班级甚至全体报名加入“红协”。“红协”有章程、有组织、有活动，下设宣传部、活动部、财务部3个部门。现任“红协”社长、高二（1）班的左稼慈同学介绍，“红协”每个月都会开展不同的志愿服务活动，3个部门分工明确，宣传部负责拟定活动通知，活动部下发通知并具体组织实施，财务部负责活动经费的募集和管理。“我们的财务公开透明，同学们捐出的每一笔善款都要花得明明白白。”

“红协”还建立了“拔萃博爱小基金”，将每月11日定为“拔萃博爱日”，号召大家“捐出一元钱，献出一份爱”。“拔萃博爱小基金”用于绿化校园、尊老敬老、助学助困、援助灾区。

校园内，“国旗班”由志愿者组成，社团工作由志愿者负责，班级卫生责任区由志愿者打扫。志愿者们为西部地区学生捐赠衣物，为打工子弟学校捐书。拔萃学校操场东南侧的一块空地上，依次栽种着数排青翠茂盛的小叶黄杨，这也是志愿者们的劳动成果。

校园外，志愿者们在社区宣传环保，关爱抗战老兵；走进北京启蕊康复中心、365 晨光宝贝之家、“太阳村”，为那里的孩子们带去礼物，开展融合活动；走进嘉德敬老院、寸草春晖敬老院、银龄敬老院，为老人们表演节目。

在北京市教委主办、北京教育科学研究院德育中心承办的“北京市家长网上学校”网站上，拔萃学校的志愿者们负责设计并主持了“学生成长故事”“大爱无疆”两个栏目。

“红协”的志愿者们在奉献的同时，也收获了快乐和成长。志愿服务活动历练出了一批优秀的学生干部，提高了每一名参与者的综合素质。

志愿服务让“红协”活动部部长刘硕深有感触，他说：“以前我从未关注过身边的弱势人群，更没想过为他们做点什么，以后我会把志愿服务一直坚持下去，也希望我们这些‘小志愿者’能带动‘大志愿者’，让更多的人参与志愿服务。”

学急救，人人都是“安全员”

拔萃学校一贯重视对师生开展应急救护培训工作，99% 的在校师生都接受过救护培训，并取得“北京市红十字会急救员证书”。

每年，拔萃学校都会邀请朝阳区红十字会救护师资对初一和高一学生开展救护培训。10 余年来，拔萃学校共有 3000 余名师生学会了“救命招”，成为学校、家庭、社会的“安全员”。

拔萃学校在每学期至少要举行两次应急疏散演练活动，确保自然灾害或突发事件发生时，反应及时、救治有力。2011 年 9 月，朝阳区应急委、区红十字会、区教委、区民防局在拔萃学校主办“纪念世界急救日暨朝阳区中小学生应急疏散与避险逃生演练活动”，同学们快速、高效、有序的演练赢得在场观众的一致好评。

闫晓萍指出，开展救护培训不仅是为了让学生掌握救护培训技能，更深远的意义在于提升学生救死扶伤、发扬人道主义精神的责任感，把红十字精神和宗旨内化为自己的理想追求，作为自己的行动指南。

伴成长，“红色精神”永传承

“我希望每一个北服学子都能掌握急救技能，了解红十字；我希望越来越多的人与我们同行，把尚在‘幽僻处’的志愿服务，变成阳光大道——这是我的‘红会梦’。”4 月 9 日，北京服装学院广告学专业大二学生马瀚博的题为“幽僻处可有人行”的精彩演讲博得了经久不息的掌声。当日，他成功竞选为该校学生会红十字会分会第四任会长。

优秀并非与生俱来。马瀚博是北京拔萃双语学校 2014 年高中毕业生，他说：“拔萃学校红十字特色教育给我们的，是一笔终生受用不尽的财富。”

这笔“财富”，源于北京拔萃双语学校对红十字精神的重视、挖掘和利用。建校 10 余年来，拔萃学校把红十字精神与德育工作有机结合，在综合素质教育方面取得了显著成果，培养出许许多多像马瀚博一样品学兼优的毕业生，“红十字”也成了拔萃学校的“金字招牌”。

“红十字会让我有归属感和安全感。”谈及母校的红十字教育，“红协元老”马瀚博满怀感激，在拔萃学校的 6 年中，他对红十字精神从懵懂，到接触，到融入，到弘扬。他说：“红十字教育是一种无形的资产，它给了我们一种正确的、利他的价值观，这是我们青春时代在拔萃学校最宝贵的收获之一。”

（本文刊登于《中国红十字报》2016 年 5 月 20 日第 A1 版，作者为报社记者杨振宇。）

驻在爱里

——记扬州曜阳国际老年公寓

我对扬州曜阳国际老年公寓的初次印象，来自 4 位白发苍苍老人的爽朗笑声。老人们正在公寓门口聊天，准备去打门球。他们中最年长的卢蕴老婆婆已经 87 岁了，知道我是记者后，她说："你好好写写这儿吧！我们每天都会打门球，几个老伙伴既活动了筋骨，又能聊聊天。这个环境让大家很开心。"在他们的指点下，我穿过一片绿茵茵的草坪，走进了绿树掩映中的公寓。

扬州曜阳国际老年公寓是中国红十字会总会事业发展中心兴办的公益养老机构。早在 2001 年，事业发展中心就开始关注养老服务并进行了初步探索与实践。2006 年，中心正式启动"扬州曜阳国际老年公寓"建设项目。此后，中心始终坚持把公益养老服务工作和探索兴办公益养老实体作为核心业务和重点工作。

扬州曜阳国际老年公寓从 2009 年 10 月开始运营，目前有床位 1500 张，工作人员 100 余人。公寓给我印象最深的是他们的一句口号：让每位入住公寓的老人"老有所养、老有所医、老有所学、老有所乐、老有所为"。

老人自己的家

年近80岁的王文卿老人和老伴住进来已经5年了。其实他们的家就在附近，儿子儿媳非常孝顺，只是忙于工作，不能很好地照顾他们老两口的生活。王奶奶说，在曜阳老年公寓里，可以和其他老人一起打牌、看电视、聊家常，过得非常开心。“这里真的不错，和家里的感觉一样。为入住老人提供免费的家政服务，按时为老人打扫室内卫生，清运生活垃圾；设置免费班车，为行动不便的老人提供送餐服务。”老人滔滔不绝地介绍着。身旁的扬州曜阳国际老年公寓院长李彤说：“在老年公寓里，我们就是要给老人营造一个家的感觉。”他说，公寓位于扬州市以茱萸湾和凤凰岛两大城市生态湿地公园为核心的“扬州市十大生态环境”中心。老人居住的房间，有电视和空调，不愿意做饭的，可以到公寓的食堂买饭。大家想出去散步、锻炼身体，或者回家看看都可以。

和王奶奶一样感到满意的还有她的儿子。他说，最重要的是，不用担心父母发生意外或感到孤单。

在曜阳国际老年公寓办公室，记者看到了公寓的情况介绍：公寓目前入住357位老人，平均年龄87.8岁。公寓所有房间和过道都有墙壁扶手，拐弯墙角一律软包装，走廊铺设防滑地胶，房间的窗台都比较低，方便他们眺望外景，各房间设有紧急呼叫器。

“退休赶上好时光，住进曜阳圆梦想。更好日子在后头，力争长寿又健康……”老人们在不同场合表达着对幸福生活的热爱。在老党员张万林老人的倡议下，一群志同道合的曜阳老人还自发组成了时政学习小组。在他们的带动下，公寓的老人们的言谈举止有了明显的变化：前面的人进门时，总会回头看看后面有没有人，为后面的人推着门；在食堂就餐时，主动让腿脚不便的人排到前面去；到超市购物时，身体好的人帮着身体差的。

如果说公寓想尽一切办法让老人们精神愉悦的话，硬件设施则是一个高水平的老年公寓的“标配”。公寓已经建成了一系列的设施一流的老年活动会所、老年文化娱乐设施，包括书法、阅览、棋牌、乒乓球、桌球、健身、歌舞等活动场所供老人使用。

“有如亲人，胜似亲人。”王长安老人是2012年的初春时节从千里之外来到扬州曜阳国际老年公寓的。知道“扬州曜阳”只是一个偶然的机会，从网上看到有这么一个养老机构。他试探着联系了一下，就决定和老伴一起来这里养老了。当他们一路颠簸到达扬州以后，曜阳专门派车去接他们，给了他们一个小小的惊喜。来到公寓，推开自己寓所的门，里面的一切又给了他一个大大的惊喜：整洁的陈设、铺得厚厚的被褥、桌上刚烧好的有荤有素的热乎饭菜、一捧怒放的鲜花……其实，每一位住进扬州曜阳的老人都有过这样的惊喜，无论是来，还是走，这里的工作人员都像儿女一样，细心、周到、体贴。许多人像王长安老人一样，从入住的那一刻起，就从心底里认可了这个家。

李彤说，他平时最费神的是考虑如何让入住的老人住得舒心、满意。“别人都说我们公寓的硬件设施好，不过这并不是我们这里吸引老人的主要因素。了解我们公寓的人都知道，公寓的软实力更强。”这个软实力，主要体现在人性化服务。

经过7年时间摸索，老年公寓已经建立起完善的探访制度，每天有管理员进行日探访，每周有工程维修人员进行巡检，日常生活中发现工程问题随叫随到；定期组织义工服务队为入住老人提供免费修脚等服务。

公寓鼓励有劳动能力的老人自愿为大家服务，还选出楼长帮助协调各楼层老人之间关系、处理日常问题。每月为当月老人集中举办生日宴，免费提供多功能厅给老人举办生日歌会等。靠着这些周到的服务，公寓正一步步地让老人感受到家的温情、安详和舒畅。

“医养结合”服务模式

“看病的地方不养老，养老的地方难看病”，这是当前养老服务业面临的最大困局。为解决这一社会性难题，曜阳老年公寓率先探索机构养老新路径，建立“医养结合”服务模式，初步实现了医、养、康、护“一条龙”服务，公寓内设有扬州曜阳康复医院，以保证对老人的及时医助。

一个多月前，79 岁的范凯老人第 3 次突发心肌梗死。看到他突然晕倒在地，同行的老人通过紧急呼救系统将公寓内康复医院的医生喊来。医生赶到后，第一时间对范凯采取简单的急救措施后，紧急送往附近医院做进一步治疗。

一个星期后，范凯康复出院，老人感慨地说：“要不是住在曜阳老年公寓，我的坟头上早就长满了青草。现在住在公寓里，生活有人照料，生病有人医治，而且老人们住在一起还能聊聊天，幸福感多高啊！”

范凯老人的紧急救治得益于曜阳老年公寓内扬州曜阳康复医院。如果没有医疗机构的院前急救，后果不敢想象。李彤介绍说：“平时老人们在老年公寓享受康复护理、照料陪伴等服务，一旦生病，可以直接送到就近医院。”医养结合不是以治病为主，而是以健康管理，特别是慢性病管理，长期照护、临终关怀为主。医养结合的主要力量是医院、公寓、家庭和老年人的结合，而不是过多依靠医院。

公寓每个房间里都装有紧急呼叫器，紧急呼叫系统连着康复医院，同时老年公寓管理人员也能通过腕表在第一时间接收到求救信号，一旦老人发生紧急情况，按下按钮，医院和公寓的值班人员就会收到信号，他们会在最短的时间内赶到现场。同时公寓自备 24 小时待命的 120 救护车，也为老人突发性急症、重症的生命安全提供了保障。“最主要就是急救部分，老人紧急情况往往需要第一时间给予抢救。曜阳康复医院是正规医疗机构，检验检查、透视、B 超，以及其他特色医疗康复设备都有。”李彤院长介绍，住在这里的老人都能够享受到医保报销。

此外，面对生活困难的失能老人，公寓成立了“扬州曜阳关爱之家”。服务包括护理、医疗、康复训练、临终关怀等。目前，50 人的专业医护、服务管理团队，对轻度失能、中度失能、重度失能老人的护理，采取1级至6级护理方案和服务标准。

规范护理源于爱心

培养素质优良、技能精湛的养老服务人员，是提高养老服务水平的必要条件。曜阳老年公寓工作人员必须受过专业培训，获得相应的专业资格证书。另外，每年还要举办两次护理技能大赛。开展技能大赛的目的是提升护理人员的责任感、职业荣誉感，提升养老护理员的专业能力。“护理人员要学会帮着老人翻身、穿衣。在外人看来的小动作，其实大有学问。翻身时的用力程度，以及轮椅的摆放角度都有规范。”李彤院长说。日常生活中，在帮老人穿脱衣服过程中，要注意老人是否有伤口，穿衣袖时避免幅度过大导致拉伤。使用轮椅更是有门道，要注意轮椅的快慢、前方道路是否平坦。目前，曜阳老年公寓每年分批派出护理员到专业护理机构学习先进的护理理念、娴熟的专业技能。公寓目前已有30余名护理员取得中高级职称。在严格的管理规范下，员工们业务能力一步步获得提升。更重要的是，在不断规范娴熟的过程中，扬州曜阳收获了尊老敬老的暖暖爱心。

为切实强化曜阳养老公寓的安全管理，防止和减少安全事故，公寓对老人、职工也进行了消防安全应急疏散演练。对火灾事故案例、消防知识、灭火器材使用进行详细讲解，并现场指导灭火器示范使用及防火逃生应急疏散演练。此外，公寓即将成立工会组织，充分调动养老院职工群众的积极性，发挥基层作用，维护好老人权益，做大做强社会养老事业。最近，李彤正在和扬州市政府协商，把曜阳老年公寓划入公共汽车路线规划中，真正把公交车开到老年公寓门口，让老年人时刻享受到公交车带来的方便、快捷与实惠。

扬州曜阳老年公寓自开业以来的7年多时间里，经过不断探索和几任管理团队的努力，已经发展成为扬州地区知名的社会养老服务机构之一，先后被国家老龄委、老旅委、江苏广电集团等评为“养老服务放心机构十佳单位”“为老服务先进单位”“全国异地养老基地”“江苏省优质服务品牌”等，并通过了江苏省示范性养老机构达标评估。

如家一样温暖的老年公寓，如儿女一样的关爱陪伴，如青春勃发的幸福老人，共同构成了一幅夕阳下优美灿烂的图画。

养老服务新模式

如果说，扬州曜阳老年公寓是一朵粲然绽放的花朵。那么，中国红十字会总会事业发展中心弘扬“人道、博爱、奉献”的红十字精神，秉承“心系民生、回报社会”的公益理念，充分发挥社会组织优势，致力于养老公益事业，积极探索公益性服务与市场化运作相结合的新型模式，呈现出的则是万紫千红总是春的景象了。

记者了解到，近年来，事业发展中心已构建起曜阳老年公寓、曜阳托老所和曜阳保姆服务三种公益养老服务模式。2009 年后，中心与爱心企业合作，先后建成了“扬州曜阳”、“北京曜阳”、“富春江曜阳”和“济南曜阳”4 所国际老年公寓。目前，中心在福州、五指山老年公寓已经开始建设，三亚、南宁、银川等地老年公寓正在筹建之中。

2012 年，中心启动了“曜阳托老所”养老服务公益项目，为中低收入家庭老人提供日常生活照料服务。2013 年 5 月，中心又组织实施了“曜阳关爱失能老人行动”，通过争取政府购买服务、有关部门帮扶、爱心企业捐赠等方式，多方筹集资金或物资，用于资助生活不能自理的失能老人，为他们提供保姆式的公益性养老服务。

为扩大失能老人帮扶范围，在红十字会总会的大力支持下，2014 年向财政部申报了中央专项彩票公益金支持失能老人养老服务项目，获得 1.23 亿元资金支持，在全国范围资助 589 家养老机构，直接惠及的失能老人将达到 4

万人。“曜阳关爱行动”得到了社会各界的积极响应，全国100多家爱心企业、1000多家养老机构、数千名养老护理员以及爱心企业家、爱心人士、爱心志愿者近万人参与了“曜阳关爱行动”，体现了社会组织带动社会力量参与公益养老事业的影响力和感召力。

中国红十字会总会事业发展中心主任江丹表示，社会组织特别是公益性社会组织应当好政府助手，担当“生力军”，帮助政府“保基本”，在养老服务中做好“拾遗补阙”工作。红十字组织的工作职责是扶贫济困、救助困难群众。事业发展中心结合我国养老形势的发展变化，关注高龄、空巢、失能、失独等特殊老人群体的养老问题。

资料显示，目前，我国60岁以上老年人口已达2.12亿人，占总人口的15.5%；失能半失能老年人约3750万人，占总人口的2.8%。2013年，国务院《关于加快发展养老服务业的若干意见》中明确要求：鼓励公益慈善组织支持养老服务。引导公益慈善组织重点参与养老机构建设、养老产品开发、养老服务提供，使公益慈善组织成为发展养老服务业的重要力量。

江丹强调，“总结多年的实践经验，贯彻党的十八届五中全会关于‘积极开展应对老龄化行动’的精神，事业发展中心将更加突出养老服务工作重点，创新服务手段和方式，发挥好公益组织在促进养老服务发展方面的示范和引领作用”。

（本文刊登于《中国红十字报》2016年8月30日第A1版，作者为报社记者莫寒梅。）

曜阳智慧党建：养老机构新举措

近日，由中国红十字会总会事业发展中心主办的“曜阳智慧党建”启动仪式在杭州富春江曜阳国际老年公寓举行。活动现场，富春江曜阳国际老年公寓的党员合唱《再唱山歌给党听》，展现了新时代下中国老年人的新风貌，而这一切都离不开事业发展中心开展的“曜阳智慧党建”新举措。

党建：引领养老机构发展的重要保证

近年来，民营养老机构迅猛发展，成为新社会组织的重要组成部分。民政部统计数据显示，截至 2017 年 9 月，我国养老机构总数超过 14.46 万家，已经注册登记的养老机构达 2.8 万余家，民营养老机构 1.25 万余家。

在众多养老机构中，已建立的党组织却为数不多，但这并不代表养老机构不需要党建工作。一位来自长沙青松老年公寓养老院的老人告诉记者，“到了我们这个年纪，最重要的不是吃得好不好，而是要有党组织。年轻时我们积极入党，老了也要知道我们是谁的人”。年龄无法影响人们一心向党的热情，精神上的归属感更能使老人们老有所依。生于 1923 年的公寓老党员黄景行在 1959 年就曾向党组织递交了第一份入党申请报告，遗憾的是，由于黄老的赴台经历无从考证，这份报告被不了了之。但黄老并不灰心，直到 1987 年退休，黄老每年都在坚持向党组织表达自己强烈的入党愿望，“入党是我一辈子的目标和理想，我一定要实现！”在 2008 年黄老递交了入党申请书后，党组织开始考察他，并于 2012 年浙江省图书馆党委吸收了 89 岁高龄的黄景行为中共预备党员。

对于人民的需求，党中央看在眼里，落在实处。习近平总书记在党的十九大报告中指出，要“善于运用互联网技术和信息化手段开展工作”，强调“把街道社区、社会组织等基层党组织建设成为宣传党的主张、贯彻党的决定、领导基层治理、团结动员群众、推动改革发展的坚强战斗堡垒”。这为中国红十字会总会事业发展中心开展党建工作指明了努力方向，提供了基本遵循。

中国红十字会总会事业发展中心党建专干汪亮坦言，开展智慧党建工作，不只是贯彻落实中央要求，更是从实际出发，解决百姓生活中切实存在的问题。与此同时，中国红十字会总会事业发展中心主任江丹认为，加强党建工作是引领民营养老机构稳步发展的重要保证。新时代做好社会组织党建工作，事关党的建设新的伟大工程战略部署的推进落实，加强党建工作是确保社会组织健康发展的必然要求。社会组织是党和政府联系人民群众的桥梁和纽带。加强社会组织党建工作，是创新社会治理加强基层建设的必然要求，有利于激发社会组织活力，促进社会组织在国家治理体系和治理能力现代化进程中发挥积极作用，从而引领社会组织沿着正确的方向健康发展。同时，通过加强社会组织党建工作，把社会组织及其从业人员紧密团结在党的周围，对于不断扩大党在社会组织的影响力，增强党的阶级基础、扩大党的群众基础、夯实党的执政基础，具有重大的现实意义。

养老机构如何做好智慧党建

智慧党建智慧在何处？中国红十字会总会事业发展中心副主任吴昂坪表

示，智慧党建即结合传统党建工作和互联网理念，采用移动互联网技术将党建管理、组织生活、学习教育、互动交流等元素完美整合的信息管理平台。它提供一种全新的党建学习培训理念和管理方式，并主要体现在五个方面：通过统一规范的数据采集标准建立对区域资源发挥引导、整合作用的党建大数据；集“信息发布、理论宣传、在线学习、交流互动、党务活动”五大类功能体系，“移动党校、智能党务、组织管理”三大类业务服务于一体的手机党建移动社区；构建自上而下网络学习体系的移动党校，以及智能党务和组织管理。

在如何实现、落实养老机构党建工作上，发展中心不断思索、探索、创新，创建了“曜阳联盟党建”品牌，并联合湖南省红十字会在湖南继续做好以湖南长沙青松老年公寓为示范的“曜阳养老联盟”党建试点工作，推广和完善曜阳党建“5+X”标准化工作模式。“5”即班子建设好、党员队伍好、基础保障好、作用发挥好、综合评价好，“X”即基层的特色工作，为推动社会养老组织党的建设探索新的实施路径，形成基层党建工作先进典型和特色品牌。

据介绍，为了落实“5+X”这一标准化工作模式，发展中心采取了“四步走”措施。第一步是摸清底数情况，按照属地管辖原则，湖南省各级红十字会要联合辖区街道（乡镇）全面摸清红十字会重点支持和加入红十字“曜阳”养老联盟的279家养老机构名称、地址、负责人、职工人数等基本情况和党组织情况及党员信息等党建工作基本情况，建立工作台账。第二步是在摸清底数情况的基础上，根据养老机构的党员信息活动阵地等基本情况，对照“5+X”的建设标准，逐一形成党建工作指导方案。第三步是开展对入住老党员、员工党员、志愿者党员的分类管理，促进先锋模范作用的发挥。注重发挥红会平台作用，组织开展“我为党旗增光彩，最美夕阳红”“优质服务，关爱老人，先锋故事会”等主题系列活动，营造养老机构等社会组织党建工作良好氛围。定期赴试点单位开展跟踪指导，及时掌握情况、发现问题、督促改进，形成养老机构党建示范。最后一步是将示范点建设推进中形成的经验做法，及时总结梳理，形成标准化的党建工作模式，在中国红十字会总会事业发展中心直属实体单位和全国的红十字养老联盟成员单位进行推广。

与此同时，发展中心设立了“五个一”工程的工作目标——建1个曜阳联盟党建信息网，每年新增10个基层党支部，实现100家养老机构党组织和党员网上工作互动，推选1000名优秀党员，为所辖养老机构及老人做10000件好事。

事业发展中心党建专干汪亮告诉记者，事业发展中心正在按照“党建工作引领养老服务”的工作思路，把党在新社会组织的组织覆盖、工作覆盖作为一项基础性、长期性工作，通过思想认识、组织保障、制度措施和工作融合“四到位”，确保党的组织和党建工作“两个覆盖”。事业发展中心不仅成立了专门机构，明确专职党务工作者，指导建立合作关系的养老机构开展党建工作，并针对部分民营养老机构对党组织和党建工作重要性认识不足，存在“重业务轻党务”和“有党员无组织”的现象，将曜阳党建作为党建工作重点。

为尽快实现“两个覆盖”目标，推动党组织建设和党建工作落地生根，事业发展中心采取了一系列有效举措。一是把党建工作纳入业务申报和工作考核之中，在“中央专项彩票公益金支持失能老人养老服务项目”的评审过程中，将党建工作作为评审的重要指标。二是提出了“规定动作做到位，特色工作出特色”的工作要求，明确了“支部党建抓品质，曜阳党建抓品牌”的工作任务，制定了《事业发展中心2018年度党建工作三十条》，下发各部门、各实体单位以及与中心签署合作协议的4000家养老机构。

智慧党建初显成效

近年来，在各级政府及其相关部门的大力支持下，曜阳公益养老事业快速发展，在社会上引起了广泛关注。记者从事业发展中心了解到，目前，全国有近4000家养老机构与曜阳建立战略合作关系，养老从业人员总数达10万人。其中，员工党员和入住养老机构老人中的党员总数达1万余人。

2017年初，在湖南省红十字会、长沙市委组织部和市“两新”工委的大力支持下，事业发展中心通过组建试点班子、开展调查摸底、实地调研等方式，率先在湖南开展“曜阳养老”党建试点工作。同年9月，事业发展中心在长沙召开了“曜阳养老”党建工作研讨会，总结试点经验，全国80多位养老院长及党组织负责人共120多人参加了研讨会。会议介绍了长沙青松老年公寓党总支“党建引领养老”的经验做法。青松老年公寓办院8年，始终坚持党建引领办院的宗旨，2010年建立党组织，成为全国第一个基层民营养老机构党组织。青松老年公寓也是全国唯一一家荣获“全国创先争优典型基层党组织”称号的民营养老机构。

除此之外，目前已有500家养老机构可通过由事业发展中心根据“两新”组织的党建特点搭建的曜阳联盟党建信息网实现信息互通，未来将实现全国范围内、近4000家联盟成员单位的党组织和党员均能全天候地在网上同时工作的互联互动。

对于曜阳养老事业来讲，加强党建工作是推动快速发展的根本保障。江丹主任表示，今后将以习近平新时代中国特色社会主义思想为指引，按照《关于加强社会组织党的建设工作的意见（试行）的通知》（中办发〔2015〕51号）的精神要求，坚持“点上出经验、面上求突破、整体抓推进”的党建工作理念，着力打造曜阳“智慧党建”信息平台，努力探索民营养老机构党建工作新思路、新方法和新路径，为科学应对我国人口老龄化问题，为决胜全面建成小康社会、实现中华民族伟大复兴的“中国梦”作出贡献。以党建提活力、以党建促养老，不断提升民营养老机构党建工作科学化水平，全面实现“曜阳智慧党建引领智慧养老”的工作目标。

（本文发表于2018年7月25日《党建网》，作者为袁帅。）

让老年人在公益中脱离困境

——中国红十字会总会事业发展中心关爱困难老年群体纪实

慰问农村失能老人，捐赠助步车、脚部防褥疮垫等价值 30 万元的养老设备及生活物资、邀请医学专家为老人开展义诊活动、入户慰问军属并赠送慰问金和生活用品……2019 年 1 月 14—15 日，在湖北省大别山区唯一的深度贫困县英山县，一场“曜阳养老关爱行动——走进英山”系列捐赠活动如火如荼地展开。

活动主办方是中国红十字会总会事业发展中心、湖北省红十字会。中国红十字会总会事业发展中心前身是成立于 2006 年 3 月的中国红十字会基金会事业发展办公室；2009 年 2 月，更名为中国红十字会基金会事业发展中心；2011 年 5 月，经中央机构编制办批复正式成立中国红十字会总会事业发展中心（以下简称中心）。自成立以来，中心坚持弘扬“人道、博爱、奉献”的红十字精神，秉承“心系民生、回报社会”的公益理念，致力于养老服务、教育助学、救助扶贫、文化宣传等公益事业。

根据红十字总会安排，湖北省英山县石头咀镇的叶家山村和水口村是中心对口扶贫村。“曜阳养老关爱行动——走进英山”系列活动是践行习近平总书记有关扶贫工作的指示要求，着力改善受援助群众的发展能力和生产生活条件，特别是切实改善贫困地区老年群体的生活境遇和品质，实现小康英山目标的“前奏曲”。落实英山县对口帮扶村精准扶贫工作是中心 2019 年工作的重头戏，是弘扬“人道、博爱、奉献”红十字精神的具体体现，更是新时代赋予中心的庄严使命。而为精准扶贫工作持续注入动力的重要“引擎”之一，则是中心连续 10 年精心打造的公益品牌——“曜阳养老”。

关爱困难老年群体，践行“曜阳养老”初心

自 2009 年以来，中心以经济困难老人、失能失智老人、高龄独居老人、无子女老人等困难老人群体为主要服务对象，在敬老、助老、养老等方面开展了多项创造性工作，逐渐形成以开展曜阳养老关爱活动、构建曜阳支持平台为主要内容的养老服务体系，树立了“曜阳养老”公益品牌。可以说，关爱困难老人群体是“曜阳养老”的初衷和初心，而这份初心守护 10 年从未改变，愈显坚定。

从 2012 年起，中心先后在江西、陕西等革命老区和特困地区，与有关机构合作，面向社区和乡镇、面向低收入家庭、面向失能老人，建立了 70 余所“曜阳托老所”，改善了近 1000 名贫困失能老人在养老机构的生活条件。

2013 年开始，中心开始探索“曜阳保姆服务”养老模式，培训选派 100 名养老护理员为低收入失能老人提供上门养老服务。“曜阳保姆服务”包括生活照料、医疗护理、安全陪护、健康指导、文化娱乐、家政服务、商品配送等 7 大类共 21 项，优先服务于曾作出突出贡献的老人和特殊困难家庭的老人。

在 10 余年的发展中，“曜阳养老”的外延逐步扩大。中心先后在扬州、杭州成立了 2 个曜阳老年公寓，在济南、贵阳、邯郸等地建 3 家曜阳养老示范机构。2017 年，中心与中国老龄事业发展基金会合作，共同成立了“关爱失能老人公益基金”，启动“当你老了”公益平台，通过网络众筹募集资金。截至 2017 年底，共有 48 多万人参与捐赠，捐赠总额达 150 多万元，首批资

助陕西、河北革命老区的47名贫困失能老人，进一步彰显了“曜阳养老”的公益属性，深刻诠释了“人道、博爱、奉献”的红十字精神。

“曜阳关爱行动”，让实事看得见、摸得着

2018年8月31日，“曜阳关爱行动”走进广东省珠海市博爱老年公寓，为在此居住的革命老人送去慰问金。

2018年11月30日，“曜阳关爱行动”走进国家历史文化名城河北省正定县，慰问农村失能老人，积极探索农村养老发展新模式。

2018年12月12日，“曜阳关爱行动”走进中国烈士第一县江西省兴国县，开展中央专项彩票公益金支持失能老人养老服务活动……

这是2018年下半年以来，“曜阳关爱行动”在祖国大地留下的足迹。作为“曜阳养老”公益品牌的重要组成部分，“曜阳关爱行动”以中央彩票公益金项目、企业捐赠爱心款物、世界红十字日活动、博爱中国文化活动、探索农村养老服务、曜阳养老志愿服务为主要载体，主动关爱贫困老人和失能、半失能老人，用看得见、摸得着的一件件实事、暖心事，为困难老年群体搭建起安全保护网。

中央彩票公益金项目——2014年，中心通过中国红十字总会，获批组织实施“中央专项彩票公益金支持失能老人养老服务”项目。5年来，中心利用该项目1.47亿元，先后资助739家养老机构，特别是为中西部养老机构添置了护理床、大小便护理器、空气消毒机、洗衣机、空调、液晶电视机、制氧机、按摩椅、电动康复机、失能老人定位器等近5万件，极大改善了老人的居住环境，提高了生活质量。

广泛募集社会爱心资金——截至2018年，中心向爱心企业和个人募集善款物资总计3000余万元，先后支持中西部地区养老机构100余家。

探索养老服务——2017年，中心依托贵阳曜阳养老服务中心，搭建医疗

养老信息化平台，组建农村养老服务团队，探索进村入户为老人开展养老服务。2018 年起，中心尝试在河北省正定县、湖北省英山县、江西省兴国县等地开展农村养老服务。

红十字日活动和博爱中国文化活动——中心组建了博爱艺术团，坚持每年举办纪念"5·8 世界红十字会"活动，先后赴 20 余家敬老机构，开展公益演出和慰问活动，为当地老年人送去高品质的文化食粮。目前，博爱中国文化活动已经会聚了 100 余家热心公益的文化界爱心人士，得到了众多艺术家的鼎力支持。

曜阳养老志愿服务——2015 年，中心与扬州市红十字会合作，组织志愿者 2000 余人次，为高龄独居老人提供家政服务、亲情关怀、情感慰藉等志愿服务。2018 年，制定《曜阳养老志愿者工作方案》和相关制度，在河北省正定县开展试点。2019 年，中心选定了 10 个试点城市和养老机构，引入"时间银行"模式，进一步扩大曜阳养老志愿服务的试点内容和范围。

五年规划，蓄力再出发，只为最美夕阳红

经历了 10 余年的探索实践，"曜阳养老"得到了上级领导和社会各界的普遍认可。2014 年 5 月，"曜阳养老"模式作为国家级研究课题项目案例走进了中央党校省部级、地厅级领导干部和青年干部培训班的课堂。

十载辛勤耕耘，积蓄力量再出发。2018 年 5 月，中心制定了《中国红十字会总会事业发展中心五年发展规划（2018—2022）》，进一步明确今后一段时期中心参与养老服务的工作重心，即关注和帮助广大贫困失能老人，做好曜阳养老机构的管理指导，为广大民办养老机构提供支持性服务。翻看中心的五年规划，"建立关爱贫困失能老人工作体系"，"每年募集专项资金，面向中西部地区开展关爱贫困失能老人活动"，"持续完善贫困失能老人关爱体系"3 项内容，分列 6 个基础建设、8 项指标任务和主要任务 3 大类目标任务之首。

不难看出，这是“曜阳养老”为老初心的延续，更是“曜阳养老”久久为功推进养老公益事业的自我鞭策。

未来 5 年，为持续完善贫困失能老人关爱体系，中心将从 4 个方面发力：一是持续组织实施中央彩票公益金支持中西部地区民办养老机构项目；二是设立“曜阳养老公益基金”，每年资助中西部地区养老机构，慰问贫困失能老人；三是每年为中西部贫困地区老人举办“博爱中国”文化慰问演出；四是依托中心所属曜阳养老机构和广泛联系的公益养老机构，收住适量的贫困失能老人，并开展相关的救助工作。

构建社会养老服务体系，需要家庭、政府和社会的共同努力。其中，政府承担着“保基本、建机制、强监管”的职责，发挥好“托底”作用；社会包括营利性机构（企业）和非营利性机构（社会组织），要当好政府助手，担当生力军，在养老服务中做好“拾遗补阙”工作。伴随我国养老事业的发展，中心清晰定位自身职责，以红十字精神为引领，守正出新、积极作为，深度参与公益养老事业，重点关注困难老年群体，用公益方式帮助他们脱离困顿，竭尽全力让他们过上有尊严、有品质的晚年生活。

“未来，中心将以习近平新时代中国特色社会主义思想为指导，在中国红十字总会党组的正确领导下，继续高举红十字公益大旗，弘扬‘人道、博爱、奉献’的红十字精神，围绕中国红十字总会的主责主业，聚焦养老和教育两个民生领域，主动作为、开拓创新，力争成为宣传实践红十字精神的示范者、公益养老和民办教育的引领者，为全面建成小康社会和实现中华民族伟大复兴作出应有的贡献。”中心党支部书记、主任江丹在最新一期内部刊物的致辞中如是说。这是目标，更是使命！

（本文刊登于《中国老年报》2019 年 3 月 27 日“精准扶贫”专版，作者为张海宁。）

脱贫攻坚路上的大别山样本

——湖北省英山县扶贫脱贫纪行

“脱贫攻坚战进入决胜的关键阶段，务必一鼓作气、顽强作战，不获全胜决不收兵。”

近日，习近平总书记关于打赢脱贫攻坚战再次发出动员令，让每一位奋战在脱贫攻坚一线的党员干部、相关单位和部门紧锣密鼓，奋发有为，加力发力，为打赢脱贫攻坚战再添新动能。

“自启动脱贫攻坚以来，从2012年的9899万人减少到2018年的1660万人，连续六年平均每年减贫1300多万人。”国务院扶贫开发领导小组办公室主任刘永富在今年3月15日就脱贫攻坚相关问题回答中外记者提问时如是说。

到2020年我国现行标准下农村贫困人口实现脱贫，在中华民族几千年发展史上首次整体消除绝对贫困，是中国共产党人肩负的历史使命和对人民的庄严承诺。责任在肩，责无旁贷。

带着脱贫攻坚宣传报道的使命任务，2019年4月17日，中国老年报社记者赶赴湖北省黄冈市英山县的中国红十字会总会扶贫点，一线采访观摩了该县定点扶贫村的经验做法，全程感受了发生在这里的脱贫攻坚故事，亲身体验到了精准脱贫给这里带来的巨大变化。

英山县位于大别山主峰天堂寨南麓，与安徽省岳西、太湖、霍山、金寨和黄冈市罗田、浠水、蕲春等 7 县毗邻。这里曾是鄂豫皖革命根据地的重要组成部分，也是一个国家级贫困县，由 3 乡 8 镇、313 个建制村组成，人口 40 万人。

记者来到的村子叫水口村，是英山县石头咀镇的一个贫困村，是中国红十字会总会事业发展中心定点帮扶的贫困村之一。村子依山傍水，林木茂密，依山开垦的梯田层层叠叠，茶树翠绿遍布，只见几个老人在田间地头劳作。

这个村子给记者的第一印象是环境异常优美舒心，留在村里的多是留守老年人、妇女和儿童。随行的村党支部书记告诉记者，水口村全村 946 口人，296 户，“村里 186 个劳动力都走了，留在村里的老年人 116 人；有两人完全失能，半失能的有 17 人；有 22 人又是高龄老年人”。像全国许多村庄一样，老龄化及其后续的养老难题，水口村同样不能幸免。除了留守老年人，村里还有 126 名儿童在上学。老的要养，小的要扶，这“一老一小”两个群体，无疑成为水口村脱贫攻坚最后一公里必须啃下的“硬骨头”。

当记者询问水口村贫困的主要因素时，村党支部书记和石头咀镇党委书记都把它总结为三个主要方面：首要的是因病致贫率最高。镇党委书记张春梅无奈地说：“在我们这里，一个家庭只要有一人得场大病，原本能过的日子就开始花光不多的积蓄，有的还背上债务。水口村因病致贫的家庭比例占到整个户数的 45%。”“除了这个原因，还有一个现实的产业因素，那就是村里的农民普遍缺乏技术，不外出打工的人也没有什么更好的技术用到种植养殖方面，比如说茶叶的提质增效，难以大规模提高附加值，农户增收就看不到希望。没有技术更没有资金支持来培训技术，使村里 20% 左右的农户动弹不得，最终陷入贫困，不得不外出打工。”张春梅如是说。

听着张春梅书记的介绍，看着半山腰上错落有致的茶园和随处可见的药材，因受技术约束这些茶树和药材一时难以给村民带来大面积增收，确实让记者感受到了这里流行的一种说法“十年难富种田人”所包含的无奈与纠结。

水口村仅仅是英山县所有贫困村的一个缩影。在英山县石头咀镇的 4.2 万人口、41 个行政村中，经过县委政府连续几年的脱贫攻坚，大多数村庄已经旧貌换新颜，新房盖起来了，道路硬化了，但脱贫攻坚后续还面临着老年家庭的因病返贫风险、留守老年人照顾服务、留守儿童教育以及产业扶贫等难题。在深度贫困地区脱贫攻坚战的最后时间段，扶贫形势用“严峻”两字来形容并不为过。

在英山，记者切身感受到，这里的贫困人口脱贫收入增长渠道不多，村里的贫困户接受教育水平不高，当地可开发的就业岗位少、收入低，自身培植产业增收的能力弱，这些都成为贫困地区扶贫脱贫面临的最大障碍。即便是通过政府几年来倾斜性资金投入和靶向式政策扶持，贫困面貌得到彻底改善，如果不能从根上解决扶贫脱贫的长效机制问题，那么导致脱贫后潜在返贫的概率依然会很高。

英山素有“八山一水一分田”之称，人均耕地面积仅有 0.64 亩，是全国重点贫困县、全国扶贫开发重点县和湖北全省脱贫奔小康试点县，也是国家科技部、中国红十字会总会定点扶贫联系县。2014 年，全县建档立卡贫困人口 39038 户、106771 人，属于大别山深处典型的贫困县。

形势造就任务。脱贫攻坚越是向深度贫困地区挺进，向“精”和向“实”的要求就越发迫切。在彻底脱贫的“最后一公里”，更加需要底数清、对策准、方向明，注重扶贫同扶志、扶智相结合，外部帮扶与激发内生动力相结合，以攻城拔寨的决心打赢脱贫攻坚这场硬仗。

2016 年以来，英山县委、县政府精准靶向全县的贫困人口，聚焦深度贫困地区致贫主因，紧紧扭住“精准”二字做大文章，把全县脱贫攻坚战主战场锚定在“六大”功能区——开展精准脱贫新样板、创业创新先锋区、特色产业主阵地、全域旅游示范区、生态文明示范县、和谐幸福新家园等。到 2016 年底，英山县累计列出 45 个贫困村，精准施策，靶向发力。到目前，全县已脱贫 18781 户、59881 人。记者看到，石头咀镇的口水村村民住房已经焕然一新，每家每户基本上建起了二层三层小楼，脱贫攻坚的成果随处可见。这无疑是政府主导发力的结果。

但是，除了政府主导的扶贫攻坚之外，像在水口村这样的山区村落，还面临许多潜在的贫困难题尚待破解。水口村的 100 多名老年人和建档立卡贫困户老年人，以及村里几十名“五保”“低保”老年人，仅这批人的照料服务和日常生活服务困局就给后续的可持续脱贫提出了严峻挑战；全村 100 多名留守儿童的教育关爱问题更需要保障。这类问题的化解，恰恰是脱贫攻坚路上绕不开的坎儿，需要调动社会各界资源、发动社会团体力量与政府一道形成合力，绝不让一个问题造成已有扶贫成果流失。

于是，中国红十字会总会事业发展中心与湖北省红十字会把脱贫攻坚的主战场选在了英山的石头咀镇水口村和叶家山村，就是要用社会公益的力量，弥补政府在脱贫攻坚战中的资源不足、功能短板，主动协助当地政府打通精准扶贫路上最后一公里，“啃”下最难啃的硬骨头。

为此，2019 年 1 月，“曜阳关爱行动——走进英山”首先开启了公益捐赠活动，组织爱心企业捐赠生物酵素产品、助步车、坐便轮椅、脚部防褥疮垫等价值共计约 30 万元的养老设备及生活物资，捐赠给村里有需求的老年人和老年家庭；同时，总会事业发展中心联合微医集团在石头咀镇开展义诊活动，把优质的医疗服务送到老人们身边，并常态化运作。由总会事业发展中心主任江丹带领的扶贫团队派出专门人员为定点帮扶村培训一支常年不走的志愿者服务队伍。

定点帮扶，“定”的要义——人员不走，事业不走；“点”的要义——精准发力，样本培育，逐步扩围。这是总会事业发展中心的责任。

说起来这里扶贫的起因，江丹告诉记者，我们介入脱贫攻坚战这场硬仗，选择在英山县石头咀镇的水口村和叶家山村，是因为英山属于大别山深度贫困地区，这两个村又是深度脱贫需要精准攻坚的典型村，目标明确，问题清晰，施策更准。为了在有限的时间内"啃"下所在村的老年人养老、儿童关爱这两块"硬骨头"，从去年12月开始，总会事业发展中心安排专人前往石头咀镇水口村和叶家山村，对两个村的地理环境、基础设施建设、特色产业、贫困程度、资金缺口、养老教育工作和红十字博爱家园项目进行精准扶贫调研并初步规划方案。我们的目标就是聚焦短板、盯住关键，围绕"一老一小"做大文章，以村为单位，切实贯彻落实习近平总书记提出的不彻底脱贫、决不收兵的指示要求。就在记者采访的这两天，中国红十字会总会事业发展中心又在英山发起了大型"宣讲行、送教行"教育扶贫行动，旨在为英山培育一支永远不走的教育师资队伍。

"群众需要什么、我们就干什么。"这是总会事业发展中心的初衷。

目前，总会事业发展中心资助两个村各10万元建设了曜阳养老活动中心和志愿者之家。两个村用资助的资金购买了麻将桌、音响、投影仪、理疗床等设备，让村里的老年人生活得更红火更有盼头。协助建设集中安置点两个，共安置"五保"、"低保"、贫困户共33户38人。对57名60岁以上的未参加村集中安置的建档立卡贫困户进行入户走访慰问。在此基础上，总会事业发展中心又拿出专项资金，在每个村设立两个公益性岗位，由总会事业发展中心负责培训后，专门为村里的11位半失能留守老人和2位完全失能留守老人提供日常生活服务。接下来，需要做足文章的就是村里其他老年人的养老服务需求，特别集中在休闲娱乐、医疗保健、陪伴聊天、家政服务等。目前，总会事业发展中心已经培训起了一支以村党支部书记为队长、村党员为组员的水口村志愿者服务队伍，共计12人；他们完全可以做到陪伴医疗、代买代办、专业服务、家庭服务。水口村的扶贫变化，让我们看到了样板的力量，也昭示着脱贫攻坚战的未来。

通过实地采访，我们欣喜地看到，响应党中央2020年我国现行标准下农村贫困人口实现脱贫，贫困县全部"摘帽"的目标号召，英山县脱贫攻坚成为一个典型样本，在石头咀镇水口村，我们看到了样本的力量。英山在聚力攻坚，中国红十字会总会事业发展中心在锐意出战，基层一线的党员干部、志愿者也在默默付出、攻坚克难。焦点不散、靶心不变，脱贫攻坚以强大的力量正在攻城拔寨，朝着2020年全面小康迈进。

（本文发表于2019年4月25日《中国老年报》第2版，作者为张民巍。）

2006 年 4 月 19 日，陪同香港李锦记创始人李文达夫妇到扬州世明双语学校参观

2012 年 12 月 22 日，事业发展中心在厦门市举办“博爱中国·情暖夕阳”大型公益晚会，为困难失能老人募集善款

2013 年 5 月 8 日，事业发展中心向江西省瑞金居家养老服务中心捐赠物资

2013 年 9 月 22 日，赴北京市石景山区金梦圆老年乐园看望慰问老人

2014 年 1 月 26 日，看望慰问扬州市琼花观社区的老人

2014 年 3 月 22 日，在济南曜阳国际老年公寓和济南槐荫区拔萃幼儿园开业典礼上致辞

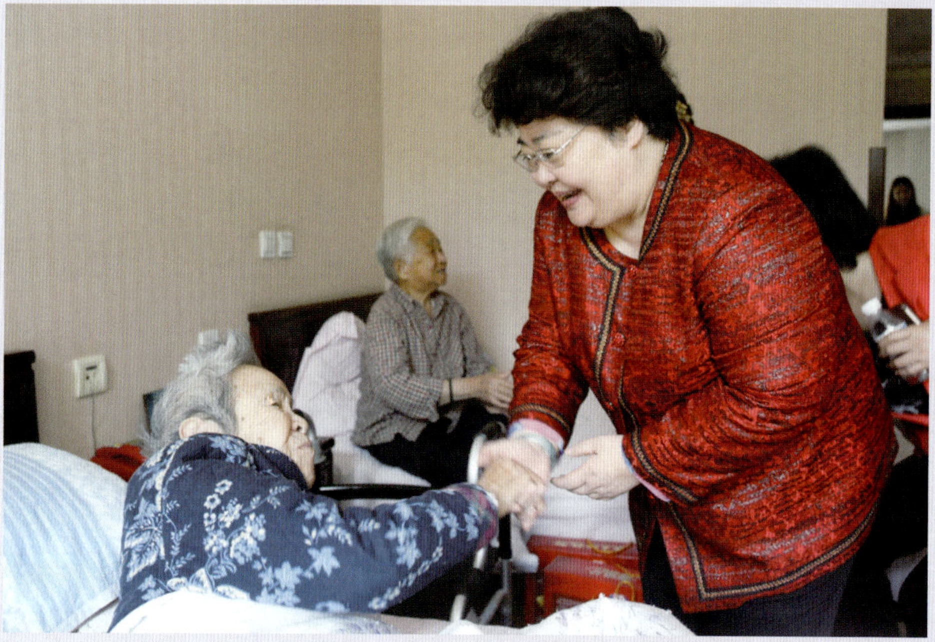

2015 年 5 月 8 日，赴北京市海淀区四季青敬老院看望慰问失能老人

2015 年 9 月 20 日，在内蒙古呼和浩特市走访看望慰问老人

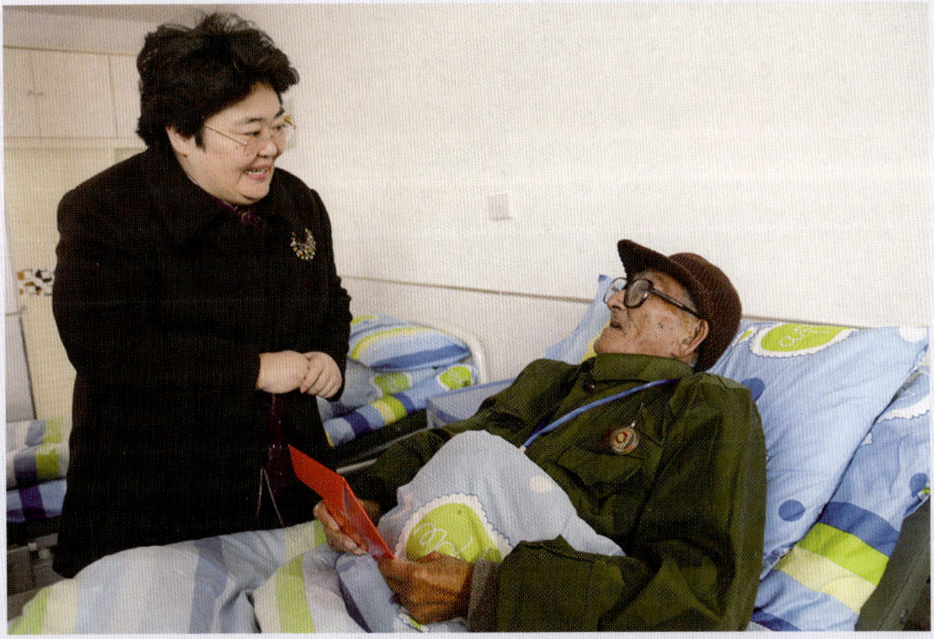

2016 年 11 月 24 日，赴江苏省泰州市姜堰复员军人疗养院看望慰问退伍老军人

2017 年 2 月 16 日，事业发展中心在年度工作会议上为 2016 年度先进个人代表颁发荣誉证书

2017 年 5 月 8 日，事业发展中心组织的“关爱贫困失能老人志愿者服务队”举行宣誓

2018 年 8 月 10 日，率队赴加拿大学习考察养老服务护理经验

2018年8月31日，陪同中国常驻联合国原代表秦华荪大使到扬州世明双语学校调研参观

2019年4月18日，赴湖北省英山县石头咀镇水口村入户慰问军人家属

2019 年 4 月 18 日，事业发展中心在湖北省英山县召开对口扶贫与志愿服务专题调研座谈会

2019 年 5 月 8 日，赴湖北省孝感市看望慰问离退休革命老军人

2019 年 11 月 10 日，赴江苏省高邮县菱塘乡慰问五保老人

2019 年 12 月 2 日，央视社会与法频道和事业发展中心在北京梅地亚中心共同举办了《守护夕阳——为老服务志愿者荣耀盛典》节目新闻发布会

2020 年 1 月 20 日，事业发展中心在江苏省泰州市高港区老年养护院举行“曜阳关爱行动”慰问活动

2020 年 7 月 24 日，中国社会保障学会养老服务分会在事业发展中心举行揭牌仪式

2020 年 7 月 31 日，事业发展中心到北京市西城区牛街民族敬老院慰问老人并与机构负责人合影留念

2020 年 9 月 10 日，事业发展中心在北京拔萃双语学校召开师德师风建设和思想政治教育座谈会

2020 年 10 月 18 日，事业发展中心联合有关单位在山西省大同市举办首届中国智能化养老服务产品展示会

2020 年 10 月 18 日，中国社会保障学会和中国红十字会总会事业发展中心联合山西省大同市人民政府、山西省红十字会等单位举办第六届中国养老服务业发展高层论坛

后 记

我是江上青烈士的后代，生在新中国，长在红旗下。在成长发展过程中，我和我的家人都得到了党和国家无微不至的关怀及社会各界方方面面的关心。作为革命烈士的后代，我一直在思考如何继承革命先辈遗志，为党和国家做一点有意义的事情，回报社会，报效人民。

“老吾老以及人之老，幼吾幼以及人之幼。”1999 年，因国家工业结构调整，我从国家轻工系统调到中国红十字会系统工作。在母亲和舅舅的鼓励和支持下，经过反复思考，我决定践行红十字会关注和改善最易受损群体生活状况的人道原则，面向“一老一小”群体（老年人和儿童青少年），尝试兴办基础教育学校，同时开展公益养老服务工作。经过几年的艰苦努力，我带领同事兴办了 2 所教育机构——扬州世明双语学校和北京拔萃双语学校，2所养老机构——扬州曜阳国际老年公寓和杭州富春江曜阳国际老年公寓。2012年，中编办批准成立了中国红十字会总会事业发展中心，具体负责对相关教育和养老机构进行管理和指导。

20多年来，两所学校齐头并进、力争上游，教育教学质量稳步提升，红十字办学特色日益突出，分别成为可与当地公立学校并肩的知名民办学校，“拔萃教育”品牌初步形成。中心联合两所学校，先后应济南市槐荫区、贵阳市乌当区、福建省泉州市、北京市通州区等地教育行政部门的邀请，举办了多所分校或受托管理学校，将“拔萃教育”的优质教育资源惠及更多孩子和家庭。

在公益养老服务领域，经过20多年的努力，我们积极探索了公益性服务与市场化运作相结合的新型社会养老服务模式，初步形成了以兴办曜阳养老机构、开展曜阳关爱行动和建设曜阳支持平台为主要内容的曜阳养老服务工作体系，惠及了3000多家各类养老机构和15万多名老人，包括近5万名困难失能老人，打造了以人文关怀和医养结合为主要特色的“曜阳养老”公益品牌，在全国产生了较好的社会影响。

令我感动的是，在这20多年工作中，先后兼任中国红十字会总会会长的全国人大常委会副委员长彭珮云、华建敏、陈竺，和全国政协副主席张怀西、张梅颖等领导同志，都对我给予了关心和支持，对工作取得的成绩给予了高度的评价；先后担任总会党组书记、常务副会长的王立忠、江一曼、王伟、赵白鸽、徐科和梁惠玲等同志，都对我和中心的工作给予了大力的支持；中共江西省委原书记舒惠国、中编办原主任王东明、文化部原部长高占祥、教育部原部长袁贵仁、教育部原总督学柳斌及全国妇联原党组书记、书记处第一书记、副主席黄晴宜，民政部原副部长李宝库，全国人大常委会原副秘书长李连宁，原中纪委驻农业部纪检组长朱保成，全国妇联原党组成员、书记处书记、副主席张世平，人民日报社原副总编辑陈俊宏，北京市人大常委会原副主任陶西平，武警部队原副政委刘世民等众多领导同志，都给予了热情的帮助；中国社会保障学会会长、中国人民大学郑功成教授，中国社会科学院政治学研究所党委书记房宁研究员，中国人民解放军总医院原院长朱士俊教授，中共中央党校青连斌教授，复旦大学中西医结合研究院院长、附属华山医院中西医结合科主任董竞成教授等专家学者，给予了很多专业指导和协助；众多爱心企业和人士，纷纷以捐赠或合作的形式，支持我和中心的公益事业。在此，特向各位领导、专家学者、爱心企业及社会各界表示由衷的感谢！

在从事基础教育和公益养老服务工作的过程中，我努力克服各种困难，边干边学，认真学习党的理论政策方针和有关专业知识，并主动向有关领导、专家学者、单位同事以及学校、养老机构的负责人和一线员工请教，不断提高理论政策水平和专业能力，同时学以致用，及时总结经验，不断提高发现问题、分析问题、解决问题的工作能力，并通过署名文章、研讨发言等形式，展示研究和工作所得，呼吁全社会更加关注“一老一小”群体，共同推动我国的基础教育和公益养老事业不断发展。

2021 年，对党和国家来说，是一个特殊的年份。中国共产党迎来了百年华诞；我国开启了实现第二个百年奋斗目标的伟大征程。为了系统地梳理和总结开展基础教育和公益养老的工作经验，为下一步做好相关工作打下基础，我决定将多年的文稿收集整理汇编成书。本书共计收录了 1999 年以来的署名文章、工作报告、研讨发言和日常工作指导性讲话等各类文稿，共计 60 篇。所有这些文稿，都是在有关领导和专家顾问的指导帮助下，我和有关同志辛勤工作、反复推敲、数易其稿而成的，是事业发展中心全体同仁团结奋斗的成果和集体智慧的结晶。

在本书编辑出版的过程中，第十届全国政协副主席张怀西撰写了序言；中共江西省委原书记舒惠国同志题写了书名；第十届全国政协委员、人民日报社原副总编辑陈俊宏，原国土资源部耕地保护司司长、事业发展中心特别顾问潘明才，对编辑工作给予了专业的指导；事业发展中心副主任魏国带领石浩男、傅阳、赵沉及相关人员做了大量卓有成效的工作；中华人民共和国国史学会副秘书长王晓伟为本书出版给予了协调帮助；当代中国出版社汪宗跃编辑及有关人员，做了大量细致而辛苦的工作。在此，我要向为本书编辑出版给予支持和帮助的有关领导、专家顾问和同事们、朋友们表达诚挚的谢意！

由于时间仓促、能力有限，书中难免有错误和不足，敬请广大读者批评指正。

江　丹

2021 年 4 月于北京